# Haftpflichtrecht.

Grundriß der außervertraglichen Haftpflicht insbesondere aus unerlaubten Handlungen nach Deutschlands Recht und Rechtsprechung

Von

**Dr. jur. P. Fromherz,**
Landgerichtsrat in Karlsruhe.

1913.

**München und Berlin.**

J. Schweitzer Verlag (Arthur Sellier).

Herrn Rechtsanwalt

G. Fromherz

in Freiburg i. Br.,

meinem lieben Vater und zugleich ersten Lehrer des Rechts,

als Zeichen der Dankbarkeit gewidmet.

**Der Verfasser.**

Druck: Dr. F. P. Datterer & Cie. (Inh. Arthur Sellier), München-Freising.

# Vorwort.

Außervertragliche Haftpflichtansprüche und verwandte vertragliche Schadensersatzansprüche typischer Art beschäftigen fortgesetzt in großem Umfange unsere ordentlichen Gerichte. Ein Blick in die juristischen Zeitschriften bestätigt das. Beim Landgericht Karlsruhe betrug die Zahl der in das Jahr 1911 übergegangenen und der im gleichen Jahre anhängig gewordenen Rechtsstreite erster Instanz 1914. Davon hatten 241 Klagen, mithin 12,6 %, Ansprüche aus unerlaubten Handlungen oder solche nach dem Haftpflicht- oder Kraftfahrzeuggesetz zum Gegenstand. Von den 1914 Rechtstreiten wurden 825 streitig verhandelt mit dem Ergebnis, daß sie nicht durch Klagzurücknahme erledigt wurden oder beruhen blieben, sondern zu einem Beweisbeschluß oder wenigstens einem Sühneversuch vor beauftragtem Richter mit oder ohne Vergleichsabschluß gediehen. Von diesen 825 Rechtstreiten betrafen 128, somit 15,5 %, Haftpflichtansprüche der bezeichneten Art. 405 der erstinstanzlichen Rechtstreite wurden durch kontradiktorisches Urteil entschieden. Davon entfielen 71 = 17,3 % auf die Haftpflichtklagen. Von den 736 Berufungssachen des Jahres 1911 hatten 132 oder 18 % Haftpflichtansprüche zum Gegenstand. Von den streitig verhandelten waren es $\frac{80}{499}$ = 16 % und von den in zweiter Instanz durch Urteil entschiedenen $\frac{67}{411}$ = 13,8 %. In den letzten Prozentsätzen kommt die Tatsache zum Ausdruck, daß in zweiter Instanz die Zahl der streitig verhandelten und durch Urteil entschiedenen Sachen überhaupt größer ist.

Hieraus ergibt sich einmal ein an sich recht erheblicher Prozentsatz von Haftpflichtprozessen. Er würde sich noch erheblich steigern, wollte man diejenigen Rechtstreite noch hinzurechnen, in welchen Einreden oder Widerklagen auf gesetzliche Bestimmungen gestützt werden, die dem Haftpflichtrecht angehören. Aus den mitgeteilten Zahlen ergibt sich aber auch die Tatsache, daß die Haftpflichtsachen in höherem Maße als andere Prozesse zur Entscheidung durch Urteil neigen und einer außergerichtlichen oder vergleichsweisen Erledigung widerstreben.

Immerhin mag der Prozentsatz der vor Klagerhebung durch eine Abfindung erledigten Haftpflichtansprüche sich günstiger gestalten, wo der in Anspruch Genommene durch die geschulten Angestellten einer Haftpflichtversicherung vertreten wird.

Dem großen Prozentsatz der Haftpflichtstreitigkeiten steht eine verhältnismäßig kleine Zahl gesetzlicher Bestimmungen gegenüber, in welchen jene Ansprüche ihre rechtliche Stütze finden. Gerade „die Bestimmungen in §§ 254, 823, 826, 831, 833 BGB. sind reichhaltige Quellen einer Flut von Rechtstreiten“ (Zelter JW. 1909 709). Schon daraus ergibt sich die hervorragende Bedeutung jener gesetzlichen Bestimmungen für das Rechtsleben. Die Erscheinung, daß von den Haftpflichtstreitigkeiten sich eine besonders große Zahl der außergerichtlichen oder vergleichsweisen Erledigung entzieht, dürfte zum kleineren Teil auf die Geschäftsübung der Haftpflicht-Versicherungsgesellschaften, zum größeren Teil darauf zurückzuführen sein, daß die Entscheidung hier mehr wie sonst von der Anwendung allgemeiner Rechtsgrundsätze abhängt, die zu rechtlichen Streitfragen Anlaß geben, sich durchkreuzen und mit Werturteilen nahe berühren. Es sind die Rechtsgrundsätze über Verschulden, insbesondere Fahrlässigkeit, Verursachung, mitwirkendes Verschulden u. a. m.

Die Darstellung dieser allgemeinen Rechtsgrundsätze, welche für die Haftpflicht aus unerlaubten Handlungen geradeso gelten, wie für diejenige aus dem Haftpflichtgesetz, dem Kraftfahrzeuggesetz, für die Haftpflicht nach Seerecht, Binnenschiffahrt und Flößerei, für die Haftpflicht der Post- und Telegraphenverwaltung, aber auch für die „Haftpflicht“ aus Verträgen und vertragsähnlichen Verhältnissen, z. B. diejenige des Gastwirts, wurde in einem „allgemeinen Teil“ versucht. Es sind Rechtsgrundsätze, bei deren Anwendung oft schon eine geringe Verschiedenheit der grundsätzlichen Auffassung zu einer anderen Entscheidung des Falles führt.

Diese allgemeinen und die, an die besonderen gesetzlichen Haftpflichtbestimmungen sich anschließenden, Rechtsgrundsätze greifen in eine große Anzahl mannigfaltigster Lebensverhältnisse ein und gewinnen mit zunehmender Bevölkerungsdichtigkeit und größerer Stärke des Verkehrs diejenige Bedeutung für das heutige Zivilrecht, welche sich in der starken Inanspruchnahme der Gerichte mit Haftpflichtsachen und deren Hervortreten in den Entscheidungssammlungen unserer juristischen Zeitschriften widerspiegelt.

Die starke wissenschaftliche Bearbeitung und die Mannigfaltigkeit der Rechtsprechung auf dem Gebiete des Haftpflichtrechts, das mit der Haftpflichtversicherung an Bedeutung zunimmt, erschweren den systematischen Überblick. Der Praktiker kommt in die Gefahr, den Wert der leitenden Rechtsgrundsätze und den unerläßlichen Zusammenhang des Systems aus den Augen zu verlieren; er muß sich mehr und mehr darauf beschränken, an Hand der Kommentare einschlägige und anscheinend auf den Fall passende Entscheidungen zu Rate zu ziehen. Dabei sind „auf dem Gebiet der Rechtspflege die Leistungen überhaupt nicht geringer, sondern die Aufgaben schwieriger geworden. Das praktische Arbeiten mit der heutigen Gesetzgebung erfordert eine starke wissenschaftliche Grundlage" (Haber JW. 1911, 608).

Diese Erscheinungen machen eine, bis jetzt fehlende, für die Praxis brauchbare, zusammenfassende Darstellung des Haftpflichtrechts nach dem neuesten Stand zum Bedürfnis, eine Darstellung, welche im Rahmen des Systems und im Zusammenhange mit der theoretischen Darlegung die Ergebnisse der Einzeluntersuchungen und der Rechtsprechung sichtet und wertet. Zur Wahrung des Überblicks waren solche Erörterungen zu vermeiden, welche in der Praxis nicht unmittelbar oder in selteneren Fällen erheblich werden. Es mußten eine Hervorkehrung des in der richterlichen Erfahrung als brauchbar Bewährten und eine knappe Darstellung angestrebt werden.

Auch im Gebiet der Haftpflicht „ist kein Prozeß dem anderen gleich; die geringste tatsächliche Verschiedenheit kann eine abweichende Beurteilung rechtfertigen" (Düringer, Richter und Rechtsprechung, S. 24). Vor blinder Anwendung von Vorentscheidungen ist also nachdrücklichst zu warnen. Aber eine zutreffende und lebensvolle Darstellung der heutigen Rechtsentwickelung kann der ständigen Bezugnahme auf die Entscheidungen der Gerichte, namentlich derjenigen des Reichsgerichts, nicht entraten. Und mit Recht wird auch hier der Praktiker stets fragen, wie in ähnlichen Fällen die Gerichte entschieden haben und welche Gründe dem verantwortlichen Richter für seine Entscheidung maßgebend waren.

Als eine vergleichende Zusammenstellung der Ergebnisse der Wissenschaft und Rechtsprechung in systematischer Anordnung will dieser „Grundriß" ein zuverlässiger wissenschaftlicher Führer für das Rechtsleben sein. Wenn er überdies als Hilfsmittel für das Zivilrechtspraktikum und als Grundlage für besondere Untersuchungen, wie sie auf dem Gebiete der Haftpflicht sicher noch in großer Zahl bevorstehen, gute Dienste leisten könnte, so würde das als besondere Genugtuung empfinden

**Der Verfasser.**

# Inhaltsverzeichnis.

## II. Unerlaubte Handlungen nach Bürgerlichem Gesetzbuch.

# Abkürzungen

nach den Vorschlägen des Deutschen Juristentags.

---

# Literatur.

---

## I. Lehrbücher.

v. **Buchka**, Vergleichende Darstellung des BGB. und des gemeinen Rechts (3) Berlin 1899.
**Cosack**, Dr. Konrad, Lehrbuch des bürgerlichen Rechts (3) Jena 1900/1.
**Crome**, Dr. Karl, System des bürgerlichen Rechts, Tübingen und Leipzig 1900.
**Dernburg**, Pandekten (6), Berlin 1900.
— Das bürgerliche Recht des Deutschen Reichs und Preußens, Halle 1899 und 1901.
**Eck**, Dr. Ernst, Vorträge, 1903. §§ 40, 42, 103.
**Endemann**, Dr. F., Lehrbuch des bürgerlichen Rechts (6), Berlin 1899.
**Enneccerus** und **Lehmann**, Das bürgerliche Recht, Marburg 1900, (3) 1908.
**Gareis**, Karl, Der allgemeine Teil des BGB., 1900.
**Hachenburg**, Vorträge (2) 1900, inbes. S. 50 ff.: Das Prinzip der Übereinstimmung mit dem Sittengesetz, S. 421 ff.: Das Beamtendelikt.
**Heinsheimer**, Das Bürgerliche Gesetzbuch mit seinen Nebengesetzen, 1905.
**Kohler**, Bürgerliches Recht 1906.
**Kuhlenbeck**, Dr. Ludwig, Von den Pandekten zum Bürgerlichen Gesetzbuch, Berlin 1899.
**Laß**, Dr. Ludwig und **Maier**, Dr. Rudolf, Haftpflichtrecht und Reichsversicherungsgesetzgebung, München 1902.
**Mandry-Geib**, Der zivilrechtliche Inhalt der Reichsgesetze (4), Freiburg 1898.
**Merkel**, Jurist. Enzyklopädie (4) 1909.
**Leonhard**, Dr. R., Der allgemeine Teil des BGB., 1900.
**Matthiaß**, Dr. Bernhard, Lehrbuch des bürgerlichen Rechts (3) Berlin 1900.
**Stammler**, Dr. Rud., Das Recht der Schuldverhältnisse in seinen allgemeinen Lehren. Berlin 1900.
v. **Staudinger**, Vorträge aus dem Gebiet des Bürgerlichen Gesetzbuchs für Verwaltungsbeamte. München 1900.
**Weyl**, Dr. Richard, Vorträge über das Bürgerliche Gesetzbuch für Praktiker, München 1898.

## II. Materialien.

Motive zum BGB., 2, 724 ff.
Protokolle der Kommission I 962 ff., 2848 ff., 3556 ff., 11862 ff.,
II 2, 566 ff., 630 ff., 6, 200, 212 ff., 321, 323.

## III. Kommentare.

Insbes. zu BGB. §§ 30, 31, 89, 226—231, Vorbem. zu §§ 249 ff., §§ 249 bis 255, 276—278, 617, 823—853.
EG. BGB. Art. 70, 71, 77.
ZPO. §§ 286, 287, 302, 600, 717, 945, 304, 323.
**Das Bürgerliche Gesetzbuch mit besonderer Berücksichtigung der Rechtsprechung des Reichsgerichts. Erläutert von Reichsgerichtsräten:** Hoffmann, Brückner, Erler, Burlage, Busch, Ebbecke, Kiehl, Schaffeld, Schmitt, 1910. (RGRKomm.).
Fischer-Henle, Handausgabe (8) 1909.
Haidlen, 1897.
Heymannscher Kommentar:
Riedner, EinfGes. (2) 1901;
Oertmann, Allgemeiner Teil (2) 1908,
Recht der Schuldverhältnisse (3/4) 1910;
Biermann, Sachenrecht (2) 1903;
Blume und Opet, Familienrecht 1906;
Frommhold, Erbrecht, 1900.
Hölder, I. Hölder, Allgemeiner Teil 1900;
II. Schollmeyer, Recht der Schuldverhältnisse 1900;
IV. Schmidt, Hedemann, Fuchs, Familienrecht 1907/9.
Kuhlenbeck, Das Bürgerliche Gesetzbuch. Erläutert im Auftrag des Vorstands des Deutschen Anwaltvereins. (2) 1903/4. Mit Einführungsgesetz.
Meisner, Dr. J., 1.—4. Band, 1898—1905.
Neumann, Handausgabe (5) 1909.
Planck, BGB. erläutert in Verbindung mit
Achilles, Andre, Greiff, Rittgen, Strecker, Strohal, Unzner (3).
Scherer, 6 Bände und 4 Ergänzungsbände. 1897—1904.
Rehbein, Das Recht der Schuldverhältnisse, Allgemeine Bestimmungen.
Staudinger (5/6). Herausgegeben von
Löwenfeld, Riezler, Mayring, Kuhlenbeck, Kober, Engelmann, Herzfelder, Wagner, 1909/11.

## IV. Einzelschriften
nach §§ geordnet.

### § 1. Schaden und Rechtsgüter.

Cohnfeldt, Lehre vom Interesse, 1865.
Fischer, H. A., Der Schaden nach dem BGB., Jena 1903.
Fischer, Der Schaden nach BGB., Fischers Abhandlungen 11. Heft 1, 1904.
Mommsen, Lehre vom Interesse, 1855.

### § 2. Haftungsgründe.

v. Blume, Die Fahrlässigkeit und ihre Abstufung im bürgerl. Recht, Jahresber. d. Berl. Jur. Ges. 1903/4.

v. Blume, Versäumnis des Empfangs einer Willenserklärung, Jherings J. 51, 1.
Brunner, Die Haftung nach bürgerlichem Recht und die höhere Gewalt, Diss. Würzburg 1904.
Eltzbacher, Das rechtswirksame Verhalten.
Fleischmann, Der dolus eventualis und seine Abgrenzung vom Gefährdungsvorsatz, Diss. Erlangen 1911.
Fuchs, Wilhelm, Die Unterschiede der Haftpflicht des Eisenbahnunternehmers und des Halters eines Kraftfahrzeugs, Diss. Gießen 1911.
Fuld, Schadensersatzpflicht ohne Verschulden, Puchelts Z. 05, 616.
Gerechter, Erich, Haftung des preußischen Eisenbahnfiskus für den infolge von Immissionen von Funken, Rauch und Asche aus der Maschine einer von ihm betriebenen Kleinbahn entstandenen Sachschaden unter bes. Berücksichtigung der einschlägigen Rechtsprechung bis zur Entscheidung des Reichsgerichts Band 58 Nr. 32, Diss. Erlangen 1911.
Goldschmidt, James, Ungerechtfertigter Vollstreckungsbetrieb. München 1910.
Heintze, Joh., Die Schadensersatzverpflichtung nach ungerechtfertigter Vollstreckung, Diss. Freiburg 1905.
Koch, Hermann, Die Bedeutung des Satzes „Erhöhte Gefahr, erhöhte Haftung" im modernen Rechtsleben, Diss. Würzburg 1911.
Krückmann, Der Umfang der Gefährdungshaftung, JheringsJ. 54, 107.
Luehl, Gründe und Arten der Deliktshaftung, Diss. Düsseldorf 1897.
Mataja, Das Schadensersatzrecht im Entwurf des BGB., ArchBürgR. 1, 267 ff.
Mauczka, Der Rechtsgrund des Schadensersatzes außerhalb bestehender Schuldverhältnisse, 1904.
Merkel, Dr. Rud., Kollision rechtmäßiger Interessen und die Schadensersatzpflicht bei rechtmäßigem Handeln. Straßburg 1895.
Müller-Erzbach, Gefährdungshaftung und Gefahrtragung. ArchZPr. 109, 1.
Neese, Wilhelm, Die Schadenshaftung ohne Verschulden nach dem BGB., Diss. Rostock 1910.
Piper, Walther, Verursachung und Verschulden als Grundlagen der Schadenshaftung nach dem BGB., Diss. Rostock 1902.
Rogge, Arthur, Über den Eintritt einer Schadensersatzpflicht wegen ungerechtfertigter Zwangsvollstreckung, Diss. Rostock 1905.
Rümelin, Dr. G., Kulpahaftung und Kausalhaftung. ArchZPr. 88, 285 ff., 1898.
Rümelin, Dr. M., Die Gründe der Schadenszurechnung und die Stellung des BGB. zur objektiven Schadensersatzpflicht. Freiburg 1896.
— Die Verwendung der Kausalbegriffe im Straf- und Zivilrecht. ArchZPr. 90, 171—344. 1900.
— Schadensersatz ohne Verschulden. Tübingen 1910.
Sjögren, Formen des Unrechts und Tatbestände der Schadensstiftung. JheringsJ. 35, 343—430. 1896.
Schnitzler, Georg, Schadensersatz ohne Verschulden aus §§ 302, 600, 717, 945 ZPO., Diss. Leipzig 1907.
v. Schwerin, Claudius, Frhr. v., Schuld und Haftung. München 1911.
Siber, Zur Haftpflicht für Tiere und Automobile, DJZ. 1905, 138.
Stuhlmann, Der Fahrlässigkeitsbegriff des BGB. unter besonderer Berücksichtigung des § 839. Hamburg 1908.

Unger, Dr. J., Handeln auf eigene Gefahr (2) 1893.
— Handeln auf fremde Gefahr, JheringsJ. 33, 299 ff. 1894.
Voigt Kurt, Die Fälle der Kausalhaftung des BGB., Diss. Jena 1902.
Wendt, Dr. Richard, Das Verschulden und die verwandten Begriffe im BGB. ArchBürgR. 14, 79 ff. 1898.
Weyl, System der Verschuldensbegriffe im BGB. 1905.

## § 3. Ursächlicher Zusammenhang.

v. Bar, Die Lehre vom Kausalzusammenhang. 1871.
— Gesetz und Schuld im Strafrecht 1907.
Bierling, Juristische Prinzipienlehre (3) 1905 S. 31 ff.
Binding, Die Normen und ihre Übertretung, 1890, S. 112 ff.
Birkmeyer, Über Ursachenbegriff und Kausalzusammenhang im Strafrecht, Gerichtssaal 37, 272, 1885.
— Die Lehre von der Teilnahme, 1890.
v. Brünneck, Die herrschende Kausalitätstheorie und ihre Stellung zum Reichsstrafgesetzbuch, 1897.
v. Buri, Über Kausalität und deren Verantwortung. 1873.
— Über Kausalität und Teilnahme, ZStR. 1882, II. 232 ff.
— Die Kausalität und ihre strafrechtlichen Beziehungen. 1885.
Celichowski, Stanislaus, Die Bedeutung der Lehre vom adäquaten und vom zufälligen Zusammenhang für die Frage des Versuchs mit untauglichen Mitteln, Diss. Halle 1910.
Fischer, Der Kausalzusammenhang bei fahrlässigen Körperverletzungen, PucheltsZ. 1906, 625.
Frank, StGB. (8 10) 1911.
Fromherz, Ein Beitrag zur Lehre von der Verursachung vom Standpunkt der deutschen Rechtsprechung, ArchZPr. 110. Heft 1. 1912.
Fustan, Hans, Was lehrt uns die Gestaltung des „unabwendbaren Ereignisses" in § 7 des Ges. über den Verkehr mit Kraftfahrzeugen vom 3. Mai 1909 in Bezug auf die Auslegung der „höheren Gewalt" in § 1 des Haftpflichtgesetzes vom 7. Juni 1871, Diss. Göttingen 1910.
Galliner, Die Bedeutung des Erfolgs bei den Schuldformen des geltenden Strafgesetzbuchs unter besonderer Berücksichtigung des Vorentwurfs zu einem Deutschen Strafgesetzbuch. 1910.
Gerkrath, Zur Begriffsbestimmung des Unfalls, ZVersW. 1906, 1.
Glaser, Abhandlungen aus dem österreichischen Strafrecht Bd. I 1858.
Gottschalk, Das mitwirkende Verschulden. 1873.
Hartmann, Das Kausalproblem im Strafrecht mit besonderer Berücksichtigung des Verursachungsbegriffs. 1900.
Haß, Ueber die Verwertbarkeit des Gegensatzes von adäquatem und inadäquatem Kausalzusammenhang in der Lehre vom Interesse, JheringsJ. 37, 327 ff.
Hein, Verleitung zum Vertragsbruch. 1906.
Helmer, Über den Begriff der fahrlässigen Täterschaft. 1895.
Heß, A., Über Kausalzusammenhang und unkörperliche Denksubstrate. 1895. Vgl. Besprechung von Appelius in KrVSchr. 45, 103—111
— Kausalzusammenhang als projizierter Wunschzusammenhang, ArchZPr. 97, 45. 1905.
v. Hippel, in Vergleichende Darstellung des deutschen und ausländischen Strafrechts 1908, Allg. Teil Bd. III.
Horn, A., Gerichtssaal 54, 344.

Horn, R., Der Kausalitätsbegriff in der Philosophie und im Strafrecht. 1893.
Huther, Der Kausalzusammenhang als Voraussetzung des Strafrechts.
Jung, Delikt und Schadensverursachung. 1897.
Klee, „Kausalzusammenhang" in Poseners Rechtslexikon. 1909.
Kohler, Studien aus dem Strafrecht. 1890.
— GoldArch. 51 Heft 4/5.
Kriegsmann, H., Zu Gunsten der adäquaten Verursachung, GS. 68, 134 ff. 1906.
v. Kries, über den Begriff der objektiven Möglichkeit. Viertelj. für wiss. Phil. 12, 179 ff., 287 ff., 393 ff. 1888.
Krückmann, Verschuldensaufrechnung, Gefährdungsaufrechnung und Deliktsfähigkeit.
Kück, Gerhard, Die Lehre vom Kausalzusammenhang im ausländischen Strafrecht, Diss. Gießen 1911.
Kuhlenbeck, bei Staudinger BGB. Vorbem. vor § 249.
Lammasch, Handlung und Erfolg, GrünhutsZ. 9, 248. 1882.
Landsberg, Die Kommissivdelikte durch Unterlassung. 1890.
v. Leyden, Die Kulpakompensation. 1902.
Liepmann, M., Einleitung in das Strafrecht. 1900.
— Zur Lehre von der adäquaten Verursachung. GoldArch. 52, 326 ff. 1905.
v. Liszt, Lehrbuch des deutschen Strafrechts. (16/17) 1908.
Litten, Die Ersatzpflicht des Tierhalters. 1905.
Mähnz, Georg, Der Begriff der adäquaten Verursachung, Diss. Göttingen 1911.
Mayer, E. M., Der Kausalzusammenhang zwischen Handlung und Erfolg im Strafrecht, Diss. Straßburg 1899.
Merkel, A., Lehrbuch des Strafrechts. 1899.
Mertens, Fritz, Der Kausalbegriff in § 833 BGB. und der § 227 BGB., Diss. Leipzig 1905.
Meyer-Allfeld, Lehrbuch des deutschen Strafrechts. 1907.
Mill, System der deduktiven und induktiven Logik (deutsch von Schiel) (2) 1862.
Müller, G., Gerichtssaal 50.
Müller, M. L., Die Bedeutung des Kausalzusammenhangs im Straf- und Schadensersatzrecht. 1912.
Oertmann, Vorteilsausgleichung, S. 79 ff.
— Schuldverhältnisse, Vorbem. vor §§ 249 ff. BGB.
Petzold, Paul, Die Kausallehre des Strafrechts, Diss. Heidelberg 1906.
Pfizer, Gerichtssaal 27, 549.
Pomp, Paul, Die sog. Unterbrechung des Kausalzusammenhangs, Diss. Bonn 1911.
Radbruch, Gustav, Die Lehre von der adäquaten Verursachung. 1902.
Reinach, über den Ursachenbegriff im geltenden Strafrecht. 1905.
v. Rohland, Die Kausallehre des Strafrechts. 1903.
— Kausalzusammenhang, Handeln und Unterlassen, in Vergleichende Darstellung des deutschen und ausländischen Strafrechts. 1907.
Roßhirt, Lehrbuch des Kriminalrechts. 1821.
— Geschichte und System des deutschen Strafrechts. 1839.
Rümelin, Dr. G., Kulpahaftung und Kausalhaftung, ArchZPr. 88, 285 ff. 1898.
v. Rümelin, Dr. M., Die Verwendung der Kausalbegriffe im Straf- und Zivilrecht, ArchZPr. 90, 171—344. 1900. Vgl. Löwe, KrVSchr. 45, 116.

Rumpf, Teilnahme an unerlaubten Handlungen. 1904.
— Zum jetzigen Stande der Lehre von der adäquaten Verursachung im Zivilrecht, JheringsJ. 49, 433. 1905.
Schadt, K., Das fahrlässige Zusammenwirken mehrerer Personen, Diss. Göttingen 1909.
Schmidt, Ernst, Der Begriff des durch unerlaubte Handlung mittelbar Geschädigten und die Voraussetzungen seines Schadensersatzanspruchs, dargestellt unter Berücksichtigung der geschichtlichen Entwickelung, Diss. Rostock 1904.
Schmidt, R., Der Einfluß des Bürgerlichen Gesetzbuchs auf das Strafrecht. DJZ. 1900, 148.
Schmoller, Über den Kausalzusammenhang beim Tierschaden. Arch.-ZPr. 98, 1.
— Diss. Rostock 1905.
Stübel, Über den Tatbestand der Verbrechen. 1805.
— Über die Teilnahme mehrerer Personen an einem Verbrechen. 1828.
Thon, Festrede über Verursachung. 1904.
Thyren, Abhandlungen aus dem Strafrechte und der Rechtsphilosophie. I. Bemerkungen zu den kriminalistischen Kausalitätstheorien. 1896.
Titze, Unmöglichkeit der Leistung (S. 127).
Torp, Die Lehre von der rechtswidrigen Handlung in der nordischen Rechtswissenschaft. ZStW. Bd. 23, 84 ff. 1903.
Träger, Der Kausalbegriff im Straf- und Zivilrecht. 1904.
Vorentwurf zu einem deutschen Strafgesetzbuch und Begründung. 1909.
v. Weinrich, Einiges über den Kausalzusammenhang im Haftpflichtrecht. ZVersW. 4, 93.
Wiechowski, K., Die Unterbrechung des Kausalzusammenhangs, Diss. Würzburg 1903.
Wolski, Die Unterbrechung des Kausalzusammenhangs im römischen und heutigen Recht, Diss. Erlangen 1907.
Zeiler, Zur Lehre vom Kausalzusammenhang. ZStW. 17, 463 ff. 1907.
Zitelmann, E., Grundriß, Recht des Bürgerlichen Gesetzbuchs. Allgemeiner Teil. 1900.

Insbesondere zu § 3b. Ursächlichkeit der Unterlassung.

Böhme, Der objektive Tatbestand der unerlaubten Handlung nach dem BGB., Diss. Leipzig 1905.
Detmold, Der Begriff des Schutzgesetzes in § 823 BGB., Göttinger Festgabe für Regelsberger.
Glaß, Paul, Die Kausalität der Unterlassung, Diss. Halle 1908.
Hellbach, Begehung unerlaubter Handlungen durch Unterlassung.
Landsberg, Die Kommissivdelikte durch Unterlassung im deutschen Strafrecht.
Linkelmann, Die Bedeutung gesetzlicher Zwangspflichten für das Schadensersatzrecht, ArchBürgR. 13, 79 ff.
Marx, Kausalität der Unterlassung und Schadensersatzpflicht, Diss. Göttingen 1908.
Nissen, Recht 1904, 162.
Rotering, Unterlassung nach schuldhaft gesetzter Kausalität, BayZ. 1906, 54.
Rümelin, Dr. M., Verwendung der Kausalbegriffe, ArchZPr. 90, 319 ff.

## § 4. Haftung Mehrerer.

Binder, Korrealobligationen, S. 493 ff.
Crome, Haftung Mehrerer. JheringsJ. 35, 100 ff.
Donnevert, Die unechten Solidarobligationen. Diss. Erlangen 1906.
Dreyfuß, Zur Anwendung des § 840 Abs. 3 BGB. HessRsp. 11, 175.
Dungs, Drei Fragen über die Haftung aus unerlaubten Handlungen. 3. Ausgleichpflicht. Gruchots Beitr. 54, 549.
Elsner, Gesamthaftung Mehrerer aus unerlaubten Handlungen nach § 830 Abs. 1 BGB. Diss. Greifswald 1901.
Gramkow, Die Rechtssätze des § 830 Abs. 1 BGB. im Verhältnis zum gemeinen Recht. Diss. Erlangen 1904.
Hörle, Die Verbindlichkeiten und ihre Ausgleichung unter den Ehegatten in dem Güterstand der Errungenschaftsgemeinschaft. ArchZPr. 96, 275 ff., 295.
Jander, Albrecht, Die Ausgleichung unter Gesamtschuldnern und ihre geschichtliche Entwickelung. Diss. Breslau 1909.
Meyer, Zu §§ 831, 840 BGB. Recht 1911, 153.
Rumpf, Teilnahme an unerlaubten Handlungen. 1904.
Ruth, Zur Anwendung des § 840 Abs. 3 BGB. HessRsp. 11, 151.
Schacht, Karl, Das fahrlässige Zusammenwirken mehrerer Personen. Diss. Göttingen 1909.
Seligsohn, Dr. Frz., Eisenbahnunternehmer und Tierhalter. JW. 12, 375.
Tuzina, Hans, Die zivilrechtliche Haftung mehrerer Delinquenten nach dem BGB. unter Berücksichtigung des römischen und gemeinen Rechts. Diss. Rostock 1902.

## § 5. Haftung juristischer Personen.

Abshagen, Otto, Die Anwendbarkeit der Vorschriften des BGB. über rechtsfähige Vereine auf die Aktiengesellschaft. Diss. Halle 1906.
Becker, Karl, Die Haftung des nicht rechtsfähigen Vereins für Delikte seiner Vertreter. Diss. Heidelberg 1910.
Benjamin, Fritz, Haftung des Staates aus dem Verschulden seiner Organe nach Völkerrecht. Diss. Heidelberg 1909.
Billmann, Ernst, Haftung der juristischen Personen für die zum Schadenersatz verpflichtenden außerkontraktlichen Handlungen ihrer Vertreter. Diss. Erlangen 1906.
Breit, Reformbedürftigkeit des Schadensersatzrechts. DJZ. 1911, 1367.
Delius, Die Haftpflicht der Beamten unter Berücksichtigung der neueren Rechtsprechung. DJZ. 1904, 525.
Dorner, Das Badische Ausführungsgesetz zum BGB. Art. 5 S. 51—73.
Dorner-Seng, Bad. Landesprivatrecht § 31 S. 99 ff.
Doyé, Ulrich, Zur Haftung der Verbandspersonen des öffentlichen Rechts für Handlungen ihrer Organe. Diss Leipzig 1906.
Eichholz, Haftung des Reichs für Verschulden der Kanallotsen, HansGZ. 1909 Hptbl. 229.
Erhard, Haftung des bayerischen Staats für die durch Personen des Soldatenstandes verursachten Schäden. BayZ. 8, 81.
Fritze, Erich, Die Haftung der Versicherungsgesellschaften für ihre Agenten, dargest. nach der Praxis des Reichsoberhandelsgerichts und des Reichsgerichts, sowie nach dem Entwurf eines Gesetzes über den Versicherungsvertrag. Diss. Marburg 1904.

Fromberg, Die Haftung des Fiskus für seine Vertreter. Diss. Breslau 1907.
Gaupp-Fuchs-Wolf, Hessisches Landesprivatrecht § 48 S. 118ff.
Gerschel, Justinus, Sind auf eine Aktiengesellschaft die Vorschriften des BGB. über rechtsfähige Vereine anwendbar? Diss. Heidelberg 1906
Gierke, Haftung des Staats und der Gemeinde für ihre Beamten DJZ. 1909, 17.
Häckel, Haftung des Fiskus als Eigentümers von Kriegsschiffen bei Kollisionen. ZHR. 54, 80.
Hartwig, Fritz, Die Haftung juristischer Personen für Delikte. Diss. Breslau 1899.
Hertz, Paul, Der Rechtscharakter der Vertretung nach § 31 und 164 BGB. Diss. Rostock 1905.
Hertz, Die Haftung des Reichs für Verschulden der Besatzung von Kriegsschiffen. GruchotsBeitr. 55, 39.
Heuer, Haftung des Reichs für Verschulden der Kanallotsen. HansGZ. 1909 Hptbl. 229.
Kästner, Wolfgang, Die Haftung der offenen Handelsgesellschaft für Delikte ihrer socii. Diss. Leipzig 1906.
Kisch, Elsaß-Lothringisches Landesprivatrecht § 59—61.
Klingmüller, Fritz, Zur Deliktsfähigkeit juristischer Personen. Diss. Breslau 1899.
— Die Haftung für Vereinsorgane nach § 31 BGB., 4. Heft der Studien zur Erläuterung des Bürgerlichen Rechts von Leonhard.
Kronfeld, Die Haftung der Aktiengesellschaft für Betrug ihrer Organe. Diss. Leipzig 1909.
Krüger, Gottfried, Die Haftung der juristischen Person aus unerlaubter Handlung nach gem. Recht und BGB. Diss. Jena 1900.
Lehr, Arthur, Die Voraussetzungen, unter denen der Staat nach § 89 BGB. für den von einem Beamten einem Dritten zugefügten Schaden verantwortlich ist. Diss. Breslau 1910.
Leschke, Erich, Die Haftung des Vereins für seine Organe, Diss. Heidelberg 1909.
Möller, Julius, Zur Haftung der offenen Handelsgesellschaft für Delikte der Gesellschafter. Diss. Breslau 1906.
Nowag, Arthur, Die Haftung für unrichtige Zustellung durch den Postboten. Diss. Breslau 1906.
Oertmann, Bayerisches Landesprivatrecht § 59.
Pappenheim, Zur Frage der Haftung des Reichs für das Verschulden der Besatzung von Kriegsschiffen. GruchotsBeitr. 56, 19.
— Die Haftung des Staats aus der Verwendung von Seeschiffen im öffentlichen Dienst nach Art. 7 EG.BGB.
Pekrun, Willy, Die Haftung der Eisenbahn für ihre Leute. Diss. Leipzig 1909.
Portaszewicz, Walther, Die zivilrechtliche Haftung des Vorstands der Aktiengesellschaft. Diss. Leipzig 1905.
Rathmann, Robert, Die Haftung des Staats und der Grundbuchbeamten für Verletzungen der Amtspflicht. Diss. Breslau 1904.
Reichert, Felix, Die zivilrechtliche Haftung des Post- und Telegraphenbeamten. Diss. Tübingen 1908.
Reinecke, Werner, Die Haftung der juristischen Person für die Handlungen ihrer Vertreter und Gehilfen nach dem BGB. Diss. Göttingen 1900.
Reiner, Hans, Die Schadensersatzpflicht des Beamten und des Staats

nach BGB., seinen Nebengesetzen und dem Bayr. AG. z. BGB. Diss. Würzburg 1904.

Röhrich, Konrad, Die Haftung des Staats aus § 89 BGB. Diss. Tübingen 1904.

Sänger, Kurt, Erläuterung des § 31 BGB. Diss. Jena 1903.

Schelhorn, Jos. Rud. v., Die zivilrechtliche Haftung der Beamten und des Staats, der Gemeinden und anderen Kommunalverbände für den von Beamten in rechtswidriger Ausübung anvertrauter öffentlicher Gewalt einem Dritten zugefügten Schaden nach deutschem Reichs- und bayerischem Landesrecht. Diss. Erlangen 1906.

Schlegemilch, Emil, Die Haftung der juristischen Personen für die Handlungen der zu ihrer Vertretung berufenen Personen. Diss. Jena 1906.

Schmückle, Georg, Die Haftung der öffentlich-rechtlichen Körperschaften gemäß §§ 89, 31 BGB. in Verbindung mit Art. 77 EG.BGB. nach dem Standpunkt des Reichsgericht. Diss. Heidelberg 1906.

Schneider, Bernhard, Die Haftung der Postverwaltung und ihrer Beamten aus dem Postprotest. Diss. Erlangen 1909.

Stiff, Hans Gustav, Der Begriff des verfassungs. ..ßigen Vertreters nach § 31 BGB. Diss. Würzburg 1911.

Waldschütz, Otto, Haftet der Staat für Versehen der Gerichtsvollzieher? Diss. Erlangen 1906.

Werneburg, Hans, §§ 31, 89 und 831 BGB. Diss. Erlangen 1911.

## § 6. Eigener Schaden (Mitwirkendes Verschulden).

Arnold, Fritz, Der Einfluß der Ablehnung einer Operation seitens des körperlich Verletzten auf die zivilrechtliche Haftung des Delinquenten. Diss. Erlangen 1899.

Berner, Arthur, Eigenes Verschulden des Beschädigten. Diss. Leipzig 1902.

Cohn, Max, Die Kulpakompensation einst und jetzt. Diss. Heidelberg 1906.

Dreier, Bernhard, Das Verschulden des Beschädigten beim Schadensersatzanspruch. Diss. Leipzig 1905.

Dronke, Über die Pflicht des Verletzten, sich ärztlicher Behandlung, insbesondere einer Anstaltsbehandlung zu unterziehen. EisenbE. 22, 92.

Eick, August, Die Rechtswirkungen des konkurrierenden Verschuldens nach BGB. Diss. Rostock 1904.

Endemann, Dr. Fr., Die Rechtswirkungen der Ablehnung einer Operation. Berlin 1893.

Fischer, Ernst, Untersuchungen zu § 254 BGB. Diss. Leipzig 1908.

Göz, Karl, Das Selbstverschulden der Beschädigten und die Verteilung des Schadens nach § 254 BGB.

Goldschmidt, Leopold, Das sog. Verschulden gegen sich selbst. Diss. Leipzig 1905.

Gottschalk, Das mitwirkende Verschulden. 1903

Grünebaum, Mitwirkendes Verschulden der Hilfspersonen des Beschädigten. Recht 1908, 97.

— in Poseners Rechtslexikon 1909 unter „Verschulden“.

Heyn, Johannes, Das eigene Verschulden des Beschädigten bei Schadensersatzansprüchen nach gemeinem Recht und dem Recht des BGB. Diss. Greifswald 1906.

Hinze, Zur Haftung für fremdes Verschulden bei konkurrierendem außervertraglichem Verschulden. JW. 1908, 230.

— Einwand des Verschuldens des Vaters usw. EisenbE. 21, 401.

Keßler, Die Einwilligung des Verletzten in strafrechtlicher Bedeutung. 1889.
Krückmann, Verschuldungsabrechnung und Gefährdungsaufrechnung. IheringsJ. 52, 428.
— Der Umfang der Gefährdungshaftung. IheringsJ. 54, 107.
— Verschuldungsaufrechnung, Gefährdungsaufrechnung und Deliktsfähigkeit. IheringsJ. 55, 1—208.
Kuhlenbeck, JW. 1897, 521, 526.
Leyden, Kulpakompensation.
Mehl, Otto, Die Bedeutung der Deliktsunfähigkeit des bei der Entstehung des Schadens mitwirkenden Beschädigten. Diss. Marburg 1910.
Nathan, Martin Gustav, Das mitwirkende Verschulden der Vertreter und Gehilfen des Beschädigten. Diss. Heidelberg 1909.
Poensgen, Paul, Die Möglichkeit der Anwendung des § 254 BGB. beim Vorliegen der Veranlassungshaftung. Diss. Heidelberg 1909.
Richter, Wolfgang, über die in § 254 Abs. 2 BGB. angeordnete entsprechende Anwendung des § 278. Diss. Leipzig 1910.
Rosenthal, Max, Das eigene Verschulden des Beschädigten und die Verteilung des Schadens nach § 254 BGB. Diss. Marburg 1910.
Ruhm, E., Das eigene Verschulden des Verletzten. Diss. Greifswald 1898.
Schierlinger, Das Reichshaftpflichtgesetz und § 254 BGB. SeuffBl. 1905, 109.
Schmidt, Richard, Die sog. Kulpakompensation nach dem Recht des BGB. Diss. Jena 1902.
Schmiercke, Harry, Eigenes Verschulden des Beschädigten nach römischem, gemeinem Recht und dem BGB. Diss. Jena 1903.
Schröder, Die Bedeutung der Verweisung auf den § 278 im 2. Abs. des § 254 BGB. ArchZPr. 95, 298.
Strahl, Richard, Das mitwirkende Verschulden des Beschädigten bei Schadensersatzansprüchen. Diss. Greifswald 1907.
Süßmann, Adolf, Welchen Einfluß hatte und hat der Umstand, daß bei der Entstehung eines Schadens ein Verschulden des Beschädigten mitgewirkt hat? Diss. Rostock 1903.
Thuising, Hermann, Die Verschuldensaufrechnung bei den verschiedenen Verschuldensformen. Diss. Münster 1908.
Weill, Erich, Die Kulpakompensation im BGB. Diss. Halle 1904.
Wendt, Dr. Otto, Eigenes Verschulden. IheringsJ. 31, 137 ff. 1892.

## § 7. Persönliche Unverantwortlichkeit.

Brunswig, Die Handlungsfähigkeit des Geisteskranken nach dem BGB. 1902.
Dittenberger, Schutz des Kindes gegen die Folgen eigener Handlungen. 1903.
Eltzbacher, Die Handlungsfähigkeit nach Deutschem bürgerl. Recht. 1903.
Heinsheimer, Die Haftung Unzurechnungsfähiger nach § 829 BGB. ArchZPr. 95, 234.
Höchster, Grenze der Haftung Unzurechnungsfähiger (§ 829 BGB.) ArchZPr. 104, 427.
Mehl, Otto, Die Bedeutung der Deliktsunfähigkeit des bei der Entstehung des Schadens mitwirkenden Beschädigten. Diss. Marburg 1910.
Oertmann, Privatrechtsschutz gegenüber Unzurechnungsfähigen. SeuffBl. 1909, 573.

Philipp, Paul, Die Schadensersatzpflicht des Minderjährigen aus unerlaubten Handlungen. Diss. Leipzig 1906.

Rosanes, Otto, Die Voraussehbarkeit des Erfolgs bei der Schadensersatzpflicht Unzurechnungsfähiger. Diss. Breslau 1900.

Schultze, Dr. Ernst, Psychiatrische Bemerkungen zum BGB. ArchBürgR. 17, 89 ff.; ders. bei Hoche, Gerichtliche Psychiatrie 392 ff.

Schwartz, Das Billigkeitsurteil des § 829 BGB. 1904.

Wollmann, Herbert, Die Anwendung des § 829 BGB. auf kontraktliche Verletzungen. Diss. Breslau 1910.

## § 8. Vorteilsausgleichung.

Bode, Otto, Übergang von Schadensersatzforderungen gegen „Dritte" auf Berufsgenossenschaften, insbesondere der Zeitpunkt des Übergangs. Diss. Würzburg 1910.

Ebert, Bernhard, Zur Lehre von der Vorteilsausgleichung mit besonderer Berücksichtigung des Enteignungsrechts. Diss. Göttingen 1906.

Hallbauer, Der gesetzliche Rechtsübergang auf dem Gebiet des Privatversicherungsrechts. Eine Studie zu § 67 VVG. LZ. 1910, 647.

Oertmann, Die Vorteilsausgleichung beim Schadensersatzanspruch. 1901. Besprochen von M. Rümelin, KrVJSchr. 45 (1904), 189.

Stinzing, Findet Vorteilsanrechnung beim Schadensersatzanspruch statt? 1904.

Walsmann, Compensatio lucri cum damno. Diss. Rostock 1900. Besprochen von Kisch, JLBl. 15, 40.

## § 9. Schadensersatz.

Aschaffenburg, Klagerecht der Ehegatten bei Körperverletzung der Ehefrau hinsichtlich des Schadens für entgangene Dienste im Hauswesen und Gewerbe des Ehemannes. DJZ. 1911, 1436.

Aschenfeld, Gustav, Die in §§ 844—846 BGB. gegebenen Ansprüche mit besonderer Berücksichtigung ihres rechtlichen Charakters. Diss. Leipzig 1906.

Cohnrich, Arthur, Die Ansprüche des mittelbar Verletzten aus unerlaubter Handlung. Diss. Erlangen 1908.

Dohna, Alexander Graf zu, Die Stellung der Buße im reichsrechtlichen System des Immaterialgüterschutzes. Diss. Berlin 1902.

Eccius, Schadensersatz durch erzwungene Vertragsaufhebung, Gruchots Beitr. 53, 309.

Elster, Prozeßaufregung und Rentenhysterie. JW. 1912, 266.

Endemann, Der Anspruch auf Schadensersatz und die Haftung für Schadensersatz des sog. mittelbar beteiligten Dritten. Jahresber. der BerlJurGes. 1903/4.

— Das Recht der Ehefrau auf Schadensersatz wegen Aufhebung oder Minderung der Erwerbsfähigkeit. Recht 1909, 6, 286.

Fritsche, Julius, Schadensersatz und Buße bei Körperverletzung und Beleidigung. Diss. Leipzig 1907.

Fuld, Dr. Ludwig, Die Versicherungsgesellschaften und das Duell. BlfRA. 63, 253—261. 1898.

Gößmann, Die zivilrechtliche Haftung des Unternehmers eines land- oder forstwirtschaftlichen Betriebs, SeuffBl. 1909, 334.

Hallbauer, siehe bei § 8.

Hiestand, Dr. Paul, Der Schadensersatzanspruchs des Versicherers gegen den Urheber der Körperverletzung oder Tötung des Versicherten. Stuttgart 1896 (Jetzt § 67 VVG.).
Hilse, Sterbegeld für eine Totgeburt, Hirths Anm. 1906, 74; ders., Beerdigungskosten bzw. Sterbegeld, ArchBürgR. 27, 283.
Hölscher, Emil Erich, Die Bedeutung der Buße für das heutige Recht. Diss. Leipzig 1904.
Horn, Richard, Das Recht des Schadensersatzpflichtigen auf Abtretung der Ansprüche des Ersatzberechtigten bei Verlust und insbesondere bei Beschädigung des Objekts nach röm. Recht und dem BGB. Diss. Rostock 1906.
Kaiser, Haftung für Schädigungen, die der Entschädigungsprozeß selbst hervorgerufen hat, JW. 1909, 33.
Königsberger, Eduard, Der Schadensersatz durch Naturalherstellung nach bürgerlichem Recht. Diss. Erlangen 1907.
Krückmann, Schadensliquidation aus fremdem Interesse. IheringsJ. 56, 245.
Mataja, Dr. Viktor, Das Schadensersatzrecht in Entwurf des BGB. ArchBürgR. 1, 267 ff. 1889.
Reichard, Unfallfolgen und Gutachterwesen. Jena 1910.
Römer, Curt, Der gesetzliche Eintritt Dritter in die Rechte des beschädigten Gläubigers nach dem BGB. Diss. Erlangen 1911.
Rotering, Schadensersatzverbindlichkeit und Strafe. ArchBürgR. 33, 45.
Serini, Recht und Wirtschaft 1912 Febr.
Siegel, Zur prozessualen Geltendmachung der Eigentumsansprüche. JW. 1910, 55.
Sperl, Über das Schadensersatzrecht nach BGB. 1902; ders. Schadensersatz in ÖstAGZ. 1902, 149.
Spittel, Max, Über das Verhältnis der Herstellung zum Geldersatz im BGB. Diss. Greifswald 1900.
Taucher, Karl, Die Pflicht zur Abtretung der Ersatzansprüche nach § 255 BGB. unter Berücksichtigung des gemeinen Rechts. Diss. Erlangen 1903.
Tuhr v., Naturalherstellung und Geldersatz. IheringsJ. 46, 1.
Werner, Die Schadensberechnung bei arglistiger Verleitung zum Vertragsschlusse, Recht 1905, 303.
Wichert, Emil, Die Schadensersatzansprüche der mittelbar Verletzten aus § 844 BGB. Diss. Breslau 1910.

## § 10. Schadensersatzklage. Anspruch auf Unterlassung.

Beckh, Dr. Hermann, Die Beweislast nach dem BGB. München 1899.
v. Blume, Unterlassungsanspruch und Unterlassungsklage, Festgabe f. R. Güterbock 381. Berlin 1910.
Dickel, Beweislast bei Ansprüchen aus § 826, 823 BGB. BayZfR. 1910, 351.
Eltzbacher, Die Unterlassungsklage. Berlin 1906; ders. Das rechtswirksame Verhalten. S. 274 ff.
Fischer, Max, Die Unterlassungsklage. Diss. Breslau 1911.
Foß, Walther, Die Gestaltung der Schadensprozesse nach § 287 ZPO. unter besonderer Berücksichtigung der Rechtsprechung des Reichsgerichts Diss. Göttingen 1908.
Fuld, Unterlassungsklage und Schadensersatzklage, SächsArch. 12 (02), 257.
Goldbaum, Wenzel, Schutz gegen drohende Gefährdungen. Diss. Rostock 1906.
Jakobsohn, Dr. Hans, Die Unterlassungsklage. Berlin 1912.

Lau, Der Unterlassungsanspruch aus den §§ 823 ff. BGB. Gruchots Beitr. 47, 497.
Lesser, Die Unterlassungsklage bei unerlaubter Handlung, ArchBürgR. 38, 102.
Mannhardt, Der Unterlassungsanspruch bei den absoluten Rechten, DJZ. 1903, 416.
Krückmann, Schadensliquidation aus fremdem Interesse. JheringsJ. 55, 1.
Oppermann, Zur Lehre von der Abänderungsklage. BuschsZ. 38, 445.
Oertmann, Unterlassungsansprüche aus unerlaubten Handlungen. DJZ. 1904, 616.
— Zur Lehre von der Abänderungsklage, ArchZPr. 109, 265.
Offenbach, Johannes, Die Abänderungsklage des § 323 ZPO. Diss. Rostock 1907.
Prölß, Ernst, Der Gerichtsstand der unerlaubten Handlung. Diss. Erlangen 1909.
Roeßler, Hektor, Der Begehungsort der unerlaubten Handlung und seine rechtliche Bedeutung. Diss. Leipzig 1904.
Rosenthal, Das Anwendungsgebiet der Unterlassungsklage. LZ. 1912, 608.
Schimmel, Karl, Der Ort der Begehung einer unerlaubten Handlung und seine Bedeutung für das bürgerliche Recht und den Zivilprozeß. Diss. Rostock 1908.
Seybold, Hans, Die Umwandlungsklage des § 323 ZPO. Diss. Straßburg 1910.
Stephan, Die Unterlassungsklage. München 1908.
Strauß, Isidor Friedrich, Die Buße des deutschen Strafrechts und der Ersatz des nicht vermögensrechtlichen Schadens im Sinne des BGB. Diss. Freiburg 1901.

§ 11. Unerlaubte Handlungen. System nach BGB.

Böhme, Martin, Der objektive Tatbestand der unerlaubten Handlung nach BGB. Diss. Leipzig 1905.
Cantor, Schadensersatz wegen Erwirkung einstweiliger Verfügung auf Grund gewerblicher Schutzrechte im Falle von deren Vernichtung, ArchbürgR. 37, 237.
Cohn, Georg, Haftung aus unerlaubter Handlung. Diss. Jena 1910.
Hacker, Ein Fall nicht ersatzpflichtiger Schadenszufügung. DJZ. 1909, 598.
Fischer, Hans Albrecht, Die Rechtswidrigkeit mit besonderer Berücksichtigung des Privatrechts, Fischers Abhandlungen 21.
Fromherz, „Unerlaubte Handlung“ in Poseners Rechtslexikon 1909.
Geigel, Schadensersatzansprüche aus Gefälligkeiten. SeuffBl. 77, 37.
Henrici, Voraussetzung des Anspruchs auf Schadensersatz wegen unerlaubter Handlung. Gruchots Beitr. 42, 625.
Isay, Geschäftsführung S. 371 ff.
Knod, Gustav, Die Tatbestände der unerlaubten Handlungen des BGB., verglichen mit dem gemeinen Recht. Diss. Heidelberg 1908.
Lenel, Zum Begriff der unerlaubten Handlung nach dem BGB. DJZ. 1897, 409 ff.
Linkelmann, Dr. Karl, Die Schadensersatzpflicht aus unerlaubten Handlungen nach dem BGB. Berlin 1898.
Liszt, Dr. Franz v., Die Deliktsoligationen in System des BGB. Berlin 1898.

Mittweg, Dr. G., Die unerlaubte Handlung nach BGB. Diss. Trier 1899.
Müller, Dr. Gustav, Der Begriff der unerlaubten Handlung im Sinne des BGB., BlfRA. 65, 373 ff. 1900.
Müller, W., Begriff der unerlaubten Handlung. Halle 1900.
Nissen, Begehung einer unerlaubten Handlung durch Unterlassung. Recht 1904, 162.
Oertmann, Unerlaubte Handlungen, Berliner Festschrift für Dernburg. 1900, 61.
— Der Rechtsirrtum im bürgerlichen Rechte. SeuffBl. 67, 1, 25, 45.
Otto, Unerlaubte Handlungen. SächsA. 9, 8.
Regelsberger, Ersatzpflicht für den Schaden, der durch Vertragsbruch eines Dritten eintritt. JheringsJ. 41, 251.
Zieger, Walther, Der objektive Tatbestand der unerlaubten Handlung nach dem deutschen BGB. Diss. Leipzig 1902.
Zitelmann, Internationales Privatrecht, 2, 464, 531 ff. (Begriff der unerlaubten Handlung); ders. § 12 Ausschluß der Rechtswidrigkeit.
— Der Ausschluß der Rechtswidrigkeit, ArchZPr. 99, 1. Autorbericht: JDR. 5 (1907), 79.

Insbesondere: Anspruchskonkurrenz.

Aßmann, Paul, die Konkurrenz des Anspruchs aus dem Vertrag mit dem Anspruch aus unerlaubter Handlung nach dem Rechte des BGB. Diss. Leipzig 1906.
Becker, Valentin, Wird der Anspruch aus unerlaubter Handlung dadurch ausgeschlossen, daß zwischen dem Täter und dem Verletzten ein besonderes Rechtsverhältnis, insbesondere ein Vertragsverhältnis besteht? Diss. Marburg 1905.
Behrend, Anspruchskonkurrenz. Diss. Greifswald 1900.
Bindseil, Max, Die Konkurrenz des Vertragsanspruchs mit dem Deliktsanspruch nach deutschem bürgerlichen Recht. Diss. Halle 1908.
v. Blume, Vertragshaftung und Deliktshaftung. Recht 1905, 481.
Burchard, Vertragsnormen und Deliktsnormen in Anwendung auf denselben Tatbestand. Ein Versuch zur weiteren Klärung des Problems. Diss. Heidelberg 1909.
Bürgner, Das Verhältnis des Anspruchs aus unerlaubter Handlung zum Vertragsanspruch. Diss. Heidelberg 1909.
Cosack, Bürgerliches Recht Bd. I § 163 I 2 c.
Crome, DJZ. 1904, 14.
Eccius, Schadensersatz durch erzwungene Vertragsaufhebung, Gruchots Beitr. 53, 309.
Endemann, Bürgerliches Recht (8) § 84 S. 200 Nr. 1 b.
Faulmann, Heinrich, Konkurrenz der Schadensersatzansprüche. Diss. Rostock 1911.
Fischer, Otto, Zur Geschichte der deliktischen Haftung für Vertragsverletzungen. Diss. Breslau 1904.
Fromherz, Haftet der Arzt auf Schmerzensgeld? Ein Beitrag zur Lehre von der Anspruchskonkurrenz. ArchZPr. 108, 435. 1912.
Fürst, Schuldverhältnisse aus einseitigen Rechtsgeschäften. LZ. 1910, 178.
Gebhard, Karl, Die Lehre von dem concursus actionum nach dem BGB. Diss. Heidelberg 1907.
Golde, Das Verhältnis der Haftung aus unerlaubter Handlung zu der Haftung für vom Schuldner zu vertretende nachträgliche Unmöglichkeit einer Leistung, Bernhöft-Binders Beiträge zur Auslegung des BGB. 1905, 394.

Hellwig, Lehrbuch des ZProz. I, 267.
Hummel, Otto, Das Zusammentreffen von Ansprüchen aus Vertrag und unerlaubter Handlung nach BGB. Diss. Jena 1911.
Kann, Klagenmehrheit usw. in Eberings rechts- und staatswissenschaftlichen Studien 1901 Heft 14.
Kapteinat, Arthur, Das Verhältnis der Vertrags- zur Deliktsklage bei Verletzung von obligatorischen Rechten. Nach röm., gem. und den neueren Rechten mit besonderer Berücksichtigung des BGB. Diss. Greifswald 1904.
Koppen, Karl, Das Verhältnis des § 823 zu den §§ 616/617 BGB. Diss. Freiburg 1903.
Lent, Die Gesetzeskonkurrenz im bürgerlichen Recht und im Zivilprozeß. Leipzig 1912.
Lesser, Alfred, Die ll. 5 §§ 15, 6, 7 D commodati vel contra 13. 6. Ein Beitrag zur Lehre von der Klagenkonkurrenz im römischen und heutigen Recht. Diss. Erlangen 1906.
Lewinsohn, Fritz, Beiträge zur Lehre von der Aktionenkonkurrenz in reinem römischen Recht unter Zugrundelegung der 1 34 D 44, 7. Diss. Heidelberg 1910.
Mannheimer, Schadenersatz wegen Betrugs beim Vertragsschlusse. PosMSchr. 1906, 37.
Marx, Kausalität der Unterlassung und Schadensersatzpflicht. Diss. Göttingen 1909.
Müller, Wilh., Der Betrug beim Vertragsschlusse und die Ansprüche des Betrogenen gegen den Betrüger. Nach gemeinem Zivilrecht und nach BGB. Diss. Rostock 1900.
Neumann, BGB. Handausgabe (5) Vorbem. F zu Titel 25.
Oertmann, Recht der Schuldverhältnisse. Vorbem. 5 a zu Titel 25.
Peters, Klagenkonkurrenz. Diss. 1902.
Prym, Eduard, Die Konkurrenz des Anspruchs aus dem Vertrage mit dem Anspruch aus unerlaubter Handlung nach dem BGB. Diss. Bonn 1905.
Schultze, Ulrich, Der Anspruch auf Schadensersatz aus Vertrag und unerlaubter Handlung. Diss. Jena 1908.
Stipanski, Hans, Konkurrenz der Kontraktsklage mit der Deliktsklage. Diss. Greifswald 1901.
Waldmüller, Hans, Verletzung von Schuldnerpflicht und unerlaubte Handlung. Diss. Tübingen 1906.
Wiehmer, Dittmar, Vertragsforderungen des betrogenen Käufers. Diss. Breslau 1910.
Wollmann, Herbert, Die Anwendung des § 829 BGB. auf kontraktliche Verletzungen. Diss. Breslau 1910.

§ 12. Allgemeiner Tatbestand des § 823 Abs. 1 BGB.

Adam, Ueber die Pflicht zur Instandhaltung und Reinigung nicht öffentlicher Eisenbahnzufuhrwege, EgersEE. 20, 82 (1903).
Alten, Ernst v., Die zivilrechtlichen Ansprüche aus durch Zweikampf entstandenen Verletzungen. Diss. Rostock 1911.
Apt, Bruno, Die Verletzung des Forderungsrechts und der § 823 Abs. 1 BGB. Diss. Breslau 1905.
Berghoff, Wilh., Wer ist Gläubiger bei Schadensersatzforderungen wegen Entziehung oder Beschädigung einer Sache? Diss. Rostock 1911.
Beuttenmüller, Hermann, Der rechtliche Schutz des Gehörs. Diss. Heidelberg 1907.

Beyer, Paul, Die Haftung des Konkursverwalters. Diss. Breslau 1911.
Blüthgen, Fritz, Schadensersatzansprüche aus Verletzungen bei studentischen Schlägermensuren. Diss. Jena 1905.
Bolzen, Hermann, Streitfragen aus der Gastwirtshaftung. Diss. Rostock 1907.
Breer, Hugo, Die Ehrverletzung nach dem BGB. Diss. Jena 1902.
Burkhardt, Alfred, Der Schadensersatzanspruch des Forderungsberechtigten bei Beschädigung des Gegenstands der Leistung durch einen Dritten. Diss. Tübingen 1901.
Brückner, Haftung für Verkehrssicherheit von Räumen, Recht 1905, 329 und 353 ff.
— Die rechtlichen Beziehungen zwischen dem Gastwirt usw. Recht 1907, 1106.
Coppel, Fritz, Ansprüche aus einer im Wiederaufnahmeverfahren sich als ungerechtfertigt darstellenden Zwangsvollstreckung mit besonderer Berücksichtigung einer eingetretenen Kreditverletzung. Diss. Heidelberg 1911.
Dalen, Friedrich, Das Immissionenrecht des BGB. und der GewO. Diss. Leipzig 1906.
Diefenbach, Ueber das Züchtigungsrecht der Pflegeeltern und Erziehungsberechtigten. Gruchots Beitr. 54, 105.
Diemer, Hermann, Behandlung der Schadensersatzfragen bei rechtmäßigen Schadenszufügungen nach dem BGB. Diss. Heidelberg 1904.
Dörinkel, Max, Steht dem Käufer, wenn die Kaufsache vor der Uebergabe fahrlässig vernichtet oder beschädigt wird, ein Anspruch auf Schadensersatz nach Maßgabe der Vorschriften über unerlaubte Handlungen zu? Diss. Greifswald 1900.
Du Chesne, Der Schadensersatz bei Verletzung absoluter Rechte. SächsArch. 12, 16.
Dudy, Karl, Die rechtlichen Folgen des Verkaufs einer fremden Sache nach dem Recht des BGB. Diss. Greifswald 1911.
Dumont, Karl, Das Recht am eigenen Bilde. Diss. Breslau 1910.
Dümchen, Schuld und Haftung, insbesondere bei Grundpfandrechten, JheringsJ. 54, 383.
Ebbecke, Schadensersatzpflicht aus Verletzung des Forderungsrechts durch Dritte. Recht 1912 S. 333.
Eccius, Schuldhafte Verletzung des Besitzes. Gruchots Beitr. 53, 8.
Erbe, Reinhardt, Der Begriff des sonstigen Rechts in § 823 Abs. 1 BGB. Diss. Jena 1908.
Erß, Hubert, Wem haftet der Konkursverwalter? Diss. Breslau 1911.
Fechtner, Max, Die Ehre im bürgerlichen Recht. Diss. Marburg 1906.
Fischer, Die Verletzung des Gläubigerrechts als unerlaubte Handlung nach BGB. Jena 1905.
Fränkel, Der Schutz der Ehre im bürg. Recht. 1908.
Fritsch, Friedrich, Wann ist ein eigenmächtiger Eingriff in fremden Besitz statthaft? Diss. Rostock 1902.
Fromherz, „Unerlaubte Handlung" in Poseners Rechtslexikon 1909.
Fuld, Die Versicherungsgesellschaften und das Duell. BlfRA. 63, 253.
Göhring, Fahrlässige Täuschung als unerlaubte Handlung. Diss. München 1900.
Goldmann, Zur Frage der Verletzbarkeit obligatorischer Rechte durch Dritte. Gruchots Beitr. 54, 56.
Görz, Haftpflicht verbundener Rechtsanwälte. JW. 1912, 629.
Görnig, M., Ist die fahrlässige Täuschung eine unerlaubte Handlung im Sinne des BGB.? Diss. Freiburg 1900.

Gröber, Max, Die Schadensersatzansprüche bei Körperverletzung und Tötung im Zweikampf. Diss. Erlangen 1906.

Gumbinner, Schadensersatzansprüche bei Beschädigung durch Fuhrwerke. DJZ. 1902, 92.

Haase, Otto, § 823 Abs. 1 BGB. mit besonderer Berücksichtigung der Frage: Fällt die Obligation unter ein „sonstiges Recht“? Diss. Heidelberg 1906.

Hahne, Friedrich, Das Namensrecht. Seine juristische Konstruktion. Die praktische Bedeutung des § 12 BGB. Diss. Erlangen 1911.

Hamm, Das Züchtigungsrecht der Lehrer. DJZ. 1907, 447.

Havenstein, Das Züchtigungsrecht der Lehrer. PreußVolksch. Arch. 3, 97.

Hellbach, Begehung einer unerlaubten Handlung durch Unterlassung. Recht 1904, 100.

Hellwig, Die zivilrechtliche Bedeutung der Geschlechtskrankheiten. 1904.

Hermann, Reinhold, Die Haftpflicht des Duellanten. Diss. Rostock 06.

Herrmann, Rudolf, Ist das obligatorische Recht ein „sonstiges Recht“ im Sinne von § 823 Abs. 1 BGB.? Diss. Leipzig 1908.

Herzfeld, Otto, Das absolute Recht am Gewerbebetriebe. Diss. Rostock 1905.

Hilse, Verantwortlichkeit des Fuhrherrn. ArchÖffR. 18, 214.

— Entschädigungsansprüche betriebsverletzter Telephonistinnen. Recht 1905, 411.

Hörig, Rudolf, Die Einwirkung auf Grundstücke im Sinne des § 906. BGB. Die gegenseitigen zivilrechtlichen Ansprüche und deren Durchführung im Prozeß. Diss. Leipzig 1906.

Hüser, Gustav Wilh., Die Schadensersatzansprüche des bestohlenen Besitzers gegen den Dieb. Diss. Heidelberg 1911.

Ide, Der Begriff des „sonstigen Rechts“ nach § 823 Abs. 1 BGB. Diss. Greifswald 1900.

Josef, Haftpflicht verbundener Rechtsanwälte. JW. 1912, 511; ders., Zur Lehre v. d. Haftung für Verkehrssicherheit von privaten und Berufsräumen. Gruchots Beitr. 52, 525.

Isay, Rudolf, Der Schadensersatzanspruch des Besitzers und des Eigentümers bei Beschädigung der Sache. Diss. Bonn 1907.

Klein, Schadensersatzansprüche Dritter wegen Verletzung der aus der Ehe sich ergebenden Pflichten. SeuffBl. 10, 420.

Koppel, Wilh., Das Interesse eines Dritten beim Schadensersatz aus Verträgen. Diss. Jena 1905.

Köhler, Ueberschreitung des Züchtigungsrechts durch den Lehrer. Recht 1908, 848.

Korn, Weiteres zur Regreßpflicht des Rechtsanwalts. JW. 1911, 631.

Kornfeld, Ueberschreitung des Züchtigungsrechts.

Krüger, Paul, Inwieweit kann die Verletzung von Forderungsrechten eine Ersatzpflicht aus unerl. Handlung bilden? Diss. Leipzig 1908.

Kuhlenbeck, Die Ehre als Recht im Sinne des § 823 BGB. Recht 1907, 482.

Kunze, Die Haftung des Schuldners für den Schaden des Drittbeteiligten.

Lebnis, Otto, Unter welchen Voraussetzungen haftet der Auftraggeber für den Schaden, der dem Beauftragten bei der Ausführung des Auftrags erwachsen ist? Diss. Greifswald 1906.

Lehmann, Die Unterlassungspflicht im bürg. Recht. 1906.

Leschik, Edgar, Der privatrechtliche Schutz der Ehre. Diss. Leipzig 1906.

Linkelmann, Zwei Fragen aus dem Gebiete des Schadensersatzrechts. ArchBürgR. 24, 238.

Longard, Das Namensrecht des § 12 BGB. nach der Rechtsprechung insbesondere des Reichsgerichts. DJZ. 1912, 665.

Lütje, Eduard, Ist fahrlässige Täuschung eine unerlaubte Handlung im Sinne des BGB. § 823? Diss. Rostock 1902.

Luthart, Grundlagen der Haftpflicht aus § 823 BGB. Diss. Saalfeld. 1900.

Mampe, Walther, Gibt es gegen die Immissionen einer öffentlichen Abwasserleitung zivilrechtlichen Schutz für die Anlieger? Diss. Greifswald 1904.

Manczka, Zur Lehre von den Persönlichkeitsrechten. Zeitschrift für das Privat- und öffentl. Recht der Gegenwart. 39 Heft 1.

Maretzky, Oskar, Der Schutz der Ehre in BGB. Diss. Breslau 1905.

Marx, Arthur, Der Schutz des Namensrechts durch § 12 BGB. Diss. Leipzig 1906.

Meinke, Walther, Auf welche Rechte findet der § 823 BGB. Anwendung? Diss. Greifswald 1905.

Moritz, H., Ueber Haftung aus Spezifikation nach gem. Recht und BGB. Diss. Rostock 1904.

Mühsam, Die Verkehrsicherheit von Haus und Gastwirtschaft, dargestellt nach dem Stande der Rechtsprechung. Berlin 1912.

Märklin, Zwei anwaltschaftliche Haftpflichtfälle. JW. 1911, 937.

Niedeu, Paul, Die privatrechtliche Haftung für die Gründungsvorgänge nach deutschem Aktienrecht. Diss. Leipzig 1902.

Oehler, Noch einmal die Haftpflicht der Lehrer. PreußVolksschArch. 2, 213.

Palm, J. Fhr. v., Die Schadensersatzpflicht bei rechtmäßigen Gefährdungshandlungen. Diss. Leipzig 1909.

Posadowsky-Wehner, Silvius Graf v., Die widerrechtliche Aneignung von Wild in zivilrechtlicher und strafrechtlicher Bedeutung. Diss. Breslau 1908.

Pusch, Walther, Die Bedeutung der Worte „oder ein sonstiges Recht“ in § 823 Abs. 1 BGB. Diss. Jena 1908.

Rath, Julius, Der zivilrechtliche Schutz der Ehre. Diss. Erlangen 1908.

Richter, August, Haftung des Verkäufers und Vermieters für den Schaden, der dem Käufer oder Mieter durch die übergebene Sache zugefügt wird, nach BGB. Diss. Leipzig 1907.

Riezler, Arbeitskraft und Arbeitsfreiheit. ArchBürgR. 27, 244.

Rosenfels, Julius, Die widerrechtliche, vorsätzliche und fahrlässige Verletzung der Freiheit anderer als Grundlage einer Schadensersatzpflicht. Diss. Heidelberg 1909.

Rosenthal, Der Standpunkt des Reichsgerichts gegenüber Beeinflussungen des Abnehmerkreises eines Gewerbetreibenden. LZ. 1910, 107.

Rotering, Unterlassung nach schuldlos gesetzter Kausalität. BayZfR. 1906, 54.

Roth, Fritz, Grundeigentum und Immissionen (§§ 906, 907, 1004 BGB., 26 GewO.). Diss. Würzburg 1905.

Rüling, Arwed, Die Haftung des Schenkers für Mängel im Rechte und Mängel der Sache nach BGB. Diss. Leipzig 1909.

Sachse, Wilhelm, Inwieweit kann man sich nach BGB. gegen Belästigungen durch Tiere (Hunde, Katzen, Tauben und Bienen) des Nachbarn schützen? Diss. Heidelberg 1906.

Schaufuß, Walther, Die Verletzung des Eigentums oder eines sonstigen Privatrechts eines anderen in § 823 BGB. Diss. Bonn 1899.

Schäfer, Fr. Die Aktivlegitimation bei der actio legis Aquiliae und der § 823 Abs. 1 BGB. Diss. Tübingen 1903.
Schmidt, Ernst, Der Begriff des durch unerlaubte Handlung mittelbar Geschädigten und die Voraussetzungen seines Schadensersatzanspruchs, dargestellt unter Berücksichtigung der geschichtlichen Entwickelung. Diss. Rostock 1904.
Schmölder, Haftung der Wirte für Unfälle der Gäste. DJZ. 1905, 829.
Schönfeld, Leo, Zum § 823 BGB. Diss. München 1899.
Schultzenstein, Siegfried, § 617 BGB. Diss. Würzburg 1903.
Schulz, Friedrich August, Die Haftung für Unfälle im Hause nach BGB. Diss. Heidelberg 1909.
Schwarz, Ernst, Die Haftung des böswilligen Spezifikanten gegenüber dem Stoffeigentümer. Diss. Heidelberg 1907.
Simon, Otto, Die Verbietungsrechte des Nachbarn gegen Immissionen und ihre Beschränkungen gegenüber gewerblichen Anlagen. Diss. Leipzig 1905.
Spillmann, Bernh. Heinrich, Was ist unter dem Ausdruck: „oder ein sonstiges Recht" in § 823 Abs. 1 BGB. zu verstehen? Diss. Halle 1908.
Stockmar, Alfred, Erläuterung des § 823 Abs. 1 BGB. Diss. Jena 1904.
Strachwitz, Ludwig, Schadensersatzansprüche des Kurgastes bei Verletzung durch fiskalische Badeanlagen nach gem. und bürgerl. Recht. Diss. Greifswald 1909.
Strupp, Schadensersatzansprüche Dritter gegen Ehegatten wegen Verletzung der aus der Ehe sich ergebenden Pflichten. SeuffBl. 10, 315.
Strupp, Karl, Schadensersatz wegen Ehebruchs, Eheverlassung und in ähnlichen Fällen. Diss. Heidelberg 1910.
Tiefenthal, Max, Besteht nach geltendem Reichsrecht ein selbständiger Schadensersatzanspruch der Lebensversicherungsgesellschaften gegen den Urheber der schuldhaften Tötung des Versicherten? Diss. Leipzig 1905.
Tume, Die Haftung des Gastwirts für eine ungeeignete Beschaffenheit der Gastlokalitäten. BayZfR. 1910, 231.
Vollrath, Eduard, Die Haftung der Eisenbahn für Fehler im Fahrplan. Diss. Bonn 1911.
Weinrich, Haftpflicht wegen Körperverletzung und Tötung. 1883.
Wenger, Das „sonstige Recht" in § 823 BGB. und der Münchener Papyrus 102. ArchRPhilos. VI Heft 1.
Werner, Ernst, Das Delikt der fahrlässigen Vermögensbeschädigung nach gem. Recht und nach dem BGB. Diss. Greifswald 1902.
Wiesehahn, Friedrich, Die Pflicht des Schiffseigentümers zur Beseitigung seines auf einem öffentlichen Flusse gesunkenen, ein Verkehrshindernis bildenden Fahrzeugs. Diss. Rostock 1905.
Wittgenstein Fritz v., Beschränkung des Eigentums nach § 906 BGB. Diss. Rostock 1906.
Wollburg, Hans, Fallen Forderungsrechte unter den Begriff des „sonstigen Rechts" im § 823 BGB. Diss. Rostock 1904.
Zimmermann, Georg, Der § 823 BGB. in der Rechtsprechung des Reichsgerichts. Diss. Heidelberg 1905.
Zybell, Paul, Die Fürsorgepflicht des Dienstherrn nach § 618 BGB. Diss. Leipzig 1906.

Insbesondere a) Zum Recht des Arztes.

Behr, Haftpflicht des Arztes. Gerichtssaal 62, 416.
Brückmann, desgl. ZStW. 24, 657.

Ehlert, Kurt, Worin liegt der Grund für die Rechtmäßigkeit eines ärztlichen Eingriffs, der ohne Einwilligung des Behandelten oder seines Vertreters vorgenommen wird? Diss. Halle 1908.
Flügge, Das Recht des Arztes. 1903.
Hamm, Operative Eingriffe der Aerzte. DJZ. 1907, 447.
Hellwig, Die Stellung des Arztes im bürgerlichen Rechtsleben. 1905.
Lilienthal, K. v., Die pflichtmäßige ärztliche Handlung und das Strafrecht. Berlin 1899.
Rabel, Haftpflicht des Arztes. 1904.
Rosenberg, Gerichtssaal 66, 62.
Schütze, Walther, Das Operationsrecht des Arztes mit besonderer Berücksichtigung des Falles der Bewußtlosigkeit des Patienten unter zivilrechtlicher Beleuchtung. Diss. Rostock 1911.
Wilhelm, Operationsrecht des Arztes und Einwilligung des Patienten in der Rechtspflege. Berlin 1912. (Beiträge zur forensischen Medizin Bd. 1 Heft 3).

b) Haftung für Beschädigung durch Kraftfahrzeuge.

Damm, Gesetz über den Verkehr mit Kraftfahrzeugen vom 3. Mai 1909.
Eger, DJZ. 1904, 192. Die Haftpflicht der Automobile.
— Gesetz über den Verkehr mit Kraftfahrzeugen vom 3. Mai 1909.
Hagemann, DJZ. 1904, 549. Zur Haftung für Automilschäden.
Hilse, Haftpflicht der Kraftfahrzeuge. 1900.
— Gutachten des 26. DJT. 1902, 1, 27.
Meili, Die rechtliche Stellung der Automobile. 1902.
Kirchner, Gesetz über den Verkehr mit Kraftfahrzeugen vom 3. Mai 1909
Krause, Gesetz über den Verkehr mit Kraftfahrzeugen vom 2. Mai 1909.

c. Notwehr, Notstand, Nothilfe, Selbsthilfe.

Allonas, Marcel, Notwehr und Notstand nach BGB. Diss. Erlangen 1902.
Aßbaß, Leo, Die Grundlinien des Notwehrrechts. Ein Beitrag zur Revision der Notwehrlehre. Diss. Jena 1903.
Bähr, Karl, Die Bestimmungen des BGB. über Notwehr und Notstand. Diss. Marburg 1903.
Braun, Oskar, Vorsätzliche und fahrlässige Verletzungen Unbeteiligter Notwehrhandlungen. Diss. Breslau 1900.
Cohn, Max, Die Behandlung des Notstands in den §§ 228 und 904 BGB. Diss. Bonn 1900.
Fabian, Fritz, Die Notstandspflicht des Eigentümers (§ 904 BGB.). Diss. Heidelberg 1907.
Fiedler, Fritz, Der Notstand des § 904 BGB. Diss. Heidelberg 1909.
Fitzler, Paul, Die zivilrechtliche Bedeutung des Notstands. Diss Jena 1901.
Großmann, Ernst, Das Prinzip der Selbstverteidigung im deutschen BGB. Diss. Berlin 1903.
Haß, Heinrich, Die Fälle der Selbsthilfe durch Wegnahme, Zerstörung oder Beschädigung einer Sache im BGB. nach Voraussetzungen und Wirkungen, einschließlich der Rechtsfolgen der Ueberschreitung erlaubter Selbsthilfe. Diss. Leipzig 1906.
Haller, Friedrich, über Selbstverteidigung und Selbsthilfe nach BGB. Diss. Tübingen 1900.
Hausding, Friedrich, Das Recht der Notwehr und des Notstands nach BGB. Diss. Rostock 1906.
Heyer, Fritz, Die Selbsthilfe nach dem BGB. Diss. Halle 1901.

Jäger, Wilh., Das Anwendungsgebiet der Notwehr (§§ 227 und 859 BGB.). Diss. Heidelberg 1906.
Kelle, Wilh., Der Schadensersatz nach § 904 BGB. Diss. Greifswald 1906.
Köppchen, Otto, Die Nothilfe des § 904 BGB. mit besonderer Berücksichtigung der Frage des Haftpflichtigen nebst einem Überblick über die historische Entwickelnng. Diss. Erlangen 1911.
Kuhn, Paul, In welchem Verhältnis stehen die §§ 228 und 904 BGB. zu einander? Diss. Freiburg 1903.
Müller, Anseln, Beitrag zur Interpretation der §§ 228, 904 BGB. Diss. Leipzig 1903.
Quenstedt, Walther, Der Notstand des § 904 BGB. Diss. Jena 1902.
Raitz von Frentz, Maximilian Frhr. v., Die Nothilfe und ihre zivilrechtlichen Wirkungen nach dem BGB. Diss. Rostock 1907.
Röhrig, Albert, Notwehr und Notstand im BGB. Diss. Jena 1902.
Rommel, Bruno, Der Notstand nach BGB. Diss. Heidelberg 1905.
Rosenfelder, Robert, Erfordernis des gegenwärtigen rechtswidrigen Angriffs im Falle der Notwehr. Diss. Würzburg 1906.
Schäfer, Karl, Das Verhältnis der allgemeinen Bestimmungen des BBG. über Selbstverteidigung und Selbsthilfe (§§ 226—231) zu den Vorschriften des hannoverschen Jagdrechts über das Töten von Hunden und Katzen. Diss. Straßburg 1911.
Schleifenbaum, Ernst, Begriff und Bedeutung des gegenwärtigen rechtswidrigen Angriffs in § 227 BGB. Diss. Heidelberg 1904.
Schollmeyer, Dr. F., Das Recht der Notwehr nach BGB. Würzburg. Festrede vom 10. Mai 1899.
Schrader, Arthur, Die Begriffe der Notwehr und des Notstands nach dem RStGB. und dem BGB. sowie das gegenseitige Verhältnis derselben zu einander. Diss. Erlangen 1901.
Schröder, Karl August, Der Notstand des BGB. Diss. Heidelberg 1910.
Schuckmann, Wilh. von, Verbotene Eigenmacht und Selbsthilfe beim Besitz nach BGB. Diss. Rostock 1905.
Schultz, Rudolf, Notwehr und Notstand im heutigen Recht. Diss. Freiburg 1902.
Sievers, Paul, Die Selbsthilfe im Besitzrecht. Diss. Leipzig 1905.
Simon, Otto, Notwehr, Notstand und Selbsthilfe nach BGB. 1903.
Straufz, Arthur, Der rechtliche Charakter der Notstandshandlungen und ihre Behandlung im geltenden deutschen Recht. Diss. Heidelberg 1905.
Titze, Heinrich, Die Notstandsrechte im deutschen BGB. und ihre geschichtliche Entwickelung. Diss. Berlin 1897.
Warmbrunn, Max, Die Ersatzpflicht des Nothelfers. Diss. Greifswald 1909.
Weilinghaus, Johann, Der Notstand nach § 228 und 904 BGB. Diss. Leipzig 1906.
Wendehorst, Robert, Die Interessenkollision im Tatbestande des § 904 BGB. und ihre Wirkung. Diss. Würzburg 1911.
Wilfferodt, Gerhard, Selbsthilfe nach BGB. Diss. Leipzig 1905.
Wolffsohn, Arthur, Notwehr, Notstand und Nothilfe in Voraussetzungen und Wirkungen nach BGB. Diss. Bonn 1901.

### d) Pfändung von dem Schuldner nicht gehörigen Sachen.

Abrahamsohn, Alfred, Die Rechte des Dritteigentümers bei unrechtmäßiger Mobiliarzwangsvollstreckung wegen einer Geldforderung nach geltendem Recht. Diss. Freiburg 1907.

Dill, Rudolf, Die Ansprüche des Dritteigentümers aus unrechtmäßiger Mobiliarzwangsvollstreckung nach deren Vollendung. Diss. Marburg 1910.
Fröhlich, Georg, Haftung des Gläubigers bei der Vollstreckung in Sachen Dritter.
Goldstein, Walther, Die Haftung des Gläubigers nach vollendeter Zwangsvollstreckung in eine dem Schuldner nicht gehörige Sache. Diss. Rostock 1906.
Grosfeld, Fritz, Die Ansprüche des Dritteigentümers aus unrechter Mobiliarzwangsvollstreckung vor und seit dem Inkrafttreten des BGB. Diss. Rostock 1901.
Heintze, Johannes, Die Schadensersatzverpflichtung nach ungerechtfertigter Vollstreckung. Diss. Freiburg 1905.
Hendrichs, Franz, Die Ansprüche des Dritteigentümers nach beendeter Zwangsvollstreckung in bewegliche Sachen. Diss. Erlangen 1907.
Huiking, Oskar, Schadensersatz- und Bereicherungsansprüche des Dritteigentümers bei Pfändung körperlicher Sachen. Diss. Leipzig 1909.
Köhler, Ignaz, Die Zwangsvollstreckung in dem Schuldner nicht gehörige Sachen und die Rechte des Dritteigentümers. Diss. Göttingen 1906.
Lüttich, Otto, Die Ansprüche des Dritteigentümers nach beendeter Zwangsvollstreckung. Diss. Leipzig 1906.
Riese, Julius, Ansprüche des Dritteigentümers bei Pfändung und Versteigerung dem Schuldner nicht gehöriger beweglicher Sachen. Diss. Heidelberg 1908.
Rogge, Arthur, Ueber den Eintritt einer Schadensersatzpflicht wegen ungerechtfertigter Zwangsvollstreckung. Diss. Rostock 1905.
Smoira, Moses, Die Haftung des redlichen Gläubigers nach beendigter Zwangsvollstreckung in bewegliche, dem Schuldner nicht gehörige Sachen. Diss. Königsberg 1911.

## § 13. Allgemeiner Tatbestand des § 823 Abs. 2 BGB.

Bauer, Robert, Der Begriff des Schutzgesetzes in § 823 Abs. 2 BGB, Diss. Marburg 1907.
Beling, Günther, Erläuterung des § 823 Abs. 2 BGB. Diss. Jena 1904.
Born, Ernst, Ehrverletzung und Schadensersatz nach bürgerlichem Recht mit Rücksicht auf die geschichtliche Entwickelung. Diss. Breslau 1910.
Breit, Einiges zum Baugeldvertrag nach künftigem Recht. JW. 1909. 349, V.
Brückner, Haftung des Arbeitgebers wegen Nichtverwendung von Beitragsmarken? Gruchots Beitr. 50, 783.
Brunn, Haftung des Arbeitgebers wegen Nichtverwendung von Beitragsmarken? ArchBürgR. 28, 271.
Cohn, Schutzgesetz. Gruchots Beitr. 43, 391.
Conrades, Schutzgesetz im Sinne des § 823 Abs. 2 BGB. und ursächlicher Zusammenhang. Recht 1910, 36.
Dernburg, Privatrechtlicher Schutz der Ehre. JW. 1905, 161.
Detmold, Der Begriff des Schutzgesetzes in § 823 BGB. Festgabe der Göttinger Juristenfakultät für Regelsberger. 1901.
Ebner, Der Rechtsschutz gegen Ehrenkränkungen seitens der Presse. DJZ. 1909, 594.
Gerson, Erich, Die Schadensersatzpflicht bei Elektrizitätsentziehung nach gem. Recht und dem Recht des BGB. Diss. Greifswald 1910.
Hagelberg, Die Baugeldverwendungspflicht. DJZ. 1909, 1199.

Harnier, Das Gesetz über die Sicherung von Bauforderungen vom 1. Juni 1909. DJZ. 1909, 1308.
Langenfeldt, Karl, Welche Bestimmungen des BGB. sind Schutzgesetze i. S. des § 823 Abs. 2 BGB. Diss. Leipzig 1905.
Lenel, Dr., Schutzgesetz. DJZ. 1897, 409.
Mönckeberg, Adolf, Die Schadensersatzpflicht des Arbeitgebers gegenüber dem Arbeiter wegen unterlassener Markenklebung. Diss. Freiburg 1906.
Schultzenstein, Die Streupflicht der Anlieger. Gesetz und Recht 13.
Thieme, Walther, Der Rechtsschutz gegen Belästigungen durch Haustiere des Nachbarn. Diss. Breslau 1907.
Wüstner, Benno, Der zweite Absatz des § 823 BGB. und seine praktische Anwendung auf Vorschriften des StGB. in der bisherigen Rechtsprechung. Diss. Leipzig 1908.
Wündisch, Friedrich, Die Schutzgesetzbestimmung in § 823 Abs. 2 BGB. Diss. Straßburg 1905.

## § 14. Verstoß gegen die guten Sitten.

Asch, Rechtsbehelfe des Gläubigers bei Rechtsgeschäften des Schuldners zum Nachteil des Gläubigers. JW. 1912, 65.
Beisenkötter, Bernhard, Der Verstoß gegen die guten Sitten nach § 826 BGB. in der praktischen Anwendung und Auslegung. Diss. Leipzig 1910.
Binhold, Wilh., Die arglistige Täuschung bei dem Vertrag zu Gunsten Dritter nach dem BGB. Diss. Erlangen 1906.
v. Dassel, Haftpflicht der Presse für von ihr veröffentlichte Mitteilungen über Geschäftsangelegenheiten von Privatpersonen. Recht 1908, 505.
— Schadensersatz wegen Vollstreckung eines für vorläufig vollstreckbar erklärten, später aufgehobenen Urteils. Recht 1908, 30.
Dick, Otto, Der Verstoß gegen die guten Sitten in der gerichtlichen Praxis. Diss. Erlangen 1909.
Dickel, Beweislast bei § 826 BGB. BayZfR.
Dorsemagen, Jos., Die vorsätzliche Schadenszufügung in einer gegen die guten Sitten verstoßenden Weise, § 826 BGB. Diss. Leipzig 1907.
Dümchen, Schuld und Haftung, insb. bei Grundpfandrechten. IheringsJ. 54, 383.
Finger, Komm. zum UnlWG. 1907.
Friedrichs, Über die guten Sitten. Recht 1901, 587.
Hagen, Beiträge zu der Lehre von den „guten Sitten". SächsArch. 1909, 473.
Hampke, Gehaltsverfügung zum Nachteil der Gläubiger. LZ. 1912, 633.
Hein, Verleitung zum Vertragsbruch, Breslau 1906, Leonhards Studien, 1906 Heft 18.
Hein, Wolfgang, Die guten Sitten. Ein Beitrag zu der Lehre von dem richtigen Recht. Diss. Halle 1906.
Jakobi, Leonhard, Recht, Sitte und Sittlichkeit. IheringsJ. 41, 68 ff., insbesondere S. 109.
Josef, Arglistige Herbeiführung der Formnichtigkeit. ArchBürgR. 36, 60; SeuffBl. 11, 13.
Kiß, Die Verleitung zum Vertragsbruche. DJZ. 1908, 684.
Klein, Beiträge zu der Lehre von der „Anzeigepflicht im Zivilrecht". Inwieweit legt § 826 BGB. eine Anzeigepflicht auf? ÖstZBl. 27, 477.
Kohler, Ehre und Beleidigung. VIII. Ergänzender Persönlichkeitsschutz. GoldArch. 47, 150.

Lobe, Die Bekämpfung des unl. Wettbewerbs. 1907.
Mojert, Paul, Die heutige Geltung der exceptio doli generalis. Diss. Würzburg 1910.
Ortlieb, AnfGes. und § 826 BGB. ArchBürgR. 30, 32.
Oertmann, Sittenwidrige Handlungen. DJZ. 1903, 325.
— Gute Sitten und Sozialpolitik. DJZ. 1911, 435.
Pels, Inwieweit schützt das Wettbewerbsgesetz oder § 826 BGB. den Fabrikanten gegen Schleuderer? UnlW. 1904, 2.
Planck, Zur Auslegung und Anwendung des § 826 BGB. DJZ. 1907, 7.
Reichel, Die Behandlung formnichtiger Verpflichtungsgeschäfte. Arch.=ZivPrax. 104, 1.
Rose, Georg, Die zivilrechtliche Arglist nach BGB. und der strafrechtliche Betrug. Diss. Rostock 1905.
Rosenthal, Die illoyale Ausnützung fremder Arbeitsresultate und die neue reichsgerichtliche Rechtsprechung. HansGZ. 11 Hptbl. 37.
Schelcher, Die Entschädigung des Straßenanliegers. FischersZ. 34, 1.
Schmidt, Sind die §§ 823, 824, 826 auch zur Bekämpfung des unl. Wettbewerbs anwendbar? GewRschutz. 8, 103.
Silbermann, Die exceptio doli generalis und das BGB. BayZfR. 1910, 105.
Sliosberg, Mark., Die guten Sitten im Zivilrecht. Diss. Heidelberg 1909.
Stammler, Richtiges Recht. Berlin 1902, 474 ff.
Tambert, Arthur, Zur Auslegung und Anwendung des § 826 BGB. Diss. Rostock 1906.
Tornow, Walther, Die actio doli und ihr Ersatz im BGB. Diss. Greifs=wald 1906.
Wassermann, § 826 BGB. als Waffe gegen den unlauteren Wettbewerb. UnlW. 1904, 1.
Wendt, Die exceptio doli generalis im heutigen Rechte, usw. ArchZivPrax. 101, 1—417.
Wurzer, Schadensersatzansprüche von Mutter und Kind trotz der Einrede der mehreren Zuhälter. Recht 1912, 226.
Zeiler, Vermögensrechtliche Ansprüche aus dem Ehebruch. Recht 1908, 582.

## Insbesondere a) Ausbeutung der Rechtskraft.

Dalberg, Rudolf, Rechtskräftiges Urteil und Verstoß gegen die guten Sitten. Diss. Münster 1910.
— BuschsZ. 40, 5.
Dernburg, Ausbeutung der Rechtskraft gegen die guten Sitten. DJZ. 1905, 465.
Düringer, Falsche Urteile und Rechtskraft. DJZ. 1911, 38.
Fuchs, Herbert, Versehentliche Gerichtsurteile. DJZ. 1910, 1295.
Hamburger, Ausbeutung der Rechtskraft gegen die guten Sitten. Diss. 1911.
Hellwig, Rechtskraft und Einrede der Arglist. Recht 1910. 713.
Höniger, Ausbeutung der Rechtskraft. DJZ. 1905, 1005.
Hüssener, Ausbeutung der Rechtskraft. KGBl. 1906, 45.
Iffland, Eine Lücke in der ZPO. DJZ. 1907, 1081.
Kleinfeller, Rechtskraft, Vollstreckungsrecht und Verstoß gegen die guten Sitten. BayZfR. 1906, 1.
Oppler, Urteilsvollstreckung und Verstoß gegen die guten Sitten, Recht 1907, 439.

Papenstecher, Ausbeutung der Rechtskraft gegen die guten Sitten JW. 1908, 187.
Rehbein, Ausbeutung der Rechtskraft. DJZ. 1905, 1109.
Weill, Ernst, Die Ausbeutung der Rechtskraft gegen die guten Sitten. Diss. Heidelberg 1911.

b) Auskunft, Rat und Empfehlung.

Armbrunn, Leopold, Die zivilrechtliche Haftung für Auskunfserteilung unter besonderer Berücksichtigung der Rechtsprechung der obersten Gerichte. Diss. Heidelberg 1910.
Appelt, Alfons, Haftung aus Rat und Empfehlung. Diss. Heidelberg 1910.
Brand, Die Haftnng des Bankiers für Ratserteilung. DJZ. 1912, 724.
Cohn, Erich, Die Haftung für Rat, Empfehlung oder Auskunft nach deutschem bürgerlichen Recht. Diss. Jena 1908.
Dassel, v., Wissentlich falsches Zeugnis über einen Angestellten. Recht 1903, 733.
Everth, Richard, Die Haftung aus Rat, Auskunft und Empfehlung nach BGB. § 676 BGB. in Entstehung und Anwendung. Diss. Leipzig 1904.
Flierl, Hans, Die zivilrechtliche Haftung der Presse auf Grund des § 676 BGB. Diss. Breslau 1908.
Flörke, Franz, Rat, Auskunftserteilung und Empfehlung nach BGB. Diss. Rostock 1910.
Hertzer, Haftpflicht der Eisenbahn und ihrer Bediensteten für Erteilung von Auskünften, Rat und Empfehlung. EisenbE. 22, 407.
Hückstädt, Walther, Die Haftung des Ratgebers nach gem. Recht und dem Recht des BGB. Unter Berücksichtigung sonstiger moderner Gesetzgebungen. Diss. Greifswald 1901.
Königsberger, Arthur, Die berufliche Auskunftserteilung. Die Stellung der Auskunftsanstalt gegenüber dem Anfragenden. Diss. Tübingen 1907.
Luther, Bernhard, Die Haftung des Ratgebers nach dem gem. Recht und dem BGB. Diss. Leipzig 1905.

c) Aussperrung, Sperre, Boykott, Streik, Schwarze Listen 2c.

Bröcher, Rudolf v., Schadensersatzansprüche aus dem Lohnkampf nach BGB. unter besonderer Berücksichtigung der Rechtsprechung des Reichsgerichts. Diss. Erlangen 1906.
Brückmann, A., Das Reichsgericht und die schwarzen Listen. JW. 1902, 626.
Degen, Die Bedeutung des § 826 BGB. für den gewerblichen Rechtsschutz. GewRschutz 1909, 145 und UnlW. 8, 175, 235, 263.
Kisch, Das Reichsgericht und der Boykott. DJZ. 1911, 1350.
Kolbe, Alfred, Die zivilrechtliche Bedeutung des Boykotts. Diss. Greifswald 1910.
Lehmann, Julius, Streiks, Aussperruug und Verträge. Diss. Leipzig 1907.
Lobe, Zivilrechtliche Folgen der Verrufserklärungen. 29. DJT. 1908, 5, 172.
Maschke, Boykott, Sperre und Aussperrung. 1911.
Meyer, Aussperrung von Arbeitern. Recht 1904, 357.
Meyerowitz, Streik, Aussperrung, Boykott und Verruf in der Rechtsprechung des Reichsgerichts. JW. 1912, 839.

Oertmann, Wesen und Anwendungsgebiet der Verrufserklärung. 28. DJT. 1906, 2, 33.
— Boykott, SeuffBl. 72, 217, 274.
— Noch einmal die schwarzen Listen des Zechenverbands. ArchBürgR. 34, 260.
— Gute Sitten und Sozialpolitik. DJZ. 1911, 435.
Pape, Zivilrechtliche Folgen der Verrufserklärungen. 29. DJT. 1908, 4, 246.
Pinczower, Das Verhältnis des § 826 zum BGB. Boykott. Breslau 1911.
Riezler, Arbeitskraft und Arbeitsfreiheit. ArchBürgR. 27, 244.
Rosin, Zivilrechtliche Folgen der Verrufserklärungen. 29. DJT. 1908, 5, 195 ff., 777 ff.
Stern, Ludwig, Die zivilrechtliche Bedeutung des Streiks. Diss. Erlangen 1909.
Walther, Hans, Der Boykott. Diss. Greifswald 1910.
Wittgensteiner, Arno, Boykott und boykottähnliche Maßregeln nach geltendem Reichsrecht. Diss. Leipzig 1907.

d) Rechtsmißbrauch, Verhältnis des § 826 zum § 226 BGB.

Bauke, Rechtswissenschaftliche Untersuchungen. 1897.
Blümner, Lehre vom böswilligen Rechtsmißbrauch. 1900.
Bode, Hermann, Die sog. Chikane nach BGB. Diss. Greifswald 1905.
Eltzbacher, Die Unterlassungsklage. Berlin 1906. JheringsJ. 6, 81.
Fromherz, „Rechtsmißbrauch" in Poseners Rechtslexikon. 1909.
Goldenberg, Rudolf, Die Stellung des BGB. zur Chikane. Diss. Marburg 1903.
Heine, Ernst, Über das Verhältnis der §§ 226 und 826 BGB. zu einander. Diss. Heidelberg 1906.
Koch, Fritz, Das Chikaneverbot des § 226 BGB. und seine praktische Anwendung. Diss. Freiburg 1902.
Knuth, Arthur, Über die sog. Chikane nach gem. Recht und BGB. Diss. Königsberg 1900.
Nast, Leo, Das Chikaneverbot im BGB. Diss. Rostock 1903.
Oertmann, DJZ. 1903, 326. Sittenwidrige Handlungen.
Rahmdohr, Gruchots Beitr. 46, 577.
Schneidler, Das Chikaneverbot des § 226 BGB. Recht 1906, 603.
Steinbach, Die Moral als Schranke der Rechtsordnung.
Zahn, v., Recht 1906, 847.

§ 15. Kreditschädigung.

Fromherz, Kreditschädigung in Poseners Rechtslexikon. 1909.
Göhring, Fahrlässige Täuschung als unerlaubte Handlung? Diss. München 1900.
Dassel, v., Haftpflicht der Presse für von ihr veröffentlichte Mitteilungen über Geschäftsangelegenheiten von Privatpersonen. Recht 1908, 505.
Keller, Bruno, Begriff und Schutz des Kredits im BGB. Diss. Heidelberg 1908.

§ 16. Geschlechtsehre.

Lynker, Richard Frhr. v., Der § 825 BGB. Diss. Marburg 1901.
Saloschin, A. Viktor, Schadensersatzpflicht wegen Verletzung der weiblichen Geschlechtsehre, insbesondere der immaterielle Schadensersatz. Diss. Heidelberg 1910.

Wurzer, Schadensersatzansprüche von Mutter und Kind trotz der Einrede der mehreren Zuhälter. Recht 1912, 226.

§ 17. Geschäftsherr.

Becker, Karl, Die Haftung des nicht rechtsfähigen Vereins für Delikte seiner Vertreter. Diss. Heidelberg 1910.
Becker, Hugo, die Haftung für unrichtige Zustellung durch den Postboten. Diss. Erlangen 1911.
Biedermann, Fedor, die Haftung des Versicherers gegenüber dem durch betrügerische Vorspiegelungen des Vermittlungsagenten zum Vertragsschlusse verlockten Versicherungsnehmer. Diss. Breslau 1910.
Blume, Max, die frachtrechtliche Haftung der Eisenbahn mit besonderer Berücksichtigung der Haftung für ihre Leute. Diss. Leipzig 1911.
Bodenheim, DJZ. 1905, 1003, Verletzung durch Verschulden des Bühnenkünstlers. Vgl. dazu Fromherz DJZ. 1906, 539.
Breitenstein, Bernhard, Haftung für fremdes Verschulden. Diss. Leipzig 1903.
Brückner, Die Haftung für das rechtswidrige Verhalten Anderer usw. Recht 1901, 299, 338, 373.
Carlebach, Der Entlastungsbeweis des § 831, 1910; ders. Diss. Heidelberg 1909.
David, Harry, Die Haftung des Reeders und des Schiffseigners für den von der Schiffsbesatzung einem Dritten schuldhafter Weise zugefügten Schaden im Vergleich zur Haftung aus den §§ 278, 831 BGB. Diss. Rostock 1904.
Dickmann, Karl, Wer ist als gesetzlicher Vertreter und als Hilfsperson anzusehen nach §§ 278 und 821 BGB.? Diss. Rostock 1906.
Eger, Haftpflicht der Eisenbahnen für Sachschaden. DJZ. 1908, 751.
Feder, Verantwortlichkeit für fremdes Verschulden nach BGB. Berlin 1902.
Fischer, Karl, Die nicht auf den Parteiwillen gegründete Zurechnung fremden Verschuldens nach BGB. München 1904.
Fritze, Die Haftung der Versicherungsgesellschaften für ihre Agenten, dargestellt nach der Praxis des Reichsoberhandelsgerichts und des Reichsgerichts sowie nach dem Entwurf eines Gesetzes über den Versicherungsvertrag. Diss. Marburg 1904.
Fromherz, „Geschäftsherr" in Poseners Rechtslexikon 1909.
Fuld, Die Haftung der Kleinbahnen für ihr Personal. EisenbE. 20, 186.
Glanz, Theodor, Haftet der Mieter dem Vermieter für Schäden, welche die Leute des Möbeltransporteurs beim Umzug in die Wohnung verursachen? Diss. Greifswald 1908.
Görger, Franz, Inwieweit haftet der Mandant für Schaden des Mandatars? Diss. Erlangen 1899.
Grünebaum, Probleme der Schadenshaftung. DJZ. 1908, 321.
Hinze, Die Haftung für fremdes Verschulden bei konkurrierendem außervertraglichen Verschulden. JW. 1908, 230.
Huber, Zum Begriff der „Bestellung zu einer Verrichtung" des § 831 BGB. DJZ. 1910, 479.
Jowy, Michael, Der Begriff der „Bestellung" im § 831 BGB. ArchBürgR. 37, 1. 1911.
Isay, Geschäftsführung 401 ff.
Koch, Erwin, Die Haftung des Dienstherrn für das Gesinde. Diss. Gießen 1905.
Kreß, Haftpflicht der Eisenbahn für Sachschäden, nach bayr. Recht. EisenbZ. 26, 45.

Krukenberg, Gustav, Die Haftung des Reichsmilitärfiskus. Diss. Heidelberg 1911.

Latacz, Ewald, Die außerkontraktliche Haftung der Mitglieder des Aufsichtsrates einer A.-G. Diss. Breslau 1907.

Levison, Heinrich, Zur Frage der Haftung für fremdes Verschulden. DJZ. 1908, 534.

Lüdemann, Heinrich, Die Haftung des Reeders aus Vertrags- und Deliktsobligationen des Schiffers nach geltendem Recht. Diss. Marburg 1905.

Lüderitz, Ernst, Die Haftung des Mieters für den Schaden, den seine Familienangehörigen, Dienstboten und sein Logierbesuch der Mietsache zufügen. Diss. Würzburg 1906.

Mende, Georg, Die Haftung des Vertretenen für rechtswidriges Vertreters. Diss. Breslau 1910.

Meyn, Alfred, Die außerkontraktliche Haftung des Geschäftsherrn für schadenbringende Handlungen seines Gehilfen. Diss. Greifswald 1906.

Mittelmann, Hans, Gegen wen kann der durch eine unerlaubte Handlung des Konkursverwalters Beschädigte seine Schadensersatzansprüche geltend machen? Diss. Jena 1907.

Nöldecke, Die außerkontraktliche Haftung für fremdes Verschulden nach den §§ 831, 832 BGB. Gruchots Beitr. 41, 766. 1897.

Nußbaum, Dr. Arthur, Haftung für Hilfspersonen nach § 278 BGB. im Vergleich mit dem gemeinen und dem Landrecht. Berlin 1898. (Eberings rechtswissenschaftliche Studien.)

Perels, Leopold, Dr. jur., Die Stellung des Kapitäns im deutschen Seehandelsrecht.

Philipp, Karl, Die Stellung des § 278 zu dem § 831 BGB. Diss. Tübingen 1903.

Pieper, Karl, Haftet der Reeder nach Seerecht und der Schiffseigner nach Binnenschiffahrtsrecht für ein Verschulden des vom Schiffer (Kapitän) freiwillig angenommenen Lotsen? Diss. Erlangen 1902.

Pfeiffer, Wilh., Die außerkontraktliche Haftung für Handlungen dritter Personen nach §§ 831, 832 BGB. Diss. Erlangen 1901.

Pünder, Hermann, Die Haftung für die unerlaubten Handlungen des Vorstands in der Lehre vom nicht rechtsfähigen Verein. Diss. Jena 1910.

Schack, Hans, Die Haftung der Vorstandsmitglieder der AG. Diss. Jena 1907.

Schulte, Otto, Die Deliktsschuldenhaftung nicht rechtsfähiger Vereine. Diss. Heidelberg 1908.

Schütz, Viktor, Die Haftung für das Verschulden von Gehilfen nach dem BGB. Diss. Jena 1900.

Warschauer, Zur Haftung des Geschäftsherrn aus § 831 BGB. DJZ. 1910, 1294.

Wegerdt, Alfred, Die Haftung des Reeders im modernen deutschen und englischen Recht. Diss. Leipzig 1906.

Wolff, Hans, Die Haftung für dritte Personen nach dem BGB., insbesondere die §§ 278 und 831 und ihr Verhältnis zu einander. Diss. Rostock 1906.

## § 18. Aufsichtspflichtiger.

Anhalt, Franz, Die außerkontraktliche Haftpflicht des Geschäftsherrn und des Aufsichtspflichtigen für Handlungen dritter Personen. Diss. Erlangen 1909.

Fromherz, „Aufsichtspflichtiger“ in Poseners Rechtslexikon 1909.
Jerusalem, Hermann, Die Haftpflicht der Aufsichtspersonen nach § 832 BGB. Diss. Leipzig 1903.
Masur, Kurt, Die Haftung der Aufsichtspersonen nach § 832 BGB. Diss. Breslau 1908.
Mayr, Die Aufsichtspflicht der Eltern nach BGB. SeuffBl. 1906, 109.
Nöldecke, Siehe § 17.
Pfeiffer. Siehe § 17.
Ruhl, Wilh., Die Haftung des Aufsichtspflichtigen nach § 832 BGB. unter besonderer Berücksichtigung der geschichtlichen Entwickelung. Diss. Würzburg 1907.
Sachs, Albert, Die Haftung der Eltern für Delikte des Kindes mit besonderer Berücksichtigung der Rechtsprechung zu § 832 BGB. Diss. Heidelberg 1911.
Schultze, Haftung des Anstaltsarztes in Irrenanstalten. ArchBürgR. 17, 99.
Winter, Haftpflicht der Lehrer. Recht 1902, 39, 69.
Zimmer-Vorhaus, Richard, Über die Haftung aus § 832 BGB. Diss. Leipzig 1909.

## § 19. Tierhalter.

Bälz, Dr., Gehören die Bienen in Deutschland zu den Haustieren? DJZ. 1908, 415.
Behrens, Oskar, Die Haftung für Tierschäden in ihrer geschichtlichen Entwicklung. Diss. Göttingen 1906.
Blume, v., Vertragshaftung und Deliktshaftung. Tiergefahr und Vertragsgefahr. Recht 1905, 481.
— Das Reichsgericht und der Gefälligkeitsvertrag. Recht 1908, 649.
Bozi, Tierhaftung. Recht 1906, 41.
Cohn, Entlastungsbeweis in Ansehung der Auswahl des Tierhüters? JW. 1909, 264.
Danz, Dr., Zum vertragsmäßigen Ausschluß der Haftung, DJZ. 1905, 383.
Eisele, Zivilistische Kleinigkeiten. VII. Über die Haftung des Eigentümers für den durch sein Tier verursachten Schaden. JheringsJ. 24, 430 ff.
Endemann, Zum Band 52 der Reichsgerichtsentscheidungen. DJZ. 1903, 161 Ziff. 4.
Fleischauer, Die Haftungsgrenze aus § 833 BGB. Gruchots Beitr. 47, 303; ders. zu § 833 BGB. JW. 1903, 267. Recht 258.
Fischer, Tierhalter und Tierschaden. Hirths Annalen 1905 Heft 9.
Fürst, Zur Ersatzpflicht des Tierhalters. JW. 1910, 571.
Francke, Die Haftung des Tierhalters nach § 833 BGB. ArchZivPrax. 1904, 144; ders. Tierhalterhaftung. Die besondere Haftung des Tierhalters und des Tieraufsichtspflichtigen nach dem BGB. 1911.
Goslich, Wo liegt die Grenze der Haftung des Tierhalters? Gruchots Beitr. 47, 1.
Grunow, Dr., Die Tierhaftung nach dem BGB. und gem. l. 1 §§ 4—11 D. 9, 1. Berlin 1907; ders. Diss. Heidelberg.
Grünebaum, „Tierhalter“ in Poseners Rechtslexikon 1909.
Hagelberg, E., Der Begriff des Tierhalters in §§ 833, 824 BGB., zugleich eine Grundlegung der Lehre von der Tierhaftung. Diss. Halle 1905 und Berlin (Vahlen) 1905. Besprochen JLBl. 1905, 40.
Hellwig, Gesetzeskonkurrenz und Tierhaftung. DJZ. 1906, 1289.

Jahn, Dr. RA., Zur Tierhalternovelle. DRZ. 4, 856; BadRPr. 1910, 166.
Isay, Dr., Die Verantwortlichkeit des Eigentümers für seine Tiere. IheringsJ. 39, 209. 1895.
— Gruchots Beitr. 48, 511.
Josef, Die Tierhalternovelle. Gesetz u. Recht 9, Heft 23; ders., Der Wachhund. Recht 1909, 505; ders., Die praktische Anwendung der Tierhalternovelle. Gruchots Beitr. 53, 28; ders., Entlastungsbeweis in Ansehung der Auswahl des Tierhüters. JW. 1909, 353; ders., Findet auf den Tierhändler die Tierhalternovelle Anwendung? Recht 1910, 770; ders., Haftung für Tierschäden oder für eigenes Verschulden. JW. 1911, 80.
Fürnrohr, Zur Ersatzpflicht des Tierhalters. JW. 1910, 95; ders. Findet auf den Tierhändler die Tierhalternovelle Anwendung? JW. 1911, 702; ders., Haftung für Tierschäden oder für eigenes Verschulden. JW. 1911, 793.
Hasenclever, Findet auf den Tierhändler die Tierhalternovelle Anwendung? JW. 1911, 703.
Kleefeld, Dr. K., Der Begriff des Tierhalters sowie Grundlage und Umfang der Haftung aus § 833 BGB., Berlin 1904. Bespr. in ArchBürgR. 25, 380.
Kluge, Dr. H., Die volkswirtschaftlichen Grundlagen für die Haftung des Tierhalters im BGB. Jena 1905.
Kohl, Dr. Hans, Ein Kompromißvorschlag zur geplanten Abänderung des § 833 BGB. DJZ. 1905, 1146.
Krückmann, Dr. Paul, Verschuldens-Abrechnung und Gefährdungs-Aufrechnung. IheringsJ. 51, 428. 1907; ders., Der Umfang der Gefährdungs-Aufrechnung. IheringsJ. 54, 107. 1910; ders., Gefälligkeitsverträge. SeuffBl. 1909, 113.
Lenel, Die Gefahren der Gelegenheitsgesetzgebung. Der neue § 833 BGB. DJZ. 1906, 626.
Lippmann, v., Zur Frage der Haftung für Tiere. SächsArch. 15, 552; ders., Zur Abänderung des § 833 BGB. SeuffBl. 1907, 1015—1063; ders., Das Gesetz betr. Abänderung des § 833 BGB. BlfRA. 73, 16.
Litten, Dr. F., Die Ersatzpflicht des Tierhalters. Berlin 1905. Bespr. in GerS. 66, 170. JLBl. 1905, 80. ZStW. 25, 267; ders., Zur Abänderung des § 833 BGB. DJZ. 1905, 339.
Marwitz, Gutachten über die Frage: Empfiehlt sich eine Abänderung der Vorschrift des § 833 BGB. über die Haftung des Tierhalters? 28. DJT. 1906. 2, 87.
Merz, Begrenzung der Schadensersatzpflicht des Tierhalters; zur Auslegung der §§ 833 und 847 BGB. SeuffBl. 1902, 165.
Meyer, Prof. Herbert, Das Publizitätsprinzip im Deutschen Bürgerl. Recht. S. 89/90 Anm. 2.
Neumann, Dr. Hugo, Zur gesetzgeberischen Regelung der Haftung des Tierhalters. JW. 1905, 193.
Oertmann, Zur Frage der Haftung für Tierschäden. DJZ. 1904, 136.
Ortloff, Tierhalterhaftung. ThürBl. 59, Heft 2 (1912).
Reichel, v. Dr. Leopold, Wie haftet man für seine Tiere nach dem neuen Gesetz vom 30. Mai 1908? Berlin 1910.
Reichstagsdrucksache Nr. 538 vom 10. Dezember 1907. Entwurf eines Gesetzes betr. Abänderung des § 833 BGB., nebst Begründung.
Roscher, Dr. Wilh., Haftung für Tierschäden nach dem durch Reichsgesetz vom 30. Mai 1908 abgeänderten § 833 BGB. 1909.

Riehl, LGRat, Wann endlich wird der Tierhalterparagraph abgeändert? Grenzboten 1906, 353.
Rumpf, IheringsI. 50, 386, 1906.
S. . . . H., Die Haftpflicht des Tierhalters im Lichte der neuesten Rechtsprechung. Gesetz und Recht 1908 Heft 5.
Scherer, Dr. RA., Hirths Annalen 1906 Heft 6.
Schmidt, Zur Auslegung der Tierhalternovelle. SeuffBl. f. RA. 1912, 77.
Schmoller, Landr., Über den Kausalzusammenhang beim Tierschaden. ArchZivPrax. 98, 1; ders., Diss. Rostock 1905.
Schneider, Zu § 833 BGB. Recht 1903, 203.
Schuhmacher, Dr. Prof., AGRat, Wer ist Tierhalter? JW. 1906, 156.
Schwarz, Dr. O. G., Die Haftung des Tierhalters. Berlin 1905.
Schwarz, Dr. Oskar, Zur Tierhalterfrage. BadRpr. 1908, 20.
Seligsohn, Dr. Franz, Eisenbahnunternehmer und Tierhalter. JW. 1912, 375.
Stierle, G., Die Haftung für Tiere im BGB. Stuttgart 1905; ders., Diss. Tübingen, bespr. von Heinrici. Gruchots Beitr. 51, 230.
Tuhr, v. Dr. Prof., Zur Reichsvorlage betr. die Haftung für Tierschäden. DJZ. 1906, 389.
Träger, Dr. Prof., Gutachten über die Frage: „Empfiehlt sich eine Änderung der Vorschrift des § 833 BGB. über die Haftung des Tierhalters? 28. DJT. 1906, 2, 115.
Träger, § 833 und der Gesetzentwurf vom 24. Februar 1906. Ein Mahnwort in letzter Stunde. Recht 1906, 343; ders., Deutsche Wirtschaftszeitung 1906, 770.
Unger, Zur Haftung des Tierhalters. Hirths Ann. 1903, 155.
Westrum, Die Haftung des Tierhalters. JW. 1905, 275.

Weitere Doktorarbeiten zu §§ 833, 834:

Becker, Hermann. Leipzig 1906.
Bercht, Walther. Heidelberg 1904.
Bielenberg, Hans, Die Haftung des Bienenzüchters für Beschädigung durch Bienen, zugleich ein Beitrag zu der Lehre von der Haftung für Tiere. Erlangen 1908.
Bosse, Erich v., Welche Einwirkungen hat ein Vertragsverhältnis auf den § 833 BGB.? Kritik der Reichsgerichtsentscheidungen. Greifswald 1908.
Fath, Karl, Die Haftung für Tiere nach römischem Recht, älterem deutschen Recht und nach BGB. Heidelberg 1907.
Fischer, Hellmuth. Leipzig 1906.
Enders, Karl. Marburg 1904.
Gorski. Rostock 1903.
Hartenstein. Leipzig 1903.
Hausmann, Hans. Rostock 1904.
Heß, Hans. Leipzig 1909.
Hoffers, Walther. Rostock 1903.
Holfeld, Walther. Leipzig 1904.
Jaehnigen, Franz (nach röm. Recht). Leipzig 1905.
Janus, Kuno, Das Bienenrecht des BGB. Leipzig 1906.
Kahn, Bernhard, Würzburg 1912.
Kaffemeyer, H. Heidelberg 1911.
Kelbling, Viktor. Leipzig 1906.

Köcher, Otto, Können mehrere Personen bezüglich desselben Tiers Tierhalter sein? Leipzig 1907.
Korsch, Bruno. Heidelberg 1908.
Köstlin, Adolf. Heidelberg 1906.
Kruse, Heinrich. Rostock 1905.
Lehmann, Johann. Leipzig 1905.
Lellek, Hans. Heidelberg 1906.
Lohrmann, F. Rostock 1903.
Levy, John. Freiburg 1901.
Mertens, Fritz, Der Kausalbegriff in § 833 und der § 227 BGB. Leipzig 1905.
Niemeyer, Karl. Leipzig 1904.
Reichel, Leopold v., Die lex Treuenfels, das Gesetz betr. Aenderung des § 833 BGB. vom 30. Mai 1908. Heidelberg 1909.
Rieth, Joseph, Das gesamte deutsche Bienenrecht in historischer Entwicklung und Gegenwart. 1910.
Schimmler, Wilh. Otto. Leipzig 1907.
Schlosser, Konrad. Leipzig 1906.
Rusch, Max. Rostock 1907.
Schreder, Adolf (§§ 833, 254). Halle 1908.
Schuhmann, Heinrich (§§ 833, 254). Leipzig 1902.
Smidt, Gustav. Freiburg 1904.
Tapper, Walther. Münster 1904.
Tischendorf, Rud. Marburg 1906.
Walter, Joh., Die Novelle zum Tierhalterparagraphen. Leipzig 1909.
Wießner, Conrad. Breslau 1903.
Zech, Josef. Erlangen 1905.
Zobel, Georg v. Leipzig 1909.

## § 20. Wildschaden.

Albrecht, Friedrich, Die Wildschadensersatzpflicht nach BGB. unter Berücksichtigung der einschlägigen Landesgesetze. Diss. Rostock 1903.
Barlet, Kurt, Das bayerische Wildschadensrecht. Erlangen 1906.
Conrad, über die Bedeutung des § 228 BGB. in Beziehung auf Wildschaden. GoldtArch. 59 Heft 5/6.
Müller, Ernst Wolfgang, Die Wildschadensersatzvorschriften des deutschen BGB. Diss. Erlangen 1903.
Fromherz, „Wildschaden" in Poseners Rechtslexikon. 1909.
Rieke, Franz, Der Wildschadensersatz nach deutschem bürgerlichen Recht. Diss. Greifswald 1906.
Rottkack, Herbert, Der Wildschadensersatz nach altem und neuem Recht. Diss. Heidelberg 1907.
Siegert, Arnold, Die Wildschadensersatzpflicht nach Reichs- und Landesrecht unter Berücksichtigung der geschichtlichen Entwicklung derselben. Diss. Rostock 1910.

## § 21. Einsturz.

Delius, Heinrich, über die Haftung für den Einsturz von Gebäuden und anderen Werken. BGB. §§ 836—838. Diss. Göttingen 1900.
Fromherz, „Einsturz" in Poseners Rechtslexikon. 1909.
Groos, Ludwig, Die Schadensersatzpflicht bei Beschädigung durch Einsturz eines Gebäudes oder von Teilen eines solchen. Diss. Rostock 1903.

Hagedorn, Karl, Die Haftpflicht für Gebäudeeinsturz im Rechtsleben der Vergangenheit und Gegenwart. Diss. Erlangen 1910.
Katzschmer, Oskar, Schadensersatzpflicht nach §§ 836—838 BGB. Diss. Leipzig 1910.
Kaulfers, Werner, Die Lehre von der Haftung für Werkeinsturz nach §§ 836—838 BGB. Diss. Leipzig 1907.
Laue, Paul, Haftung für Hauseinsturz. Diss. Berlin 1899.
Lotze, Paul, Die Schadenshaftung nach §§ 836—838 BGB. Diss. Heidelberg 1911.
Meißner, Ch., Bayerisches Nachbarrecht, 87 ff.
Rasch, Kurt, Die Haftung für den Einsturz von Gebäuden. Diss. Göttingen 1905.
Scholtz, Leopold, Über die Haftung für den Einsturz von Gebäuden und anderen Werken. Diss. Heidelberg 1907.
Scholz, Robert, Die Haftung für den Schaden, der durch den Einsturz eines Gebäudes und sonstigen Werks oder durch Ablösung von Teilen eines solchen fremden Personen entsteht. Nach röm. und gem. Recht und nach BGB. Diss. Greifswald 1905.
Wolterhof, Hermann, Die Haftung aus § 836 BGB. Diss. Heidelberg 1908.

## § 22. Beamtenhaftung.

Averdieck, Otto, Die Haftung des Schiedsrichters für einen unrichtigen Schiedsspruch nach gem. Recht und nach BGB. Diss. Freiburg 1904.
Brettner, Die Haftung des Grundbuchrichters. Recht 1902, 430.
Boden, Die Haftung der Beamten der freiwilligen Gerichtsbarkeit für Verschulden. ZBlFG. 2, 244.
Brie, Die richterliche Haftung bei Urteilen. Breslau 1906.
Coester, Robert, Die Haftung des Staats für Amtsdelikte bei Ausübung der öffentl. Gewalt nach preuß. Recht. Jahrb. öff. R. 5 (1911).
Daffis, Haftbefehl. DJZ. 1906, 1017.
Delius, Die Haftung der Beamten nach Reichsrecht. (2) 1909; ders. DJZ. 1904, 525.
— Haftpflicht des Beamten bei Entscheidungen, welche auf Grund des Vorschlags eines Referenten beschlossen werden. PrVerwBl. 27, 756.
Dorner, Bad. Ausf. Ges. zum BGB. 1902. S. 51 ff.
Drouven, Max, Die Beamtenhaftung nach § 839 BGB. Diss. Leipzig 1907.
Eckstein, Begriff des Beamten. ArchÖffR. 27, 558.
Friese, Hans, Die Haftpflicht der Gerichtsvollzieher für Verschulden in Ausübung ihres Berufs, unter besonderer Berücksichtigung des preußischen Rechts. Diss. Erlangen 1910.
Fromherz, „Unerlaubte Handlung der Beamten“ in Poseners Rechtslexikon 1909, II, 657.
Grimm, Die Haftung der nichtrichterlichen Beamten wegen Verletzung der Amtspflicht. Arch. f. Post und Tel. 1901, 2.
Hachenburg, Vorträge über das BGB. (1) 152 ff. (2) 421 ff. 1900.
Hüssener, Arthur, Die zivilrechtliche Verantwortlichkeit der Beamten wegen Verletzung der Amtspflicht. Diss. Jena 1901.
Iber, Hans, Die Haftung der Schutzgebiete für ihre Beamten. Diss. Marburg 1911.
Josef, Der Schadensersatzberechtigte bei Amtspflichtverletzungen des Beamten, insbesondere des Notars. ArchZivPrax. 98, 426.

Keil, Georg, Der Begriff des „Beamten" nach dem neuen bayerischen Beamtengesetz vom 16. August 1908. Diss. Erlangen 1911.
Kirbach, Kurt, Die Haftung des Beamten nach § 839 BGB. Diss. Leipzig 1906.
Krieg, Nochmals die Haftung des Staats für seine fahrlässig handelnden Beamten. JW. 1912, 1087.
Kraft, J., Die Haftpflicht des Spruchrichters. DRZ. 1912, 325; ders., Die Haftpflicht der Richter, Rechtsanwälte und Notare, Gerichtsschreiber und Gerichtsvollzieher. Berlin, O. Liebmann, 1911; ders., Haftpflicht der Justizbeamten. RheinA. 108, 19; DJZ. 1909, 1415.
Kröner, Die Beamtenpflicht im Reiche und in den Bundesstaaten. 1911.
Ludwigs, Kurt, Das Verhältnis der Beamtenhaftung zur allgemeinen Deliktshaftung (§§ 839, 823, 826 BGB.). Diss. Heidelberg 1910.
Markus, Zur Haftung des Richters und Notars. DJZ. 1899, 356.
Meltz, Die Beamtenpflicht nach § 839 BGB., Rostocker rechtswissenschaftliche Studien 2 Heft 3. Diss. Rostock 1903.
Mogk, Paul, Die Ausnahmebestimmung des § 839 Abs. 2 BGB. und ihr Anwendungsgebiet. Diss. Leipzig 1909.
Müser, Gustav, Das receptum arbitri und die Haftung des Schiedsrichters. Diss. Erlangen 1911.
Nöldecke, Die zivilrechtliche Haftung des Richters nach dem BGB. Gruchots Beitr. 42, 795.
Oberneck, Grundbuchsrecht S. 94 ff.
Oertmann, Die Haftung der Notare, insb. nach bayerischem Recht. ZBlFG. 1904, 771.
Oppenhoff, Die Verantwortlichkeit der Richter aus § 839 Abs. 2 BGB. DJZ. 1902, 480.
Priester, Die zivilrechtliche Haftung des Rechtsanwalts und Notars. 1904.
Rathmann, Robert, Die Haftung des Staats und der Grundbuchsbeamten für Verletzungen der Amtspflicht der Letzteren. Diss. Breslau 1904.
Rehm, Der Beamtenbegriff des BGB. und seiner Nebengesetze. Hirths Ann.
Reimer, Haftung der Beamten nach Preuß. Gesetz vom 1. August 1909 und Reichsgesetz vom 22. Mai 1910? JW. 1912, 981.
Reiner, Hans, Die Schadensersatzpflicht des Beamten und des Staats nach BGB., seinen Nebengesetzen und dem bayerischen AusfGes. zum BGB. Diss. Würzburg 1904.
Ricks, Haftung der Richter, Aufhebung des staatlichen Rückgriffsrechts gegen die Gerichtsbeamten in Preußen (Leitsätze). DRZ. 1910, 267, 1911, 97; DJZ. 1912, 736.
Rotschild, Eugen, Die Haftung der Justizbeamten und des Staats aus Amtshandlungen mit besonderer Berücksichtigung des bad. Rechts. Diss. Freiburg 1902.
v. Schelhorn, Die Amtshaftpflicht gegenüber Dritten nach deutschem und bayerischem bürgerlichen Recht. Hirths Ann. 1906, 439.
Schneider, Die Haftbarkeit des sog. Spruchrichters nach dem BGB. ArchZivPrax. 1901, 209.
Scholz, ElsLothrZ. 22, 366.
Siegel, Paul, Die Schadensersatzpflicht der Beamten aus rechtswidrigen Amtshandlungen. Diss. Göttingen 1904.
Söhngen, Die Haftpflicht des Richters. DRZ. 1912, 325.
Sommer, Die Haftpflicht des Waisenrats, FürsZ. 2, 205; BraunschwZ. 11, 85.
— Zum Verhältnis der §§ 823 und 839 BGB. zueinander. Recht 1912, 735.

Spillner, Otto, Das Haftungsprivileg des urteilenden Richters (§ 839 Abs. 2 BGB.). Diss. Heidelberg 1910.
Stuhlmann, Der Fahrlässigkeitsbegriff. (Siehe § 2).
Walter, Haftung des Gerichtsvollziehers wegen verzögerter Dienstleistung. Zeitschrift für VollstrZust. und Kostenwesen 1901, 106.
Wieland, Walther, Die zivilrechtliche Haftung des Beamten in ihrer historischen Entwicklung, insbesondere die heutige Haftung des Beamten und des Staates für seine Beamten in Preußen und im Reich. Diss. Heidelberg 1911.
Winter, Haftflicht der Lehrer. Recht 1902, 69.

## § 23. Schmerzensgeld usw.

Eckstein, Welche Ansprüche konkurrieren mit dem Anspruch aus § 847 BGB.? ArchÖffR. 27, 558; SeuffBl. 11, 582.
Josef, Kurt, Über den Ersatz des Schadens, der nicht Vermögensschaden ist. Diss. Heidelberg 1911.
Schröder, Max, Der Ersatz nicht vermögensrechtlichen Schadens. Diss. Leipzig 1907.
Schwartz, Kann bei Betriebsunfällen Schmerzensgeld nach § 146 Abs. 2 LUVG. verlangt werden? DJZ. 1911, 280.
Seng, Immaterieller Schaden. ArchBürgR. 5, 336.
Steinert, Oskar, Der Ersatz eines immateriellen Schadens, insbesondere nach BGB. Diss. Erlangen 1899.
Strauß, Isidor Friedrich, Die Buße des Deutschen Strafrechts und der Ersatz des nicht vermögensrechtlichen Schadens im BGB. Diss. Freiburg 1901.

## § 24. Verjährung.

Embs, Karl, Beginn der Verjährung eines Anspruchs auf Unterlassung. Diss. Leipzig 1902.
Engelmann, Th., Die Verjährung der Ansprüche aus unerlaubten Handlungen. Leipzig 1911.
Reichel, Verjährung der Deliktsansprüche. Recht 1907, 178.
Schreiber, Anfechtung und Wiederherstellungsanspruch. (Zur Auslegung der §§ 853, 821 BGB.). Gruchots Beitr. 53, 298.
Schreuer, Alfred, Die Besonderheiten der Verjährung von Schadensersatzansprüchen aus unerlaubten Handlungen im früheren und heutigen Recht. Diss. Rostock 1905.

Scire leges non hoc est verba earum tenere, sed vim ac potestatem.
Celsus libro XXVI digestorum.

# I. Allgemeiner Teil.

---

## § 1.

## Schaden und Rechtsgüter.

Schaden ist die am Vermögen entstehende Einbuße. Rechnerisch dargestellt wird er in dem Unterschied des Vermögenswertes vor und nach dem Eintritt des schädigenden Ereignisses, vgl. § 7. Er kann an den verschiedensten Rechtsgütern entstehen, deren Inbegriff das Vermögen ausmacht. Das Eigentum, als das unbeschränkte Recht an der Sache, wird betroffen in dem Sachschaden, der Beschädigung, Vernichtung oder Entziehung der Sache. Hier ist der Schaden in der Regel gleich dem Wert der Sache oder der eingetretenen Wertverminderung. Der Schaden kann aber auch weiter reichen. Es können Interessen verletzt sein, die schwerer wiegen als der bloße Sachwert. Die Beeinträchtigung fremder Sachen bedeutet eine Vermögenseinbuße auch für den, welcher an ihnen ein dingliches oder ein auf sie bezügliches persönliches Recht hat. Nach dem Inhalte solcher Rechte, z. B. des Pfand-, Nießbrauchs-, Mietrechts, und ihrer wirtschaftlichen Verwertungsmöglichkeit ist es auch hier meist einfach, die Vermögenseinbuße, den Schaden, zu bestimmen.

Mittelbar trifft auch die Beeinträchtigung der Person selbst und der Persönlichkeitsrechte das Vermögen. Verletzung des Lebens, im Gegensatz zum Körper, vernichtet die Person. Von Schaden an deren Vermögen kann daher keine Rede sein. Eine Kapitalisierung des wirtschaftlichen Wertes der vernichteten Arbeitskraft findet nicht statt. Ein Schaden anderer kommt hier nur insoweit in Betracht, als sie gegen den Getöteten ein Recht auf Unterhalt oder Dienstleistung hatten, das ihnen entzogen wird, oder, als ihnen die Pflicht zur Beerdigung erwächst. Die Entstehung einer eigenen Unterhaltspflicht wird nicht als Schaden angesehen. Verletzung der Person selbst an Körper, Gesundheit und Freiheit hat in Form von Verlust oder Beeinträchtigung des Erwerbs und von Heilungskosten eine Vermögenseinbuße zur Folge. Die Verletzung von Persönlichkeitsrechten, als Ehre, Namens-, Firmen-, Urheber-, Erfinder-, Patentrecht, die Beeinträchtigung der Erwerbsstellung, des Gewerbebetriebs, der Kundschaft, des Kredits, hat mancherlei, oft schwierig zu berechnenden, Vermögensschaden mittelbar zur Folge.

Unter Umständen wird auch ein vereitelter Gewinn als Schaden angesehen. Die Möglichkeit eines solchen gehört indes noch nicht zum Vermögen. Ist sie nur eine entfernte, so bleibt sie außer Betracht. Als entgangen gilt daher nur der Gewinn, der nach Sachlage mit Wahrscheinlichkeit erwartet werden konnte, vgl. § 8.

Nur ausnahmeweise berücksichtigt das Gesetz auch die Beeinträchtigungen außerhalb des Vermögensgebiets, einen Schaden, der nicht Vermögensschaden ist, z. B. körperliche Entstellung, körperliche und seelische Schmerzen bei Verletzung von Körper und Gesundheit und bei Freiheitsberaubung, auch bei Beeinträchtigung der Verehelichungsmöglichkeit von Frauenspersonen, §§ 847, 1300 BGB. Hier fehlt es an einem zahlenmäßig feststellbaren Vermögensunterschied. Das Gesetz schreibt daher vor, daß in solchen Fällen eine „billige Entschädigung in Geld“ zu leisten ist, was sich jedoch nur auf die H ö h e, nicht auf die Angemessenheit der Entschädigung überhaupt bezieht, JW. 1911, 279.

## § 2.

## Haftungsgründe.

Der Schaden wird zunächst von demjenigen getragen, dessen Rechtsgüter, dessen Vermögen er trifft. Um ihn auf andere abzuwälzen, um einen Anspruch auf Schadensersatz gegen den anderen, den Haftpflichtigen, zu begründen, bedarf es eines von Recht und Gesetz anerkannten Grundes. Ein solcher Haftungsgrund liegt nicht schon darin, daß eine andere Person den Schaden in irgend einer Weise verursacht hat. Der Satz, daß jeder den von ihm verursachten Schaden zu ersetzen habe, entspricht der Rechtsauffassung der auf niederer Kulturstufe stehenden Völker und fand sich auch im ältesten deutschen Recht. Das, namentlich von Binding vertretene, Verursachungs- oder Veranlassungsprinzip hat im geltenden Recht keine Anerkennung gefunden. Müßte für jeden verursachten Schaden gehaftet werden, so würde der Leichtsinnige erst recht gleichgültig und könnte der Sorgfältige seines Lebens nicht mehr froh werden (Gustav Rümelin). Von der reinen Verursachung führt aber keine Brücke zur Verantwortung (Max Rümelin). Die Anerkennung der reinen Erfolgshaftung würde auf Güterhervorbringung und Verkehr hemmend, auf die gesamte Volkswirtschaft schädlich einwirken. Eine so ausgedehnte Haftpflicht ist im deutschen Recht abgelehnt. Es muß zur Verursachung noch eine andere Beziehung hinzutreten, die uns die Ersatzpflicht gerechtfertigt erscheinen läßt (M. Rümelin, Schadenersatz ohne Verschulden 1910 S. 17, 61).

Entwickeltere Kultur verlangt die Rücksichtnahme auf andere insoweit, als ordnungsgemäße Sorgfalt erkennen läßt, daß fremde, rechtlich geschützte Interessen geschädigt werden können. Demgemäß ist in den heutigen Rechten als hauptsächlichster Haftungsgrund das Verschulden anerkannt (M. Rümelin a. a. O. S. 6). Verschulden ist entweder Vorsatz oder Fahrlässigkeit. Wer einem anderen absichtlich Schaden zufügt, wer ein fremdes Recht verletzt in dem Bewußtsein, daß er in das fremde Rechtsgebiet eingreift oder daß ein Schaden entstehen wird, handelt mit Bezug auf die Verletzung vorsätzlich. Wird die Verletzung nur als möglich vorausgesetzt, so muß sie für den Fall ihres Eintritts auch von dem Willen des Handelnden umfaßt sein, RG. in JW. 1911, 31. Wer voraussieht, daß eine Verletzung oder ein Schaden die Folge seiner Handlung sein könne oder das bei Anwendung gehöriger Aufmerksamkeit und Sorgfalt voraussehen konnte, handelt fahrlässig. Dabei ist nicht die Voraussehbarkeit der bestimmten Gestaltung des schädigenden Erfolgs im einzelnen zu verlangen, nicht gerade der nachher wirklich eingetretene Kausalverlauf muß voraussehbar gewesen sein, es genügt vielmehr die Erkennbarkeit der Gefahr im allgemeinen, die Voraussehbarkeit eines schadenbringenden Verlaufs der gegebenen Art, die „generelle Voraussehbarkeit", RG. in GruchotsBeitr. 53, 926.

Für den Umfang der Ersatzpflicht ist es gleichgültig, ob der Täter vorsätzlich oder fahrlässig, ob er grob oder nur leicht fahrlässig gehandelt hat. Eine Abstufung der Ersatzpflicht nach dem Grade des Verschuldens kommt nur bei der sog. Verschuldungsaufrechnung (§ 254 BGB.) in Betracht. Auch ist es nicht zulässig, die Haftung entsprechend §§ 521, 599 BGB. dem Umfange nach zu beschränken, wenn der Ersatzpflichtige sich anläßlich eines Gefälligkeitsdienstes haftbar machte, JW. 1910, 234.

### 1. Haftung wegen Fahrlässigkeit.

Als Maßstab für die anzuwendende Sorgfalt galt im römischen Recht die Sorgfalt des ordentlichen Hausvaters. Noch der Entwurf I zum BGB. (§ 144) legte sie zugrunde. Zu bestimmen war aber, welche Sorgfalt jemand im Interesse anderer aufzuwenden hat. Darüber besagt die Sorgfalt des ordentlichen Hausvaters wenig. Wer mit einer gewissen Rücksichtslosigkeit seinen Interessen nachgeht, wird trotzdem ein ordentlicher Hausvater sein können. Häufig begegnet die Anlegung dieses Maßstabes Schwierigkeiten, so, wenn es sich z. B. darum handelte, welche Anforderungen an die Sorgfalt einer Köchin bei ihren Markteinkäufen, einer Schauspielerin oder Ballettänzerin bei ihrem Auftreten (Gierke) zu stellen sind. Welche Rücksicht auf andere zu nehmen ist, das zeigt sich im geschäftlichen Leben, in der Übung des Verkehrs, in der Verkehrssitte. Die Sorgfalt, welche der Verkehr erfordert, ist darum für maßgebend erklärt:

§ 276 BGB. steht unter den allgemeinen Vorschriften über die Schuldverhältnisse, nämlich unter den Bestimmungen über den Inhalt der Schuldverhältnisse und die Verpflichtung zur Leistung überhaupt. Kraft dieser Stellung bezieht er sich nicht allein auf die Erfüllung der Schuldverbindlichkeiten aus Verträgen, sondern z. B. auch auf diejenige aus unerlaubten Handlungen. Zugleich stellt er aber einen allgemeinen Grundsatz auf, der ebenso für die Erfüllung der Schuldverbindlichkeiten gilt, die in dem allgemeinen Teil des BGB. geregelt sind, wie er für die Erfüllung der dem Sachen-, Familien- und Erbrecht angehörenden Verbindlichkeiten maßgebend ist. Eine weitere Bedeutung gewinnt aber die so umschriebene Fahrlässigkeit, indem sie auch da zugrunde zu legen ist, wo sie anderweit, nicht unmittelbar bei der Erfüllung von Verbindlichkeiten, von Erheblichkeit wird, nämlich bei den allgemeinen Tatbeständen der unerlaubten Handlungen, dem vorsätzlichen oder fahrlässigen Eingriff in fremde Rechtsgüter — § 823

Abs. 1 —, dem schuldhaften, also wenigstens fahrlässigen Verstoß gegen ein, den Schutz eines anderen bezweckendes, Gesetz, der schuldhaften Verletzung der Amtspflicht. In all diesen Fällen kann die Fahrlässigkeit auch in einer Unterlassung liegen, wenn die Amtspflicht, das Schutzgesetz oder auch nur die allgemein im Verkehr erforderliche Sorgfalt ein bestimmtes Handeln gebieten. Das Letztere trifft zu bei der Haftung für Einsturz nach § 836 BGB.; derselbe enthält (RG. 54, 58; JW. 1905, 370) keine Ausnahmevorschrift, sondern eine Anwendung des Grundsatzes, daß, im Gegensatz zum gemeinen Rechte, jetzt ein jeder auch insoweit für Beschädigungen durch seine Sachen aufzukommen hat, als er dieselben bei billiger Rücksichtnahme auf die Interessen anderer hätte verhüten müssen, vgl. RG. 52, 379; 55, 174; 58, 334; Recht 1906, 1268; u. a. m. vgl. § 12.

Ebenso maßgebend ist § 276 BGB. für die zahlreichen Bestimmungen, nach denen es darauf ankommt, ob jemand eine bestimmte Tatsache kennen mußte. Denn nach § 122 BGB. ist das Kennenmüssen die auf Fahrlässigkeit beruhende Unkenntnis. Sie wird meist der Kenntnis dieser Tatsache gleichgestellt, so bei der zum Schadensersatz verpflichtenden Behauptung oder Verbreitung unwahrer Tatsachen nach § 824 BGB. der wirklichen Kenntnis der Unwahrheit. Da das Gesetz, namentlich, soweit Inhalt oder Wirkungen privatrechtlicher Art sind, der Niederschlag der Verkehrssitte ist und die deutschen Gesetze, so zahlreich und teilweise verwickelt sie sind, den Anspruch auf Beachtung erheben gegen jedermann, wenigstens insoweit sie ihn angehen, als sein Handeln oder Unterlassen durch sie betroffen wird, wird man auch im Zivilrecht demjenigen, der andere schädigt, niemals die Berufung auf die Unkenntnis des Gesetzes einräumen dürfen; denn wenigstens insoweit mußte er die Tatsache ihrer Erlassung und ihren Inhalt kennen, ihre Unkenntnis an sich ist Fahrlässigkeit, ohne daß im einzelnen Fall noch unterschieden werden darf, ob sie entschuldbar ist. Die Kenntnis des Gesetzes ist Pflicht nicht allein des (Polizei-) Beamten (RG. v. 18. VI. 12, Karlsruhe, Recht 2543), der z. B. das durch eine Straßenpolizeiordnung verbotene Rodeln duldete, sondern in dem bezeichneten Umfang eines Jeden. Bei klaren Gesetzen ist ein Irrtum ohne Pflichtverletzung nicht möglich.

Immerhin wird in der Rechtsprechung der Rechtsirrtum, die irrige Meinung, zu einer Handlung berechtigt zu sein, ausnahmeweise für geeignet erachtet, ein Verschulden auszuschließen, wenn der Rechtsirrtum entschuldbar war, jedenfalls aber nur, wenn der Verletzende bei Beobachtung der im Verkehr erforderlichen Sorgfalt (Erkundigungspflicht) zu der rechtsirrigen Anschauung gelangen konnte. (Verneint in JW. 1910, 705 = Recht 2363 bei Herausgabe von Öfen und Maschinen zum Nachteil des Hypothekengläubigers, vgl. JW. 1907, 251; 1908, 480.)

Derselbe Begriff der Fahrlässigkeit ist schließlich maßgebend für den im Gebiet der unerlaubten Handlungen so wichtigen § 254 BGB., der das mitwirkende Verschulden des Beschädigten behandelt. Und im Rahmen derselben Vorschrift ist dieser Maßstab an das Verhalten des Schuldners, bei unerlaubten Handlungen an dasjenige des Täters anzulegen, der die Gefahr eines ungewöhnlich hohen Schadens kennen mußte. Solche Unkenntnis befreit den Beschädigten von der Warnungspflicht: hat der Täter aus Fahrlässigkeit eine solche Gefahr nicht gekannt oder nicht erkannt, so berührt es den Ersatzanspruch des Beschädigten nicht, wenn dieser den Täter nicht noch besonders auf sie aufmerksam machte.

In allen diesen Fällen gibt die Regel des ordnungsgemäßen, einschlägigen Verkehrs — gleich wie sie für die Frage, was Treu und Glauben entspricht und wie Verträge und Willenserklärungen auszulegen sind, nach §§ 157, 242 BGB. als Norm zu dienen hat — den Maßstab dafür ab, ob eine Fahrlässigkeit vorliegt (JW. 1906, 160). Der Maßstab ist insofern ein objektiver, als nicht die Eigentümlichkeiten des einzelnen (RG. in SeuffArch. 14, 65 und 260 ff.), aber die Verkehrsgewohnheiten zugrunde zu legen sind, wie sie in den örtlichen und geschäftlichen Verhältnissen, in den Kreisen der Beteiligten (RG. in DJZ. 1903, 345) üblich sind; auch die Verschiedenheit ganzer Gruppen von Personen nach Alter (RG. in GruchotsBeitr. 53, 928; JW. 1911, 446; DJZ. 1911, 1217), Bildung, Lebensstellung usw. kann eine Verschiedenheit der Beurteilung, des anzulegenden Maßstabes mit sich bringen, GruchotsBeitr. 48, 788; RG. 68, 423; Recht 1911, 3057; JW. 1912, 857. Aber auf einen eingerissenen offenbaren Schlendrian darf sich niemand berufen; denn es wird nicht auf die „im Verkehr übliche", sondern auf „die im Verkehr erforderliche" Sorgfalt abgehoben. Und wo im allgemeinen eine gewisse Sorgfalt im Verkehr erforderlich ist, darf dieser objektive Maßstab auch nicht mit Rücksicht auf besondere Anschauungen einzelner Bevölkerungs- oder Berufsgruppen (Recht 1912, 1755) nach unten abgestuft werden.

Häufig steht ein Schaden im Zusammenhang mit der Verletzung polizeilicher Vorschriften. Solche Verletzung begründet nicht immer und ohne weiteres Fahrlässigkeit im allgemeinen. Doch sind diese Vorschriften meist der Niederschlag dessen, was der Verkehr an Sorgfalt nach der Erfahrung erfordert, JW. 1911, 980.

Bisweilen wird nur für einen bestimmten Grad von Fahrlässigkeit gehaftet. Ein Gesellschafter hat bei Erfüllung der ihm obliegenden Verpflichtungen nur für diejenige Sorgfalt einzustehen, die er in eigenen Angelegenheiten anzuwenden pflegt (diligentia quam suis, culpa in concreto), § 708 BGB. Nur grobe Fahrlässigkeit haben zu vertreten der Verleiher (§ 599) und der Schenker (§ 521). Grobe Fahrlässigkeit ist Voraussetzung des Rückgriffs des haftpflichtigen Staats gegen den schuldigen Beamten nach Art. 8 preuß. AG. GVO. Grobe Fahrlässigkeit liegt vor, wenn die Pflicht zu der im Verkehr erforderlichen Sorgfalt in besonders schwerer Weise verletzt ist, JW. 1908, 412; 1909, 108; Recht 591, oder „wenn mit ausnehmender Sorglosigkeit verfahren worden ist", Mot. 1, 280; SeuffA. 67, 272.

Mit der größeren Dichtigkeit der Bevölkerung, dem stärkeren und rascheren Personen- und Güterverkehr, der umfassenderen Ausnützung der wirtschaftlichen Möglichkeiten und der fortschreitenden Technik steigert sich naturgemäß das Maß der gegenseitig zu nehmenden Rücksicht, der Verpflichtung zur Sorgfalt (Sjögren S. 413). Es mehren sich die Fälle, in denen eine Fahrlässigkeit anzunehmen ist. Allzugroße Anforderungen, zu leichte Bejahung der Fahrlässigkeit und Haftpflicht würden, gleich einer Anerkennung bloßer Erfolgshaftung, hemmend und schädlich wirken. Hier ist die richtige Grenzziehung Sache einer, zu vergleichender Beurteilung befähigten, vernünftigen Rechtsprechung, die nie vergessen darf, daß jeder auf sich selbst und seine eigenen Interessen wenigstens ebenso bedacht sein muß, wie er dies von anderen verlangt.

In einem vorhandenen oder unterstellbaren Verschulden finden auch hinreichende Erklärung die Haftpflicht für die Folgen der Selbsthilfe, wenn jemand zu ihr schreitet in der irrtümlichen Annahme, daß die Voraussetzungen für den Ausschluß der Widerrechtlichkeit gegeben seien, §§ 229, 231 BGB., für ungerechtfertigten Arrest oder einstweilige Verfügung nach § 945 ZPO. und für vollmachtsloses Handeln im Namen eines anderen, sei es im Prozeß (§ 89 ZPO.), sei es bei Vertragsschlüssen (§ 179 BGB.). Ein haftbar machendes Verschulden beim Vertragsschluß (culpa in contrahendo) wird demjenigen zur Last gelegt, der eine, nicht ernstlich gemeinte, Willenserklärung abgibt in der Erwartung, der Mangel der Ernstlichkeit werde nicht verkannt werden (§ 118 BGB.), ferner demjenigen, der sich über den Inhalt seiner Erklärung in einem Irrtum befand oder sich zur Übermittelung einer Willenserklärung einer Person oder Anstalt bedient hat, welche die Erklärung unrichtig übermittelt hat (§§ 119, 120 BGB.). In diesen Fällen ist zwar die Willenserklärung nichtig oder anfechtbar. Der Erklärende haftet jedoch für den Schaden, der einem anderen dadurch entsteht, daß er sich auf die Gültigkeit der Erklärung verläßt.

Wer sich der nur ausnahmeweise zugelassenen und von einschneidender Wirkung begleiteten Rechtsbehelfe der Selbsthilfe oder der Erwirkung eines Arrestes oder einer einstweiligen Verfügung bedient und dergestalt in absolute Rechte anderer eingreift oder andere in der Freiheit ihres Handelns beschränkt, der hat sich, wie jeder, der eine solche, an sich unerlaubte Handlung vornimmt, vorher zu verlässigen, ob die gesetzlichen Voraussetzungen der ausnahmeweisen Erlaubtheit solchen Vorgehens gegeben sind. Und als fahrlässig gilt, wer andere zu einem rechtsgeschäftlichen Handeln veranlaßt, das sich hinterher als wirkungslos oder vergeblich herausstellt, weil die eigene Willenserklärung aus in der Person des Erklärenden liegenden Gründen den anscheinend gewollten rechtlichen Erfolg nicht hervorbringen konnte.

In den zuletzt genannten Haftpflichtfällen machen sich zum Teil auch schon andere Haftungsgründe geltend, welche zwar auf eine allgemeine Geltung keinen Anspruch erheben können, welche aber mit der Zunahme der Bevölkerungsdichtigkeit, des Verkehrs und der Kultur an Bedeutung gewinnen und in bestimmten, recht zahlreichen, Fällen gesetzliche Anerkennung gefunden haben.

## 2. Gefährdungshaftung.

Wer, zumal indem er ein bestimmtes Gewerbe betreibt, durch seine Tätigkeit eine erhebliche und typische Gefahr der Schädigung anderer setzt, soll den in der Richtung dieser Gefahr verursachten Schaden vergüten. Bestimmte Arten menschlichen Verhaltens und menschlicher Tätigkeit, insbesondere auf dem Gebiete des Erwerbslebens und des Verkehrs, tragen eine besondere Gefährdung der Allgemeinheit in sich. Trotzdem kann ein derartiges Verhalten, ein solches Unternehmen nicht verboten, sondern gestattet sein, weil die sich aus ihm ergebenden Gefahren zu dem Nutzen oder dem volkswirtschaftlichen Werte jener, sie bedingenden, Interessenbetätigung in keinem Verhältnis stehen. Diese darf aber nicht auf Kosten der ihr preisgegebenen Allgemeinheit erfolgen. Verwirklicht sich die Gefahr, so erfordert es die Billigkeit, daß der beschädigte Dritte auf den Urheber oder den Inhaber der gefährdenden Unternehmung den Schaden abwälzt, der eine Verwirklichung der gesetzten typischen Gefahr darstellt.

Das ist der Grund der Tierhaftung, § 833 BGB., und der Ersatzpflicht desjenigen, in dessen Interesse schädliches Wild gehegt wird, § 835. Auch die Haftung für Einsturz wird bisweilen hierher gerechnet. Bloße Gefährdung ist der Grund der Haftung derjenigen, welche ein, namentlich wegen der Verwendung von Naturkräften gefährliches, Gewerbe betreiben, so der Eisenbahnunternehmungen nach § 1 HaftpflG., der Betriebsunternehmer in Fabriken und Bergwerken in Ansehung der durch Bevollmächtigte und Aufseher schuldhaft herbeigeführten Tötungen und Körperverletzungen, die Haftung der Eisenbahn für Verlust und Beschädigung des übergebenen Guts nach § 456 HGB. und der Post nach §§ 6, 11 Nr. 2 PostG., des Halters von Kraftfahrzeugen für Personen- und Sachbeschädigung.

Von alters her hat auch die mit dem Gastwirtsgewerbe verbundene Gefahr namentlich des Diebstahls zu einer, von einem Verschulden unabhängigen, gesetzlichen Haftpflicht des Gastwirts (§ 701 BGB.) geführt. Als Gefährdungshaftung wird bisweilen auch die Haftung aus Selbsthilfe bei irrtümlicher Annahme ihrer Voraussetzungen (§ 231 BGB.) angesehen. Der Gedanke der Gefährdungshaftung liegt auch zugrunde der, nach der Fassung des Gesetzes auf ein vermutetes Verschulden gestützten, Haftung des Geschäftsherrn, welcher seine Angelegenheiten durch andere, insbesondere Angestellte, besorgen läßt, welche persönlich an sorgfältiger Ausführung regelmäßig weniger Interesse haben (§ 831 BGB.), sowie die Haftung des Aufsichtspflichtigen, welcher minderjährige oder wegen ihres geistigen oder körperlichen Zustandes der Beaufsichtigung bedürftige Personen sich selbst überläßt, § 832. Teilweise schlägt hier auch der Gedanke der Gefahrverteilung nach Maßgabe der Einwirkungsmöglichkeit und der Zweck der Schadensverhütung ein: Wer auf Vermeidung von Fehlern und Gefahren hinzuwirken besonders in der Lage ist, soll auch den aus solchen

Fehlern und Gefahren entstehenden Schaden tragen. (M. Rümelin, Schadensersatz ohne Verschulden, Rede 1910, S. 45/46.

Der mit der Schädigung verknüpfte Eingriff in das fremde Rechtsgebiet bleibt zwar in diesen Fällen objektiv rechtswidrig. Es ist aber im öffentlichen Interesse ein Verbot der einschlägigen gefährlichen Betätigungen und Gewerbe nicht angängig, jedoch entspricht die Auferlegung der Haftung auch ohne Verschulden dem Rechtsgefühl und der Auffassung, welche die Deckung der Schäden gewissermaßen zu den Kosten des Geschäfts und der Unternehmung oder der zum Vergnügen ausgeübten gefährlichen Betätigung rechnet.

Wir ersehen hieraus, daß der Gefährdungsbegriff allein zu unbestimmt ist, um selbständig ein allgemeines Haftungsprinzip begründen zu können (Rümelin, Schadensersatz ohne Verschulden, S. 25); es geht darum auch nicht an, etwa den Unternehmer einer Luftschiffahrt analog aus bloßer Gefährdung haften zu lassen, der bloße Betrieb eines gefährliches Unternehmens kann das Erfordernis des Verschuldens nicht ersetzen (JW. 1912, 389 = DJZ. 514 = SeuffA. 67, 178). Das neuzeitliche Rechtsgefühl fordert aber für die Luftschiffahrt die gesetzliche Einführung der Gefährdungshaftung; vgl. 31. DJT. 1912, Gutachten Riedner, Sperl und den auf gemeinsamen Antrag der beiden Berichterstatter Kipp und Pattai gefaßten Beschluß, die Einführung der Betriebs-Gefährdungs-haftung wegen der Schäden zu befürworten, die durch Errichtung, Bestand und Betrieb elektrischer Anlagen und Fernleitungen oder durch die Verwendung von Luftschiffen und Flugmaschinen verursacht werden.

### 3. Betätigung überwiegender Interessen.

Derselbe Widerstreit berechtigter Interessen liegt anderen Haftpflichtfällen zugrunde, bei denen die Betätigung des einen Interesses aber nicht zunächst eine typische Gefährdung anderer, sondern unmittelbar einen Eingriff in das fremde Rechtsgebiet mit sich bringt, welcher jedoch wegen des Überwiegens des betätigten Interesses auch objektiv nicht als rechtswidrig sondern als erlaubt gilt, aber mit der Haftpflicht für den verursachten Schaden verknüpft ist. Der Satz: „Eigenes Interesse, eigene Gefahr“ — „Fremdes Interesse, fremde Gefahr“, in welchem das von Unger entwickelte sog. Kommodumprinzip kurz ausgedrückt wird, kann zu einer dem Rechtsgefühl entsprechenden Schadenszurechnung führen. Als allgemeiner Haftungsgrund ist er nicht verwertbar.

Der Beauftragte hat gegen den Auftraggeber keinen Anspruch auf Ersatz des Schadens, der ihm bei Ausführung des Auftrags zugestoßen ist, § 670 BGB. Den Ungerschen Grundsatz einschränkend und ausgehend von dem Satze Adolf Merkels, daß jeder die Kosten der Geltendmachung seiner Interessen tragen müsse, führt Rudolf Merkel den Grundsatz aus: Wer sein Interesse zum Nachteil oder unter Gefährdung eines entgegenstehenden fremden Interesses geltend macht, wer also aktiv handelt zur Wahrung eigenen und auf Kosten fremden Interesses, handelt zwar rechtmäßig, wenn das seiner Handlung zugrunde liegende eigene Interesse das entgegenstehende fremde überwiegt, muß aber den dem anderen zugefügten Schaden ersetzen.

Eine allgemeine Bedeutung als Haftungsgrund kommt auch keinem dieser Grundsätze zu. Nach dem „Prinzip der aktiven Interessen" wäre, wie auch nach dem Kommodumprinzip der im unverschuldeten Notstand Schaden Zufügende ersatzpflichtig, was im BGB. (§ 228) abgelehnt ist. (Vgl. M. Rümelin, Schadensersatz ohne Verschulden, S. 31.)

Ebensowenig kann man dem Verschulden als allgemeinen Haftungsgrund die Zweckbestimmung einer Wirksamkeit gegenüberstellen, die wegen des Interesses, dem sie dient, auf eine bestimmte Person weist (Sjögren). Die, andere gefährdende, aktive Betätigung eigener Interessen wird gleich der Gefährdungshaftung mit fortschreitender Entwickelung der Volkswirtschaft und Kultur in immer häufigeren Fällen zur gesetzlichen Anerkennung einer Haftpflicht führen. Zurzeit sind es jedenfalls immer nur besondere Beziehungen, vermöge welcher die Betätigung überwiegender Interessen in bestimmten Fällen zum Grunde einer gesetzlich-geregelten Haftpflicht wird. Teils sind es Gründe des öffentlichen Rechts, welche zur Zulässigkeit von Eingriffen in fremde Rechtsgüter, jedoch verbunden mit Ersatzpflicht, führen, so in den Fällen der Enteignung, auch bei Patentbenützung für Heer und Flotte im Falle des § 5 Abs. 2 PatG. (JW. 12, 879, MarkschWettb. 12, 177), der Vernichtung von Tieren und Pflanzen wegen gefahrdrohender Krankheiten, der Beschädigung von Grundstücken durch übende Truppen. Eine zum Ersatze des angerichteten Schadens verpflichtende Betätigung privater Interessen liegt vor in den Fällen der sog. Nothilfe (§ 904 BGB.), der Wegschaffung von Sachen von fremden Grundstücken durch den Besitzer, § 867 BGB., dem Betreten fremder Grundstücke zur Verfolgung eines Bienenschwarms, § 962 BGB., dem Notweg, § 917 BGB., desgleichen bei der Vollstreckung eines unter Vorbehalt der Entscheidung über die Aufrechnung (§ 302 ZPO.), oder im Urkundenprozeß unter Vorbehalt der Rechte ergangenen (§ 600 ZPO.) oder eines vorläufig vollstreckbaren Urteils, sofern nachträglich die Aufhebung erfolgt, § 717 Abs. 2 ZPO. Unter demselben Gesichtspunkt wird auch die Haftpflicht wegen Erwirkung eines Arrestes oder einer einstweiligen Verfügung, die sich nachträglich als ungerechtfertigt erweisen, von einigen begründet, § 945 ZPO.

## § 3.

## Die Verursachung.

Setzt eine gesetzliche Haftpflicht voraus, daß jemand ein Recht oder Rechtsgut eines anderen verletzt oder ihm sonst Schaden zufügt, daß durch ein Tier oder bei dem Betrieb einer Eisenbahn oder eines Kraftwagens ein Mensch verletzt wird und dergl., so wird damit verlangt, daß die Verletzung oder der Schaden mit der menschlichen Handlung, dem Verhalten des Tiers, dem Bahn oder Kraftwagenbetrieb und dergl. in ursächlichem Zusammenhang, im Verhältnis der Wirkung zur Ursache stehe. Die Frage, ob der schädliche Erfolg verschuldet ist (imputatio juris), muß nach der Fassung der gesetzlichen Bestimmungen auseinandergehalten werden von der Frage nach dem ursächlichen Zusammenhang (imputatio facti). Die selbständige Bedeutung des Kausalzusammenhangs erhellt ohne weiteres da, wo die Haftpflicht ein Verschulden überhaupt nicht erfordert. Daß es sich bei der Beurteilung des ursächlichen Zusammenhangs um ganz einfache und zweifelsfreie Vorgänge und Vorstellungsweisen, um fast Selbstverständliches handle, ist eine weitverbreitete Ansicht, deren Unrichtigkeit dargetan wird durch die bei der Gesetzesanwendung gerade an diesem Punkte so häufig ansetzenden Schwierigkeiten. Die Frage nach dem Wesen der Verursachung ist für den praktischen Juristen zunächst Sache der Auslegung der in Frage stehenden Gesetzesbestimmung. Allein die Ausdrucksweise der gesetzlichen Haftpflichtbestimmungen und der allgemeine Sprachgebrauch weisen auf einen gemeinsamen Ursachenbegriff, der wenigstens in der Regel den gesetzlichen Bestimmungen zugrunde liegt. Ihn gilt es daher festzustellen.

### a) Ältere Theorien

Die ersten bedeutungsvollen Untersuchungen über den Ursachenbegriff im Rechtssinne erfolgten auf dem Gebiet des Straf-

phot. P. Fromherz.

Tafel I.

Gerichtlicher Augenschein vom 29. 5. 1907. Wolpert g. Schulz.

berechenbare Möglichkeit zugrunde lag, zu einer weiteren Einschränkung des Kreises der Bedingungen und zwar nach Maßgabe der objektiven Wahrscheinlichkeit. Es ist in erster Reihe ein Verdienst v. Rohlands, dem rein logischen Ursachenbegriff den von der erfahrungsgemäßen Wirkungsfähigkeit der menschlichen Handlung ausgehenden, „dynamischen" Ursachenbegriff gegenübergestellt zu haben. Die Erkenntnis, daß der im Rechtsleben verwertbare Ursachenbegriff, wie auch der dem Sprachgebrauch zugrunde liegende, von der verschiedenen Wirkungsfähigkeit der menschlichen Handlungen, einem verschiedenen „Kausalwert" der Bedingungen auszugehen hat, mußte zu einer Vermittelung zwischen den beiden logischen Extremen, zu einer Einschränkung des die Ursache mit der Bedingung gleichsetzenden Ursachenbegriffs führen.

Diese Einschränkung des Ursachenbegriffs, die genauere Umschreibung einer bestimmten Art aus der Zahl der Bedingungen, welche zusammen die Gesamtursache ausmachen, ist in der verschiedensten Weise versucht worden. Birkmeyer bezeichnet als Ursache die tätigste oder wirksamste Bedingung, Binding diejenige, durch welche die dem Erfolge günstigen Umstände das Übergewicht erlangen über die ihm widerstrebenden oder diejenige Bedingung, welche das Übergewicht der positiven Bedingungen über die negativen herbeiführt, Kohler stellt auf die, die Existenz erregende, Bedingung ab. Nach v. Bar ist Ursache diejenige Bedingung, welche den als regelmäßig gedachten Verlauf zu einem regelwidrigen gestaltet. Anton Heß unterscheidet zwischen unabänderbaren und abänderbaren Bedingungen und bezeichnet, zu den letzteren namentlich die freie menschliche Handlung rechnend, als Ursache die letzte abänderbare Bedingung. Gegen die Birkmeyersche Begriffsbestimmung ist mit Recht eingewendet worden, daß die Wirksamkeit einer Bedingung auf die Folgen, das innere Wesen des Bewirkens — im Gegensatz zu dem mechanischen Inbewegungsetzen — nicht beobachtet werden könne und daß die Lehre ganz im Stiche lasse, wenn es sich um die im Rechtsleben unentbehrliche Ursachlichkeit von Unterlassungen handle. Allen oben erwähnten Begriffsbestimmungen haftet das Bedenken an, daß sie stets nur eine einzige Ursache eines schädlichen Erfolgs anerkennen oder zulassen. Das steht aber mit ausdrücklichen gesetzlichen Bestimmungen, wie §§ 254, 830 BGB., im Widerspruch; denn dort ist die Möglichkeit mehrerer Ursachen eines Schadens unterstellt; eine Möglichkeit, die auch in der Rechtsprechung anerkannt ist (RG. 66, 109). Nach Enneccerus (3) I 235 ist eine Bedingung dann nicht als Ursache eines Schadens anzusehen, wenn die bedingende Tatsache ihrer allgemeinen Natur nach für die Entstehung eines derartigen Schadens ganz gleichgültig war und nur infolge außergewöhnlicher Umstände zu einer Bedingung des Schadens wurde. Diese Fassung führt, wenn auch negativ und ungenau, zu dem, was die Lehre von der sog. adäquaten Verursachung positiv zum Ausdruck bringt.

### b) Die adäquate Verursachung.

Die Adäquanztheorie trifft richtiger als die übrigen das Wesen der erforderlichen Einschränkung des Kreises der Bedingungen. Sie ist in der gegenwärtigen Wissenschaft und Praxis die herrschende und für das Zivilrecht auch vom Reichsgericht in zahlreichen Entscheidungen anerkannt. Ihr ist auch der RGRKomm. beigetreten, Vorb. §§ 249, 3; 823, 5. Danach ist die Ursache die dem Erfolg adäquate, d. h. diejenige Bedingung, welche eine allgemeine Richtung (generelle Tendenz) auf den Erfolg hat oder diejenige Bedingung, mit welcher ein gewisser, nicht ganz geringfügiger, Grad allgemeingültiger (objektiver) Wahrscheinlichkeit des Erfolgs oder eines Erfolgs dieser Art verknüpft ist. Diese Lehre, welche die bedeutungsvollen Untersuchungen des Freiburger Professors v. Kries zur Grundlage hat, geht von der Gesetzmäßigkeit alles Geschehens und der Erfahrung des Lebens aus, welche gestatten, einer bestimmten Bedingung des Erfolgs, sei sie ein menschliches Verhalten oder Unterlassen oder ein sonstiges Ereignis, eine gewisse, zwar nicht mathematisch genau meßbare, aber doch im Vergleich zu anderen Bedingungen abwägbare, allgemeingültige und daher objektive Wahrscheinlichkeit für diesen Erfolg beizulegen. Bei diesem Urteil wird notwendig eine Anzahl anderer Bedingungen vorausgesetzt, während für die Ausgestaltung weiterer, zunächst als unwesentlich aus der Betrachtung ausgeschiedener Bedingungen, ein gewisser Spielraum bleibt. Auch nach den grundlegenden Ausführungen von v. Kries ist dieses Wahrscheinlichkeitsurteil ein objektives. Der Einwand, es werde eine Beurteilung nach ethischen Momenten, nach dem Verschulden hineingemengt, geht fehl. Nur insofern hatte die v. Kriessche Lehre eine subjektive Richtung, als sie, ausgehend vom Strafrecht, das objektive Wahrscheinlichkeitsurteil vom Standpunkte des Täters,

d. h. unter Berücksichtigung nur der dem Täter bekannten weiteren Bedingungen und Umstände abgegeben wissen will. Demgegenüber wollen Träger und Enneccerus auch die ex ante überhaupt erkennbaren Umstände berücksichtigt wissen, während M. Rümelin S. 217 ff. mit Recht bei Fällung des rein objektiven Wahrscheinlichkeitsurteils auch die zwar im Zeitpunkte der Handlung schon vorhandenen, aber erst im späteren Verlaufe bekannt gewordenen, und selbst die erst später eingetretenen Umstände, mit deren späteren Eintritt jedoch noch gerechnet werden konnte, das ganze auf der Erfahrung beruhende Wissen des Richters, sowohl „ontologischen als nomologischen“ Inhalts, zugrunde legt. Man bezeichnet dies als den Standpunkt der nachträglichen objektiven Prognose.

Die Lehre von der adäquaten Verursachung liefert in der Rechtsprechung, wenigstens im Zivilrecht, die brauchbarsten Ergebnisse. Damit steht im Einklang die von M. Rümelin (S. 194) hervorgehobene Tatsache, daß auch dem volkstümlichen Ursachenbegriff und dem Sprachgebrauch zwar teilweise der, bald im Stiche lassende, Begriff der Bewirkung, nie der sprachlich wohl unterschiedene Begriff der Bedingung, meist aber der Gegensatz der adäquaten und der nicht adäquaten Bedingung zugrunde liegt. Die Lehre von der adäquaten Verursachung ermöglicht, bei Feststellung der Ursache eines Erfolgs unter Umständen weiter zurückzugehen als bis zu der dem Erfolg zeitlich zunächst stehenden freien Handlung eines zurechnungsfähigen Menschen, sofern mit der späteren Vornahme einer menschlichen Handlung, sei sie pflichtmäßig — z. B. ein Rettungsversuch, RG. 29, 120 — sei sie pflichtwidrig oder nur gefährlich — RG. vom 3. März 1892, RG. 29, 122; Glatteis auf dem Bürgersteig, Fall auf dem Fahrdamm, wohin der Verletzte ausgewichen ist — nach allgemein menschlicher Erfahrung zu rechnen war. Die Adäquanzlehre wird auch der vom Gesetz unterstellten Möglichkeit mehrerer Ursachen eines und desselben Erfolgs gerecht: wie vom Standpunkt der reinen Bedingungslehre Ursache nicht etwa gleichbedeutend ist mit der wesentlichsten oder nächsten Bedingung eines bestimmten Erfolgs, so versteht die Adäquanzlehre beim Vorhandensein mehrerer bedingenden Tatsachen, welchen eine allgemeine Richtung auf den Erfolg zukommt, unter Ursache nicht etwa nur diejenige Bedingung, bei deren Vorhandensein im Hinblick auf die übrigen, bloß erwarteten, die größte objektive Wahrscheinlichkeit für den Erfolg gegeben ist. Vom Standpunkt der Lehre vom adäquaten ursächlichen Zusammenhang steht nichts im Wege, die Unterlassung einer menschlichen Handlung unter Umständen als die Ursache anzusehen. Die Adäquanzlehre vereinigt größtmögliche Bestimmtheit und Objektivität mit Anpassung an die Bedürfnisse der Rechtspflege. Die Annahme, daß sie dem Gesetze entspricht, findet eine Hauptstütze in den §§ 252 und 254 BGB.; vgl. unten § 9 Ziff. 3, § 12 b, § 19, I, 3. Sie wird immer mehr zur herrschenden; vgl. Planck BGB. (3) Erl. 2 b zu § 249 BGB.; Örtmann, Vorb. 4 b zu § 249; RGRKomm. Vorb. 3 zu § 249, Vorb. 5 zu § 823; RG. 50, 222; SeuffA. 63, 150; JW. 1911, 579; Recht 1904, 2607 (Karlsruhe); 1906, 460; 1912, 999; JW. 1912, 581; ROLG. 20, 139; Staudinger (Kuhlenbeck) Vorb. III zu §§ 249—255, vgl. dazu unten S. 22 Anm. 1.

Der Lehre von der adäquaten Verursachung im Sinne Rümelins ist von Radbruch entgegengehalten worden, sie führe unrettbar zur reinen Bedingungstheorie zurück. Wie Litten — S. 58 — gezeigt hat, mit Unrecht; denn das ex ante zu fällende Wahrscheinlichkeitsurteil soll ja außer den zur Zeit der Tat (der Bedingung, deren Ursachenqualität in Frage steht) schon vorhandenen nur die nach allgemein menschlicher Erfahrung noch zu erwartenden, nicht alle später eingetretenen und dem Richter bekannt gewordenen Bedingungen zugrunde legen. Aber auch so erweist sich freilich dieser Ursachenbegriff zuweilen noch als zu weit. Als Beispiel wird von Rümelin selbst der Fall angeführt, daß infolge der Körperverletzung der Verletzte lediglich räumlich und zeitlich in eine Katastrophe verwickelt werde, deren Bedingungen, wie nachher erkannt werden kann, sogar zur Zeit der Tat schon gegeben waren; z. B. er würde genötigt, einen Eisenbahnzug zu benützen, der eine Stelle zu befahren hat, wo eine auf Selbstentzündung berechnete Mine gelegt, oder — um eine im Leben leichter vorkommende Möglichkeit anzuführen — wo der Damm unterwühlt war. Dabei wird vorausgesetzt, daß der Täter diese besonderen Umstände nicht kannte. Hier wäre es sicher in hohem Grade unangemessen, den Hinterbliebenen den Anspruch aus § 844 BGB. zuzubilligen. Nach Rümelin soll hier mit einer Billigkeitsausnahme geholfen werden: werde durch einen an sich haftungsbegründenden Vorgang der Verletzte lediglich in räumliche und zeitliche Beziehung gebracht zu einem späteren Ereignis, so solle von außer aller Berechnung liegenden, auch dem Haftpflichtigen nicht bekannten oder erkennbaren — Ereignissen oder — Bedingungen dieses zweiten Ereignisses selbst dann abgesehen werden, wenn dieselben zur Zeit des ersten Vorgangs schon vorlagen. Mit Recht hat Litten darauf hingewiesen, daß das gleiche Bedenken auch der Anwendung der rein objektiven, nachträglichen Prognose auf die Beziehung zwischen der Tat und dem haftungsbegründenden Vorgang (oder der haftungbegründenden Tatsache [Träger] = zum Ersatz verpflichtende Tatsache [Mommsen] = haftungauslösende Tatsache [M. L. Müller] = Verletzung = Einbruch in das fremde Rechtsgebiet), wo beide nicht zusammentreffen, entgegensteht, wenn auch hier oft schon das Erfordernis des Verschuldens berichtigend eingreift. Das Leben zeitigt auch weniger entlegene Beispiele, als daß Pferde mit einem Wagen durchgehen und ihn in einen fremden Park schleppen, in welchem seit langem Selbstschüsse liegen. Man setze den Fall, daß die Pferde durch eine Straße rasen, an welcher ein Neubau im Gang ist, von dem gerade während der Vorbeifahrt ein am Krahnen schlecht befestigter Hausteinblock herabfällt, oder an den Dachdecker, welcher, ohne die üblichen schrägen Latten an das Haus angelehnt zu haben, also gegen ein Schutzgesetz verstoßend (JW. 1910, 748) oder fahrlässig handelnd (SeuffA. 63, 63), an dem einen Ende der Frontseite des Daches die Ausbesserung beginnt, während an dem anderen Ende infolge eines schon vorher ausgebrochenen Dachstuhlbrandes oder einschlagenden Blitzes Ziegel herabfallen und eine dem Hause entlang gehende Person treffen. Die Nötigung zu jener Billigkeitseinschränkung weist darauf hin, daß der adäquate Ursachenbegriff selbst noch zu weit gefaßt ist.

Dem will Litten für die Gefährdungshaftung des Tierhalters abhelfen, indem er das Möglichkeitsurteil abgegeben wissen will unter Voraussetzung lediglich der ex ante für den Tierhalter erkennbaren Bedingungen. Und für die Frage nach dem ursächlichen Zusammenhang zwischen dem haftungbegründenden Vorgang und den weiteren Schadenswirkungen macht er (S. 108) eine ähnliche Einschränkung. Danach seien die weiteren Wirkungen einschließlich des Enderfolges dem für den Anfangserfolg Verantwortlichen dann zuzurechnen, wenn sie auf Grund der (dem Täter zur Zeit der Tat bekannten oder der) „einem Normalmenschen" im Augenblick des Anfangserfolgs ex ante erkennbaren Bedingungen nach der Regel des Lebens zu erwarten waren. Litten sieht sich jedoch seinerseits sofort wieder genötigt, den hiernach zu engen Begriff aufs neue zu erweitern: ohne Rücksicht hierauf seien dem Möglichkeitsurteil stets zugrunde zu legen die Besonderheiten des physischen Organismus des Verletzten.

Allein durch die Abstellung auf die dem Täter oder gar dem Tierhalter von vornherein erkennbaren Bedingungen wird wieder ein subjektives Moment hereingebracht, das der Beurteilung der objektiven Wahrscheinlichkeit fern liegen muß. Der Fortschritt, den die Formulierung Rümelins gegenüber derjenigen von Kries brachte, würde damit zum großen Teile wieder preisgegeben. Und auch für die Frage nach dem ursächlichen Zusammenhang zwischen dem Einbruch in das fremde Rechtsgebiet und dem weiteren Schaden kann es nicht darauf ankommen, ob das später eintretende Ereignis im Zeitpunkt des haftungbegründenden Vorgangs (des Anfangserfolgs) von vornherein für den Täter oder auch nur für einen „Normalmenschen" erkennbar war. Das wäre ein Rückfall in eine überwundene und vom BGB. abgelehnte Auffassung (vgl. Art. 1150 C. c., Entw. II, § 215; § 247 des revidierten, dem Bundesrat vorgelegten Entwurfs, Denkschrift S. 69, § 249 BGB.). Auch gilt in dieser Richtung für den Ursachenbegriff in den Fällen der Gefährdungshaftung nichts Besonderes.

Ein Beispiel veranschauliche die Tragweite dieser Unterschiede: Eine Anzahl von Skiläufern befindet sich bei beginnender Frühjahrszeit in der Alpenhütte. Sie gedenken, am frühen Morgen den nächsten Weg zur Bahnstation abzufahren; der Weg führt zunächst auf einer Brücke über eine tiefe Schlucht. Ein kühnerer Sportsfreund S möchte die anderen nötigen, einen weiteren und wegen der Bodenbeschaffenheit gefährlicheren Weg zu wählen. Er erreicht das dadurch, daß er die Brücke zerstört und so die anderen nötigt, den weiteren Weg zu nehmen. Infolge der Verspätung und der Einwirkung der Mittagssonne oder eingetretenen Föhns geraten sie in eine Lawine oder einen Steinfall. Hier handelt es sich um den ursächlichen Zusammenhang zwischen dem fahrlässigen Verhalten und der Verletzung. Oder S verletzt andere im Streit oder sperrt sie ein, so daß sie in beiden Fällen aufgehalten und dadurch genötigt werden, den einzigen, Vormittags lawinen- und steinsicheren Weg über die Mittagszeit zu machen. Hier wird der ursächliche Zusammenhang zwischen der Verletzung und dem weiteren Schaden fraglich. Dazu nehme man an, die Skiläufer entgingen zwar sowohl der Lawinengefahr als dem natürlichen Steinfall. Sie würden aber durch Steine verletzt, welche durch Touristen abgelöst werden, die zu der späteren Stunde oberhalb des Abstiegswegs gehen. Diese Folgen der Sonnenwärme oder des Wettersturzes konnten vom Standpunkt des die Verspätung verschuldenden Täters in den seltensten Fällen, sie konnten auch von einem „Normalmenschen" nicht vorausgesehen werden. Dagegen war für sie vom Standpunkt allgemein menschlicher Erfahrung und nachträglicher objektiver Prognose sicherlich eine nicht ganz geringe objektive Wahrscheinlichkeit gegeben. Auch das letztere traf nicht zu bei dem von den Touristen veranlaßten Steinfall, während es unter besonderen Umständen des Falles möglich ist, daß S alle diese Gefahren vorausgesehen hat.

M. E. ist der Standpunkt der Beurteilung ex ante, oder mittels nachträglicher objektiver Prognose, die Abgabe des Wahrscheinlichkeitsurteils auf Grund nicht nur der zur Zeit der Tat vorliegenden, sondern auch der später hinzugetretenen, aber nach allgemein menschlicher Erfahrung und auf Grund der dem Richter, nicht dem „Normalmenschen" hiernach zu Gebote stehenden Erkenntnismittel, zu erwartenden Bedingungen, festzuhalten. Dabei sind freilich, wie von Kries, von Rümelin und Träger es tun, auch die überdies dem Täter bekannten Bedingungen zu berücksichtigen. Mit Unrecht will M. L. Müller (S. 31) aus der Begriffsbestimmung die besondere Hervorhebung der dem Täter bekannten Umstände gestrichen haben, „da einem menschlichen Täter nichts bekannt sein könne, was nicht gleichzeitig menschlicher Einsicht erkennbar ist". Das Leben und die Praxis lehren, daß vermöge der Kenntnis der im einzelnen Fall gegebenen Sachlage die Kenntnis des Täters in Ansehung gewisser Umstände häufig über die allgemein menschliche Erfahrung, über die nach der Einsicht des verständigsten Menschen erkennbaren Bedingungen hinausgeht. Mindestens versteht es sich bei den bisherigen Fassungen des adäquaten Ursachenbegriffs nicht von selbst, daß dieser Standpunkt der allgemein menschlichen Erkennbarkeit, mit welchem eine gewisse Norm weitgehender Einsicht und Erfahrung verknüpft zu werden pflegt, auch stets jene bekannten, besonderen Umstände berücksichtigt. Auch der RGR.-Kommentar unterscheidet daher Glieder der Ursachenkette, deren maßgebende Wirksamkeit für den Eintritt des Erfolgs zur Zeit der Begehung nach allgemein menschlicher Erfahrung erkennbar war und die deshalb auch vom Handelnden berücksichtigt werden konnten, und außerdem diejenigen, deren Wirksamkeit zwar allgemein nicht erkennbar war, die aber dem Handelnden bekannt waren, die er erwartet oder benutzt hat. Es liegt auf der Hand, daß diese Unterschiede ganz verschiedene Entscheidungen bedingen.

Nach all dem bleibt aber die Frage, wie steht es mit jener Billigkeitsausnahme, wenn Littens Abhilfe verfehlt erscheint? Wie ist zu entscheiden, wenn, bei der heutigen Ausdehnung des Winter- und Schneeschuhsports im Hochgebirge, allgemein menschliche Erfahrung zwar an die Hand gibt, daß im Frühjahr die Mittagssonne oder aufkommender Föhn oft Lawinen und Steinfälle bringen, der gegebene Fall aber doch so liegt, daß es ganz außer aller Berechnung und Voraussicht lag, daß eine Lawine oder ein Steinfall gerade an dem Platze und in dem genauen Zeitpunkt niedergehen würden, da nachmittags die verspäteten Skiläufer vorbeikommen?

Wiechowski möchte Rümelins Billigkeitsausnahme vermeiden, er erachtet Rümelins Formel als zu weit und sagt: „Vorauszusetzen sind alle zur Zeit der Tat vorhanden gewesenen Bedingungen, mit Ausnahme der ex ante allgemein unerkennbaren und zugleich auch dem Täter unbekannten und unerkennbaren Bedingungen. Über die Frage, welche Bedingungen in Gemäßheit des obigen Prinzips vorauszusetzen sind, entscheidet der Richter als das die Kausalitätsfrage beurteilende Subjekt, und zwar entscheidet er rückschauend, ex post, legt darum seiner Entscheidung alle Bedingungen zugrunde, welche nach der Tat bekannt geworden sind". Folglich müßte er, wenn und weil Föhn und Mittagssonne, als Bedingungen von Lawinen und Steinfall, zur Zeit der Tat noch nicht vorhanden waren, den ursächlichen Zusammenhang schlechthin verneinen; das wäre unannehmbar. Hätte aber zur Zeit der Tat der Föhn oder die Wirkung der Sonnenwärme bereits eingesetzt und waren diese Tatsachen samt ihrer Vereigenschaftung zur Auslösung von Lawinen oder Steinfall ex ante allgemein erkennbar, dann müßte Wichowski ebenso unterschiedslos zu dem Ergebnis kommen, daß die Tat des S, der die Brücke zerstört oder die Kameraden verletzt oder eingesperrt hat, den durch Lawine oder Steinfall vermittelten Schaden auch verursacht habe (ähnlich Rumpf, JheringsJ. 49, 350 unten). Das wäre wenigstens dann höchst unbillig, wenn es im gegebenen Fall jenseits aller menschlichen Voraussicht lag, daß die anderen Skiläufer, die den gefährlicheren Weg oder denselben Weg, aber zur späteren Tageszeit, zu machen genötigt waren, nun deshalb gerade dort in eine Lawine oder einen Steinfall geraten.

Demgegenüber sagte Rumpf, indem er zwischen dem Kausalverlauf von dem menschlichen Verhalten bis zu dem unmittelbaren Schaden und demjenigen bis zu dem mittelbaren Schaden unterscheidet (S. 345):

„1. Ob adäquater Kausalzusammenhang zwischen einem menschlichen Verhalten und dem unmittelbaren Schaden vorliegt, entscheidet der Richter auf Grund der ihm zu Gebote stehenden Kenntnis der Gesetze des Geschehens, die sich mit dem derzeitigen Erfahrungswissen der Menschheit überhaupt deckt, und auf Grund aller ihm zur Zeit der Entstehung des unmittelbaren Schadens bekannt gewordenen Bedingungen des konkreten Falls.

2. Ob adäquater Kausalzusammenhang zwischen einem menschlichen Verhalten und dem mittelbaren Schaden vorliegt, entscheidet der Richter, indem er außerdem noch die von dem unter 1 gekennzeichneten Standpunkte aus (im voraus) erkennbaren Bedingungen des nachträglichen Kausalverlaufs in Betracht zieht."

Ich unterstelle, daß nach Ziff. 1 am Ende gemeint ist, der Richter solle entscheiden auf Grund aller bis zu der Entstehung des unmittelbaren Schadens eingetretenen, dem Richter bekannt gewordenen Bedingungen. Föhnausbruch und Sonnenwärme wären Bedingungen, welche im Falle der Zerstörung der Brücke in dem Zeitpunkt der Verletzung durch Lawine oder Steinfall (des unmittelbaren Schadens), im Falle der Verletzung oder Einsperrung der Kameraden erst nachträglich eingetreten sind. Es soll nun der Richter nach Rumpf auf Grund der ihm zu Gebote stehenden Kenntnis der Gesetze des Geschehens, die sich mit dem derzeitigen Erfahrungswissen der Menschheit überhaupt deckt, entscheiden, ob im Hinblick auf diese Bedingungen adäquater Kausalzusammenhang vorliegt. Der Richter soll also wohl deshalb, weil das Niederkommen der Lawinen und der Steine dem Erfahrungswissen entsprach, den ursächlichen Zusammenhang schlechthin bejahen, ihn aber verneinen, wenn heraufkommende Touristen Steine losgelöst haben, weil das dem Erfahrungswissen nicht entsprach, und bei dieser Verneinung bliebe es wohl auch dann, wenn S das ausnahmsweise vorausgesehen hätte. Nach Rumpfs Fassung müßte zu 1 auch berücksichtigt werden, was vom Standpunkt des menschlichen Verhaltens (oder der Bedingung, deren Ursacheneigenschaft in Frage steht) außer aller Erwartung stand (z. B. plötzliches Aufkommen von Föhn), wenn es nur zur Zeit der Entstehung des unmittelbaren Schadens schon vorlag und nachher dem Richter bekannt geworden ist und nach den Gesetzen des Geschehens und dem Erfahrungswissen der Menschheit überhaupt den Erfolg begünstigt hat. Und zu 2. bei dem Zusammenhang zwischen dem menschlichen Verhalten und dem „weiteren Schaden" müßte nach Rumpf eine Bedingung, die später eintrat, in ihrer tatsächlichen Erscheinung aber zu erwarten war (der Wetterlage entsprechende Sonnenwärme oder eintretender Föhn), auch den Erfolg nach dem Erfahrungswissen begünstigt hat, auch dann berücksichtigt werden, wenn ihr räumliches und zeitliches Zusammentreffen und Zusammenwirken mit dem „unmittelbaren Schaden" (Anfangserfolg) außer aller Erwartung stand. Rümelins Billigkeitsausnahme würde also keineswegs entbehrlich und man wird schwerlich sagen können, daß die Formulierung Rumpfs eine sichere Entscheidung gewährleistet und den Kern trifft, auf den sie abzielt. Der Unbestimmtheit seines Ergebnisses entspricht die Meinung, nur die Bedingungslehre, nicht aber die Lehre von der adäquaten Verursachung vertrage sich noch leidlich mit den herrschenden Kausalgesetzen der Logik und sein, das richterliche Ermessen und das Rechtsgefühl über Gebühr betonender methodischer Standpunkt.

Die Anwendung des adäquaten Ursachenbegriffs in den streitigen Fällen der Praxis führt zu der Erkenntnis, daß die erforderliche Einschränkung durch ein Unterscheidungsmerkmal zu bewirken ist, daß die nötige „Kontinuität der Kausalkette", den inneren Zusammenhang der vorhandenen Bedingungen und ihr Zusammenwirken, unter sich und mit den später eingetretenen zum Ausdruck bringt. Freilich muß diese Einschränkung dem Ursachenbegriff selbst eingefügt, nicht bloß, wo zwar die objektive Wahrscheinlichkeit vom Standpunkt nachträglicher Prognose für alle Bedingungen, d. h. die bedingenden Tatsachen, als solche und auch diejenige für einen Erfolg der eingetretenen Art gegeben ist, aber eine Bedingung oder ein späteres Ereignis — welches conditio sine qua non des wirklich eingetretenen Erfolgs war —, auch nur hinsichtlich des Zusammentreffens und Zusammenwirkens mit anderen Bedingungen außer aller Berechnung oder Voraussicht lag, aus Billigkeitsgründen die Verursachung verneint werden.

Als Ursache im Rechtssinne wird daher diejenige Bedingung anzusehen sein, welche in ihrem, menschlicher Erfahrung, möglicher Berechnung oder Voraussicht entsprechenden Zusammenhang mit den gleichzeitig vorhandenen oder später eingetretenen Bedingungen einen Erfolg der eingetretenen Art in nicht ganz geringfügiger Weise begünstigt hat. Der objektive Maßstab der allgemein menschlichen Erfahrung und der allgemeingültigen Wahrscheinlichkeit vom Standpunkt des die nachträgliche Prognose anstellenden Richters ist mithin beizubehalten. Das führt in vielen Fällen zur Bejahung des ursächlichen Zusammenhangs, wo er bei der Betrachtung von dem, übrigens recht unsicheren Standpunkt der Umsicht und Einsicht des ex ante urteilenden „Normalmenschen" oder vom rein subjektiven Standpunkt des Täters verneint werden müßte. Dieser Maßstab der allgemein menschlichen Erfahrung ist aber, wie es die vorgeschlagene Fassung zum Ausdruck bringt, nicht nur an die Voraussehbarkeit eines Erfolgs der eingetretenen Art im allgemeinen, an die Erkenntnis seiner anderen, vorhandenen oder zu erwartenden Bedingungen in ihrer rein tatsächlichen Erscheinung und an die Vereigenschaftung dieser anderen Bedingungen, einen solchen Erfolg wahrscheinlich zu machen, anzulegen, sondern auch an die Herstellung des zeitlichen und räumlichen, inneren Zusammenhangs der anderen Bedingungen mit derjenigen Bedingung, deren Eigenschaft als Ursache in Frage steht. Dabei mag diese Bedingung ein menschliches Verhalten — oder ein tierisches Tun oder ein Betriebsvorgang im Bahn- oder Kraftwagenbetrieb — sein, dem eine Verletzung (= Einbruch in fremdes Rechtsgebiet — haftungbegründender Vorgang) oder eine Verletzung sein, der ein weiterer Schaden folgte. Einem menschlichen Verhalten kann eine objektive Wahrscheinlichkeit für eine Verletzung, einer Verletzung eine allgemeine Richtung auf einen weiteren Schaden zukommen von der Art, wie sie eingetreten sind, und doch kann im gegebenen Falle die Folge lediglich vermöge eines, menschlicher Voraussicht und Berechnung nicht zugänglichen, Zusammenhangs mit anderen Bedingungen eingetreten sein, welchen dieselben Eigenschaften nicht abzusprechen sind. Selbst wenn solche weiteren Bedingungen vom Standpunkte des Täters oder bei der Beurteilung ex ante im allgemeinen voraussehbar gewesen wären, ihr zeitliches und räumliches Zusammentreffen mit der vom Täter gesetzten Bedingung jedoch außer aller Erwartung läge, würde immer noch ein Zufall, keine adäquate Verursachung vorliegen.

Die Angriffe auf die Lehre von der adäquaten Verursachung und die bisher unternommenen Verbesserungen sind für stichhaltig nicht zu erachten,[1]) es kann sich vielmehr nur darum handeln, der genaueren Bestimmung des zeitlichen Standpunkts und der tatsächlichen Grundlagen („Bedingungen"), von welchen aus das Möglichkeitsurteil abzugeben ist, noch eine genauere Bestimmung über die Art dieser Beurteilung hinzuzufügen. M. a. W.: Bei Bildung des Möglichkeitsurteils ist das gesamte Erfahrungswissen zur Zeit der Beurteilung zugrunde zu legen und es sind vorauszusetzen alle zur Zeit der Begehung der Handlung oder beim Eintritt des sonstigen Ereignisses vorhandenen und auch die erst später eintretenden

[1]) Näheres siehe in des Verfassers „Beitrag zur Lehre von der Verursachung vom Standpunkte der Deutschen Rechtsprechung", ArchZivPr. 10 Heft 1.

**Tatsachen**, die als Bedingungen des Erfolgs in Betracht kommen, sofern entweder der Täter sie als solche in Betracht gezogen hat — bis hierher im wesentlichen wie v. Rümelin —, oder ihre Berücksichtigung im Zusammenhang mit der als Ursache anzusprechenden Handlung oder Tatsache noch irgendwie der Erfahrung, der Auffassung des Lebens oder der im Verkehr erforderlichen Sorgfalt entsprach. Durch diese Abstellung auf eine objektive, äußerste Sorgfalt und Vorhersehbarkeit nach Maßgabe allgemein menschlicher Erfahrung oder vom Standpunkt des einsichtigsten Menschen werden jene Billigkeitsausnahmen ausgeschaltet, ohne daß der Begriff der Verursachung im Rechtssinne etwas von seiner vollen Objektivität verliert.

Vielfach wird zwischen den sogenannten mittelbaren und den unmittelbaren Folgen unterschieden. Die Lehre von der adäquaten Verursachung sieht von dieser Unterscheidung ab. Unter mittelbaren Folgen versteht man solche, die sich erst vermöge einer oder mehrerer später eintretender Bedingungen verwirklichen. Die Unterscheidung hat aber keinen großen Wert, weil auch solche Folgen, die wir noch zu den unmittelbaren zu rechnen gewohnt sind, häufig erst durch später hinzutretende Ereignisse bedingt werden. Lediglich darauf kommt es an, ob für die Folge durch diejenige Bedingung, deren Ursacheneigenschaft in Frage steht, eine gewisse objektive Wahrscheinlichkeit eines derartigen Erfolgs begründet ist. Wenn X dem A einen Stoß versetzt, so daß A den sicheren Stand verliert, nachher an einem Stein stolpert und hinfällt, so hat der Stoß den nachher eintretenden tödlichen Ausgang, den Tod des A ebenso verursacht, wenn A in das Wasser fällt und, weil er nicht schwimmen kann, ertrinkt, wie wenn A auf dem harten Boden eine Kopfverletzung davonträgt, die wegen eintretender Infektion zu einer Blutvergiftung und zum Tode führt. Jene Unterscheidung wird den Tod im ersten Fall als eine unmittelbare, im zweiten als eine mittelbare Folge des Stoßes bezeichnen. Und doch sind auch im ersten Falle das Stolpern an dem Stein und der Sturz in das Wasser Bedingungen, welche dem Stoße zeitlich nachfolgten. Es kommt in beiden Fällen darauf an, ob in seinem, der menschlichen Erfahrung entsprechenden Zusammenhang mit den anderen oder späteren Bedingungen der Stoß den Eintritt des Todes begünstigt hat. Der Zusammenhang mit der sogenannten mittelbaren Folge entspricht nur dann der Erfahrung des Lebens, wenn die erste Bedingung auch mit den weiteren Bedingungen dieser (mittelbaren) Folge in diesem Zusammenhange steht. Das ist es, was auch das Reichsgericht, I. ZivSen., in der Entscheidung vom 7. Februar 1912 (DJZ. 574 = Recht 1151 = JW. 459) mit folgender Ausführung deutlich zum Ausdruck bringt: „Der natürliche Kausalzusammenhang mit seinen reichen und unübersehbaren Verzweigungen genügt jedenfalls in den Fällen nicht, wo es sich um nur mittelbare Folgen handelt. Es muß, will man nicht zu praktisch unerträglichen Ergebnissen gelangen, für den rechtlich beachtlichen Zusammenhang der Ereignisse ein weiteres Erfordernis aufgestellt werden, das dahin zu bestimmen ist, daß die nur mittelbar eingetretene Folge nicht in einem so entfernten Zusammenhang mit dem als Ursache in Anspruch genommenen Ereignisse stehen darf, daß er nach der Auffassung des Lebens nicht mehr in Betracht gezogen werden kann".

Der hier betonte Unterschied zwischen dem ursächlichen Zusammenhang „im natürlichen" und demjenigen „im Rechtssinne" ist nichts anderes als der Gegensatz zwischen bloßer Bedingung und adäquater Ursache. Früher wurde nämlich vielfach, im Anschluß an §§ 4, 25 ALR. I, 6 ein Schaden, dessen Entstehung gar nicht vorausgesehen werden konnte, „in rechtlichem Sinne" als ein zufälliger bezeichnet und gesagt, es liege hier nur „in natürlichem Sinne" ursächlicher Zusammenhang vor. Im Gegensatz dazu wurde zum ursächlichen Zusammenhang „im Rechtssinne" verlangt und für genügend erklärt, daß die Folge nach dem natürlichen Lauf der Dinge zu erwarten war, RG. 10, 50; 21, 147; 42, 292, oder, daß sie dem gewöhnlichen Verlaufe entsprach, RG. 12, 190; 62, 342. Überall liegt hier der Entscheidungsgrund in der durch die Bedingung begründeten objektiven Wahrscheinlichkeit. In den Fällen der ersten Art ist der ursächliche Zusammenhang im Sinne eines adäquaten Ursachenbegriffs zu verneinen. Geradeso wie da, wo — RG. 17, 204 — eine „noch so entfernte Möglichkeit" eines Schadenseintritts für nicht hinreichend erklärt wird, um einen „bei Gelegenheit einer unerlaubten Handlung entstandenen Schaden" zu begründen. In Wirklichkeit handelt es sich hier überall um die Anwendung des eingeschränkten Ursachenbegriffs, um die Feststellung der adäquaten Verursachung mit ihren oben hervorgehobenen Merkmalen im Gegensatz zu dem bloßen Bedingungszusammenhang, ein Gegensatz, von welchem das Reichsgericht in der Entscheidung vom 12. März 1912 (JW. 581) ausführt: „Das Berufungsgericht folgt nicht bei der Feststellung des ursächlichen Zusammenhangs der von der Revision unter Berufung auf Windscheid § 258 Note 2 vertretenen sog. Bedingungstheorie (vgl. RGSt. 15, 151), sondern mit Recht der von den Zivilsenaten des RG. für den bürgerlichrechtlichen ursächlichen Zusammenhang gebilligten Lehre von der sog. adäquaten Verursachung (vgl. RG. 69, 59; SeuffA. 63, 150)."

Die hier vorgeschlagene Begriffsbestimmung bringt dasjenige deutlicher und deutsch zum Ausdruck, was mehrere Schriftsteller unter der geforderten „Kontinuität der Kausalkette" oder des „Kausalverlaufs" verstanden haben dürften. Die darin liegende Einschränkung bewirkt die Ausscheidung derjenigen Zusammenhänge, die wegen des außergewöhnlichen Verlaufs mit Recht noch als zufällige bezeichnet werden. Entsprach aber sowohl der Eintritt der zweiten Bedingung (das Herabkommen der Lawine oder der Steine am Mittag) oder der weiteren Bedingungen (conditiones s. q. non, deren Mitwirkung zum Erfolg notwendig war) im allgemeinen, als auch ihr räumliches und zeitliches Zusammentreffen mit den objektiv voraussehbaren Folgen (verspäteter Abstieg auf dem betreffenden Weg) der ersten Bedingung (fahrlässige Zurückhaltung oder Verletzung von Körper oder Freiheit) einer durch die allgemein menschliche Erfahrung gerechtfertigten objektiven Wahrscheinlichkeit, dann und nur dann ist auch bei dem Zusammentreffen und unerläßlichen Zusammenwirken mehrerer selbständiger Bedingungen der ursächliche Zusammenhang des Erfolges und der ersten Bedingung gegeben.

Die Ausscheidung von Bedingungen, die nur vermöge einer „singulären Verkettung" (Merkel) oder „außergewöhnlicher Umstände" (Enneccerus) oder vermöge der außer aller Berechnung liegenden

Herstellung ihres zeitlichen und räumlichen Zusammenhangs mit der zur Beurteilung stehenden Bedingung zu einer Verletzung oder einen Schaden führen, ergibt sich so aus dem Ursachenbegriff selbst, nicht aus einer Billigkeitsausnahme eines an sich zu weit gefaßten Begriffs. Die Notwendigkeit, eine besondere Körperbeschaffenheit des Verletzten in Betracht zu ziehen, folgt aus demselben Ursachenbegriff, weil damit nach der Erfahrung des Lebens eben gerechnet werden muß: aliud alii mortiferum esse solet.[1]) Dieser juristische Ursachenbegriff trägt auch der Erkenntnis Rechnung, daß, streng genommen zwar nicht jede einzelne Bedingung eines Erfolgs, aber alle Bedingungen in ihrer Gesamtheit und in ihrem inneren Zusammenhang als die Ursache des Erfolgs anzusehen sind. Und die vorgeschlagene Fassung entfernt sich von dieser Erkenntnis nicht mehr, als es ein in der Rechtspflege brauchbarer Ursachenbegriff tun muß: Ist wegen der Gesetzmäßigkeit und des inneren Zusammenhangs alles Geschehens mit der Philosophie für richtig zu erachten, daß die Ursache streng genommen nur in der Gesamtheit der Bedingungen zu erblicken ist, so entfernt sich ein juristischer Ursachenbegriff, der jede einzelne Bedingung als Ursache ansieht und damit diesen gesetzmäßigen Zusammenhang völlig außer acht läßt, davon sehr weit; die Auffassung von der Ursache im Rechtssinne aber, welche nur diejenigen Bedingungen beiseite läßt, die wir als solche zu erkennen überhaupt nicht in der Lage sind, oder, die eine nur ganz geringfügige und unbeachtliche Wahrscheinlichkeit für den Erfolg begründen, oder hinsichtlich derselben objektiven Wahrscheinlichkeit in anderen, früheren oder späteren Bedingungen —, deren notwendige Folge sie sind oder die ihre Wirkung völlig aufsaugen — ganz aufgehen und darum als Bedingungen von selbständiger Bedeutung außer Betracht bleiben können, entfernt sich von dem streng logischen, der Philosophie und dem

[1]) Der Satz, daß eine außergewöhnliche Körperbeschaffenheit des Verletzten stets in Betracht zu ziehen ist und den ursächlichen Zusammenhang zwischen der Verletzung und den durch diese besondere Körperbeschaffenheit bedingten Folgen niemals ausschließe, ist freilich kein zwingender. Es kann die Haftung für solche Unfallfolgen, welche nur vermöge einer besonderen Körperbeschaffenheit entstehen, vertraglich ausgeschlossen werden. So z. B. wenn der Versicherer nicht zu haften hat, „wenn zu dem schadenbringenden Zustand des Verletzten eine Krankheit oder ein anderer Umstand, der von dem Unfall unabhängig ist, mitgewirkt hat," oder bei Vertragsbestimmungen ähnlichen Inhalts. Hier ist zu unterscheiden, ob nur eine größere Empfänglichkeit des Körpers des Versicherten für die — allgemeiner Erfahrung entsprechenden — nachteiligen Einwirkungen eines Unfalls vorliegt, oder ob eine körperliche Abnormität des Versicherten bestanden hat, ohne welche jenes Ereignis erheblich nachteilige Folgen überhaupt nicht gehabt hätte, sei es, daß eine besondere körperliche Veranlagung oder eine Krankheit schon vor dem Unfall bestanden haben, oder, daß sie erst nachher eingetreten aber nicht durch ihn verursacht sind. Auch solche Folgen stehen zwar noch in adäquatem ursächlichen Zusammenhang mit dem Unfall: es ist aber vertraglich die Haftung ausgeschlossen für schädliche Folgen, die allein vermöge des Zusammenhangs des schädlichen Ereignisses mit diesen besonderen Umständen noch adäquat verursacht sind. (JW. 1907, 210, 272; 1908, 280, 348, 564; 1909, 468; 1911, 551; RG. 68, 68; LZ. 1912, 403.)

allgemeinen Denken entsprechenden Ursachenbegriff sehr wenig; jedenfalls nicht in einem Maße, daß sie, richtig angewendet, jemals zu Ergebnissen führen könnte, welche der Gesetzmäßigkeit des Geschehens und folglich dem Rechtsgefühl widersprechen, wie das bekanntlich häufig der Fall ist, wenn man die Ursache der Bedingung gleichstellt.

Der hiernach anzulegende Maßstab ist ein objektiver, soweit dies möglich ist. Dieser adäquate Ursachenbegriff erweist sich bei der Anwendung auf die Beziehung zwischen menschlichem Verhalten und Verletzung, wie auf diejenige zwischen Verletzung und weiterem Schaden als gleich brauchbar. Ebenso in den Fällen der Gefährdungshaftung. Er steht im Einklang mit der heutigen Rechtsentwickelung, insofern er der selbständigen Bedeutung der Verursachung und dem Erfordernis (§§ 252, 254, 830, 840, 833 BGB., § 1 HftpflG., § 7 AutG.), sie unabhängig vom Verschulden festzustellen und zu bewerten, gerecht wird und im Privatrecht insbesondere sich von einer — vom Gesetz abgelehnten, weil die Haftung zu eng begrenzenden — Berücksichtigung einer subjektiven Voraussehbarkeit oder Wahrscheinlichkeit für das Verhältnis von Verletzung und weiterem Schaden fernhält.

Der anzulegende Maßstab wird zu einem subjektiven auch nicht etwa dadurch, daß bei dieser Fassung ohne weiteres auch die Tatsachen, welche dem Täter bekannt waren, die er vorausgesehen hat oder, mit denen er sogar gerechnet hat, jedenfalls zu berücksichtigen sind. Geht man davon aus, daß mit einem Erdbeben oder einem Blitzschlag od. dergl. meist überhaupt nicht im voraus wird gerechnet werden können — Fälle der sog. höheren Gewalt — und daß, was bloß im Traume vorausgesehen wurde, nicht mehr dem erkennbaren gesetzmäßigen Zusammenhang des Geschehens entspricht, so zeigt eben dann der gegebene Fall, daß solche Tatsachen vorausgesehen werden konnten, daß mit ihnen gerechnet werden konnte. Ihr innerer Zusammenhang mit der vom Täter gesetzten Bedingung ist dann durch ihn selbst gegeben und hergestellt. Hier liegt die Antwort auf die Frage v. Brünnecks: „Was berechtigt uns, die objektive Möglichkeit in der Art zu erhöhen, daß wir dem Täter folgend die besonderen Umstände des Falles in Rechnung ziehen?“ und auf Rumpf's Frage, warum die höchst eigenartige richtige Beurteilung eines ganz regelwidrigen Kausalverlaufs durch den (vorsätzlichen) Täter beim Kausalurteil berücksichtigt werde. Nicht das Rechtsgefühl allein gibt hier die Antwort und es ist auch nicht richtig, daß die Adäquanzlehre die Frage nach der objektiven Verursachung mit dem Schuldmoment vermenge. Es wird nur eine, auch bei der Verschuldungsfrage erheblich werdende, keineswegs aber mit dem Verschulden zusammenfallende, innere Tatsache, eine bestimmte Kenntnis oder Erwartung des Täters, die sich als zutreffend erwiesen hat, verwendet, um den erforderlichen Zusammenhang mehrerer Bedingungen herzustellen, hinsichtlich deren in Frage steht, ob sie in Verbindung miteinander, in ihrem Zusammenhang, den Erfolg begünstigt haben. Allerdings führt die Einschränkung des Ursachenbegriffs durch die Verwendung der objektiven Möglichkeit zu objektiveren und logischeren Entscheidungen als die Einschränkung der Haftung allein nach Maßgabe des Verschuldens oder des Rechtsgefühls.

Die vorgeschlagene Fassung vermeidet die von Litten (S. 67) getadelte Zweiteilung („Duplizität“), je nach dem dem Täter die weiteren Bedingungen bekannt waren oder nicht. Der Wintersport im

Hochgebirge bekräftigt die Erfahrung, daß im Frühjahr die Mittagssonne oder bei bestimmten Wetterlagen hereinbrechender Föhn mitunter starke Lawinengefahr mit sich bringen. Die Betrachtung dieser Gefahr im Zusammenhange mit der Verletzung und Zurückhaltung eines verunglückten Skiläufers entspricht daher der Erfahrung und möglicher Voraussicht. Der durch die Touristen herbeigeführte Steinschlag wird in dem angezogenen Beispiele solch allgemeiner Erfahrung nicht entsprochen haben. Hätte aber S gewußt oder gar damit gerechnet, daß um die Mittagszeit eine größere Anzahl von Touristen einen Weg heraufkommen werde, von welchem aus sehr leicht ein gefährlicher Steinschlag in der Richtung nach dem von seinen Begleitern zu nehmenden Abstiegsweg, gerade in der Zeit des Abstiegs, seinen Ausgang nehmen könne, so ist damit die erforderliche Verbindung, der nötige Zusammenhang dieser Tatsache mit der Verletzung oder Zurückhaltung im gegebenen Fall hergestellt. Wo eine solche Voraussicht im gegebenen Falle tatsächlich stattgefunden hat, da entspricht es auch möglicher Voraussicht oder Berechnung, diese Tatsachen in Verbindung miteinander, im Zusammenhang zu betrachten und auf ihren ursächlichen Wert zu beurteilen.

Daß auch die, menschlicher Erfahrung, möglicher Voraussicht oder Berechnung entsprechende Verbindung mehrerer Bedingungen für den zu entscheidenden Fall immer noch einen gewissen Spielraum läßt, liegt auf der Hand. Das liegt aber nicht an dem, hier für richtig erachteten, Ursachenbegriff, sondern an dem, nicht immer selbstverständlichen, Maß der vorzunehmenden Verallgemeinerung, d. h. der Gleichstellung einer Bedingung und eines Erfolgs der gegebenen Art mit den wirklich gegebenen, häufig auch an der Schwierigkeit der, stets unerläßlichen, richtigen und umfassenden Beobachtung und Feststellung der Umstände des Falles und der Unvollkommenheit menschlicher und richterlicher Erkenntnis und Erfahrung. Die Brauchbarkeit des, so möglichst objektiv gefaßten und möglichste Objektivität in der Anwendung gewährleistenden, Ursachenbegriffs für die Rechtsprechung wird aber durch diese Verschiedenheiten in seiner Anwendung, welche die Richtigkeit der Entscheidung nicht in grundsätzlicher Art und auch seltener beeinflussen, nicht berührt.

Auch für die Fälle der Gefährdungshaftung kann nicht auf die vom Standpunkt des Haftpflichtigen von vornherein erkennbaren Bedingungen abgestellt werden, wie Litten (S. 78) für den Tierhalter in Ansehung des Einbruchs in das fremde Rechtsgebiet will; ebenso in Ansehung der weiteren Schadenswirkungen auf die dem Täter oder einem „Normalmenschen" im Augenblick des Anfangserfolgs von vornherein erkennbaren Bedingungen (Litten S. 108). Versetzen wir uns etwa 30 Jahre zurück in die Zeit, da der Radsport in seiner ersten Blüte stand. Wer damals, wie z. B. der Verfasser, das Engadin und Inntal bis Landeck mit dem Hochrad herabfuhr, der konnte erfahren, wie begegnende Pferde, Ochsen und Kühe ob des ungewohnten Anblicks schon von fern her gänzlich außer Fassung zu geraten pflegten. Soll etwa deshalb, weil damals gar mancher Tierhalter der Gebirgsgegenden von dem Radfahren noch nichts gewußt hat, wenn durch einen heftigen Seitensprung der Wagen mit den Reisenden oder ein nebenhergehender Wanderer den Abgrund hinabgeschleudert wurde, der Schaden nicht durch das Tier verursacht sein? Soll das vielleicht erst dann der Fall sein, wenn der als Tierhalter in Betracht kommende Bergbewohner etwas von dem

Radsport erfahren hat? Oder soll, wenn der aus dem Wagen stürzende Reisende mit dem infolge Schneedrucks herabgefallenen Draht der elektrischen Starkstromleitung in Berührung kommt, diese weitere Schadenswirkung dem tierischen Verhalten nicht zugerechnet werden, weil der Tierhalter von elektrischer Kraftübertragung und ihren Gefahren nichts weiß?

Im Gegenteil! Gerade im Gebiet der Gefährdungshaftung würde es zu ganz absonderlichen Ergebnissen führen, wollte man derartigen subjektiven Umständen einen Einfluß auf die, allein auf objektive Umstände zu gründende, Verursachung einräumen. Die erforderliche Einschränkung wird auch hier zunächst nur in der Anwendung des Begriffs der adäquaten Verursachung zu finden sein. Das schließt natürlich nicht aus, daß in den Fällen der Gefährdungshaftung kraft der Auslegung der einschlagenden gesetzlichen Vorschriften, wegen der danach allein erheblichen besonderen Tier- oder Betriebsgefahr, die Anwendung des Ursachenbegriffs ihre Besonderheiten zeigt, die objektive Verursachung im Sinne der betreffenden Gesetzesbestimmungen noch weiteren Erfordernissen genügen muß; gerade wie im Strafrecht z. B. bei § 263 StGB. außer der adäquaten Verursachung nötig ist, daß die Irrtumserregung auf dem Wege der Täuschung und der Auslösung eines Beweggrunds in der Psyche des Beschädigten oder eines Dritten zur Ursache des Vermögensschadens geworden ist.

Das ändert aber nichts daran, daß bei den straf- und zivilrechtlichen Haftungsbeständen, unbeschadet der Berücksichtigung ihrer Besonderheiten und Zwecke, ein von dem streng philosophischen abgeleiteter, gemeinsamer juristischer Begriff der Ursache zur Anwendung kommt, welcher, wenn auch in den gesetzlichen Vorschriften durch die verschiedensten Ausdrücke — verursachen, bewirken, herbeiführen, entstehen aus, Verwendung der verba transitiva — angedeutet, ein einheitlicher, dem allgemeinen Denken entnommener und entsprechender Begriff ist und sich, dem Sprachgebrauch gemäß, von der Bedingung wohl unterscheidet.

Die Bestimmungen in §§ 447 Abs. 2, 287, 848 BGB. können nicht als Beleg dafür angeführt werden, daß etwa das Gesetz die Bedingung der Ursache gleichstelle (Enneccerus S. 591), sie enthalten auch keine Ausnahmen von dem regelmäßigen Ursachenbegriffe (Rümelin, Verwendung der Kausalbegriffe S. 274). Der Käufer, der von der gegebenen Anweisung für die Versendung abweicht, der Schuldner, der in Verzug gerät, derjenige, welcher einem anderen eine Sache durch unerlaubte Handlung entzieht, sie alle setzen damit eine Bedingung, die erfahrungsgemäß eine Beschädigung der Ware, die Unmöglichkeit der Erfüllung oder der Rückgabe mit sich bringt. Die Anweisung sollte doch gerade die unversehrte Ankunft sichern und, daß der Verzug oft infolge veränderter Umstände die Erfüllung schließlich unmöglich mache, entspricht ebenso allgemeiner Erfahrung, wie, daß gestohlene Sachen leicht verbracht und beschädigt werden. Nach dieser Erfahrung wird hier der Kreis der Gefahren nicht nur verändert, sondern erhöht. Mag in den Fällen der §§ 287, 848 die Unmöglichkeit der Leistung oder der Rückgabe für den Schuldner oder den Täter lediglich als die Folge eines Zufalls erscheinen, im Verhältnis zum Gläubiger, Verletzten, wie im Verhältnis zum Käufer im Falle des § 447 Abs. 2 liegt regelmäßig die Verwirklichung jener typischen Gefahr vor. Das Gesetz vermutet hier den adäquaten Zusammenhang zum Nachteil des Säumigen oder des

Täters, wenn nur der Beschädigte beweist, daß der Schaden ohne den Verzug, die Sachentziehung oder den fehlerhaften Versand nicht eingetreten wäre, so RGRKomm. § 447 Abs. 2, der andere Teil kann diesen vermuteten ursächlichen Zusammenhang widerlegen, indem er beweist, daß der Schaden ohnedies eingetreten wäre.

1. Eine Schwierigkeit in der Anwendung jedes Ursachenbegriffs, der die Ursachlichkeit objektiv, getrennt von der Verschuldung, zu umschreiben und festzuhalten trachtet, liegt in der häufigen engen Beziehung zwischen der objektiven Verursachung und dem Verschulden oder vernünftigem und der Sitte entsprechendem Verhalten. Die Richtigkeit der Lehre von der adäquaten Verursachung und ihre Brauchbarkeit in der Praxis wird aber dadurch nicht berührt.

Der Sitte und Vernunft entsprechendes Verhalten kann immer erwartet werden. Vermittelt ein solches Verhalten eines Dritten, nicht Verletzten, zwischen dem haftungsbegründenden Vorgang und dem Schaden, so steht es der Ursachlichkeit jenen Vorgangs nicht entgegen. Umgekehrt kann diese aber auch dann vorliegen, wenn der Schaden durch eine, nach der Regel des Lebens zu erwartende, schuldhafte Handlung vermittelt, z. B. der Diebstahl dadurch ermöglicht wurde, daß ein anderer die Türe erbrach (Rümelin S. 294 ff.).

Im einzelnen Falle schwierig wird die von dem Verschulden und ethischen Momenten streng absehende adäquate Kausalbetrachtung im Anwendungsgebiet des § 254 BGB. Wo es gilt, die vorwiegende Verursachung des schuldhaften Verhaltens des Täters oder des Verletzten, den Grad der objektiven Wahrscheinlichkeit jeder einzelnen dieser Bedingung unter Absehen von den übrigen, in ihrer konkreten Gestaltung, zu vergleichen, wird die Entscheidung oft bewußt oder unbewußt von der ethischen Würdigung des beiderseitigen Verhaltens beeinflußt werden (vgl. Schmoller S. 60). Insbesondere ist im Rahmen des § 254 das Verhalten einer Person zwischen 7 und 18 Jahren ebenso nach seiner persönlichen (subjektiven), als nach seiner gegenständlichen (objektiven) kausalen Bedeutung in Betracht zu ziehen, JW. 1910, 37. Immerhin ist die Wechselwirkung und schwierige Sonderung von Verschulden und objektivem Wahrscheinlichkeitswert im Rahmen des § 254 BGB., obwohl nach dieser Vorschrift bei der Schadensverteilung beides berücksichtigt werden darf, nicht immer unverfänglich; denn erstens ist nach Abs. 1 dieser Vorschrift die vorwiegende Verursachung in erster Reihe maßgebend und zweitens kann ein erhebliches Verschulden eine Gefährdung hauptsächlich in einer ganz anderen Richtung als derjenigen des tatsächlich eingetretenen Schadens herbeigeführt haben.

Aber auch, wo es sich nur um die zunächst liegende Frage handelt, ob eine menschliche Handlung, welche Bedingung eines schädlichen Erfolgs war, als adäquate Ursache dieses Erfolgs anzusehen ist, wird es häufig schwer, die Heranziehung des Gesichtspunktes des Verschuldens aus der Betrachtung gänzlich fernzuhalten. Erscheint ein menschliches Verhalten auf den ersten Anblick als fehler- und schuldhaft, als regelwidrig (v. Bar), so sind wir naturgemäß geneigt, ihm gerade deshalb eine allgemeine Richtung auf den Schaden, eine objektive Wahrscheinlichkeit für seinen Eintritt von vornherein beizulegen. Streng genommen ist das jedoch nur ein Fehler in der zeitlichen Reihenfolge der Beurteilung. Die Frage nach der Ursachlichkeit ist zuerst und nach objektiven Gesichtspunkten zu entscheiden. Zahlreiche Bestimmungen der Gesetze, wie §§ 823, 833, 254 BGB., weisen mit Deutlichkeit auf die erforderliche getrennte Behandlung der Frage nach dem Verschulden hin. Diese kommt erst in zweiter Reihe in Betracht.

2. Mit Unrecht wird die Lehre von der adäquaten Verursachung für überflüssig erklärt für das Gebiet des Strafrechts von Karl Schacht, Das fahrlässige Zusammenwirken mehrerer Personen, Diss. Göttingen 1909. Bietet auch das Verschuldungsmoment eine Abhilfe in zahlreichen Fällen, wo die reine Bedingungstheorie zu ganz unannehmbaren Ergebnissen führen würde, so kehren doch in der Praxis, ganz abgesehen von den durch den Erfolg qualifizierten Delikten, stets Fälle wieder, in denen trotz Fahrlässigkeit das Fehlen adäquaten Zusammenhangs zur Freisprechung führen muß. Und umgekehrt lehrt uns auch die Strafrechtspraxis, daß adäquater Zusammenhang vorliegen kann, die erforderliche Fahrlässigkeit aber trotzdem fehlt. Das Verschulden muß sich nicht immer auf den tatsächlich eingetretenen Kausalverlauf erstrecken. Es ist vom Standpunkt des Täters, der ursächliche Zusammenhang aber objektiv, „ex post", vom Standpunkt des Richters zu beurteilen. Die Verschiedenheit des Beurteilungsstandpunktes kann aber, wie gezeigt, zu verschiedenen Ergebnissen führen.

In ähnlicher Weise verwirft M. L. Müller (Die Bedeutung des Kausalzusammenhangs im Straf- und Schadensersatzrecht, 1912), indem er die Ursache der Bedingung gleichstellt, jede Einschränkung des Ursachenbegriffs nach objektiven Gesichtspunkten. Er geht aus von den, in Staudinger's Kommentar zum BGB. (5. 6.) Vorb. III, 3b zu §§ 249—255, enthaltenen, Ausführungen Kuhlenbecks, nicht verkennend, daß Kuhlenbeck die Lehre Manigk's (JheringsJ. 49, 465) mißversteht, indem er die bloß auf die Rechtswirkungen gemünzte Betrachtung der Ursache als Erkenntnisgrund auch auf die Beziehungen des rein tatsächlichen Geschehens anwendet. Kuhlenbecks Gedankengang verfolgend will M. L. Müller auch den rein tatsächlichen ursächlichen Zusammenhang als Merkmal eines rechtswirksamen Tatbestands so bestimmen, daß die vom Gesetz mit dem Tatbestand verbundene Rechtswirkung zureichend begründet erscheint. Die erforderliche Einschränkung der, mit der Bedingungslehre zu weitgehenden, Haftung will er allein von Fall zu Fall nach dem Zwecke der gesetzlichen Vorschrift oder der in Frage stehenden Rechtsgüter vornehmen. Er findet diese erforderliche Einschränkung in Umständen, welche ganz abseits der reinen, objektiven Verursachung liegen, und welche, weil sie mit den Zwecken der verletzten Rechtsnormen, der verletzten Rechtsgüter und, bei der sogen. Gefährdungshaftung, mit den gesetzgeberischen Gründen dieser Vorschriften zusammenhängen, unter sich ganz verschiedenartig sind. Er gelangt dabei zu Ergebnissen, welche mit der Rechtsentwickelung, den gesetzlichen Vorschriften und der Rechtsprechung in Widerspruch stehen.

Die Lehre M. L. Müllers ist im wesentlichen auf derjenigen des Ausländers Torp (ZStW. 1903) aufgebaut. Nach dieser soll es auf die Verursachung nur insoweit ankommen, als eine Handlung wegen der Möglichkeit einer Rechtsverletzung nicht verboten sein kann, wenn sie zu dieser nicht mitwirkt, d. h. nicht eine der Voraussetzungen bietet, daß das Ereignis sich zur Rechtsverletzung formt. Im übrigen komme es nur auf die Rechtswidrigkeit der Handlung u. z. ihre Rechtswidrigkeit mit Bezug auf das im gegebenen Falle verletzte Rechtsgut an, welche ihrerseits auf der dem gesetzlichen Rechtsgüterschutz zuwiderlaufenden Gefährdung beruhe. Die Lehre Torps führte schon zu einer übermäßigen Betonung ethischer Gesichtspunkte und damit zur Rechtsunsicherheit. Sie hat darum auch in der deutschen Praxis kaum Verwendung gefunden. Berechnet war sie nur für das Strafrecht. Diese, im Gebiet des Strafrechts wegen der durch das Verschuldungsmoment eintretenden Einschränkung ungefährlichere, Lehre will M. L. Müller nun auch für das bürgerliche Recht anwenden. Er baut sie auch aus zum Gebrauche für diejenigen gesetzlichen Tatbestände, bei welchen der verursachte Erfolg von einem Verschulden überhaupt nicht umfaßt zu sein braucht, nämlich auch auf die einer Verletzung folgenden, weiteren (Schadens-) Wirkungen. Wenn der an einem Bergabhang fahrlässigerweise ins Rollen gebrachte Steinblock einen weiter unten laufenden Jagdhund erschlägt, so soll der Täter für diesen Schaden aus dem Grunde nicht verantwortlich sein, weil der Steinblock, sei es daß der Jagdhund dem Eigentümer des Geländes gehöre oder einem Dritten, nicht zum Schutze des Jagdhundes bestimmt oder der Schaden an dem Hunde nicht eine Störung der mit dem Steinblock gewährleisteten Zwecke bedeute. Das gleiche müßte dann von dem durch den Steinblock einer untenliegenden Waldanpflanzung zugefügten Schaden gelten, wenn sich die Fahrlässigkeit auf diesen Schaden nicht erstreckt.

3. In ihrer Anwendung auf die Beziehung zwischen Verletzung und weiterem Schaden bedeutet die Lehre M. L. Müllers einen Rückfall in eine längst als fehlerhaft erkannte Anschauung. Wollte man die Einschränkung in der Zweckbestimmung des gestörten Rechtsguts oder Zustands finden, so hätte das ungefähr dieselbe Tragweite, wie die Auffassung, der weitere Schaden müsse für den Täter voraussehbar gewesen sein; denn eine einigermaßen übliche und vernünftige Zweckbestimmung eines Gutes oder tatsächlichen Zustandes ist für den Schädiger erkennbar, die Störung des Zwecks und damit der weitere Schaden folglich regelmäßig auch voraussehbar. Der Schadensersatz besteht aber in der Herstellung desjenigen Zustands, welcher bestehen würde, wenn der zum Schadensersatz verpflichtende Umstand nicht eingetreten wäre. In den Kommissionsverhandlungen (I, 293—297, II, 511—513) blieb dieser Grundsatz ohne jede Anfechtung. Verhandelt wurde im wesentlichen nur über Änderungen in Ansehung der Voraussetzungen des Geldersatzes. Vgl. Denkschrift S. 69. Auch für die nicht vorausgesehenen Folgen seines Verhaltens hat der Ersatzpflichtige zu haften (so z. B. Neumann, Handausgabe, § 252 Note 2). Nach C. c. Art. 1150 sollte bei Nichterfüllung von Verbindlichkeiten der Schaden voraussehbar sein. Gleiches nahmen einzelne gemeinrechtliche Schriftsteller an, ohne daß dies herrschende Ansicht wurde, siehe Dernburg, Schuldverh. § 27 II 3. Der Entwurf II enthielt in § 215 die Bestimmung: Die Ersatzpflicht wegen Nichterfüllung einer Verbindlichkeit erstreckt sich nicht auf den Schaden, dessen Entstehung nach den Umständen, welche der Schuldner kannte oder kennen mußte, außerhalb des Bereichs der Wahrscheinlichkeit lag. Diese Beschränkung der Haftung des Schuldners schien einem Gebot der Billigkeit — M. L. Müller sagt: „der Vernunft" — zu entsprechen. Die Bestimmung wurde jedoch vom Bundesrat gestrichen, sie erscheint in der Reichstagsvorlage nicht mehr und man kam nicht mehr auf sie zurück: Wer schuldhaft oder in sonst haftungbegründender Weise fremde Rechtsgüter verletzt oder in fremdes Rechtsgebiet eingreift, der kann oft gar nicht wissen, wie weit im Vermögen des anderen der Schaden reichen wird. Er muß

gewärtig sein, daß ein Schaden entsteht, den er gar nicht voraussehen kann und der auch nicht gerade durch die Zwecke des unmittelbar verletzten Rechtsguts begrenzt wird; es ist darum durchaus billig, ihn soweit haften zu lassen, als die ursächliche Tragweite der Verletzung reicht und diese ursächliche Tragweite unabhängig von ethischen oder subjektiven Momenten zu bestimmen. Die Lehre M. L. Müllers wird in ihrer Ausgestaltung zu einem Tummelplatz ethischer Erwägungen. Sie muß zur Rechtsunsicherheit führen. Sie mag dem nordischen Rechtsbewußtsein näher liegen. Den Bedürfnissen der deutschen Rechtsanwendung entspricht mehr die, sichere und objektivere Ergebnisse gewährleistende, Lehre von der adäquaten Verursachung, wie sie jetzt zur herrschenden geworden ist.

4. Nicht zutreffend ist es auch, wenn Schmoller (ArchZPr. 98, 31, 35), der die angeführten Beispiele meist zutreffend entscheidet, teilweise zu der Birkmeyerschen Lehre von der wirksamsten Bedingung und den Theorien von von Bar, Zitelmann, Thon, Binding zurückkehrend, die Lehre von dem adäquaten ursächlichen Zusammenhang berichtigen zu müssen glaubt, indem er ausführt, Ursache sei diejenige Bedingung, welche einen Erfolg, wie den eingetretenen, generell begünstigt, vorausgesetzt, daß sie nicht ihrerseits die notwendige oder regelmäßige Folge der Antezedentien darstelle. Berücksichtigt man die grundlegenden Erörterungen von von Kries, so erkennt man, daß der erste Satz diese Voraussetzung immer in sich schließt: Ein solches Ereignis, das nur die regelmäßige, aber nicht immer, nicht ausnahmslos eintretende Folge oder Begleiterscheinung der ohnedies gegebenen Bedingungen, immerhin aber conditio sine qua non des Erfolgs ist, kann diesen Erfolg auch selbständig generell begünstigt haben. War es aber nur die notwendige Folge der ohnedies gegebenen Bedingungen, so vermehrte es nicht die gegebene objektive Wahrscheinlichkeit des Erfolgs, ist somit nicht dessen adäquate Ursache. Einem solchen Ereignis kommt überhaupt nicht die Bedeutung einer selbständigen Bedingung zu, es geht hinsichtlich seiner Bedeutung für die objektive Wahrscheinlichkeit des Erfolgs in den übrigen Bedingungen auf. Hat aber ein Ereignis neben den vorangegangenen eine selbständige Bedeutung, ist es, ohne die notwendige, unausbleibliche Folge vorangegangener Bedingungen zu sein, ein Ereignis, ohne dessen Hinzutritt der Erfolg nicht eingetreten wäre, dann kann diese Bedingung auch als solche den Eintritt des Erfolgs generell begünstigt, die Wahrscheinlichkeit gegenüber der ohnedies gegebenen noch objektiv erhöht haben. Will aber der Entwurf Schmollers nur besagen, eine regelmäßige Folge ohnedies gegebener Bedingungen, welche die Wahrscheinlichkeit des Erfolgs nur in ganz geringfügiger Weise erhöhe, werde im Leben als selbständige Ursache nicht berücksichtigt, so ist das dasselbe, was bereits von Kries (S. 213) und von Rümelin (S. 220) hervorgehoben haben.

Eine Handlung oder Tatsache, welche — auch in ihrer, menschlicher Erfahrung, möglicher Voraussicht oder Berechnung entsprechenden, Verbindung mit anderen, gleichzeitig vorhandenen oder später eintretenden Tatsachen — die objektive Wahrscheinlichkeit eines Schadenseintritts der in Frage stehenden Art nur in ganz geringfügiger Weise erhöht, ist hiernach als Ursache dieses Schadens nicht anzusehen. Eine Gefahr, die bei strengster Beurteilung vom Standpunkte des Richters, der den eingetretenen Verlauf kennt, zwar gegeben war, aber so geringfügig ist, daß sie im Leben nicht beachtet zu werden pflegt, muß außer Betracht bleiben.

So hat die mangelhafte Befestigung einer Hängelampe den Schaden nicht verursacht, wenn durch Herabfallen während einer Abendunterhaltung in der Wirtschaft eine Aufregung entsteht, dabei eine Frau zu Boden geworfen und ihr auf die Hand getreten wird, so daß sie einen Knochenbruch davonträgt. LG. Konstanz in BadRPr. 1912, 29.

## c) Anwendung in der Praxis.

Ein im Leben und in der gerichtlichen Praxis nicht selten wiederkehrender Fall ist der, daß einer schuldhaften Körperverletzung oder Gesundheitsbeschädigung ein unsachgemäßes Verfahren des behandelnden Arztes nachfolgt und so der Schaden erhöht wird. Auch für diesen Schaden muß der Täter in der Regel haften. Es kommen selbst in der sorgfältigsten ärztlichen Praxis Fehler und Unrichtigkeiten vor. Diese Gefahr muß der Schädiger auf sich nehmen. Nur wenn der Arzt die Erfahrung und ärztliche Regel gröblich außer acht gelassen, jede berechtigte Erwartung an ein vernünftiges und gewissenhaftes ärztliches Verfahren getäuscht hätte, wäre der Schaden allein auf diesen ungewöhnlichen Umstand als Ursache zurückzuführen, JW. 1911, 754.

Oder: Im Begriffe, das Theater zu verlassen, findet A eine goldene Uhr, welche D, der neben ihm in der Loge gesessen aber früher weggegangen ist, verloren hat. A beauftragt den B, die Uhr dem D zu überbringen. B verliert die Uhr auf der belebten Straße. Er merkt den Verlust aber bald und kehrt an den Platz zurück. Er kann jedoch die Uhr nicht mehr unversehrt erhalten, weil C, der bemerkt hat, wie sie zu Boden fiel, die Uhr aus Gehässigkeit gegen B absichtlich zertreten hat. Man wird behaupten dürfen, daß die vorsätzliche Zertrümmerung der Uhr ihren Verlust mit weit größerer Wahrscheinlichkeit herbeizuführen geeignet war, als die Unaufmerksamkeit desjenigen, der sie fallen ließ, das aber sofort (§ 856 Abs. 2 BGB.), wenn auch schon zu spät, bemerkte, oder, als die Leichtfertigkeit des Finders, der die Uhr einem beliebigen oder gar einem ihm als unzuverlässig bekannten Menschen anvertraute.

Da bei C nichts zu holen, klagt D auf Ersatz gegen A und B. Keiner von ihnen wird mit Grund einwenden können, nicht er, sondern allein C haben den Schaden verursacht; denn es genügt, daß auch die Handlung des A und die des B — abgesehen von der unterstellten Fahrlässigkeit — an sich, generell, geeignet war, den Schaden herbeizuführen und daß dieser Schaden in der Richtung der gesetzten Gefahr eingetreten ist.

Vergeblich wird B, was tatsächlich richtig und vom Standpunkte der älteren Verursachungslehren auch erheblich wäre, einwenden: die tätigste und wirksamste Bedingung (Birkmeyer) des Verlustes (Schadens) sei die Handlung des C gewesen, diese Handlung habe erst das Übergewicht der positiven über die negativen Bedingungen hergestellt (Binding); daß man etwas auf der Straße verliere, komme häufig vor, merke man es sofort, so sei die Regel, daß man die Sache wieder finde, erst die Zertrümmerung der Uhr durch C habe den Verlauf zu einem regelwidrigen gestaltet (v. Bar), sie sei auch die letzte abänderbare Bedingung des Verlustes (Anton Heß) und zugleich die dem Schaden zunächststehende Handlung eines verkehrsfähigen Menschen (Endemann; siehe dag. BayObLG., Recht 1910, 3915). Wer eine Wertsache auf verkehrsreicher Straße fallen läßt und verliert, setzt damit eine Bedingung des endgültigen Verlustes (Schadens), welche erfahrungsgemäß (generell) geeignet ist, diesen schädlichen Erfolg herbeizuführen. Er hat damit den nachher eingetretenen Schaden verursacht und zwar auch dann, wenn die, wenn auch spätere, Handlung eines Dritten in derselben Beziehung zu diesem Erfolge steht.

Der Unterschied zwischen den Verursachungslehren von Binding, v. Bar, Thon, Endemann, Anton Heß einerseits und der Lehre vom adäquaten Zusammenhang vermöge objektiv nachträglicher Prognose beruht im wesentlichen auf dem Ausgangspunkte der Betrachtung des tatsächlichen Geschehens. Jene sämtlichen Lehren nehmen eine Zurückrechnung von dem rechtserheblichen Erfolge vor. Es sieht v. Bar nach derjenigen, vorangegangenen menschlichen Handlung, welche, selbst regelwidrig, vor allem schuldhaft, den Erfolg nach der Regel des Lebens, also in einem als regelmäßig anzusehenden Verlaufe, herbeiführte. Nach Binding ist Ursache, wenn nicht die zeitlich letzte, so doch diejenige Bedingung, welche unter der Voraussetzung der später eintretenden den Erfolg mit Sicherheit herbeiführte. Thon will im Anschluß an v. Bar die selbstverständlichen Bedingungen überspringen, damit auch diejenigen menschlichen Handlungen, welche unter den gegebenen Umständen als selbstverständlich erscheinen und geht zurück bis zu derjenigen menschlichen Handlung, die nicht als natürliche Folge der zurzeit vorliegenden Umstände erscheint. Endemann will nur zurückgehen bis zur Handlung desjenigen verkehrsfähigen Menschen, der dem Erfolg zunächst steht, keinesfalls darüber hinaus. Anton Heß rechnet zu den voraussetzbaren, „unabänderlichen" Bedingungen Naturereignisse, das Verhalten von Tieren und unzurechnungsfähigen Menschen, unfreie, in Notwehr oder Notstand begangene oder ohne Vorstellung von ihrer Tragfähigkeit begangene Handlungen. Die Einzelanwendung dieser Lehren ergibt, daß von ihrem Standpunkte aus in unserem Beispiele stets oder fast immer nur C den Schaden verursacht haben würde.

Auf die zeitliche Reihenfolge mehrerer Tatsachen und Handlungen, welche Bedingungen des Erfolgs sind und eine nicht ganz geringfügige, objektive Wahrscheinlichkeit für diesen Erfolg in sich bergen, kann es aber nicht ankommen. War B dem A als unzuverlässig bekannt oder, als A ihm den Auftrag erteilte, ersichtlich angetrunken, so hat auch A den Schaden durch seine Fahrlässigkeit verursacht und er könnte, als Finder, Verwahrer, Geschäftsführer oder aus unerlaubter Handlung in Anspruch genommen, nicht mit Grund einwenden, den Verlust der Uhr habe nicht er, sondern B oder C verursacht. B aber könnte mit der Behauptung, unter den gegebenen Umständen hätte A ihm die Uhr nicht anvertrauen dürfen, A habe den Schaden verursacht, nicht er, ebensowenig gehört werden, wie mit der Aufstellung, der Schaden sei erst dadurch entstanden, daß C die Uhr zertreten habe. Und dieses Urteil, daß auch die anderen, wenn auch zeitlich vorangegangenen Handlungen des B und des A den Schaden verursacht haben, ist richtig, weil und insolange dieser Schaden vermöge eines Verlaufs eingetreten ist, der sich — ausgehend von der Betrachtung derjenigen Bedingung, hier derjenigen menschlichen Handlung, deren Ursachenqualität in Frage steht — als eine Verwirklichung der durch diese Bedingung (Handlung) begründeten objektiven Wahrscheinlichkeit, der durch sie gesetzten Gefahr, darstellt; vgl. Recht 1910, 3915 (BayObLG.). Freilich erfordert die Entscheidung dieser Frage dann, wenn die mehreren, in Frage stehenden, zeitlich aufeinanderfolgenden Bedingungen, menschliche Handlungen sind, besondere Vorsicht: Wenn X den Y zu Boden wirft und Z, ohne bewußtes und gewolltes Zusammenwirken mit X, die augenblickliche Wehrlosigkeit des Y benutzend, diesem einen tötlichen Stich mit dem Messer versetzt, so hat nur Z, nicht auch X den Tod verursacht. Hier war die Handlung des X, selbst wenn man einen Vorsatz in dieser Richtung annehmen könnte, nicht ädaquate Ursache des Todes, wenn X nicht gerade mit dem Eingreifen des Z gerechnet hat.

Umgekehrt kann eine durchaus erlaubte und nicht rechtswidrige Handlung, die vielleicht sogar einer Rechtsverbindlichkeit entsprach, nicht allein schon deshalb als Ursache des schädlichen Erfolgs angesehen werden, weil sie die letzte Bedingung war, die zu dem Erfolg noch fehlte. Der Gläubiger, der eine mit dem Eigentumsvorbehalt des A behaftete Sache bei seinem Schuldner gepfändet hatte und auf Verlangen des Schuldners seine Zustimmung zu dem Verkaufe der Sache an B gibt, verzichtet damit im Grunde nur auf ein Pfand, wozu er gezwungen werden kann. Die Zustimmung zu dem Verkauf war nur dann geeignet, den A zu schädigen, wenn der Schuldner beabsichtigte, den A zu hintergehen und die Zustimmung zum Bruch der im Interesse des A bestehenden Pfandverstrickung allein noch fehlte, daß der Schuldner die Sache durch Verkauf unterschlug, außerdem das alles dem A bekannt war. Sonst war die Zustimmung des A zum Verkauf zwar Bedingung, aber nicht Ursache des durch die Unterschlagung des Pfandschuldners entstandenen Schadens. Die Entscheidung des OLG. Stuttgart vom 7. Oktober 1910, Recht 4081, beruht, so wie sie wiedergegeben, auf einer Verkennung des Ursachenbegriffs.

### d) Ursachlichkeit der Unterlassung.

Die Auffassung, welche als Ursache die wirksamste Bedingung ansieht, vermag die Ursachlichkeit von Unterlassungen nicht zu erklären; denn eine Unterlassung kann keine Wirksamkeit entfalten. Vom Standpunkte der Lehre von der adäquaten Verursachung macht die Behandlung von Unterlassungen als Ursache eines Erfolgs weniger Schwierigkeit. Im Straf- und Zivilrecht ist man längst gewohnt, der Handlung, als möglicher Ursache eines Erfolgs die Unterlassung gleichzustellen. Sowohl Sprachgebrauch als Gesetz — BGB. §§ 254, 1876 Abs. 2, Motive 2 S. 727 Abs. 3 — unterstellen die Möglichkeit einer Verursachung durch Unterlassung. Das entspricht der Anschauung des täglichen Lebens, wonach dann, wenn ein, der Pflicht oder Erwartung entsprechendes Tun einen schädlichen Erfolg verhindert hätte, die Unterlassung als eine Ursache angesehen wird. Eine Unterlassung kann einem wirklichen Geschehen deshalb gleichgestellt und als Ursache eines Erfolges betrachtet werden, weil mit ihr stets ein positives menschliches Verhalten einhergeht, z. B. der nach § 222 Abs. 2 StGB. verurteilte Bierkutscher hatte die auf dem Feld übenden Soldaten beobachtet statt die Straße und so den Tod eines Kindes verursacht. Streng genommen war bei dem vernunftbegabten Menschen stets das gegenteilige positive Verhalten die Ursache. Wir reden von der Unterlassung, indem wir an diesem positiven Verhalten nur die getäuschte Erwartung anderen Handelns, die Verletzung der Pflicht hervorheben. Nur insoweit kommt mithin eine Unterlassung als Ursache in Betracht.

Die Haftpflicht aus Unterlassungen folgt häufig aus § 823 Abs. 2 BGB. Nämlich jedesmal dann, wenn eine den Schutz eines anderen bezweckende Vorschrift (Schutzgesetz) ein bestimmtes Handeln gebietet.

Festzustellen ist aber, ob und wann die vorsätzliche oder fahrlässige Verletzung eines Rechtsgutes im Sinne des § 823 Abs. 1 BGB. durch eine Unterlassung erfolgen kann. Wer eines der dort genannten Rechte eines anderen durch eine bestimmte Handlung verletzt, handelt schon um deswillen widerrechtlich. Fehlt es an einer bestimmten Handlung, so muß die Widerrechtlichkeit im Sinne der zu einer Haftung verpflichtenden Gesetzesbestimmungen damit begründet, aber auch darin gefunden werden, daß gegen eine Rechtspflicht zum Handeln verstoßen wird.

Ein längst in der Rechtsprechung anerkannter Satz ist z. B., daß derjenige, der ein Grundstück dem öffentlichen Verkehr eröffnet, verpflichtet ist, den Anforderungen der Verkehrssicherheit zu genügen, das Grundstück und die dem Verkehr eröffneten Räume in verkehrssicherm Zustande zu erhalten.[1] Andernfalls ist er für den entstehenden Schaden haftbar. Die Instandhaltungspflicht wird von Linkelmann als gesetzliche Zwangspflicht angesehen, deren Verletzung haftbar mache. Hellbach sieht in der Instandhaltungspflicht eine gewohnheitsrechtliche Rechtsnorm (Art. 55 EG. BGB.), während Nissen in der Einrichtung eines Grundstücks oder Raumes für den Verkehr, in dem Angebot für das Publikum, eine zum Ersatz verpflichtende positive Handlung sieht. Daß letzteres unter Umständen nicht zutrifft, z. B. wenn die Gefährdung der Einrichtung für den Verkehr erst nachfolgt, vgl. die Fälle im Recht 1903, 2653; 1906, 1620, ist von Marx richtig hervorgehoben.

Eine brauchbare und sichere Grundlage für die Praxis bietet nur der von M. Rümelin vertretene Grundsatz, daß eine Unterlassung eben nur dann widerrechtlich ist, wenn sie gegen eine bestimmte Rechtspflicht verstößt, und, daß eine

[1] RG. 52, 373 ff.; 53, 53; 54, 53; 55, 25; GruchotsBeitr. 47, 643; Recht 1903, 322 ff.; 1907, 2726; Brückner in Recht 1905, 353; unten § 12 e I.

solche Rechtspflicht zum Handeln durch Gesetz, aber auch durch Vertrag und durch die im Verkehr erforderliche Sorgfalt begründet werden kann.

Durch einen Vertrag, auch wenn er nicht zugunsten eines Dritten geschlossen ist und dem Dritten keine Vertragsansprüche gewährt (§§ 328 ff. BGB.), kann sicherlich eine außervertragliche Rechtspflicht zum Handeln begründet werden, deren Verletzung dem Dritten außervertraglich haftbar macht. Man denke an die Mutter, welche vor dem Betreten eines Ladengeschäfts einen Dienstmann mit der Beaufsichtigung des Kindes beauftragt (Rümelin, vgl. auch RG. in Recht 1911, 1737), oder an den Hauseigentümer, welcher die ihm obliegende Streupflicht bei Glatteis im Mietvertrag dem Mieter anbedingt, Recht 1910, 1944 = LZ. 464; oder an den zur Leitung einer Heil- und Pflegeanstalt von einem gemeinnützigen Verein angestellten Arzt, der den Selbstmord begehenden Kranken nicht pflichtgemäß überwachte, Recht 1912, 739; vgl. RG. 63, 308; JW. 1906, 59; RGSt. 10, 100. Dagegen kann der durch eine herabfallende Fensterscheibe Verletzte den Ersatzanspruch gegen den Hauseigentümer nicht darauf stützen, daß er dem Vertrage zuwider unterlassen habe, dem Mieter Vorrichtungen zur Vermeidung des Zuschlagens der Fenster zur Verfügung zu stellen; diese Vertragsbestimmung hatte nur das Interesse der Vertragsparteien im Auge und begründet für sich allein noch keine besondere Sorgfaltspflicht des Hauseigentümers gegenüber Dritten (§ 823 im Gegensatz zu § 836 BGB.), Recht 1910, 510.

Vor allem aber bringt § 276 Abs. 2 BGB. den allgemeinen Grundsatz zum Ausdruck, daß im Verkehr Rücksicht auf andere genommen werden muß, Sorgfalt überhaupt erforderlich ist, vgl. oben § 2 Ziff. 1. Die Anwendung der erforderlichen Sorgfalt im Verkehr ist damit als eine allgemeine Rechtspflicht anerkannt. Verpflichtet sie zu einem Handeln und wird durch die Unterlassung ein Recht der in § 823 Abs. 1 bezeichneten Art verletzt, so ist die Unterlassung widerrechtlich und macht ersatzpflichtig. Dabei ist an den Entstehungsgrund der Sorgfaltspflicht im Gegensatz zu dem Maßstab für die erforderliche Sorgfalt und an die Unsachlichkeit der Unterlassung im Gegensatz zur Schuldhaftigkeit gedacht. Eine Verwechselung in dieser Richtung liegt nicht vor.

Dagegen kann die Rechtswidrigkeit der Unterlassung nicht etwa mit der Begründung, daß sie einen Rechtsmißbrauch, eine Schikane, enthalte, aus § 226 BGB. abgeleitet werden. Auf einen sehr schwankenden Boden begibt man sich auch, wenn man ausnahmeweise auch eine Ersatzpflicht aus einer Unterlassung anerkennen wollte, die nicht gegen eine Rechtspflicht verstößt, die nur den guten Sitten zuwiderläuft. So hätte es bei der in § c a. E. besprochenen Sachlage (Recht 1910, 4081) unter Umständen den guten Sitten entsprochen, wenn der Pfandgläubiger vor der Freigabe dem Eigentümer von der Sache Mitteilung gemacht hätte. Damit würde das Handeln nach den guten Sitten zur Rechtspflicht erhoben, der stets vorhandene Unterschied zwischen Recht und bloßer Sitte verwischt werden.[1] Verschieden davon ist der Fall, daß eine Unterlassung in Verbindung mit einem vorangegangenen Handeln gegen die guten Sitten verstößt, indem der Unterlassende die Wirkung der Handlung, ungeachtet ihrer erkannten Schädlichkeit für den Dritten, bewußt fortdauern läßt. Dann liegt in Wahrheit eine gegen die guten Sitten verstoßende Handlung vor, die nach § 826 BGB. ersatzpflichtig macht. So, wenn der Vater, der den Sohn einer Geschäftsfirma empfohlen hat, nachdem er inne geworden, daß der Sohn seinem Prinzipal Geld veruntreut, das dem Bestohlenen nicht anzeigt, Recht 1911, 3906; DJZ. 1912, 222. Die Verschiedenheit vom vorigen Beispiel beruht auf der objektiven Gefährlichkeit der vorangegangenen Handlung.

## e) Einzelfragen.

1. Bedingung als Mindesterfordernis. — 2. Verletzung und weiterer Schaden. — 3. Psychischer Zusammenhang. — Rechtlicher Zusammenhang. — 5. „Unterbrechung des Kausalzusammenhangs." — 6. Mehrheit von Ursachen.

1. Während v. Buri und seine Anhänger die Ursache der Bedingung gleichstellen, ist nach der Adäquanzlehre, um in einem Ereignis die Ursache des Erfolges zu erblicken, wenigstens erforderlich, daß dieses Ereignis Bedingung des Erfolgs sei, d. h. daß es nicht hinweggedacht werden kann, ohne daß auch der Erfolg ausbliebe. Der Fall darf nicht so liegen, daß der nämliche Erfolg auch ohne jenes Ereignis eingetreten wäre.

[1]) Neumann Anm. 4 zu § 826; a. M. Staudinger 3a; Dernburg, BürgR. II, 733; v. Liszt S. 72 ff.; Träger S. 214; Goldmann-Lilienthal BGB. (2) S. 195; unten § 14 b.

Die Ursache muß zum Erfolg wenigstens im Verhältnis der conditio sine qua non stehen.

Bei der Beurteilung der Frage, ob eine Bedingung auch allgemein geeignet war, den Erfolg herbeizuführen, ist, vermöge der erforderlichen Betrachtung ex ante — wenn auch unter Zugrundelegung des tatsächlichen und Erfahrungswissens des Richters — und vermöge der notwendigen Verallgemeinerung nach Maßgabe der Erfahrung, dem im gegebenen Falle in Wirklichkeit eingetretenen Erfolg ein Erfolg dieser Art gleichzustellen. Gilt es aber, zu entscheiden, ob das der rechtlichen Beurteilung unterliegende Ereignis, z. B. eine menschliche Handlung, eine Bedingung des Erfolgs war, so kommt es allein auf den in Wirklichkeit stattgefundenen Verlauf, auf den Erfolg im konkreten Fall an. Die häufig vom Strafrichter an den Betrogenen gestellte Frage, ob er die, sein Vermögen beschädigende, Aufwendung auch ohne die falsche Vorspiegelung gemacht haben würde, ist irreführend. Wird sie bejaht, z. B. weil der Zeuge dann aus Mitleid gegeben haben würde, so verliert damit die Vorspiegelung des Angeklagten um deswillen noch nicht die Eigenschaft der conditio sine qua non, wenn bei dem wirklichen Verlauf im gegebenen Falle nicht das Mitleid, sondern lediglich die Irrtumserregung bestimmend war, oder das Mitleid nur mitgespielt hat. Die Vermögensbeschädigung auf dem Wege der Irrtumserregung ist rechtlich ein anderer Erfolg als die, bloß unterstellte, Hingabe eines gleichen Betrags als Almosen. So bleibt die Benützung der durch Fristablauf ungültig gewordenen Fahrkarte conditio sine qua non der Vermögensbeschädigung auf seiten der Bahn, auch wenn diese auf Ansuchen die Gültigkeitsdauer verlängert haben würde.

In diesen und ähnlichen Fällen wäre auf anderem Wege ein ähnlicher, aber rechtlich nicht derselbe Erfolg herbeigeführt worden. Hätte, bevor Y von Z den tötlichen Stich mit dem Messer erhielt, an welcher er alsbald verblutete, Y, indem er von X auf das Pflaster hingeworfen wurde, einen derartigen Schädelbruch davongetragen, daß er ihm voraussichtlich nach einigen Tagen erlegen wäre, so wäre, immer vorausgesetzt, daß Z nicht im bewußten Zusammenwirken mit X handelte, dennoch die Handlung des Z conditio sine qua non und alleinige Ursache dieses Erfolgs gewesen. Eine Täuschung ist conditio sine qua non des Vermögensschadens auf seiten des Betrogenen, wenn sie im gegebenen Falle bestimmend war, wenn diese Bedingung der ihr innewohnenden objektiven Wahrscheinlichkeit entsprechend, in Übereinstimmung mit dem erfahrungsgemäßen Verlauf, den Schaden zur Folge gehabt hat. Das allein will jene Fragestellung des Strafrichters ermitteln: RGSt. 15, 153. Die Verneinung der Frage bestätigt die Ursachlichkeit der in Frage stehenden Bedingung, ihre Bejahung schließt sie nicht aus: Bolze I, 345. Dasselbe sagt das RG. 44, 334 (vgl. 13, 246; 25, 77; 29, 120), indem es ausführt: „Die bloße (abstrakte) Möglichkeit, daß der Schaden auch ohnedies eingetreten wäre, ist nicht geeignet, die im übrigen begründete Ersatzpflicht auszuschließen."

2. Ein entstandener Schaden trifft oft schon räumlich und zeitlich zusammen mit einem Eingriff in die fremde Rechtssphäre des Verletzten. So besteht bei der Entziehung oder Beschädigung einer Sache der Schaden in der Regel in deren Wert oder Minderwert. Bloß zeitlich träfe z. B. der Schaden zusammen mit der Verletzung fremden Rechts, wenn ein wertvolles Wagenpferd infolge mangelhafter Eindeckung einer aufgegrabenen Stelle der Straße einsinkt und den Fuß bricht, insoweit damit gleichzeitig das zum Gespann gehörige, wenn auch im Stall stehende, Pferd an Wert verliert. Vielfach liegen der Eingriff in das fremde Rechtsgebiet und der sich daraus ergebende weitere Schaden auch zeitlich auseinander, so, wenn der am Körper Verletzte später zum Zwecke einer Kur Aufwendungen machen muß, infolge eintretender Verschlimmerung seines Zustandes die Erwerbsfähigkeit verliert, oder dem Unterhalts- oder Dienstberechtigten der Ernährer oder Gehilfe entzogen wird. In der Regel muß sich das Verschulden oder der sonstige Haftungsgrund, die Verwirklichung der Tier- oder Betriebsgefahr, nur auf den ersten Eingriff in das fremde Rechtsgebiet, nicht aber auf den weiteren Schaden erstrecken. Nur ausnahmeweise muß z. B. im Falle des § 826 BGB. der Vorsatz auch diesen Schaden selbst umfassen. Im Gegensatze dazu braucht bei der Verletzung des den Schutz eines anderen bezweckenden Gesetzes das, auch hier als Haftungsgrund erforderliche, Verschulden sich nicht einmal bis auf die Verletzung des fremden Rechts zu beziehen, vielmehr genügt es hier, wenn nur das Schutzgesetz schuldhaft übertreten ist.

Demgemäß ist zwischen dem, in der Regel, aber nicht immer, mit dem Einbruch in das fremde Rechtsgebiet (Verletzung) zusammenfallenden, haftungsbegründenden Vorgang und dem weiteren Schaden zu unterscheiden. Bis zu jenem muß sich die Tragweite des jeweiligen Haftungsgrundes erstrecken. Er wäre die körperliche Verletzung des Menschen, des Wagenpferdes, die Nichtverwahrung einer Grube, eines „Abhangs“ nach § 367[12] StGB., als Verstoß gegen ein Schutzgesetz im Sinne von § 823 Abs. 2 BGB. Dagegen muß der ursächliche Zusammenhang immer auch zwischen dem Einbruch in das fremde Rechtsgebiet (der Verletzung) und dem weiteren Schaden vorhanden sein, soll der Verantwortliche auch für ihn haftpflichtig sein. Hätte A ein Pferd erheblich verletzt, ohne daß die Verletzung unbedingt tötlich oder eine Wiederherstellung in gebrauchsfähigem Zustand ausgeschlossen war, das Pferd wäre aber nachher infolge einer leichten Fahrlässigkeit des Tierarztes umgestanden, wie sie öfters vorzukommen pflegt und die nicht anders zu beurteilen wäre als eine sonstige Verschlimmerung, mit der man bei derartigen Verletzungen rechnen muß, dann wäre auch der adäquate ursächliche Zusammenhang zwischen der Verletzung und dem Umstehen, als dem weiteren Schaden, gegeben. Wäre aber die Verletzung des Pferdes eine geringfügige, die Fahrlässigkeit des Tierarztes aber eine grobe, oder das geringfügig verletzte Pferd etwa, ohne, daß A dafür etwas konnte, in einen benachbarten Stall eingestellt worden, wo es mit Rotz angesteckt wurde, an dem es umstand, dann wäre der adäquate ursächliche Zusammenhang zwischen der Verletzung und diesem weiteren Schaden zu verneinen. Der adäquate ursächliche Zusammenhang muß m. a. W. stets sowohl zwischen dem haftungsbegründenden Vorgang und dem Einbruch in das fremde Rechtsgebiet oder der Verletzung als auch zwischen der Verletzung und dem weiteren Schaden vorhanden sein, soll für diesen Haftpflicht bestehen.

3. Nicht ausgeschlossen ist, daß ein Glied der Kausalkette einen bloß psychischen Zusammenhang darstellt. Ich führe den hier kürzlich vorgekommenen Fall an, daß ein Bahnarbeiter eine behufs Ausbesserung auseinandergenommene Schienenverbindung schuldhafter Weise nicht rechtzeitig wiederhergestellt und ein Bahnbeamter, welcher das kurz vor der Durchfahrt des Schnellzugs bemerkte, um Schaden zu verhüten, die Weiche nach einem anderen Gleis gestellt hat, nicht wissend und wegen der Dunkelheit nicht bemerkend, daß der Zug auf dort stehende Güterwagen auffahren muß. Der Bahnarbeiter wurde wegen Transportgefährdung verurteilt. Er würde, wenn bei dem Zusammenstoß jemand ums Leben gekommen wäre, zweifellos durch seine Handlung (oder Unterlassung) auch den Tod im Sinne des § 316 StGB. verursacht haben.

4. Während bisher nur der Zusammenhang des natürlichen tatsächlichen Geschehens unter dem Gesichtspunkte von Ursache und Wirkung behandelt wurde, entsteht die Frage, ob auch der sogenannte rechtliche Zusammenhang, derjenige, in welchem juristische Tatsachen, z. B. ein Vertragsschluß und ihre rechtlichen Folgen, vermöge eines Rechtsverhältnisses zu einander stehen — vgl. § 273 BGB., §§ 33, 145, 147, 302 ZPO. —, als Kausalzusammenhang zu betrachten ist, der dem ursächlichen Zusammenhang in natürlichem Sinne gleich zu behandeln wäre: Ein verletzter Kaufmann sieht sich genötigt, eine besondere Ladnerin anzustellen oder er kommt in die Lage, eine infolge seiner Erwerbsunfähigkeit oder Erwerbsbeschränkung fällig werdende Versicherungssumme einzuziehen. Wenn die Behandlung einer Bedingung als Ursache auf der in der Erfahrung begründeten allgemeinen Richtung auf den Erfolg und dessen objektiver Wahrscheinlichkeit nach der Regel des Lebens beruht, so wird die gleiche Betrachtung um so mehr zutreffen, wenn die, sonst nur erfahrungsgemäße, Folge durch das objektive Recht gewährleistet ist. Es kann also keinem Zweifel unterliegen, daß auch die rechtsbegründenden Tatsachen als adäquate Ursachen ihrer Rechtsfolgen anzusehen sind. Sicherlich stand die Aufwendung für die Ladnerin ebenso in ursächlichem Zusammenhang mit dem Anstellungsvertrag wie die Erlangung der Versicherungssumme mit dem Abschluß des Versicherungsvertrags. Man wird sogar sagen müssen, daß dieser, durch das Gesetz gewährleistete, Zusammenhang eine besonders enger und in die Augen springender ist. Das gilt gleichermaßen für die Bezeichnung der beiden genannten Rechtsfolgen zu den betreffenden Verträgen. Ganz verschieden aber ist der Zusammenhang jener Rechtsfolgen mit der Tatsache der Körperverletzung, welche zwar Ursache der Anstellung der Aushilfsperson, dagegen lediglich die rein zeitliche Folge des Vertragsabschlusses mit dem Versicherer war; vgl. unten § 7.

5. Vielfach wird von sogenannter Unterbrechung des Kausalzusammenhangs gesprochen. Man nahm insbesondere stets dann eine solche Unterbrechung an, wenn zwischen die als Ursache anzusprechende Bedingung und den Erfolg die vorsätzliche Handlung eines zurechnungsfähigen Menschen dazwischentrat, so Liszt § 28. Es war das eine Ausnahme von der Lehre, welche die conditio sine qua non, die Bedingung, der Ursache gleichstellte. Man erachtete diese Ausnahme als erforderlich, um dem Rechtsgefühl besonders widersprechende Er-

gebnisse zu verhüten. Aber die Ausnahme ging selbst zu weit. Sie wird entbehrlich, wenn in der hier vertretenen Art der Kreis der als Ursache anzusehenden Bedingungen von vornherein nach einem allgemeinen Grundsatze eingeschränkt wird. Es ist falsch, grundsätzlich jede spätere freie menschliche Handlung, welche sich als Bedingung des Erfolgs darstellt, als alleinige Ursache anzusehen. Ursache bleibt auch eine vorangegangene Bedingung, sofern ihr noch die erforderliche innere, objektive Wahrscheinlichkeit des Erfolgs innewohnt. Der zu 3 erwähnte Bahnarbeiter wurde wegen fahrlässiger Gefährdung des Eisenbahntransports zu einer Gefängnisstrafe verurteilt; seine Nachlässigkeit hat einen Erfolg der eingetretenen Art allgemein begünstigt, er hat die wirklich eingetretene Gefahr und hätte, wenn bei der Entgleisung ein Mensch ums Leben gekommen wäre, auch den Tod verursacht, wenn auch die ungeeignete Vorsichtsmaßregel des Bahnbeamten, eine spätere freie Handlung eines Zurechnungsfähigen, Bedingung der wirklich eingetretenen Gefahr, des wirklich eingetretenen Verlaufs geworden ist. Namentlich im Gebiet der sozialen Massenerscheinungen muß auch mit gewissen freien menschlichen Handlungen gerechnet werden. Gewohnheitsmäßige menschliche Handlungen insbesondere sind in die Berechnung der objektiven Wahrscheinlichkeit einzustellen. So RG. 29, 120 und die dort S. 122 erörterte Entscheidung vom 3. März 1892. Ein Steinbruchbesitzer, welcher Pulver offen in unverschlossener Hütte aufbewahrte, wurde als Urheber der Erblindung des Knaben angesehen, der mit anderen von dem Sprengpulver entwendete und es zum Spiel in einen brennenden Strohhaufen warf; denn bei unverschlossener Aufbewahrung von Sprengpulver entstehen, namentlich auf dem Wege unbefugter Verwendung durch Kinder, nach allgemeiner Erfahrung nicht selten Verletzungen dieser Art. Vgl. BadRPr. 1911, 22. Richtig entschieden ist z. B. (Recht 1912, 413) folgender Haftpflichtfall: Der Lenker eines Kraftwagens überholt einen anderen Kraftwagen in fahrlässig falscher Weise. Der Lenker des letzteren fährt, um einen Zusammenstoß zu vermeiden, mit seinem Wagen schuldhaft gegen einen Baum, so daß ein Insasse verletzt wird. Der adäquate Zusammenhang zwischen dem schuldhaften Verhalten des Führers des überholenden Wagens und dem Schaden wird dadurch nicht berührt; so darf sich ein Kraftwagenführer auch nicht unbedingt auf das durchaus richtige Handeln anderer am Verkehr beteiligten Personen insbesondere Wagenführer verlassen. Er muß das Mögliche tun, Verkehrsschwierigkeiten und Unfällen vorzubeugen (Recht 12, 1900, 2593); er muß mit dem Zusammentreffen anderer häufigerer Verkehrsgefährdungen rechnen; auch dann liegt der adäquate ursächliche Zusammenhang noch vor (hat keine „Unterbrechung" des Zusammenhangs stattgefunden), wenn bei einem Zusammenstoß der Insasse eines Kraftwagens herausspringt und sich dabei verletzt (vgl. JW. 1903, 30; RG. 50, 92 ff. insb. 95 96), so OLG. Karlsruhe vom 25. II. 1911 I. S. Ratz gegen Schroth. Und das Gleiche ist der Fall, wenn ein Kraftwagen, nachdem der Insasse bei dem Zusammenstoß mit dem, bei Dunkelheit unbeleuchteten Wagen des Haftpflichtigen zwar unverletzt davongekommen ist, infolge der großen Fahrgeschwindigkeit nicht rechtzeitig gebremst werden kann, um einen weiteren Anprall gegen die am Wege stehenden Häuser zu vermeiden, gegen die der Kraftwagen infolge des Zusammenstoßes losfährt, Recht 1912, 999 (Karlsruhe).

Daß wenigstens im Zivilrecht die dazwischentretende Handlung eines Zurechnungsfähigen den ursächlichen Zusammenhang nicht notwendig aufhebt, ist der Standpunkt, welchen das Bürgerliche Gesetzbuch bei der Behandlung von Anstiftern und Gehilfen einnimmt. Gerade, weil sie, ungeachtet des Dazwischentretens der Handlung des Täters, den Erfolg verursacht haben, werden sie Mittätern gleichgestellt § 830 Abs. 2 BGB. Die Ursächlichkeit der Handlung des Anstifters und Gehilfen ist um so unbedenklicher, als die Handlung auch bewußt auf den Willen des Täters einwirkt. Aber auch ohne solche bewußte Beziehung auf den Willen des später Handelnden kann die frühere Handlung oder Unterlassung eines anderen ursächlich sein, wie obige Beispiele zeigten. Richtig bleibt aber, daß man vorsätzliche Schadenstiftung eines anderen regelmäßig nicht erwartet, mit besonderer Boshaftigkeit Dritter nicht rechnet. Wer dazu, ohne sie zu wünschen, nur den Boden bereitet, wird den Schaden nur unter ganz besonderen Umständen verursacht haben; er wird, wenn seine Haftung auf die mangelhafte Auswahl eines Angestellten gestützt wird, den Beweis des fehlenden ursächlichen Zusammenhangs schon erbringen können, indem er dartut, daß eine bei der Anstellung übersehene Unpünktlichkeit oder Unzuverlässigkeit die Gefahr einer derartigen vorsätzlichen Schädigung ebensowenig mit sich gebracht habe, wie solche bei sorgfältigster Auswahl gegeben war, vgl. 17 Ziff. 4.

So war der ursächliche Zusammenhang zu verneinen in der oben S. 23 mitgeteilten Entscheidung des RG. vom 7. Februar 1912 (Recht

1151; DJZ. 574; JW. 459). Dort hatte der Beklagte an den Kläger und C gemeinschaftlich ein Geschäft verkauft. Kläger hat den Vertrag wegen Betrugs mit Erfolg angefochten und als Schaden auch die Beträge verlangt, um welche er im Laufe der Geschäftsverbindung durch den Teilhaber C betrüglich geschädigt wurde. Wenn Kläger — so führt das RG. in derselben Entscheidung an anderer Stelle aus — sich vielleicht auch darauf mag berufen können, daß es zu einem Gesellschaftsvertrag mit C und ferner auch zu dessen unrechten Handlungen ihm gegenüber nicht gekommen wäre, wenn Beklagter ihn nicht durch Betrug veranlaßt hätte, auf den Kauf des Geschäfts einzugehen, so wäre damit doch nur erst ein ursächlicher Zusammenhang „im rein logischen Sinne" des Begriffs gegeben. Die wiedergegebenen weiteren Ausführungen zeigen, daß auch damit wieder nur der Gegensatz zwischen bloßer Bedingung und den eingeschränkten Begriff der Ursache und zwar den auf Grund der objektiven Wahrscheinlichkeit eingeschränkten Ursachenbegriff hervorgehoben ist. Daß aber, wenn man die Gesamtheit der Bedingungen als den logisch richtigen Ursachenbegriff ansieht, gerade der Ursachenbegriff im Sinne des adäquaten Zusammenhangs, wie er oben formuliert ist, d. h. der Ursachenbegriff, der gerade auf den inneren Zusammenhang der Bedingungen abhebt, dem logischen Begriff am nächsten kommt, ist oben gezeigt worden.

6. Mehrheit von Ursachen. Wie oben unter c dargetan, anerkennt die Lehre von der adäquaten Verursachung die Möglichkeit mehrerer Ursachen desselben Erfolgs, die in Handlungen eines und desselben oder mehrerer Menschen bestehen oder auf solche zurückzuführen sind. Daß jede Tatsache dieser Art auch Bedingung des Erfolgs war, dafür besteht sogar eine tatsächliche Vermutung dann, wenn jede für sich allgemein geeignet war, einen derartigen Erfolg herbeizuführen:

Wenn an den Wagen gespannte Pferde scheuen und durchgehen, so begründet das eine gewisse objektive Wahrscheinlichkeit dafür, daß die Insassen des Wagens verletzt werden. Die Gefahr der Verletzung von Menschen wird auch durch eine auf Selbstentzündung berechnete Mine (Rümelin) begründet. Auch das Herabfallen eines Hausteins von einem Neubau auf die Straße begründet eine objektive Wahrscheinlichkeit für eine solche Verletzung, enthält eine solche Gefahr. Wird ein mit den scheuenden Pferden dahinrasender Wagen gegen ein an der Straßenbiegung stehendes Haus, gegen einen etwas hervorstehenden Baum oder einen Abhang hinab oder gegen irgend ein anderes Fuhrwerk oder wird es gegen ein allzurasch oder unvorsichtig gelenktes Kraftfahrzeug oder in eine schlecht verwahrte Aufgrabung der Straße geschleudert, so entspricht es der Erfahrung des Lebens, daß wir alle diese weiteren Bedingungen der eingetretenen Verletzung in Erwägung ziehen, sie im Zusammenhang mit der ersten Bedingung, dem Durchgehen der Pferde, betrachten. Das gilt auch von den beiden zuletzt genannten Bedingungen, dem unvorsichtig oder zu rasch fahrenden Auto oder der Aufgrabung der Fahrbahn. Diese Bedingungen unterscheiden sich zwar von den anderen insofern, als sie als „selbständige" Bedingungen in Betracht kommen können, selbst die Verletzung wahrscheinlich gemacht und adäquat verursacht haben können. Sie liegen aber auch, wenn wir, wegen der etwaigen Haftung des Tierhalters oder der Achtlosigkeit des Pferdekutschers, von dem Durchgehen der Pferde ausgehen, als häufiger eintretende Verkehrshindernisse leichterer Art im Bereiche der Wahrscheinlichkeit und müssen daher auch bei dem Durchgehen von Pferden in Betracht gezogen werden: Es entspricht der Regel des Lebens und der menschlichen Erfahrung, diese Bedingungen im Zusammenhange mit dem Durchgehen von Pferden zu betrachten und zu berücksichtigen. Das, selbst zu rasch oder unvorsichtig fahrende, Auto und die nicht genügend verwahrte Aufgrabung der Fahrbahn kommen im Vergleich zu dem Durchgehen der Pferde als gefahrerhöhende Umstände in Betracht. Für sich allein mag trotz dieser Umstände in der überwiegenden Zahl der Fälle der Verkehr noch ohne Verletzung eines Menschen ablaufen. Gerade das zeitliche und örtliche Zusammentreffen mehrerer solcher, an sich gefahrbringender Bedingungen, wie das Durchgehen von Wagenpferden einerseits, das zu rasche oder unvorsichtige Fahren von Kraftfahrzeugen oder an sich unerhebliche Verkehrshindernisse auf der Fahrbahn andererseits, erhöht aber die Gefahr, welche mit jeder einzelnen dieser Bedingungen verbunden ist, ganz außerordentlich. Die Wahrscheinlichkeitsgrade werden gewissermaßen vervielfacht. Die Erfahrung lehrt, wie die meisten Umstände und Verletzungen gerade vermöge des Zusammentreffens mehrerer Umstände eintreten, die zwar jeder für sich, aber nur in geringem Maße, gefährlich sind. In den erwähnten Beispielen entspricht aber dieses Zusammentreffen, dieser zeitliche und örtliche Zusammenhang, der menschlichen Erfahrung und möglichen Voraussicht. Und der tatsächlich eingetretene Erfolg, die Verletzung der Insassen des Wagens, ist als eine Unterart der Verletzung verkehrender Personen, immer ein Erfolg der Art, wie er durch jede der bezeichneten Bedingungen für sich allein, hier durch das Durchgehen der Pferde wahrscheinlich gemacht wird. Wir können also hier mit einiger Sicherheit sagen, das Durchgehen der Pferde habe, in seinem, menschlicher Erfahrung, möglicher Voraussicht oder Berechnung entsprechenden, Zusammenhang mit diesen anderen, gleichzeitigen oder später eingetretenen Bedingungen einen Erfolg der eingetretenen Art begünstigt.

Das gleiche Urteil ist aber auch hinsichtlich des unvorsichtig oder zu rasch fahrenden Kraftwagens oder der schlecht verwahrten Aufgrabung der Fahrbahn berechtigt. Deshalb ist die Vermutung gerechtfertigt, daß die Verletzung nicht eingetreten wäre, wenn nur eine dieser gefährdenden Tatsachen gefehlt hätte, mithin die Vermutung, daß sie zusammengewirkt haben, daß sie alle die Eigenschaft der conditio sine qua non, der notwendigen Bedingung gehabt haben. So führt das Reichsgericht in JW. 1912, 581 aus: „Die beiden Verletzungen (bei den beiden ärztlichen Eingriffen) konnten nicht etwa nur jede für sich, entweder die eine oder die andere, sie konnten vielmehr sowohl die eine als die andere und beide zusammen den Tod herbeiführen. Die zweite Verletzung war eine Tatsache, die nach dem gewöhnlichen Lauf der Dinge die Möglichkeit des tödlichen Ausgangs allgemein begünstigte in derselben Weise wie die erste. Laufen mehrere Tatsachen nebeneinander, die nach menschlicher Erfahrung sowohl jede für sich als auch im Zusammenwirken miteinander einen Erfolg ursächlich herbeigeführt haben können, so ist im Zweifel, wenn nicht zu ermitteln ist, welche dieser ursächlichen Verknüpfungen in Wirklichkeit stattgehabt hat, das Zusammenwirken aller anzunehmen (RGRKomm. Anm. 5 vor § 823; JW. 1908, 299; 1909, 361)."

Anders liegt der Fall, wenn z. B. die Verletzung der Wageninsassen dadurch zustande kommt, daß die Pferde mit dem Wagen in einen Park rasen, wo auf Selbstentzündung berechnete Minen gelegt sind, oder wenn, während die Fahrt an einem Neubau vorbeigeht, ein am Krahnen schlecht befestigter Haustein herabfällt. Hier läßt der Verlauf ohne weiteres erkennen, daß sowohl das Herabfallen des Steins als auch das Durchgehen der Pferde Bedingung der Verletzung war. Insbesondere wären ohne das Durchgehen der Pferde die Wageninsassen nicht verletzt worden. Aber derartige Möglichkeiten liegen nach menschlicher Erfahrung nicht mehr im Bereiche der Gefahren, welche das Durchgehen von Pferden mit einem Wagen mit sich zu bringen pflegt. Hier entspricht es nicht der menschlichen Erfahrung oder möglichen Voraussicht, im Zusammenhang mit dem Durchgehen der Pferde auch jene anderen Bedingungen in Betracht zu ziehen. Wird durch die Mine der Wagen in die Luft gesprengt oder durch den herabfallenden Haustein ein Insasse des Wagens erschlagen, so dürfen wir sagen, daß ein Erfolg dieser Art durch das Durchgehen der Pferde nach menschlicher Erfahrung nicht mehr begünstigt worden ist. Das ist nicht mehr eine Verletzung verkehrender Personen von der Art, wie sie durch das Durchgehen von Wagenpferden wahrscheinlich gemacht wird. Es liegt vielmehr ein Erfolg ganz anderer Art vor. Hier können wir mit Sicherheit urteilen, das Scheuen und Durchgehen der Wagenpferde habe, auch in dem, menschlicher Erfahrung und möglicher Voraussicht entsprechenden, Zusammenhang mit den späteren oder anderen Bedingungen betrachtet, einen Erfolg der eingetretenen Art nicht wahrscheinlich gemacht, nicht begünstigt und somit auch die Verletzung durch die Mine oder den Haustein nicht adäquat verursacht. Der ursächliche Zusammenhang zwischen der ersten Bedingung und dem Erfolg muß hier verneint werden.

## § 4.

## Haftung Mehrerer.

Mit dem Umfang der Haftung Mehrerer, welche für den aus einer unerlaubten Handlung entstehenden Schaden verantwortlich sind, befaßt sich § 840 BGB. Die Haftung Mehrerer an sich wird in § 830 Abs. 1 BGB. zunächst für den Fall bejaht, daß sie den Schaden durch eine gemeinschaftlich begangene unerlaubte Handlung verursacht haben. Damit ist an die Mittäterschaft nach § 47 StGB., an ein bewußtes und gewolltes Zusammenwirken, gedacht. Wer bei dem Diebstahl nur Wache steht, die Tat aber als eigene mitbegehen will, haftet für den Schaden als Mittäter. Vgl. JW. 1910, 579; RGRKomm. Anm. 1. Auch der Hehler haftet als Gesamtschuldner mit dem Dieb, Recht 1910, 1249. Daß für den Schaden, der von Mehreren durch, im übrigen nicht im Zusammenhang stehende, unerlaubte Handlungen verursacht wird, jeder verantwortlich ist, wird als ganz selbstverständlich nicht ausdrücklich ausgesprochen.

§ 830 setzt auch diesen Fall voraus. Die wesentliche Voraussetzung für die Haftung Mehrerer für den aus unerlaubter Handlung entstandenen Schaden ist die gemeinschaftliche Verursachung, RG. 58, 359. Satz 1 des § 840 könnte ebensogut lauten: Haben Mehrere durch unerlaubte Handlung einen Schaden verursacht, so ist jeder für denselben verantwortlich. Statt dessen wird nur der Hauptfall, bei welchem zugleich eine Willensgemeinschaft irgend einer Art (Abs. 3) stattfindet, insbesondere der Fall der Mittäterschaft, hervorgehoben.

1. Eine Mittäterschaft, ein gemeinsamer Plan, ein bewußtes und gewolltes Zusammenwirken ist aber nicht notwendig, wenn Mehrere für den einheitlichen Schaden haften sollen. Es genügt, daß der Schaden gemeinschaftlich herbeigeführt, d. h. daß die unerlaubte Handlung eines jeden der Beteiligten Ursache des Schadens geworden ist. Allerdings genügt es nicht, wenn jeder durch das Setzen irgend einer Bedingung an dem deliktischen Tatbestande beteiligt ist (v. Liszt). Trotzdem sind die beiden Endemannschen Beispiele von v. Liszt, S. 78, richtig entschieden:

A hat den B verwundet. Der zugezogene Arzt bedient sich bei der Untersuchung einer Sonde, an der sich Leichengift befindet. Der Verwundete stirbt infolgedessen an Blutvergiftung. — A hat die dem B gehörige Uhr beschädigt; B gibt sie dem Uhrmacher, der sie durch seine Ungeschicklichkeit völlig verdirbt. In beiden Fällen stand die Handlung des A ebenso wie diejenige des Arztes (vgl. JW. 1911, 755) oder Uhrmachers in adäquatem Zusammenhange mit dem schädlichen Erfolg. Denn jeweils hat die Handlung des A vom Standpunkt objektiver nachträglicher Prognose einen Erfolg dieser Art im allgemeinen begünstigt.

Ein einheitlicher Schaden liegt auch vor, wenn A 10, B 20 Stück Vieh widerrechtlich hat weiden lassen und eine Ausscheidung des Schadens, welcher durch die Schafe des A und die des B entstanden ist, zwar mittels vermutlicher Schätzung, aber tatsächlich nicht möglich ist. Die ungleiche Verteilung erfolgt dann allein unter den mehreren Haftpflichtigen nach § 426 BGB.

Zur Verantwortlichkeit Mehrerer genügt gemeinschaftliche Herbeiführung des Schadens durch eine unerlaubte Handlung im Sinne des BGB. irgend einer Art: z. B. A hetzt (§ 823 Abs. 1) den Hund des B (§ 833), so daß der Hund den C beißt. Ein Radfahrer, im Begriffe, dem vorschriftswidrig links fahrenden (§ 366[10] StGB., § 823 Abs. 2 BGB.) Wagen oder dem Kraftfahrzeug (§ 7 AutG.) auszuweichen, gerät unter das, bisher durch das Gefährt seinem Blick entzogene, durchgegangene Pferd des Sonntagsreiters (§ 833), oder das Pferd des Landwirts (§ 833 Satz 2), welches infolge der Ungeschicklichkeit des auf ihm zur Schwemme reitenden, aber des Reitens unkundigen Knechtes (§ 831 BGB.) durchgegangen ist, vgl. RG. 23, 160; 42, 175; JW. 09, 136; RDLG. 18, 83; Recht 1909, 263 (Schaden durch mehrere Hunde). Liegt gemeinschaftliche Verursachung in diesem Sinne vor, so ist der Grad der Mitwirkung beider Ursachen für den Erfolg gleichgültig. Erforderlich ist nur, daß „der Schaden durch ein wesentliches Zusammenwirken beider Ursachen herbeigeführt worden ist" — JW. 1910, 579 — d. h. der adäquate ursächliche Zusammenhang des Schadens mit beiden haftungsbegründenden Vorgängen.

2. Das Gleiche, die Verantwortlichkeit jedes Beteiligten, gilt, wenn sich nicht ermitteln läßt, wer von mehreren Beteiligten den Schaden durch seine Handlung verursacht hat. Die Tragweite dieses Satzes 2 des § 830 BGB. hat zu Zweifeln Anlaß gegeben. Allerdings bleibt das Erfordernis der unerlaubten Handlung bestehen (Träger, Örtmann). Aber die Gemeinschaftlichkeit der unerlaubten Handlung soll nach der Fassung der 2. Komm. (Prot. 2, 606) nicht erforderlich sein. Man wird nicht gemeinsames unerlaubtes Handeln an die Stelle setzen dürfen, Träger S. 286. Nach der Fassung des Satzes 2 müssen die Mehreren keineswegs an einer und derselben unerlaubten Handlung beteiligt sein. Indem Satz 2 mit Bezug auf einen Beteiligten von „seiner", nicht von „der" unerlaubten Handlung spricht, eröffnet er gerade die Möglichkeit mehrerer, lediglich tatsächlich zusammenhängender unerlaubter Handlungen. Die Beteiligung muß also an etwas anderem vorliegen. Das ist die gemeinschaftlich herbeigeführte Gefahr. Hierin zeigt sich wieder der in § 830 vorherrschende Gesichtspunkt der objektiven Verursachung, RG. 58, 357; JW. 09, 136, 687. Sicherlich spielen hier die sogenannten Gefährdungsdelikte, Übertretungen und Verstöße gegen polizeiliche Anordnungen eine große Rolle. Es werden aber auch hier unerlaubte Handlungen im Sinne des BGB. jeder Art in Betracht kommen müssen. Z. B.: Es kann in dem obigen Beispiele nicht festgestellt werden, ob der Radfahrer X nicht zunächst von dem links fahrenden Kraftwagen erfaßt und zu Boden geschleudert wurde und dann

infolge des Sturzes unter das Pferd gekommen ist, das ihn vielleicht gar nicht berührt hat. Oder es bleibt, wenn auch die Verletzung zu erweisen scheint, daß X lediglich von dem Kraftfahrzeug überfahren wurde, immer noch die Möglichkeit, daß X wegen des herangaloppierenden, aber erst im letzten Augenblick bemerkten Pferdes dem Kraftwagen nicht mehr gehörig ausweichen konnte, vgl. ROLG. 18, 83; JW. 06, 349; 08, 41, und wegen Beteiligung mehrerer Tierhalter ROLG. 18, 83. Die Beweisschwierigkeit ersetzt allerdings ebensowenig wie die Gefährdungseigenschaft einer der Handlungen der mehreren Beteiligten deren ursächlichen Zusammenhang mit dem Schaden. Aber im Hinblick auf die Billigkeit soll bei Beweisunmöglichkeit nach Satz 2 wegen vermuteter Kausalität jeder haften, der, indem er eine unerlaubte Handlung begeht, an der gemeinsamen Herbeiführung eines Gefahrzustandes beteiligt ist, welcher insgesamt den Schaden zur Folge gehabt hat, vgl. RG. 16, 155; 23, 329; SeuffA. 41, 93. So, wenn zwei Radfahrer bei einer Wettfahrt auf der Straße unmittelbar hintereinander fahren und dabei ein Fußgänger überfahren wird, nicht wenn sie einen Abstand von 200 m haben, nicht, wenn nur nachweisbar ist, daß entweder A oder B — die nicht zusammenwirkten — den C bestohlen hat. Hierher gehört die Verletzung bei einer Schlägerei im Sinne des § 227 StGB., die Mißhandlung einer Person durch zwei andere, die ohne Gemeinschaftlichkeit des Willens handeln, Warn. 08, 633, gleichzeitiges, unvorsichtiges Abgeben von Schüssen durch mehrere Teilnehmer einer Jagdgesellschaft, JW. 09, 687, Beschädigung des Anhängekahns 1 durch schräges Fahren des Schleppers (Bekl. 1) und falsches Nachsteuern des Anhängekahns 2, §§ 3, 4, 114 BinSchG., LZ. 11, 873. Werfen mit Steinen nach Menschen durch mehrere Personen JW. 09, 136, RG. 58, 357. So haftet bei Mißbrauch (§§ 823 Abs. 2, 825 BGB.) einer Frauensperson durch Mehrere ein jeder als Gesamtschuldner für die Kosten der Schwängerung, Recht 1912, 2665. Es genügt die tatsächliche Einheit des Vorgangs, die gleichzeitige Gefährdung, die Beteiligung an der Herstellung der gemeinsamen Gefahr durch unerlaubte Handlungen Mehrerer, welche mit dem Gefahrzustand in adäquatem ursächlichen Zusammenhang stehen müssen, unter sich aber in einem Zusammenhang anderer Art nicht zu stehen brauchen. Das trifft aber auch bei zwei Wilderern zu, die, ohne von einander zu wissen, gleichzeitig von verschiedenen Seiten auf den Förster schießen, wobei einer ihn verwundet, und ebenso, wenn eine Glatteisbildung, die einen Unfall herbeigeführt hat, auf die Handlung oder Unterlassung Mehrerer zurückgeführt werden kann.

Auch eine Haftbarkeit nach § 829 BGB. kann bei der Haftung Mehrerer nach § 830 Abs. 1 Satz 2 in Betracht kommen; denn § 830 hat gerade das Vorliegen von Tatbeständen im Sinne der §§ **823—826** im Auge, wie sie in § 829 ausdrücklich genannt sind. Das gilt auch von § 830 Satz 2, wenn er auch „streng genommen" insofern „eine ganz besondere Art von unerlaubter Handlung einführt", als er in diesen Fällen der Beweisunmöglichkeit für die Mitverursachung eine Vermutung aufstellt, JW. 1910, 810.

Anstifter und Gehilfen stehen dem Mittäter gleich, weil und insoweit ihre Handlungen seelisch kausal sind, z. B. wenn der Einbrecher einen Hausbewohner verwundet. Das gilt auch, wenn es sich um den Anstifter oder Gehilfen eines Beteiligten im Sinne des Satzes 2 des § 830 handelt. Begünstigung und Hehlerei stellen strafrechtlich und zivilrechtlich selbständige unerlaubte Handlungen dar, deren Schadensfolgen besonders zu ermitteln sind, LZ. 1912, 73; Recht 1152.

3. Den Umfang der Haftung Mehrerer aus unerlaubter Handlung für einen Schaden Verantwortlicher bestimmt § 840 BGB. dahin, daß sie als Gesamtschuldner, also jeder für das Ganze, haften. Nur für den Wildschaden im Falle des § 835 Abs. 3 ist das Verhältnis der Grundstücksgrößen maßgebend. Die Gesamthaftung gilt sowohl, wenn die Haftungsgründe gleichartige sind. z. B.: mehrere Geschäftsherren, JW. 10, 952, mehrere Tierhalter, Jagdberechtigte, Gebäudebesitzer (§ 836) oder mehrere Betriebsunternehmer im Sinne des HaftpflG.; DJZ. 05, 813; RG. 61, 56; wie auch, wenn die Haftungsgründe ungleichartige sind, z. B.: Tierhalter und Aufsichtspflichtiger (§ 834), Gebäudebesitzer und Aufsichtspflichtiger, oder bei Zusammentreffen einer der Haftungsgründe nach BGB. 823—826 mit einem solchen nach §§ 831—839 oder nach HaftpflG. §§ 1, 2; RG. 53, 114; 58, 335; 60, 300; 61, 56; JW. 09, 724.

Die Gesamthaftung aus § 840 BGB. gilt auch dann, wenn einer der Mehreren a u ch aus Vertrag, nicht wenn einer n u r aus Vertrag haftet. Auch dann liegt aber Gesamthaftung nach § 421 vor, BadRPr. 12, 42. Kein Gesamtschuldverhältnis und folglich kein Rückgriff besteht in Ansehung desjenigen, dessen Haftung gegenüber dem Beschädigten vertraglich ausgeschlossen ist, JW. 10, 952.

4. Unter sich haften die mehreren Haftpflichtigen zu gleichen Teilen, § 426 BGB.; so z. B. auch, wenn für denselben Schaden einer nach § 823, einer nach § 831 BGB., ein Dritter nach dem Haftpflichtgesetz haftet, Recht 1912, 60. Die Verpflichtung der Gesamtschuldner zur Ausgleichung unter sich ist auch dann, wenn unter ihnen kein besonderes Rechtsverhältnis, keine besondere Rechtsgemeinschaft, besteht, eine den gewöhnlichen Regeln folgende Schuldverbindlichkeit. Dieselbe begründet, wenn ein Gesamtschuldner seiner anteiligen Verpflichtung gegenüber dem Gläubiger nicht nachkommt, gegenüber dem anderen auch eine Ersatzpflicht wegen des Verzugsschadens gem. § 286 BGB.: JW. 12, 746. Die rechtskräftige Entscheidung, welche zwischen dem Verletzten und einem der Haftpflichtigen ergangen ist, ist für die Ausgleichungspflicht mehrerer Haftpflichtiger nicht maßgebend, materiell ebensowenig wie formell, nicht hinsichtlich der Mithaftung überhaupt oder der Art des Ausgleichs, RG. 51, 258, noch in Ansehung der im Verhältnis zwischen dem Beschädigten und einem der Haftpflichtigen vielleicht nach § 852 BGB. oder § 8 HaftpflG. begründeten Verjährung: JW. 09, 18; RG. 69, 422; JW. 09, 108; DJZ. 265; JW. 10, 235.

Abweichend von der Regel der Verpflichtung zu gleichen Teilen (§ 426 BGB.) ist bestimmt: Ist neben dem Geschäftsherrn oder dem Aufsichtspflichtigen dem Beschädigten auch der zur Verrichtung Bestellte oder der zu Beaufsichtigende verantwortlich, so haftet dieser Andere dem Geschäftsherrn oder Aufsichtspflichtigen aufs Ganze. Ist der Deliktsunfähige nur nach § 829 BGB. verantwortlich, so haftet der mithaftbare Aufsichtspflichtige im inneren Verhältnis allein (§ 840 BGB.), um so mehr auch ein Dritter, welcher aus unerlaubter Handlung neben dem nach § 829 BGB. Haftpflichtigen gemäß § 830 BGB. verantwortlich ist.

Nach § 426 (611, 276) BGB. haftet im inneren Verhältnis zum Geschäftsherrn oder Aufsichtspflichtigen derjenige, der die Besorgung der in § 831 Abs. 1 Satz 2 bezeichneten Obliegenheiten, oder die Führung der Aufsicht durch Vertrag übernommen hat, allein; ebenso, wer die Beaufsichtigung des Tiers übernommen hat, im Verhältnis zum Tierhalter, § 834, und der Unterhaltspflichtige im Verhätnis zum Grundstücksbesitzer, § 838, vgl. mit 1042, 545 BGB. Auch haftet im inneren Verhältnis zu einem Beamten, (er haftet von vornherein nur hilfsweise, d. h. wenn ihm gegenüber festgestellt wird, daß von dem anderen Haftpflichtigen nichts zu erlangen ist, vgl. § 20), der vermöge seiner Aufsichtspflicht einen anderen zur Geschäftsführung für einen Dritten zu bestellen oder eine solche Geschäftsführung zu beaufsichtigen oder durch Genehmigung von Rechtsgeschäften bei ihr mitzuwirken hat — Vormundschaftsrichter, Nachlaßrichter, Konkursrichter — und wegen Verletzung dieser Pflichten neben dem Anderen für den von diesem verursachten Schaden verantwortlich ist, der Andere — Inhaber der elterlichen Gewalt, Vormund, Nachlaßpfleger, Konkursverwalter — allein, § 841 BGB.

Ist neben dem Tierhalter, Jagdberechtigten oder Grundstücksbesitzer, §§ 833—836 BGB., ein Dritter für den Schaden verantwortlich, so haftet im inneren Verhältnis der Dritte allein. Als Dritter gilt hier auch der Betriebsunternehmer im Sinne des Haftpflichtgesetzes.

Nach § 17 des AutG. vom 3. Mai 1909 erfolgt die Schadensverteilung, wenn der Schaden durch mehrere Kraftfahrzeuge — einem Dritten oder einem der beteiligten Fahrzeughalter — verursacht wird, nach den Umständen, insbesondere danach, inwieweit der Schaden vorwiegend von dem einen oder anderen Teile verursacht worden ist. Es soll also, wie bei § 254 BGB., das Maß der durch die verschiedenen schadenbringenden Umstände, hier das Verhalten der verschiedenen Kraftfahrzeuge, begründeten objektiven Wahrscheinlichkeit oder Gefahr des Schadenseintritts maßgebend sein. Das soll nach Abs. 2 entsprechende Anwendung finden, wenn der Schaden durch ein Kraftfahrzeug und ein Tier oder durch ein Kraftfahrzeug und eine Eisenbahn verursacht worden ist; ein Fall letzterer Art: DJZ. 1911, 1218.

Hieraus ergibt sich, daß das AutG. die gleichartige Behandlung dieser drei Arten bloßer Gefährdungshaftung, die Schadensverteilung lediglich nach dem Maße der Verursachung wollte, wenigstens bei Beteiligung eines Kraftfahrzeugs. Demgemäß müßte sowohl ein Kraftfahrzeug, aber auch die Eisenbahn im Sinne des § 840 Abs. 3 BGB. dem Tier, der Fahrzeughalter, aber ebenso auch der Betriebsunternehmer dem Tierhalter, nicht einem Dritten im Sinne des § 840 Abs. 3 BGB gleichgestellt sein.. Man könnte so in § 17 AutG. eine neue Bestätigung des vom RG. (71, 8) aus § 840 Abs. 2 und 3 entnommenen Rechtsgedankens erblicken, wonach in den Fällen, wo auf der einen Seite Gefährdungshaftung, auf der anderen Seite Haftung aus Verschulden vorliegt, der Urheber der schuldhaften Handlung, den Schaden, für den er verantwortlich ist, allein zu tragen habe. Vgl. Recht 1910, 3177 (Naumburg). Die Folge der in § 17 Abs. 2 AutG. vorgenommenen Regelung für das Verhältnis der beiden dem Fahrzeughalter Gleichgestellten, des Tierhalters und des Betriebsunternehmers, müßte dann sein, daß ein Schaden, der durch ein Tier und eine Eisenbahn — z. B. ein durch die fauchende Lokomotive zum Scheuen gebrachtes Pferd, ein durchgehendes und bei offener Schranke in den Zug rennendes Pferd — verursacht wird, im inneren Verhältnis zwischen Tierhalter und Betriebsunternehmer nach Kopfteilen oder nach dem Maße der Verursachung verteilt, der Bahn also nur dann ganz auferlegt werden könnte, wenn er nach den Umständen von der Bahn vorwiegend verursacht wäre. (Eger, Reichsg. über den Verkehr mit Kraftfahrzeugen 1911 S. 124/5).

Diese Tragweite kann jedoch vorerst dem § 17 AutG. nicht zuerkannt werden. Nur der Fahrzeughalter soll dort im Verhältnis zum Tierhalter dahin günstig gestellt werden, daß er nicht als „Dritter" im Sinne des § 840 Abs. 3 BGB. zu gelten hat. Er soll nicht dem Tierhalter voll rückersatzpflichtig sein für den durch ein Tier und zugleich durch ein Kraftfahrzeug verursachten Schaden. Andererseits soll der Fahrzeughalter im Verhältnis zur Bahn nicht bevorzugt sein; es soll ihm nicht — etwa wegen einer allgemeinen Schuldvermutung gegen die Eisenbahn — voller Rückgriff gegen den Betriebsunternehmer gestattet sein. Im Verhältnis zu den nach §§ 833—838 BGB. Haftpflichtigen gilt jedoch der nach § 1 HaftpflG. haftbare Betriebsunternehmer nach wie vor als „Dritter" im Sinne des § 840 Abs. 3 BGB. Er hat z. B. einen durch ein Tier und gleichzeitig durch die Bahn verursachten Schaden im Verhältnis zum Tierhalter allein zu tragen und darf auch die Mitverursachung durch sein Tier dem Beschädigten Tierhalter nicht nach § 254 BGB. entgegenhalten; RG. 53, 114; 58, 335; 60, 301; 61, 56; 71, 7; JW. 05, 734; 10, 235; 11, 220. Die Unterstellung der Eisenbahnhaftpflicht unter den Begriff der unerlaubten Handlung nach Bürgerlichem Gesetzbuch mit der Folge, daß der Betriebsunternehmer als Dritter im Sinne des § 840 Abs. 3 BGB. zu behandeln ist, wird durch § 17 AutG. nicht berührt.

Der Vorgang des § 17 AutG. hat aber auch der Erkenntnis Bahn gebrochen, daß die dort vorgesehene Schadensverteilung nach Maßgabe der vorwiegenden Verursachung auch dann einzutreten hat, wenn Mehrere aus unerlaubter Handlung haften, ohne daß dabei eine bloße Gefährdungshaftung nach dem AutG. oder im Sinne der §§ 833—838 BGB. in Betracht kommt: Der Fahrgast einer Straßenbahn war beim Zusammenstoß mit einem Kraftwagen infolge des Verschuldens des Kraftwagenführers zu Schaden gekommen. Das Reichsgericht (JW. 1911, 753) hat dem Rückgriff der nach § 1 HaftpflG. in Anspruch genommenen Bahngesellschaft gegen den Eigentümer und Führer des Kraftwagens in vollem Umfange stattgegeben. Auf den Ausgleichungsanspruch zwischen der Bahn und dem Kraftwagenführer finde zwar nicht § 840 Abs. 3, aber § 254 BGB. Anwendung. Im Sinne des § 426 sei auch hier, nämlich durch die gebotene entsprechende Anwendung des § 254 BGB., etwas anderes als die Teilung nach Köpfen vorgeschrieben. Dann muß aber auch für die Verteilung des Schadens unter Mehreren, die aus Verschulden haften, der Grad des Verschuldens des Einzelnen und, was damit nicht gleichbedeutend ist aber gewöhnlich einhergeht, die Höhe der durch das schuldhafte Verhalten des Einzelnen gesetzten Gefahr, der Grad der objektiven Wahrscheinlichkeit des Schadenseintritts oder die vorwiegende Verursachung den Ausschlag geben. Die Anwendung des in § 254 BGB. ausgesprochenen Grundsatzes muß auch für die Verteilung des Schadens unter mehreren, aus Verschulden Haftenden, maßgebend sein; vgl. RG. 75, 251; JW. 12, 190; Recht 1912, 2042; GruchotsBeitr. 56, 104; das auch, wenn dem einen Gesamtschuldner nicht eine Verletzung einer Vertragspflicht gegenüber dem anderen zur Last fällt.

Die Bestimmungen in § 840 Abs. 2 und 3 BGB. sind hiernach einer erweiterten, entsprechenden Anwendung auch auf das Verhältnis zwischen dem aus Verschulden und dem aus dem Haftpflichtgesetz Haftbaren nicht zugänglich; es hat aber auch bei der Ausgleichung unter ihnen eine dem § 254 BGB. entsprechende Abwägung stattzufinden. Dabei ist auf seiten des Betriebsunternehmers die Betriebsgefahr, so wie sie sich nach den Umständen des Einzelfalls in ihrer ursächlichen Bedeutung für den Unfall darstellt, in Betracht zu ziehen. Diese Erwägung muß nicht zu dem Ergebnis führen, daß der aus Verschulden Haftende den Schaden allein zu übernehmen hat und bei dem aus Gefährdung Haftenden keine Ausgleichung suchen kann, JW. 1912, 71; SeuffA. 67, 180; JW. 1912, 190 (Haftung des aufsichtspflichtigen Vaters des verletzten Kindes im Verhältnis zur Bahn).

Endlich ergibt sich eine unterschiedliche Behandlung der

aus Gefährdung Haftenden, des Fahrzeughalters und des Tierhalters bei der Schadensverteilung daraus, daß gegen jeden der Rückgriff nur insoweit stattfindet, als er selbst haftbar sein würde. Es kann also der Fahrzeughalter und nur dieser die Beschränkung der Haftung nach § 12 AutG. gelten machen. Der Einwand der höheren Gewalt und des mitwirkenden Verschuldens des Verletzten (§ 1 HaftpflG.) würde, als Verneinung des ursächlichen Zusammenhangs oder der erheblichen Verursachung durch den in Anspruch Genommenen (§ 254 BGB.), auch dem Fahrzeughalter und dem Tierhalter gegeben sein, dagegen der Einwand nach § 833 Satz 2 BGB., welcher eine besondere Begrenzung der Gefährdungshaftung des Tierhalters darstellt, allein diesem zukommen.

Der Umfang der Ersatzpflicht kann sich für die Einzelnen nach § 254 BGB., wenn das mitwirkende Verschulden gegenüber den mehreren Haftpflichtigen verschieden zu beurteilen ist, verschieden gestalten; Gesamtschuld und Rückgriffsmöglichkeit besteht dann nur in Höhe der geringeren Ersatzpflicht gegenüber dem Beschädigten, JW. 1909, 724. Werden andererseits von dem Verletzten mehrere für den Schaden verantwortliche Personen gleichzeitig auf Leistung von Schadensersatz wegen Aufhebung oder Minderung der Erwerbsfähigkeit in Anspruch genommen, dann ist die Art und Weise der Ersatzleistung — Rente oder Kapitalabfindung, § 843 Abs. 3 — einheitlich nach den Verhältnissen des Berechtigten und a l l e r Verpflichteten zu bestimmen, RG. 68, 429.

Eine Abweichung von der Haftung zu gleichen Anteilen, § 426 Abs. 1, kann sich aus dem unter den Gesamtschuldnern bestehenden Vertragsverhältnis ergeben. Dann ist dem Anteil der einen Partei an der Schadenszufügung die Verletzung der Vertragspflicht gegenüber der anderen belastend hinzuzurechnen, RG. 75, 256; 77, 322. Der Ausgleichungsanspruch nach § 426 Abs. 1 unterliegt der 30jährigen Verjährung und wird von der Verjährung der Gläubigerforderung nicht berührt, RG. 69, 426; 77, 322. Ein Ausgleichungsanspruch nach § 426 Abs. 1 BGB. besteht auch bei sog. unechtem Gesamtschuldverhältnis. Der Umstand, daß der eine aus Vertrag, der andere aus Delikt haftet, schließt die in § 426 vorausgesetzte Zweckgemeinschaft unter den mehreren Schuldnern (E n n e c c e r u s BürgR. § 313) nicht aus, JW. 1912, 141; DJZ. 401. Die Rechtsgemeinschaft, in welcher mehrere Gesamtschuldner gemäß § 426 BGB. zueinander stehen, hat aber nicht allein diese Ausgleichungspflicht zur Folge; sie besteht von vornherein und hat, wie die Motive (2, 169) hervorheben, auch die Bedeutung, daß jeder dem anderen gegenüber verpflichtet ist, seinem Anteil entsprechend an der Befriedigung des Gläubigers mitzuwirken: Bei Verzug muß er dem Mitschuldner den hieraus erwachsenen besonderen Schaden ersetzen, RG. 79, 288.

Der Praktiker wird in diesem Zusammenhange auch eine Beantwortung der, nicht systemgemäß hierhergehörigen, Frage erwarten, inwieweit kraft ehelichen Güterrechts der Ehemann für unerlaubte Handlungen der Ehefrau haftet. Ist die unerlaubte Handlung vor dem Eheschluß begangen, so wird die Haftpflicht des Täters mit seinem Vermögen durch die Eheschließung nicht berührt. Unter Umständen kann eine Anfechtung des Ehevertrags, insbesondere nach § 3 Ziff. 2 AnfG., in Frage kommen. Wegen einer nach dem Eheschluß begangenen unerlaubten Handlung einer Ehefrau haftet deren Vorbehaltsgut, zu verklagen ist insoweit die Frau. Außerdem aber haftet bei gesetzlichem Güterstand das eingebrachte Gut der Frau, § 1411 BGB., bei allgemeiner Gütergemeinschaft das Gesamtgut und der Mann persönlich, § 1459, auch mit dem Vorbehaltsgut, bei Errungenschaftsgemeinschaft das eingebrachte Gut der Frau, § 1529 Abs. 2, 1411, jedoch nicht das Gesamtgut, § 1530 Abs. 1 (Hörle in ArchZivPrax. 96, 295), bei Fahrnisgemeinschaft das Gesamtgut und der Mann persönlich nach §§ 1549, 1459, das eingebrachte Gut nach §§ 1550, 1525 Abs. 2, 1411. Insoweit ist in der Regel (§§ 739—741 ZPO.) der Mann zu verklagen.[1])

## § 5.

## Haftpflicht juristischer Personen.

Juristische Personen können keine strafbaren Handlungen, auch keine unerlaubten Handlungen im Sinne des Zivilrechts begehen. Sie können nur durch Vertreter handeln. Die ausgleichende Gerechtigkeit[2]) verlangt aber, daß sie für unerlaubte Handlungen ihrer Organe privatrechtlich einstehen.

[1]) Wegen der Aktivlegitimation bei Ehegatten siehe § 9, 2c.

[2]) Prinzip der aktiven Interessen, R. Merkel, vgl. § 2 Ziff. 3, weil die Haftung aus § 31 BGB. sich nicht auf fremdes Verschulden (Klingmüller) beschränkt, auch allgemeiner ist als die (Gefährdungs-) Haftung für „widerrechtliche" Schadenszufügung nach § 831 BGB.

## I. Vertretung privatrechtlicher Interessen.

1. Nach § 31 BGB. ist der Verein für den Schaden verantwortlich, den der Vorstand, ein Mitglied des Vorstands oder ein anderer verfassungsmäßig berufener Vertreter durch eine in Ausführung der ihm zustehenden Verrichtungen begangene, zum Schadensersatz verpflichtende Handlung einem Dritten zufügt. „Verfassungsmäßige Vertreter" sind die gem. § 30 BGB. durch die Satzung für gewisse Geschäfte berufenen besonderen Vertreter. Das bezieht sich jedoch nicht auf Vereine, die nicht rechtsfähig sind. Auf sie finden die Vorschriften über die Gesellschaft Anwendung, §§ 54, 705 ff. BGB.; KOLG. 4, 201 (a. M. 22, 115), Recht 1902, 2559; 06, 2786 = BadRPr. 122 (Karlsruhe). Den Vereinen sind nach § 86 BGB. Stiftungen und etwaige Anstalten nicht öffentlichen Rechtes gleichgestellt. Bei dem Staat (Fiskus) und anderen öffentlichrechtlichen Körperschaften, Stiftungen und Anstalten (§ 89 BGB.) treten an die Stelle der Satzung die ihre Verwaltungsorganisation regelnden Bestimmungen, RG. 53, 280; 62, 36; 70, 118; JW. 1909, 682; RG 74, 21, 250. Dagegen sind diejenigen Personen, welche nicht durch die Satzung oder die organisatorischen Verwaltungsbestimmungen zu ihrer Tätigkeit berufen sind, sondern ihren Auftrag nur auf solche Personen zurückführen, nicht verfassungsmäßige Vertreter nach § 31, sondern nur Hilfspersonen im Sinne des § 831 BGB.

Das Verschulden derartiger „Willensorgane", der über das Vermögen der juristischen Person verfügenden Personen, gilt als eigenes Verschulden der juristischen Person.[1]) Das auch, wenn es in einem Unterlassen besteht. Im übrigen gibt es kein Verschulden juristischer Personen, JW. 1903 Beil. 65; 1909, 69. Nicht notwendig ist, daß die Satzung oder die organisatorischen Verwaltungsvorschriften einen Vertreter für einen bestimmten Geschäfts- oder Betriebszweig ausdrücklich vorsehen; unter Umständen muß es genügen, wenn die Berufung eines Vertreters in einer Bestimmung der Satzung oder der Verfassung

[1]) Auf ein Verschulden bei der Auswahl kommt es bei einem verfassungsmäßig berufenen Vertreter nicht an. In JW. 1911, 982 muß es heißen: „Nichthaftung einer Aktiengesellschaft bei ihrer Vertretung durch zuverlässige nicht verfassungsmäßige Vertreter". Es fehlt das „nicht"; daß auch der Vertreter nicht schuldhaft gehandelt habe und nicht haftbar sei, ist in der Entscheidung nicht gesagt und erscheint angesichts der Erörterung des § 831 BGB. ausgeschlossen. Vgl. JW. 1903 Beil. 132. Lenel, DJZ. 1902, 11 Sp. 2 oben.

der Korporation ihren Rechtsgrund hat, auf eine solche Bestimmung zurückgeht, welche die Zulässigkeit solcher Berufung in allgemeiner Form vorsieht; ROLG. 14, 2; RG. 62, 31. Jedenfalls aber ist diese Berufung durch das Grundgesetz oder die organisatorischen Verwaltungsvorschriften maßgebend dafür, ob man es mit einem Vertreter (§ 31) oder mit einem Angestellten (§ 831) zu tun hat. Ob er eine weitgehende, umfassende rechtsgeschäftliche Vertretungsmacht (RG. 47, 328) oder die Befugnis zu selbständigem Handeln (RG. 39, 183; GruchotsBeitr. 44, 715), oder eine besonders wichtige und verantwortliche Stellung (Recht 1912, 720 im Gegensatz zu RG. 70, 119) oder nur eine untergeordnete Stellung (RG. 47, 244) hat, ist nicht entscheidend. Lenel, DJZ. 1902, 9ff. Vgl. Klingmüller, DJZ. 1902, 172, 269· Kißkalt ebenda 552. Wem aber rechtsgeschäftliche Vertretungsmacht überhaupt nicht beiwohnt, der ist auch nicht Vertreter im Sinne des § 31 BGB., RG. 39, 187; 74, 257.

Die juristischen Personen haften somit nicht für Angestellte jeder Art. Das ist in der II. Kommission (Prot. I 522ff.) abgelehnt worden. Für Handlungen Angestellter kann eine Haftung der juristischen Person nach §§ 164, 278 insbesondere auch nach § 831 BGB. begründet sein, JW. 1906, 427. Das gleiche gilt von Beamten, die nicht verfassungsmäßig berufen, sondern vom Vorstand der juristischen Person oder von besonderen Vertretern im Sinne des § 30 BGB. angestellt sind; RG. 53, 276; SeuffA. 59, 27. Dabei ist aber zu beachten, daß unter Umständen das Verschulden irgend eines Vertreters vorliegen muß und daß es dann der Namhaftmachung eines bestimmten verfassungsmäßigen Vertreters nicht bedarf; das wird z. B. dann zutreffen, wenn ein gefährlicher Zustand sich als dauernder unter den Augen der verfassungsmäßig berufenen Vertreter am Sitze der Verwaltung befunden hat; SeuffA. 66, 179; JW. 1904, 232; RG. 45, 168 a. E.; Recht 1905, 279, 575, 2644, 2270 = GruchotsBeitr. 49, 637; Recht 1906, 674; RG. in Warn. 10, 189; RG. 70, 118; JW. 1907, 315; Recht 1908, 2817; SeuffBl. 11, 101; vgl. RG. 74, 21![1])

[1]) Als verfassungsmäßig berufene Vertreter sind z. B. in der Rechtsprechung anerkannt in Ansehung

1. der Heeres- und Marineverwaltung: der Regimentskommandeur und Garnisonskommandant hinsichtlich der Absperrung der verseuchten Pferde eines Regiments, Warn. 1908, 589, vgl. Recht 1910, 3881; der Regimentskommandeur hinsichtlich des Krümperwesens, vgl. RG. 76, 225 (Karlsruhe); der Kommandeur eines Pionierbataillons

Die in § 89 BGB. genannten öffentlichrechtlichen Korporationen haften nach § 31 nur, soweit die dem Vertreter zustehende Verrichtung, in deren Ausführung er eine zum Schadensersatz verpflichtende Handlung begeht, privatrechtlicher Art ist, insbesondere, wenn es sich um die privatrechtliche Vertretung des Fiskus usw. handelt, RG. 52, 369; 55, 171; SeuffA. 66, 179. Ob für den Schaden, den ein Beamter in Ausübung der ihm anvertrauten öffentlichen Gewalt, durch eine Regierungshandlung, zufügt, der Staat haftet, darüber entscheiden gemäß Art. 77 EG. BGB. die Landesgesetze. Immerhin

(Versperrung des Fahrwassers im Rhein) BadRpr. 1912, 38; der Kommandant eines Kriegsschiffes, SchleswHolstAnz. 1909, 3; nicht der Kanallotse im Kaiser-Wilhelmskanal, Eichholz in HansGZ. 1909 Hptbl. 241, RG. 74, 257; JW. 1911, 27, 85; RG. 79, 101, gegen Heuer, HansGZ. 1909 Hptbl. 229, SchleswHolstAnz. 1909, 201; 1910, 345; wohl aber der Betriebsdirektor des Kanalamts, RG. 79, 101; nicht der mit der Prüfung von Materialien beauftragte Offizier, RG. 55, 171;

2. des Eisenbahnfiskus: nach der preußischen Verwaltungsordnung vom 15. Dezember 1894 die Vorstände der Betriebsinspektionen, RG. 53, 276, und der Eisenbahnbau- und Maschineninspektionen, Recht 1910, 1477; ein preußischer Betriebsdirektor, JDR. 6, 28; die badischen Betriebsinspektoren, BadRpr. 1907, 120; nicht die preußischen Bahnmeister, RG. 53, 276; 55, 229; JW. 1903 Beil. 39; RheinArch. 107, 258; Stationsvorsteher JW. 1903 Beil. 117; Bahnwärter, RG. 47, 328; GruchotsBeitr. 44, 1025; die bayerischen Rangierleiter, SeuffA. 57, 234; BayObLG. 3, 25, 50; die bayerischen Stationsvorsteher und ihre Gehilfen, Recht 1905, 2523; die sächsischen Eisenbahnbetriebsassistenten, SächsA. 1, 7;

3. des Postfiskus: nicht der Postillon, ROLG. 14, 2; der Hausmeister eines Postgebäudes, JW. 1904, 165; der Postassistent, JW. 1906, 706; Recht 1907, 1; der Briefträger, Frankenburger, DJZ. 1905, 947 oder der Hilfsbriefträger, ROLG. 9, 22; der Postgehilfe, Recht 1909, 791; vgl. Reichert, DJZ. 1910, 963;

4. des Justizfiskus: in Ansehung des verkehrssicheren Zustandes des Gerichtsgebäudes ein erster Staatsanwalt und ein Landgerichtspräsident, GruchotsBeitr. 50, 361; JW. 1905 Beil. 132; Recht 1904, 275; der preußische Amtsgerichtsvorstand und aufsichtsführende Amtsrichter, PrJustMBl. 66, 321; GruchotsBeitr. 49, 635; nicht der Obersekretär oder Kastellan eines Gerichtsgebäudes, GruchotsBeitr. 50, 361;

5. der Unterrichtsverwaltung: ein preußischer Gymnasialdirektor, RheinArch. 105 I, 115, JW. 1906, 427, nicht ein Schuldiener;

6. des staatlichen Irrenwesens: der Vorstand einer württembergischen Staatsirrenanstalt, Recht 1905, 2251;

7. der Forstverwaltung: ein preußischer Oberförster, JW. 1904, 548; Recht 1905;

8. weiterer Kommunalverbände: insbesondere hinsichtlich des preußischen Kreises ein Kreisbauinspektor bezüglich des baulichen Zustandes

unterscheiden §§ 89, 31 BGB. nicht zwischen privatrechtlichen und öffentlichrechtlichen Verrichtungen; es wird nur allgemein eine zum Schadensersatz verpflichtende Handlung vorausgesetzt. Demgegenüber stellt sich Art. 77 EG. BGB. als Sonderbestimmung dar, deren Voraussetzungen im Zweifelsfalle von demjenigen zu beweisen sind, der sich auf diese Bestimmung für die Nichthaftung der öffentlichrechtlichen Korporationen beruft. Wo die Ausübung von Rechten oder Verrichtungen in Frage stehen, die ebensogut bei Privaten in Betracht kommen, in Fällen, die insoweit auf der Grenze stehen, wird stets die Haftung aus §§ 89, 31 BGB. begründet sein. Das Bestehen einer öffentlichrechtlichen Verpflichtung schließt jedenfalls die privatrechtliche Verantwortlichkeit nicht aus, RG. 54, 59; vgl. 68, 285. Siehe unten II.

der Straßen gemäß § 116 der Kreisordnung für die Provinzen Ost- und Westpreußen usw. vom 19. März 1881, RG. 62, 31; Recht 1906, 2; die hessischen Kreisinspektoren, HessRspr. 1904, 183; ein hessischer Wagenaufseher, der einen Wasserwagen unbeleuchtet auf der Straße stehen ließ, GruchotsBeitr. 44, 715 (?), der bayerische Distriktsausschuß, Recht 1906, 674; ein bayerischer Bezirksbaumeister, Recht 1910, 2772;

9. der Städte und Gemeinden: ein Oberbürgermeister, wenn er die mit dem Anzünden und Auslöschen der Lampen des städtischen Elektrizitätswerks beauftragten Polizeibeamten nicht über die ihnen drohenden Gefahren belehrt oder belehren läßt, Recht 1910, 1; eine kleine Stadtgemeinde wurde für nicht haftbar erklärt für die Leitung — unter Umständen aber für unterlassene Überwachung — einer Kanalisationsanlage, für die besondere technische Kenntnisse erforderlich sind, deren Besitz von der Stadtverwaltung oder den ihr zu Gebote stehenden ständigen Kräften nicht verlangt werden kann, Recht 1910, 502; wegen Haftung für Unfälle durch Glatteis vgl. Recht 1910, 502; als verfassungsmäßig berufener Vertreter wurde erachtet ein preußischer städtischer Baurat innerhalb seines Geschäftsbereichs, JW. 1904, 284; Recht 1906, 2339; ein Stadtbaumeister gemäß §§ 56 Ziff. 6, 59 der preußischen Städteordnung von 1853, RG. 70, 118 = JW. 1909, 69, DJZ. 378, Recht 193; der Vorsteher des städtischen Tiefbauamts oder Baubüros JW. 1906, 539, Recht 09, 3285 = BayZfR. 09, 453; JW. 1908, 269; ein Stadtbauinspektor, Recht 1909, 407; andererseits der Stadtbaurat als Vertreter, der Bauinspektor als sein Gehilfe, JW. 11, 939; in JW. 12, 850, wo ein Dielenbelag auf dem Fußsteig ungenügend beleuchtet war, ist die Vertretereigenschaft des Stadtbaurats bejaht, des Straßenbauinspektors offen gelassen, des Bautechnikers verneint; die Deputation (für die Sparkasse) oder Kommission gemäß § 54 der Rhein. Städteordnung, RG. 64, 403; der Magistrat und die Baudeputation gemäß §§ 10, 56, 59 der preuß. Städteordnung von 1853, Recht 1907, 2242; in Mecklenburg die Kämmereiverwaltung, als eine Deputation, welche stadtverfassungsmäßig gewisse Zweige der Stadtverwaltung namens des Magistrats fortlaufend führt, in Ansehung der Aufgrabung einer Straße ohne Anwendung von Sicherheitsmaßregeln, ROLG. 24, 244; der Vor-

Wie Vereine haften nach § 31 BGB. auch die handelsrechtlichen juristischen Personen. Ihnen kommt Rechtsfähigkeit kraft besonderer reichsgesetzlicher Vorschriften — § 22 BGB., Art. 2 EG. HGB. — zu. Die offenen Handelsgesellschaften haften für Schadenzufügungen durch die Gesellschafter, vgl. Cosack, Lehrbuch (7), § 193, III, S. 669, §§ 114 ff. HGB., RG. 20, 190, 32, 35. Bei der Aktiengesellschaft (JW. 1903 Beil. 39, 93; Recht 1903, 2232; 1906, 895; RG. 62, 60; JW. 1911, 939) sind außer den Vorstandsmitgliedern auch Prokuristen, wenn sie nach dem Gesellschaftsvertrag in Gemeinschaft mit einem Vorstandsmitglied die Gesellschaft zu vertreten befugt sind, oder wenn nach dem Gesellschaftsvertrag Einzelprokuren (oder Gesamtprokuren, z. B. für eine Zweigniederlassung SeuffA. 67, 79) erteilt werden können, §§ 231, 232, 238 HGB., als verfassungsmäßig berufene Vertreter anzusehen; sonst aber nicht. Vgl. Staub HGB. § 232 Anm. 27, 32 ff. Erscheint die Unterscheidung auch manchem äußerlicher Art zu sein (Breit, DJZ. 1911, 1367 aus Anlaß des Falles Hetzel), so entspricht sie doch allein dem Gesetze und der dargelegten reichsgerichtlichen Rechtsprechung. Nur die zum Sadensersatz verpflichtende Handlung verfassungsmäßiger d. h. solcher Vertreter, die es nach dem Grundgesetze der juristischen Person sind, wird als solche der juristischen Person selbst behandelt. Juristische Personen sollen in Ansehung der Haftpflicht nicht günstiger stehen als natürliche. Sie würden aber erheblich schlechter gestellt, müßten sie auch für andere Angestellte in weiterem Umfange als nach § 831 BGB. haften: Lenel a. a. O. S. 10. Genossenschaften haften dem Beschädigten für ihre Vorstandsmitglieder, JW. 1904, 167; 08,

steher der städtischen Hafen- und Brückenkommission, SchleswHolstAnz. 10, 170; ein Schlachthofinspektor, PosMSchr. 10, 36; in Preußen der Vorstand, in Württemberg der Schultheiß der Gemeinde, ebenda der Delegierte des Gemeinderats hinsichtlich der Wegunterhaltung, Gruchots Beitr. 44, 968; 45, 75; ein Beamter des sächsischen Armenrats, ROLG. 9, 24; der Direktor eines städtischen Gas- und Wasserwerks in Baden, BadRpr. 1908, 20; der Lehrer einer sächsischen Schulgemeinde, SächsA. 1907, 346 (?), ein schleswig-holsteinischer Schulvorsteher, JDR. 1906, 29; nicht ein Straßenmeister oder Straßenaufseher in Kassel, ROLG. 12, 110; ein Straßenkontrolleur in Stettin, SeuffA. 59, 27 = JW. 1903 Beil. 118; JW. 1902, 226 gegen ROLG. 5, 376; nicht ein Gasdirektor in Stettin, RG. 74, 21 (?), vgl. RG. 70, 118; nicht der Motorwagenführer einer Straßenbahn, JW. 1906, 377 (Köln); nicht ein Markthalleninspektor, JW. 1909, 682 = Recht 3284;

10. einer Aktiengesellschaft: der Betriebsleiter einer von mehreren Fabriken der Gesellschaft, BayZfR. 1907, 434.

474; ROLG. 14, 368 (Parisius-Krüger, GenG. [7] S. 179, § 17); Gesellschaften mit beschränkter Haftung für ihre Geschäftsführer, ROLG. 14, 368; RG. 57, 93 (§§ 6, 35 [43] GmbHG., Parisius-Krüger [5] S. 200, § 35 Anm. 1). Die Haftpflicht der Aktiengesellschaften ist durch besondere Vorschriften z. B. § 213 HGB. eingeschränkt: Die Aktionäre haben keinen Ersatzanspruch gegen die Gesellschaft, weil ihre Beteiligung durch wissentlich falsche Angaben von seiten des Vorstands herbeigeführt worden ist, RG. 54, 128 (vgl. RG. 63, 325). Als solche besondere Vorschrift galt bisher auch § 136 Abs. 2 GUVG., insofern er eine Haftung der GmbH. gegenüber der Berufsgenossenschaft wegen der Herbeiführung eines Unfalls durch einen Geschäftsführer nicht erwähnte (DJZ. 1906, 823). Diese Haftung ist jedoch durch § 904 RVO. festgelegt auch in Ansehung der Haftung der Genossenschaft oder Innung für die durch ein Mitglied des Vorstands, der Gesellschaft mit beschränkter Haftung für die durch einen Geschäftsführer, einer anderen Handelsgesellschaft für die durch einen zur Geschäftsführung berechtigten Gesellschafter herbeigeführten Unfälle. Gemäß §§ 31, 89 BGB. wurde z. B. auch ein bayerisches Bewässerungs- und Entwässerungs-Unternehmen, Recht 1906, 877, desgleichen eine Kirchengemeinde, Recht 1906, 275 für haftbar erklärt. In Bayern sind die Bistümer, Domkapitel, Klöster, geistliche Bruderschaften und laut II. Verf.-Beil. §§ 24, 28, 44 die öffentlichen Glaubensgesellschaften juristische Personen, nicht aber die katholische Landeskirche.

2. Die juristischen Personen haften für den Schaden nur, wenn er von den bezeichneten Willensorganen oder verfassungsmäßigen Vertretern in Ausübung der ihnen zustehenden Verrichtungen zugefügt worden ist. Dabei ist es wie bei der Haftung für Angestellte nach § 831 BGB. gleichgültig, ob die Verrichtungen rechtsgeschäftlicher oder nur tatsächlicher Art sind, JW. 1902, 226; 1904, 384; RG. 74, 257. Bei notwendiger Gesamtvertretung in Rechtsgeschäften genügt die Handlung oder Unterlassung eines von mehreren Vorstandsmitgliedern, Lenel a. a. O.; RG. 57, 93. Der Vertreter muß in dem ihm zustehenden Geschäftsbereich gehandelt haben. Die Haftung wird auch durch eine Unterlassung begründet, sofern er eine ihm satzungs- oder verfassungsgemäß zukommende Aufgabe vernachlässigt hat, ROLG. 8, 14; 9, 20/24; Recht 1909, 1837; Gruchots Beitr. 44, 715; JW. 1903, Beil. 39; 04, 284; 05, 486; 06, 377. Daß die betreffende Aufgabe oder Verrichtung gerade

in der Satzung ausdrücklich bezeichnet oder zugewiesen sei, wird man bei dem Vorstand eines Vereins oder einer Aktiengesellschaft nicht verlangen dürfen; der Geschäftskreis derartiger allgemeiner gerichtlicher und außergerichtlicher Vertreter der juristischen Person in Angelegenheiten z. B. des Vereins oder der Aktiengesellschaft ist grundsätzlich ein unbeschränkter, §§ 26 BGB., 231 HGB., 6, 35 GmbHG. Nur die Haftung für die in § 30 BGB. genannten besonderen Vertreter, wie die entsprechende Haftung für die verfassungsmäßig berufenen Vertreter von juristischen Personen des öffentlichen Rechts beschränkt sich auf diejenigen Handlungen, welche ihrem, nach der Satzung oder den organisatorischen Verwaltungsbestimmungen ihnen zugewiesenen, Geschäftskreise angehören; das gleiche gilt von den entsprechenden Unterlassungen.

3. **Mit den Beschränkungen, welche sich aus Ziff. 1 und 2 ergeben, haftet die juristische Person für zum Schadensersatz verpflichtende Handlungen jeder Art; dazu gehören die Folgen der Tierhaltung, § 833, die Haftung für Einsturz, § 836, für Wildschaden, § 835 BGB. und für gefährliche Unternehmungen, HaftpflG.** Auch die Ersatzpflicht für einen Verstoß gegen die guten Sitten, § 826 BGB., aus unberechtigter Selbsthilfe, § 231, und wegen Nothilfe, § 904 BGB., gehört hierher. Die Satzung usw. kann nicht bestimmen, daß §§ 31, 86, 89 BGB. keine Anwendung finden sollen, vgl. § 40 BGB., dagegen kann die Haftung innerhalb der gesetzlichen Grenzen durch Vertrag sowohl gegenüber Dritten als gegenüber den Mitgliedern ausgeschlossen werden, Recht 1904 S. 1; 1907, 401.

4. Der Vertreter selbst haftet, wenn er eine unerlaubte Handlung begangen hat, aus welcher die juristische Person in Anspruch genommen werden kann, nach allgemeinen Grundsätzen, RG. 51, 259, gemäß §§ 421, 840 BGB. als Gesamtschuldner, Recht 1907, 2241; JW. 1911, 939 (AGes.); LZ. 1911, 926; KG. 28, 242; §§ 823 ff., 839 BGB., unten §§ 12 ff., 22.

Neben der Haftung aus §§ 31, 86, 89 BGB. besteht unabhängig die auf besonderem Rechtsgrunde beruhende Haftung der juristischen Person:

a) aus den von ihren Vertretern innerhalb der ihnen zustehenden Vertretungsmacht abgegebenen Willenserklärungen, § 164;

b) aus Verschulden von Hilfspersonen bei Erfüllung von vertragsmäßigen oder sonstigen Verbindlichkeiten, § 278 BGB.

Dabei kommt die gleichzeitige Haftung aus § 31, z. B. gemäß §§ 823, 847 BGB. auf Schmerzensgeld, niemals aus Gründen der Anspruchskonkurrenz in Wegfall, vgl. JW. 1908, 473, weil der Vertreter selbst nicht innerhalb eines eigenen Schuldverhältnisses gehandelt hat und da es für die Haftung der juristischen Person aus § 31 BGB. rechtlich ohne jeden Belang ist, ob zwischen ihr und dem Beschädigten ein Vertragsverhältnis bestanden hat;[1])

c) die Haftung für rechtswidrige Schadenszufügung durch die zu einer Verrichtung bestellten Personen, § 831 BGB. In den beiden letzten Fällen erstreckt sich die Haftung auf Angestellte jeden Grades. Die außervertragliche Haftung für Hilfspersonen, die Haftung des „Geschäftsherrn", siehe § 17, ist jedoch durch den in § 831 BGB. zugelassenen Entlastungsbeweis gemildert.

## II. Regierungshandlungen.

Die Haftung der juristischen Personen des öffentlichen Rechts für solche Handlungen ihrer Vertreter, die in Ausführung privatrechtlicher Verrichtungen begangen werden, ist in §§ 89, 31 BGB. geregelt (oben I). Im folgenden handelt es sich um die Haftung für Handlungen, die in Ausübung der öffentlichen Gewalt vorgenommen werden; JW. 1911, 803. Die besondere Haftung der öffentlichen Beamten selbst ist in § 839 BGB. geregelt. Bei der großen Menge von Gesetzen, Verordnungs- und Dienstvorschriften, nach welchen sich die Beamten zu richten haben, geht es, schon um ein ruhiges Arbeiten der Beamten nicht zu gefährden, nicht an, sie wegen jedes Verstoßes gegen solche Vorschriften unbeschränkt für den entstehenden Schaden haften zu lassen. Die Haftung des Beamten ist daher eine hilfsweise und auch sonst gewissen Beschränkungen unterworfen. Vgl. hierwegen § 22. Weitere Einschränkungen der unmittelbaren Haftung der öffentlichen Beamten ergeben sich aus dem Bedürfnis nach Erzielung einer einheitlichen Behandlung und Rechtsprechung und aus Gründen des öffentlichen Rechts:

1. Reichsgesetzlich bestimmt für den Grundbuchsverkehr § 12 GBO., daß, wenn ein Grundbuchsbeamter vorsätzlich

[1]) l. 7 § 1 Dig. 3, 4 si quid universitati debetur, singulis non debetur, nec quod debet universitas singuli debent. l. 1 § 7 Dig. 48, 18; l. 6 § 1 Dig. 1, 8; l. 2, 7 § 2 Dig. 3, 4.

oder fahrlässig die ihm obliegende Amtspflicht verletzt, den Beteiligten gegenüber die in § 839 BGB. bestimmte Verantwortlichkeit an Stelle des Beamten den Staat oder die Körperschaft trifft, in deren Diensten der Beamte steht. Dabei bleibt das Recht des Staats oder der Körperschaft, von dem Beamten Ersatz zu verlangen, unberührt.

Auf dem engen Zusammenhang der Haftpflicht öffentlicher Beamten mit dem öffentlichen Recht und der Behördenorganisation der Bundesstaaten beruht Art. 77 EG. BGB., welcher es den Landesgesetzen überläßt, die Haftpflicht der Beamten von juristischen Personen des öffentlichen Rechts näher zu regeln.[1]) Den auf Art. 77 EG. BGB. beruhenden landesgesetzlichen Vorschriften unterlag bisher auch der Reichsfiskus, z. B. der meist durch die Korpsintendanturen vertretene Militärfiskus, RG. 54, 198; JW. 1906, 163.[2]) Je nach dem Rechtsgebiet, dem im einzelnen Falle die Handlungen des Reichsbeamten unterstanden, kamen für die Frage, ob das Reich für ein Verschulden des Beamten haftbar gemacht werden könne, die verschiedensten Vorschriften und Rechtsgrundsätze zur Anwendung. Das stand mit der staatsrechtlichen Einheit des Reichsfiskus nicht im Einklang. Auch aus sachlichen Gründen erschien es geboten, daß das Reich eine Verantwortlichkeit allgemein anerkenne, die von zahlreichen Einzelstaaten übernommen worden war. Entsprechend dem Vorschlage des 28. DJT. 3, 133ff., 580ff. und des Deutschen Handelstags 1907 kam daher das Reichsgesetz über die Haftung des Reichs für seine Beamten vom 22. Mai 1910 zustande. Damit ist die, an sich in § 839 BGB. geregelte, Verantwortlichkeit eines Reichsbeamten, der in Ausübung der ihm anvertrauten öffentlichen Gewalt vorsätzlich oder fahrlässig die ihm einem Dritten gegenüber obliegende Amtspflicht verletzt, auf das Reich übernommen. Nach § 1 Abs. 2

[1]) Art. 77 EG. BGB.: Unberührt bleiben die landesgesetzlichen Vorschriften über die Haftung des Staats, der Gemeinden und anderen Kommunalverbände (Provinzial-, Kreis-, Amtsverbände) für den von ihren Beamten in Ausübung der diesen anvertrauten öffentlichen Gewalt zugefügten Schaden sowie die landesgesetzlichen Vorschriften, welche das Recht des Beschädigten, von dem Beamten den Ersatz eines solchen Schadens zu verlangen, insoweit ausschließen, als der Staat oder der Kommunalverband haftet.

[2]) In Prozessen wegen unschuldig erlittener Untersuchungshaft wird der Reichsmilitärfiskus in Preußen durch das Kriegsministerium vertreten, JW. 1912, 89 = RG. 77, 355; in seinem Bereich auch durch das Artilleriedepot, ROLG. 25, 62.

geht die Haftung des Reichs in dem Falle persönlicher Unverantwortlichkeit des Beamten aus den in § 827 BGB. genannten Gründen sogar über die Haftung des Beamten selbst hinaus. Personen des Soldatenstandes, mit Ausnahme derjenigen des Königlich Bayerischen Kontingents, sind im Sinne dieses Gesetzes den Reichsbeamten gleichgestellt.[1] An besonderen reichsgesetzlichen Bestimmungen sind hervorzuheben wegen der Postbeamten §§ 6 ff. PostG. vom 28. Oktober 1871, wegen der Telegraphenbeamten §§ 23 ff. der Telegraphenordnung vom 15. Juni 1891. Für Versehen von Telegraphenbeamten besteht keine Haftung des Reichs; es haftet der Beamte allein, vgl. GruchotsBeitr. 48, 929. Wegen der Haftung des Reichs für Verschulden der Besatzung von Kriegsschiffen: RG. 72, 351; Hertz in GruchotsBeitr. 55, 39; Häckel, ZHR. 54, 80; Pappenheim in GruchotsBeitr. 56, 19; LZ. 4, 417; Art. 7 EG. HGB. Diese Bestimmung umfaßt nach RG. 79, 178 auch die Schadenszufügung durch Kriegsschiffe bei Ausübung öffentlicher Gewalt.

2. Die landesgesetzlichen Vorschriften, welche auf Grund des Art. 77 EG. BGB. erlassen sind oder bestehen, gehen zurzeit noch weit auseinander; immerhin nähern sie sich der Vereinheitlichung. Eine Haftung des Staats für Verschulden der Beamten in Ausübung staatlicher Hoheitsrechte besteht nicht in allen Gebieten. Eine Reihe von Bundesstaaten hat diese

---

[1] Gesetz über die Haftung des Reichs für seine Beamten. Vom 22. Mai 1910.

§ 1. Verletzt ein Reichsbeamter (§ 1 des Reichsbeamtengesetzes) in Ausübung der ihm anvertrauten öffentlichen Gewalt vorsätzlich oder fahrlässig die ihm einem Dritten gegenüber obliegende Amtspflicht, so trifft die im § 839 des Bürgerlichen Gesetzbuchs bestimmte Verantwortlichkeit an Stelle des Beamten das Reich.

Ist die Verantwortlichkeit des Beamten deshalb ausgeschlossen, weil er den Schaden im Zustand der Bewußtlosigkeit oder in einem die freie Willensbestimmung ausschließenden Zustand krankhafter Störung der Geistestätigkeit verursacht hat, so hat gleichwohl das Reich den Schaden zu ersetzen, wie wenn dem Beamten Fahrlässigkeit zur Last fiele, jedoch nur insoweit, als die Billigkeit die Schadloshaltung erfordert.

Personen des Soldatenstandes, mit Ausnahme derjenigen des Königlich Bayerischen Kontingents, stehen im Sinne dieses Gesetzes den Reichsbeamten gleich.

§ 2. Das Reich kann von dem Beamten Ersatz des Schadens verlangen, den es durch die im § 1 Abs. 1 bestimmte Verantwortlichkeit erleidet. Der Ersatzanspruch verjährt in drei Jahren von dem Zeitpunkt an, in welchem der Ersatzanspruch des Dritten diesem gegenüber

Haftung in den Ausführungsgesetzen zum BGB. ausdrücklich anerkannt. Andere haben das in späteren Gesetzen getan. Die Regelung zeigt im einzelnen große Verschiedenheiten.

In Preußen bestand bis zum 1. Oktober 1909 kein einheitlicher Rechtszustand. Für die Rheinprovinz war von jeher

---

von dem Reiche anerkannt oder dem Reiche gegenüber rechtskräftig festgestellt ist.

§ 3. Für die Ansprüche, welche auf Grund dieses Gesetzes gegen das Reich erhoben werden, sind die Landgerichte ohne Rücksicht auf den Wert des Streitgegenstandes ausschließlich zuständig.

In bürgerlichen Rechtsstreitigkeiten, in welchen durch Klage oder Widerklage ein Anspruch auf Grund dieses Gesetzes geltend gemacht ist, wird die Verhandlung und Entscheidung letzter Instanz im Sinne des § 8 des Einführungsgesetzes zum Gerichtsverfassungsgesetze dem Reichsgerichte zugewiesen.

§ 4. Auf die Beamten der Schutzgebiete sowie auf die Angehörigen der Kaiserlichen Schutztruppen und der Besatzung des Schutzgebiets Kiautschou finden, soweit sie nicht im Sinne des Schutzgebietsgesetzes zu den Eingeborenen gehören, die Vorschriften dieses Gesetzes mit der Maßgabe entsprechende Anwendung, daß an die Stelle des Reichs das Schutzgebiet tritt.

Inwieweit Kommunalverbände und andere Verbände des öffentlichen Rechtes in den Schutzgebieten und den Konsulargerichtsbezirken für den von ihren Beamten in Ausübung der diesen anvertrauten öffentlichen Gewalt zugefügten Schaden haften, wird durch Kaiserliche Verordnung bestimmt.

Inwieweit das Schutzgebiet, Kommunalverbände und andere Verbände des öffentlichen Rechtes in den Schutzgebieten für die von ihren farbigen Beamten in Ausübung der diesen anvertrauten öffentlichen Gewalt zugefügten Schaden haften, wird durch Verordnung des Reichskanzlers bestimmt.

Die auf Grund der Abs. 2, 3 erlassenen Verordnungen sind dem Reichstag zur Kenntnisnahme vorzulegen.

§ 5. Die Vorschriften dieses Gesetzes finden keine Anwendung:

1. soweit es sich um das Verhalten solcher Beamten handelt, die, abgesehen von der Entschädigung für Dienstaufwand, auf den Bezug von Gebühren angewiesen sind;
2. soweit es sich um das Verhalten eines mit Angelegenheiten des auswärtigen Dienstes befaßten Beamten handelt und dieses Verhalten nach einer amtlichen Erklärung des Reichskanzlers politischen oder internationalen Rücksichten entsprochen hat.

§ 6. Unberührt bleiben die Vorschriften anderer Reichsgesetze, soweit sie für bestimmte Fälle die Haftung des Reichs über einen gewissen Umfang hinaus ausschließen.

§ 7. Den Angehörigen eines ausländischen Staates steht ein Ersatzanspruch auf Grund dieses Gesetzes nur insoweit zu, als nach einer im Reichs-Gesetzblatt enthaltenen Bekanntmachung des Reichskanzlers durch die Gesetzgebung des ausländischen Staates oder durch Staatsvertrag die Gegenseitigkeit verbürgt ist.

in Anlehnung an die französische Rechtsprechung aus Art. 1384 C. c. die Haftung des Staats auch für die von den Beamten in Ausübung der öffentlichen Gewalt vorgenommenen Schadenszufügungen hergeleitet worden. Insoweit hat § 89 Nr. 2 AG. die Vorschrift des napoleonischen Gesetzbuchs aufrecht erhalten, vgl. JW. 1907, 374; 08, 24. Im Gebiet des preußischen allgemeinen Landrechts und in den gemeinrechtlichen Landesteilen Preußens bestand dagegen keine Haftung des Staats, RG. 28, 340; 55, 172; a. M. Delius, DJZ. 1904, 528. Durch das Gesetz vom 1. August 1909, in Kraft seit 1. Oktober 1909, ist die Haftung des Staats in Ansehung der unmittelbaren Staatsbeamten anerkannt.[1])

[1]) Gesetz über die Haftung des Staats und anderer Verbände für Amtspflichtverletzungen von Beamten bei Ausübung der öffentlichen Gewalt, vom 1. August 1909:

§ 1. Verletzt ein unmittelbarer Staatsbeamter in Ausübung der ihm anvertrauten öffentlichen Gewalt vorsätzlich oder fahrlässig die ihm einem Dritten gegenüber obliegende Amtspflicht, so trifft die im § 839 des Bürgerlichen Gesetzbuchs bestimmte Verantwortlichkeit an Stelle des Beamten den Staat.

Ist die Verantwortlichkeit des Beamten deshalb ausgeschlossen, weil er den Schaden im Zustande der Bewußtlosigkeit oder in einem die freie Willensbestimmung ausschließenden Zustande krankhafter Störung der Geistestätigkeit verursacht hat, so hat gleichwohl der Staat den Schaden zu ersetzen, wie wenn dem Beamten Fahrlässigkeit zur Last fiele, jedoch nur insoweit, als die Billigkeit die Schadloshaltung erfordert.

Die Verantwortlichkeit des Staats ist ausgeschlossen bei Beamten, die ausschließlich auf den Bezug von Gebühren angewiesen sind, sowie bei solchen Amtshandlungen anderer Beamten, für welche die Beamten eine besondere Vergütung durch Gebühren von den Beteiligten zu beziehen haben.

§ 2. Wird der Staat auf Grund der Vorschrift des § 1 Abs. 1 in Anspruch genommen, so finden auf die Feststellung, ob der Beamte sich einer Überschreitung seiner Amtsbefugnisse oder der Unterlassung einer ihm obliegenden Amtshandlung schuldig gemacht hat, die für den Fall der Verfolgung des Beamten geltenden Vorschriften entsprechende Anwendung.

§ 3. Der Staat kann von dem Beamten Ersatz des Schadens verlangen, den er durch die im § 1 Abs. 1 bestimmte Verantwortlichkeit erleidet. Der Ersatzanspruch verjährt in drei Jahren von dem Zeitpunkte an, in welchem der Ersatzanspruch des Dritten diesem gegenüber von dem Staate anerkannt oder dem Staate gegenüber rechtskräftig festgestellt ist.

§ 4. Die Vorschriften der §§ 1 und 3 finden auf die für den Dienst eines Kommunalverbandes angestellten Beamten mit der Maßgabe Anwendung, daß an die Stelle des Staats der Kommunalverband tritt.

Die Fassung entspricht derjenigen des Reichsgesetzes. Vermöge der Streichung der Lehrer im Entwurf ist es insoweit beim bisherigen Recht verblieben. Wegen Verletzung des Züchtigungsrechts oder der Aufsichtspflicht des Lehrers besteht mithin außerhalb des Gebiets des durch Art. 89 AG. aufrecht erhaltenen Art. 1382 C. c. in Preußen weder eine Haftung des Staats noch der Schulverbände, Martin, DJZ. 1909, 1359; Recht 1911, 3814.

In Bayern[1]), Württemberg[2]) und Baden[3]) besteht die gleiche Haftpflicht des Staates schon seit dem 1. Januar

Jedoch trifft bei Amtspflichtverletzungen von Standesbeamten die Verantwortlichkeit den Staat.

Einem Kommunalverbande stehen gleich die Gutsbezirke, die Amtsverbände und die zur Wahrnehmung einzelner kommunaler Angelegenheiten gebildeten Zweckverbände.

§ 5. Die Vorschrift des § 6 des Gesetzes über die Zulässigkeit des Rechtswegs in Beziehung auf polizeiliche Verfügungen vom 11. Mai 1842 (Gesetzsamml. S. 192) gilt auch für die den Beteiligten nach diesem Gesetze zustehenden Rechte.

§ 6. Soweit durch Reichsgesetze oder Landesgesetze für bestimmte Fälle eine Haftung des Staates oder der Kommunalverbände über den in jenen Gesetzen bestimmten Umfang ausgeschlossen ist, finden die Vorschriften dieses Gesetzes keine Anwendung.

§ 7. Den Angehörigen eines ausländischen Staates steht ein Ersatzanspruch auf Grund dieses Gesetzes nur insoweit zu, als nach einer in der Preußischen Gesetzsammlung enthaltenen Bekanntmachung des Staatsministeriums durch die Gesetzgebung des ausländischen Staates oder durch Staatsvertrag die Gegenseitigkeit verbürgt ist.

§ 8. Dieses Gesetz tritt am 1. Oktober 1909 in Kraft.

[1]) BayAG. BGB. vom 9. Juni 1899, Art. 60: Verletzt ein Beamter des Staates, einer Gemeinde oder eines anderen Kommunalverbandes in Ausübung der ihm anvertrauten öffentlichen Gewalt vorsätzlich oder fahrlässig die ihm einem Dritten gegenüber obliegende Amtspflicht, so trifft dem Dritten gegenüber die im § 839 BGB. bestimmte Verantwortlichkeit an Stelle des Beamten den Staat oder den Verband, in dessen Dienste der Beamte steht. Bei Amtsgeschäften der Gerichtsvollzieher gilt dies auch für die Verletzung der Pflichten gegenüber dem Auftraggeber.

Ausländern kann die Entschädigung, vorbehaltlich der Haftung des Beamten, verweigert werden, wenn nicht nachgewiesen ist, daß in dem Heimatstaate des Beschädigten eine der Vorschrift des Abs. 1 Satz 1 entsprechende Haftung Deutschen gegenüber wenigstens insoweit anerkannt wird, als der Ersatz des Schadens von dem Beamten nicht zu erlangen ist.

Die für einzelne Klassen von Beamten bestehenden besonderen Vorschriften bleiben unberührt.

Der Beamte hat dem Staate oder dem Verband, in dessen Dienste er steht, den Schaden zu ersetzen, der dem Staate oder dem Verband aus der Verletzung der Amtspflicht entsteht. Die Vorschriften des

1900. Siehe Ortmann, Bayerisches Landesprivatrecht, § 59 S. 256ff.; Dorner, das badische AG. BGB. Art. 5 S. 51 bis 73; Dorner-Seng, Badisches Landesprivatrecht, § 31 S. 99ff. In diesen vier Staaten haften auch Kommunalverbände (Gemeinden, Gutsbezirke) für ihre Beamten.

---

§ 852 BGB. finden mit der Maßgabe Anwendung, daß die dreijährige Verjährungsfrist mit dem Zeitpunkte beginnt, in dem die Ersatzpflicht des Staates oder des Verbandes dem Beschädigten gegenüber anerkannt oder rechtskräftig festgestellt ist.

Wegen der Haftung des bayerischen Staates für den durch Personen des Soldatenstandes verursachten Schaden vgl. Erhard, BayZfR. 8, 81.

[2]) WürttembAG. BGB. und zu dessen Nebengesetzen vom 28. Juli 1899:

Art. 202. Verletzt ein Beamter des Staates in Ausübung der ihm anvertrauten öffentlichen Gewalt vorsätzlich oder fahrlässig die ihm einem Dritten gegenüber obliegende Amtspflicht, so trifft den Beteiligten gegenüber die im Bürgerlichen Gesetzbuch bestimmte Verantwortlichkeit an Stelle des Beamten den Staat.

Die Verantwortlichkeit des Staats tritt außerdem ein, wenn die Haftung des Beamten nur deshalb ausgeschlossen ist, weil der Beamte die Amtspflicht im Zustande der Bewußtlosigkeit oder in einem die freie Willensbestimmung ausschließenden Zustand krankhafter Störung der Geistestätigkeit verletzt hat.

Ausländern kann die Entschädigung vorbehältlich der Verfolgbarkeit des Anspruchs gegen den Beamten selbst verweigert werden, wenn nicht nachgewiesen ist, daß in dem Heimatstaate des Beschädigten im Falle des Abs. 1 eine mindestens aushilfsweise Haftung des Staates Deutschen gegenüber anerkannt wird.

Art. 203. Soweit der Staat den Schaden ersetzt hat, ist der Beamte unter denselben Voraussetzungen und unter denselben Umständen zur Erstattung an den Staat verpflichtet, wie er ohne die Bestimmung in Art. 202 gemäß den Vorschriften des Bürgerlichen Gesetzbuchs dem Dritten den aus der Verletzung entstandenen Schaden zu ersetzen hätte. Dies gilt auch, wenn der Staat nach § 12 der Grundbuchsordnung an der Stelle eines Grundbuchsbeamten den Beteiligten Ersatz geleistet hat.

Art. 204. Die Bestimmungen der Art. 202 und 203 finden auf die Haftung der Gemeinden und anderer Kommunalverbände für die Amtshandlungen ihrer Beamten entsprechende Anwendung.

[3]) Art. 5 des Gesetzes, die Ausführung des Bürgerlichen Gesetzbuchs betreffend, vom 17. Juni 1899.

Verletzt ein Beamter des Staats in Ausübung der ihm anvertrauten öffentlichen Gewalt vorsätzlich oder fahrlässig die ihm einem Dritten gegenüber obliegende Amtspflicht, so trifft den Beteiligten gegenüber die im Bürgerlichen Gesetzbuch bestimmte Verantwortlichkeit an Stelle des Beamten den Staat.

Soweit nicht die Amtshandlung eines Beamten der streitigen oder freiwilligen Gerichtsbarkeit in Frage steht, ist die nach Abs. 1 zulässige Verfolgung des Staates im Falle des Verlangens des dem Beamten vorgesetzten Ministeriums an die Vorentscheidung des Verwaltungs-

Im Königreich Sachsen ist bis jetzt eine gesetzliche Regelung nicht erfolgt. Doch wird dort in der Rechtsprechung — ROLG. 5, 214; 9, 20; 14, 1; SächsOLG. 2, 477; 6, 163, 537; 21, 416; RG. 55, 365 — ein Gewohnheitsrecht anerkannt, nach welchem der Staat und die Gemeinden neben dem schuldigen Beamten haften. Unmittelbare Haftung des Staates und der Kommunalverbände besteht im Herzogtum Braunschweig nach dem Gesetz vom 28. Juli 1910, des Staates im Großherzogtum Oldenburg nach dem Gesetze vom 22. Dezember 1908. Im Fürstentum Waldeck-Pyrmont gilt seit 1. Oktober 1909 das dem Preußischen entsprechende Gesetz vom 1. Oktober 1909. In allen diesen Staaten ist der Rückgriff auf den schuldigen Beamten gewahrt.

In Elsaß-Lothringen (§ 40 AG. in der Fassung des Art. 3 des Gesetzes vom 13. Februar 1905, vgl. Kisch, Elsaß-Lothringisches Landesprivatrecht §§ 59—61 S. 328ff.), im Großherzogtum Hessen (Art. 78 AG., vgl. Hessisches Landesprivatrecht von Gaup-Fuchs-Wolf § 48 S. 118ff.), in Sachsen-Weimar-Eisenach (§ 91 AG.) und im Fürstentum Schwarzburg-Sondershausen (Art. 19 AG.) haften Staat, Kommunalverband und Gemeinde nur als Bürgen. Hier ergibt sich der Rückgriff gegen den Beamten aus § 774 BGB.

Keine allgemeine Haftung des Staats usw. für den durch Beamte bei Regierungshandlungen zugefügten Schaden besteht im Herzogtum Anhalt (Art. 32 AG.), in den freien Hansestädten Bremen, Hamburg und Lübeck, im Fürstentum

gerichtshofs gebunden. Das Verlangen kann nur so lange gestellt werden, als in dem gerichtlichen Verfahren ein landgerichtliches Endurteil nicht verkündet ist.

Auf das Verfahren vor dem Verwaltungsgerichtshof findet das Gesetz vom 14. Juni 1884, die Verwaltungsrechtspflege betreffend, auf die Entscheidung Artikel 11 dem Gesetzes vom 24. Februar 1880, den Verwaltungsgerichtshof und das verwaltungsgerichtliche Verfahren betreffend, Anwendung.

Soweit der Staat in diesen Fällen den Beschädigten befriedigt, ebenso im Falle des § 12 der Grundbuchordnung, geht die Forderung auf den Staat über.

Die vorstehenden Bestimmungen finden auf die Haftung der Gemeinden und anderer Kommunalverbände entsprechende Anwendung.

Ausländern kann die Entschädigung verweigert werden, wenn nicht nachgewiesen ist, daß in dem Heimatstaate des Beschädigten eine der Vorschrift des Abs. 1 entsprechende Haftung Inländern gegenüber anerkannt wird.

Lippe und in den Großherzogtümern Mecklenburg-Schwerin und Mecklenburg-Strelitz (§ 49 AusfVO. und § 48 AusfVO.), im Herzogtum Sachsen-Meiningen und in den Fürstentümern Schaumburg-Lippe und Schwarzburg-Rudolstadt.

Die Erstreckung der Haftung auf Beamte, die aus den Gründen des § 827 BGB. persönlich nicht verantwortlich sind, entsprechend § 1 Abs. 2 des Reichsgesetzes, besteht in Preußen (Waldeck-Pyrmont), Bayern, Württemberg und Oldenburg. In Preußen (§ 2), Baden (Art. 5) und Hessen (Art. 77) ist die Vorentscheidung einer besonderen Behörde (§ 11 EG. GVG.) erforderlich. In allen Bundesstaaten, in welchen gesetzlicher Vorschrift gemäß eine Haftung der öffentlichen Korporationen besteht, ist solche gegenüber Ausländern, entsprechend dem § 7 des Reichsgesetzes, jedoch im einzelnen in verschiedener Fassung, von der Verbürgung der Gegenseitigkeit abhängig gemacht.

3. Beamte im Sinne dieser Bestimmungen sind im allmeinen alle dem Staate oder einer öffentlichen Korporation gegenüber in einem öffentlichen Dienstverhältnis stehenden Personen, nicht ein öffentlich bestellter Sachverständiger, JW. 1902, 334. In Ausübung der anvertrauten staatlichen, oder dem Kommunalverband delegierten, öffentlichen Gewalt erfolgen Schadenszufügungen bei der Rechtsprechung, bei der Vollstrekkung von Strafurteilen, Veranlagung und Erhebung öffentlicher Abgaben, Anordnungen zur Wahrung der öffentlichen Sicherheit und Ordnung, der Landesverteidigung, der Grenzüberwachung, des öffentlichen Gesundheitswesens.

Nicht hierher gehören Beschädigung beim Betrieb staatlicher Eisenbahnen, kommunaler Straßenbahnen, bei Errichtung oder Niederlegung öffentlicher Bauten, bei Abschluß und Erfüllung privatrechtlicher Verträge.

Schadenszufügung in Ausübung anvertrauter öffentlicher Gewalt wurde z. B. angenommen in RG. 54, 198 (Beschädigung bei militärischer Übung); JW. 1912, 638 (Zum Zwecke der Ausbildung der Truppe vorgenommene Sprengung bleibt militärische Übung auch dann, wenn sie auf Grund eines privatrechtlichen Vertrags vorgenommen ist. Nach Art. 77 EG. BGB., 202 Württ. AG. haftet, wenn den militärischen Leiter der Übung ein Verschulden trifft, nicht der Württembergische Staat, sondern der Reichsmilitärfiskus); JW. 1904, 86, RG. 62, 368 (richterliche Tätigkeit); JW. 1904, 285 Sp. 1 oben; SeuffA. 64, 8 (Lehrer); RG. 56, 220 (Gefängnisdirektor, Beaufsichtigung eines Sträflings auch bei gewerblicher Zwangsarbeit), RG. 55, 364 (städtischer Aufsichtsbeamter für Gaswerksbetrieb, Verrichtung der Wohlfahrtspolizei), RG. 52, 369 (Instandhaltung von Fluß und Badeanstalt durch Stadtgemeinde), RG. 56, 84 (Unterschlagung durch Gerichtsvollzieher), nicht dagegen in RG. 55, 171 (unvorsichtige Handhabung von Glühzündern unter Aufsicht eines Offiziers), ROLG. 5, 246 (Beschädigung durch eine von der Militärbehörde zu Übungs- und Verkehrszwecken errichtete Telephonleitung). In Ausübung öffentlicher Gewalt geschieht auch die Beglaubigung von Unterschriften durch den zuständigen Beamten. Erfolgt sie ohne die vorgeschriebene Verschaffung der Gewißheit von der Nämlichkeit, etwa nach Unterschrift durch eine vorgeschobene Person, so ist unter Umständen (§ 91 FGG., für Baden § 42 RPG., § 49 RPO., Art. 5 AG.) der Staat (Notar) oder die Gemeinde (Bürgermeister) haftbar, Recht 1911, 1939 = JW. 452; LG. Karlsruhe v. 31 Dez. 1910, J. S. Wörtz gegen Pforzheim.

Wegen der Haftung nach dem in Elsaß-Lothringen geltenden Recht vgl. insbesondere JW. 1904, 52; RG. 52, 369; JW. 1902 Beil. 279; RG. 56, 216. Das ehemalige Anwendungsgebiet des Art. 1384 C. c. betreffen RG. 54, 19; 56, 84; 57, 150; RG. 67, 141 (Gerichtsvollzieher) = LZ. 1908, 163; Recht 414, JW. 27. Wegen der Abgrenzung der Haftung nach § 31 BGB. und derjenigen nach Art. 77 EG. BGB. vgl. insbesondere RG. 55, 171; 52, 369.

Was insbesondere die Haftung des Staats für Schadenszufügungen (Unterschlagungen) durch Gerichtsvollzieher betrifft, so gilt nach der ausdrücklichen Vorschrift in Art. 60 Abs. 1 des Bayerischen Ausführungsgesetzes die Haftung des Staats unter Ausschluß der unmittelbaren Haftung des Gerichtsvollziehers auch dann, wenn nur eine Verletzung der Pflichten gegenüber dem Auftraggeber vorliegt. Die Rechtsgültigkeit dieser Bestimmung wurde angezweifelt in Hirths Ann. 1901, 5 ff., da insoweit der Gerichtsvollzieher nicht in Ausübung der ihm anvertrauten öffentlichen Gewalt handele, vgl. RG. VZS. 16, 396. In der Entscheidung vom 29. Oktober 1903 in einer elsaß-lothringischen Sache gelangte das Reichsgericht, RG. 56, 84, zur Verurteilung des beklagten Fiskus. In der Unterschlagung wurde die Verletzung einer Amtspflicht in Ausübung der anvertrauten öffentlichen Gewalt erblickt. Durch Gesetz vom 13. Februar 1905 wurde dem § 40 des Elsaß-Lothringischen AG. der Satz zugefügt: „Auf die Notare und Gerichtsvollzieher findet die Vorschrift des Abs. 1 nur insoweit Anwendung, als die Verrichtung, in deren Ausübung der Schaden verursacht wird, dem Notar oder Gerichtsvollzieher durch das Gericht übertragen worden ist.“ Entsprechend der in RG. 56, 84 niedergelegten Auffassung hat später in Ansehung des Gerichtsvollziehers das Oberlandesgericht Karlsruhe den Art. 5 des Badischen Ausführungsgesetzes ausgelegt. Das Reichsgericht hat hierzu (JW. 1908, 233) ausgesprochen, daß der hiernach irrevisibel festgestellte Inhalt des Art. 5 nicht gegen Art. 77 EG. BGB. verstoße. Danach steht nichts im Wege, daß das Landesrecht die, nach Vertragsgrundsätzen zu beurteilende, Haftung unter Befreiung des Beamten von den Ansprüchen des Dritten auf den Staat überträgt, sofern nur diese Haftung den von dem Beamten in Ausübung der ihm anvertrauten öffentlichen Gewalt zugefügten Schaden betrifft. „Um einen solchen Fall handelt es sich aber bei dem Gerichtsvollzieher, der bei der Ausführung einer Zwangsvollstreckung seine Amtspflichten zum Nachteile des Gläubigers verletzt.“ Zu den Ausführungen von Salman, JW. 1911, 78 und Pasch, JW. 1912, 657 ist also zu sagen: § 839 BGB. fügt zwar der Haftung aus Vertrag oder aus unerlaubten Handlungen allgemeiner Art im Sinne der §§ 823 ff. eine besondere Haftung hinzu, schränkt aber jene nicht ein, vgl. unten § 22; soweit aber eine Fahrlässigkeit des Gerichtsvollziehers nur deshalb vorliegt, weil er gegen eine im Interesse Dritter gegebene Dienstvorschrift also gegen eine ihm gegenüber Dritten obliegende Amtspflicht verstoßen hat, insoweit kann das Landesgesetz auf Grund des Art. 77 EG. BGB. die unmittelbare Haftung des Gerichtsvollziehers ausschließen, auch wenn jenes Verschulden zugleich eine Vertragsverletzung im Verhältnis zum Auftraggeber enthält. Vgl. unten § 22 Ziff. 8.

## § 6.

## „Eigener Schaden.“

(Mitwirkendes Verschulden.)

Der Schaden, den jemand an seinem eigenen Vermögen selbst verschuldet hat, ist und bleibt sein „eigener Schaden“. Er kann ihn nicht auf fremdes Vermögen abwälzen. Während ältere Rechte bei einem bloß mitwirkenden Verschulden des Be-

Phot. B. Fromherz.

**Tafel II.**

Gerichtlicher Augenschein vom 12. 12. 1910. Hengst g. Katzenberger.

schädigten je nach dessen Grad die Ersatzpflicht des Täters entweder ganz bejahten oder ganz verneinten, so das Gemeine Recht, das Sächs. BGB. (§ 688) und die überwiegende Praxis des Bad. Landrechts, sehen andere nach dem Vorgang des Preuß. ALR. I 6 §§ 18—21 eine dem richterlichen Ermessen Raum gebende Schadensverteilung zwischen dem Täter und dem gleichfalls schuldhaften Verletzten vor. So das Schweiz. Obl. Recht § 51, das Österreichische GB. § 1304 und die Praxis des Franz. Zivilrechts. Ihnen folgt das BGB., wenn es in § 254 bestimmt:

Hat bei der Entstehung des Schadens ein Verschulden des Beschädigten mitgewirkt, so hängt die Verpflichtung zum Ersatze sowie der Umfang des zu leistenden Ersatzes von den Umständen, insbesondere davon ab, inwieweit der Schaden vorwiegend von dem einen oder anderen Teile verursacht worden ist.

1. Das hier vorausgesetzte Verhalten des Beschädigten, sei es ein Tun oder Unterlassen, muß nicht nur ein verursachendes, sondern ein schuldhaftes gewesen sein, RG. 54, 407. Es wird ein Verschulden des Beschädigten im echten Sinne, im Sinne der Außerachtlassung der im Verkehr erforderlichen Sorgfalt, erfordert, vgl. §§ 2a, 3d a. E. Wer schuldlos auf der Straße stürzt und deshalb schuldhaft überfahren wird, braucht keinen Abzug nach § 254 zu dulden. Eine andere Frage ist die, ob wirklich ein Verschulden des Überfahrenden vorliegt und ob dessen Verhalten im gegebenen Falle ursächlich war (Rümelin S. 317). Verschulden des Beschädigten kann den adäquaten Zusammenhang aufheben, dann findet § 254 keine Anwendung, weil eine Haftpflicht ohnedies nicht besteht. Das Verschulden des Beschädigten braucht sich nicht auf den ihn selbst treffenden schädlichen Erfolg erstrecken, es genügt z. B. daß der Dieb, der von dem Bestohlenen fahrlässig verletzt wird, durch das Unternehmen des Diebstahls den haftungsbegründenden Vorgang, den Eingriff in sein eigenes Rechtsgebiet, verschuldet hat.

Es handelt sich freilich nicht um ein Verschulden in gewöhnlichem Sinne, gegenüber einem anderen, sondern um Verschulden in eigener Angelegenheit, d. h. um eine Außerachtlassung derjenigen Aufmerksamkeit und Sorgfalt, die nach Lage der Sache zur Wahrnehmung der eigenen Angelegenheit geboten war. RG. in Warn. 08, 495 und 606. Zu berücksichtigen ist jeder Grad von Verschulden im Sinne des § 276 BGB. Immerhin ist bei der Beurteilung von dem Standpunkt und der Lage des Beschädigten auszugehen und nicht darauf abzustellen, was sich hinterher bei kühler Überlegung der

Sachlage als das Richtige ergibt, RG. in Warn. 09, 7. Mitwirkendes Verschulden wird in der Rechtsprechung regelmäßig angenommen bei dem im Ringkampfe oder im Zweikampfe (unten § 12 d) Verletzten. Erheblicheres Verschulden liegt bei demjenigen vor, der die Regeln des Kampfes verletzt hat. Dementsprechend bemißt sich auch der Bruchteil des Ersatzanspruchs Hinterbliebener im Falle des § 844 BGB. Unter Umständen liegt ein mitwirkendes Verschulden auch dann vor, wenn die den Schaden verursachende Tätigkeit beider Teile zeitlich nicht zusammenfällt, RG. 69, 57, oder wenn der Beschädigte nachträglich eine Besserung seines Zustandes schuldhaft verhindert, RG. 68, 352.

Der Beschädigte muß zurechnungsfähig im Sinne der §§ 827, 828 BGB. gewesen sein (SeuffA. 66, 227). Ein mitwirkendes Verschulden von Kindern unter 7 Jahren kann überhaupt nicht in Betracht kommen, RG. 54, 404, 407. Ein Jugendlicher zwischen 7 und 18 Jahren muß die zur Erkenntnis der Gefährlichkeit seines Tuns erforderliche Einsicht gehabt haben. RG. 59, 221; Warn. 08, 314, 579; 10, 19; DJZ. 1911, 1217. Hat jemand sich in Trunkenheit versetzt und in diesem Zustande z. B. eine gefährliche Treppe benützt, so liegt Mitverschulden im Sinne des Gesetzes vor; doch muß ein Wirt bei der Vorsorge für verkehrssichere Gasträume auch mit unachtsamen, hastigen und angetrunkenen Gästen rechnen; JW. 08, 522; 12, 794.

2. Das Anwendungsgebiet des § 254 BGB. ist keineswegs beschränkt auf die Ersatzpflicht aus unerlaubten Handlungen oder sonstigen Schuldverbindlichkeiten nach BGB. Die Vorschrift enthält einen für das Haftpflichtrecht überhaupt geltenden Grundsatz. Zunächst ist auf seiten des Ersatzpflichtigen überhaupt nicht erforderlich, daß er den Schaden durch ein schuldhaftes Verhalten verursacht hat. Auch demjenigen ist der Einwand aus § 254 gestattet, der selbst nur aus einer übernommenen Garantie oder aus Versicherung — vorbehaltlich der nach § 276 Abs. 2, 278 Satz 2 zulässigen Vereinbarung — haftet, Kommentar von Reichsgerichtsräten Anm. 2. Im Gebiete der Haftpflicht innerhalb und außerhalb bestehender Schuldverhältnisse regelt der in § 254 ausgesprochene Grundsatz da, wo sowohl in der Person des Ersatzpflichtigen als des Beschädigten, neben der teilweisen Verursachung, irgend ein Haftungsgrund vorliegt, die Schadensverteilung überhaupt. So bei der Haftung des Tierhalters, RG. 67, 120, für Wildschaden,

RG. 52, 349, für Hilfspersonen nach § 278 BGB., RA. 56, 155 und aus dem HaftpflG.: RG. 53, 75, 394; 62, 350; 63, 332; JW. 1903, 10; Gruchots Beitr. 47, 906 ff. Letzteres auch da, wo die Ursächlichkeit der allgemeinen Gefährlichkeit des Betriebs einerseits und das eigene Verschulden des Beschädigten andererseits gegeneinander abgewogen werden müssen, RG. 56, 155; 67, 120; 69, 57.

3. Vorwiegende Verursachung ist der im Gesetz als Beispiel hervorgehobene und deshalb bei der Schadensverteilung hauptsächlich zu berücksichtigende Umstand. Daneben kommt es aber auch auf die anderen Umstände des Falles an und unter diesen steht in erster Reihe der Grad des Verschuldens. RG. 68, 422; 69, 57.

Die Frage ob ein Schaden vorwiegend von dem einen oder anderen Teile verursacht worden sei, ist objektiv im Sinne der adäquaten Verursachung, vom Standpunkt objektiv nachträglicher Prognose, zu lösen. Es handelt sich um Abwägung der Wahrscheinlichkeiten des schadenbringenden Erfolgs bei Unterstellung des Wegfalls des jeweiligen schuldhaften oder sonst die Haftung begründenden Verhaltens des anderen Teils. Die Bestimmung in § 254 ist ein Ausfluß des im BGB. wenigstens unausgesprochen enthaltenen Grundsatzes der adäquaten Verursachung. Vgl. K u h l e n b e c k in S t a u d i n g e r BGB. II § 254 Anm. 2; R ü m e l i n a. a. O. S. 333.

Die „vorwiegende Verursachung" setzt eine Vergleichung voraus, in welchem Maße die beiderseitige Handlungsweise, das beiderseitige haftungsbegründende Verhalten, „zu dem Erfolge beigetragen hat". RG. 54, 13. Zu vergleichen sind die Grade der objektiven Wahrscheinlichkeit oder Möglichkeit (v. K r i e s). Da, wo nicht Verschulden den Haftungsgrund bildet, ist die objektive Gefährlichkeit z. B. der Tierhaltung, des Eisenbahnbetriebs, des fahrenden Kraftwagens, die bei der Übernahme einer Versicherung in Frage stehende Gefahr (das Risiko) oder die im gegebenen Falle mit der Tierhaltung, dem Bahnbetrieb, dem Fahren mit dem Kraftfahrzeug, der Versicherungsübernahme verbundene objektive Wahrscheinlichkeit des Eintritts eines Schadens der betreffenden Art maßgebend und in Vergleich zu setzen mit der objektiven Gefährlichkeit des Verhaltens des anderen Teils, sei es, daß er aus Verschulden oder selbst nur als bloßer Gefährdung haftet. Wird die Haftpflicht auf Gefährdung (§ 1 HaftpflG.) gestützt und mitwirkendes Verschulden (durch unvorsichtiges Überschreiten der Gleise) eingewendet, so kann für die Schadensverteilung ein Verschulden z. B. der Bahnverwaltung (§§ 823, 31, 89 BGB.) ins Gewicht fallen. JW. 10, 37.

Im einzelnen Falle kann das Verschulden und die objektive Gefährlichkeit des Verhaltens des Beschädigten (oder des Haftpflichtigen) derart gering sein, daß es im Vergleiche zu demjenigen des Haftpflichtigen (oder des Beschädigten) den Eintritt des schädlichen Erfolgs in nur ganz geringfügigem Maße begünstigt hat. Dann ist der Schaden voll (oder überhaupt nicht) zu ersetzen. Vgl. JW. 06, 54. Auch gegenüber vorsätzlichen Schadenszufügungen kann ein auf Fahrlässigkeit beruhendes Verschulden des Beschädigten beachtet werden, insbesondere auch gegenüber der Klage aus § 826 BGB.: Recht 1912, 3175 = LZ. 912. Freilich wird in der Regel die Abwägung der Fahrlässigkeit gegenüber dem Vorsatz zu dem Ergebnisse führen, daß wegen der ersteren eine Minderung der Ersatzpflicht des Schädigers nicht auszusprechen ist, RG. 69, 277; 76, 313; SeuffA. 67, 196. Bei gleichem Maße objektiver Gefährlichkeit des beiderseitigen haftbar machenden Verhaltens hätte der Ersatzpflichtige die Hälfte des Schadens zu ersetzen. Die überwiegende Zahl der zur Entscheidung der Gerichte gelangenden Fälle ist so gelagert, daß die ursächliche Mitwirkung des einen Teils diejenige des anderen überwiegt, ohne daß diese als zu geringfügig überhaupt außer acht zu lassen wäre. Hier handelt es sich um eine Vergleichung der verschiedenen Wahrscheinlichkeitsgrade. Zu fragen ist, eine wie hohe Wahrscheinlichlichkeit eines schädlichen Erfolgs der betreffenden Art das haftbar machende Verhalten des einen Teils an sich, d. h. unter Absehen (Abstraktion) von dem Verschulden oder sonst haftbar machenden Verhalten des anderen Teils, aber unter sonst gleichen Umständen, mit sich brachte.

Dieses ist die Grundlage, auf welcher die nach § 254 BGB. nun einmal erforderliche zahlenmäßige Feststellung (JW. 04, 448) getroffen werden kann (v. Kries S. 194). Der Beklagte, welcher vor dem Hauptausgang des Hotels einen Graben unverwahrt ließ, setzte damit die Gefahr, daß bei dem an der Stelle befindlichen Verkehr durch Sturz an dem Graben oder in denselben ein Unfall entstehe. Nach den näheren besonderen Umständen des Falles konnte man zu dem Urteil berechtigt sein, daß nach den Erfahrungen des Lebens unter 100 Fällen eines gleichartigen Verstoßes (§ 367[12] StGB.) in 60 Fällen ein derartiger Schaden eintritt. Der Kläger, welcher in augenblicklicher Unachtsamkeit aus dem Hause heraustrat, lief Gefahr, durch irgendein Hindernis, Unebenheit des Bodens, Herankommen oder Immwegstehen einer Person oder eines Gegenstandes oder auch einen offenen Graben und dergleichen, durch Anstoßen oder Sturz zu Schaden zu kommen. Diese, erheblich geringere, Gefahr kann nach den übrigen gegebenen wesentlichen Umständen des Falles derart zu veranschlagen sein, daß in 30 von 100 Fällen durch eine Unachtsamkeit dieser Art ein derartiger Schaden eintritt. Es verhielte sich dann im gegebenen Falle die objektive Wahrscheinlichkeit des Schadenseintrittes nach dem beiderseitigen Verschulden wie 60 zu 30 oder wie 2 zu 1. Eine derartige Betrachtungsweise muß der Entscheidung zugrunde gelegt werden, wonach gemäß § 254 BGB. dem Beklagten $^2/_3$ des Schadens auferlegt wurden, JW. 04, 448.

Die Nichtbeleuchtung des Ganges einer öffentlichen Wirtschaft, von welcher zudem seitlich eine Kellertreppe abwärts führt, bringt die Gefahr eines Sturzes von Personen mit sich, sei es, daß jemand, ohne daß die Kellertreppe überhaupt in Betracht kommt, in dem Gang an einen im Weg stehenden Gegenstand anstößt oder gegen eine entgegenkommende Person anrennt, oder daß jemand beim Ausweichen nach der Kellertreppe gedrängt wird oder, nachdem ein vorsichtigerweise angestecktes Streichholz zu früh erloschen, die Kellertreppe für einen ebenen Gang hält, oder daß er dort hinabstürzt, nachdem er den Gang im Vertrauen auf seine Ungefährlichkeit überhaupt ohne Licht betreten hat. Unter Umständen wird das Wahrscheinlichkeitsurteil berechtigt sein, daß von 100 Fällen, wo ein Gang einer öffentlichen Wirtschaft, von dem überdies eine Treppe seitlich bergab führt, nachts unbeleuchtet gelassen wird, in 40 Fällen ein Unfall der gegebenen Art eintrete. Andererseits könnte nach den Umständen des Falles die Wahrscheinlichkeit, daß derjenige, der einen ihm unbekannten dunkeln Gang einer öffentlichen Wirtschaft betritt, ohne für das mit Leichtigkeit zu beschaffende Licht zu sorgen, durch „irgendwelche von ihm nicht vorhergesehene Beschaffenheit des Ganges" Schaden leide, auf 20 vom Hundert zu bemessen sein. Auch hier ergäbe dann die Vergleichung der objektiven Wahrscheinlichkeiten die Verurteilung des beklagten Wirts zum Ersatz von $^2/_3$ des Schadens, JW. 05, 44.

Die Schwierigkeit und Unsicherheit der Abschätzung des jeweiligen Wahrscheinlichkeitsgrades oder der Gefahr liegt in der Art der vorzunehmenden Generalisierung des gegebenen

Falles. Man wird bei dem ersten Beispiel bei der Bemessung der mit dem Offenlassen eines Grabens vor dem Ausgang einer Wirtschaft verbundenen Gefahr, wenn der Unfall am hellen Tag vorkam, nicht auch die Möglichkeit in Betracht ziehen dürfen, daß der Graben auch des Nachts offen sei. Dadurch würde zweifellos die Gefahr und die Wahrscheinlichkeit des Schadenseintritts bedeutend erhöht. Man würde sich aber bei Berücksichtigung einer derartigen Möglichkeit von den Umständen des Falles zu weit entfernen. Ebensowenig wird man bei der Bewertung der mit dem unachtsamen Verlassen des Hotels verbundenen Gefahr, wenn der Unfall sich im Sommer ereignet hat, in dem erwähnten Beispiele die Möglichkeit in Betracht ziehen dürfen, daß vor dem Hause sich Glatteis befand. Es wird also darauf ankommen, die durch das in Frage stehende Verschulden geschaffene typische Gefahr zu erfassen und zu schätzen, unter Festhaltung der übrigen wesentlichen Umstände des Falles, welche die Gefahr beeinflußt haben, eine gedachte Änderung (Generalisierung) der Gestaltung und des Verlaufs im übrigen nach Maßgabe der Erfahrung des Lebens nur insoweit vorzunehmen, daß die hiernach sich ergebenden Möglichkeiten sich noch als eine Verwirklichung der im gegebenen Falle vorgelegenen typischen Gefahr darstellen oder — was im Grunde genommen nur eine andere Ausdrucksweise sein dürfte — als der gedachte schädliche Erfolg noch in der Richtung der gesetzten typischen Gefahr liegt (vgl. v. Kries S. 220, 224).

Häufig kann in solchen Fällen, in welchen eine zahlenmäßige Abschätzung der durch das Verschulden der einzelnen Beteiligten an sich gesetzten Gefahr unsicher und schwierig erscheint, wenigstens das Verhältnis dieser Wahrscheinlichkeitsgrößen mit einiger Sicherheit geschätzt werden. In den Beispielen ist nur von der durch Verschulden gesetzten Gefahr die Rede. Wo Gefährdungshaftung oder das übernommene Risiko in Betracht kommt, gilt von der Bemessung der Gefahren und ihrer Vergleichung dasselbe. Naturgemäß fällt, wo es sich nur um Verschulden handelt, bei dieser Abwägung der verschiedenen Wahrscheinlichkeitsgrade, da die Grade des Verschuldens und der objektiven Wahrscheinlichkeit des Schadens gedankenmäßig zueinander in Wechselwirkung stehen, die Frage nach dem Grad des Verschuldens stark ins Gewicht. Hinzukommt, daß die Schwere des beiderseitigen Verschuldens zweifellos unter die sonstigen, nach § 254 BGB. zu berücksichtigenden Umstände fällt; JW. 1912, 138.

Ist hiernach ein Absehen von dem ethischen Gesichtspunkt, einer Abwägung der verschiedenen Schwere des Verschuldens nicht möglich und, da eben „die Umstände" für maßgebend erklärt sind, vom Gesetz auch keineswegs gewollt, so befreit das doch nicht von der in erster Reihe gebotenen Feststellung der „vorwiegenden Verursachung" und für diese Feststellung liefert die Betrachtung im Sinne der adäquaten Verursachung vom Standpunkt objektiv nachträglicher Prognose und die Vergleichung der objektiven Möglichkeiten oder Wahrscheinlichkeiten in der Praxis die brauchbarsten Ergebnisse.

4. Abs. 2 des § 254 BGB. setzt nicht die Verletzung einer besonderen Rechtspflicht voraus. Er erkennt die Verpflichtung an, selbst bei schuldhaftem Verhalten eines Dritten seinerseits das Erforderliche zu tun, um den Schaden abzuwenden oder zu mindern, wenigstens, einen ungewöhnlich hohen Schaden zu verhüten. Es genügt die Mißbilligung vom eigenen Interessenstandpunkt (Rümelin S. 334). Für das Maß der aufzuwendenden Sorgfalt ist die Verkehrssitte, die Auffassung des Lebens maßgebend, RG. 52, 351. Auch die Warnung und Aufklärung im Sinne des Abs. 2 ist keine Rechtspflicht. Auch sonstige Unterlassungen können genügen; so die Unterlassung der Ausübung eines Rechts, z. B. des Rechtes des Mieters aus §§ 544, 538 Abs. 3 BGB.; Recht 1912, 3050. Die Fahrlässigkeit kann auch in schuldhaftem Nichterkennen einer Gefahr, eines zu gewärtigenden Schadens bestehen. Um den Schaden zu mindern, muß der an der Gesundheit Beschädigte auch die von der ärztlichen Wissenschaft zur Herstellung oder Besserung dargebotenen Mittel anwenden. Er muß sich unter Umständen einer ärztlichen Behandlung in einer Nervenheilanstalt unterziehen; JW. 1905, 201 = RG. 60, 147. Ein mitwirkendes Verschulden im Sinne des § 254 Abs. 2 kann auch in der Ablehnung einer Operation liegen. Dabei ist der Maßstab eines vernünftigen Menschen anzulegen, welcher unter Berücksichtigung des fortgeschrittenen Standes der ärztlichen Kunst, wenn es gilt, ein erhebliches Übel zu beseitigen, und wenn nach der Auskunft des Arztes eine Operation ohne besondere Schmerzhaftigkeit und mit geringer Gefahr oder voraussichtlichem Erfolg durchzuführen ist, die Einwilligung nicht verweigern wird; SeuffArch. 46, 189 I und II; 50, 166; EisenbE. IV, 145; VIII, 197; Endemann, Rechtswirkungen der Ablehnung einer Operation, 1893; Arnold, Der Einfluß der Ablehnung einer Operation, 1899; Kuhlen-

beck in JW. 1897, 521 ff., 526; RG. in Recht 1912, 185 = JW. 136; ROLG. 24, 281; Zitelmann, ArchZPr. 99, 1.

Die Weigerung, Ausbesserungsarbeiten durch den Beschädiger eines Grundstücks zu gestatten, enthält dann kein Mitverschulden, wenn Verdunkelungsgefahr wegen des künftigen Beweises besteht und große Beträge in Frage kommen, Recht 1912, 3049.

5. Im Zusammenhang damit steht die streitige Frage — vgl. RG. 62, 106 mit RG. 62, 346; 72, 219; 75, 257 —, inwieweit der Beschädigte sich auch das Verschulden des gesetzlichen Vertreters oder der Hilfspersonen anrechnen lassen muß (§ 254 Abs. 2 letzter Satz). Unzutreffend ist es, dem Beschädigten eine Verantwortung für Dritte etwa nur im Rahmen des § 831 BGB. aufzuerlegen. Die entsprechende Anwendung des § 278 BGB. ist in § 254 vorgeschrieben. Und § 254 gilt allgemein für Schadenszufügungen durch unerlaubte Handlungen wie durch Verschulden bei Erfüllung von Verbindlichkeiten, RG. 54, 410; 55, 316, 331; 56, 155; 59, 305; 62, 106 ff. und 346 ff. Mit RG. 62, 106; 75, 258; JW. 1911, 211 wird der Schlußsatz des Abs. 2 des § 254 nicht nur auf Abs. 2, sondern auch auf Abs. 1 zu beziehen sein. Denn Abs. 2 enthält, wie der Zusammenhang der Stelle ergibt, nur eine besondere Anwendung des in Abs. 1 ausgesprochenen Grundsatzes von allgemeiner Bedeutung. Das ergibt sich auch aus der engen Verknüpfung beider Absätze („Dies gilt auch dann") und mit Recht ist darauf hingewiesen worden — Grünebaum, Recht 1908, 99 und in Poseners Rechtslexikon unter „Verschulden" —, daß das Verschulden aus Abs. 2 sogar eher als das minder schwere wie das in Abs. 1 behandelte erscheint. Das ergibt die Fassung, wonach das im Abs. 1 Gesagte auch dann gilt, „wenn sich das Verschulden darauf beschränkt". Ein innerer Grund ist nicht vorhanden, im Falle des Abs. 1 bei Schadenszufügung durch unerlaubte Handlung den Beschädigten nicht oder in geringerem Maße für Hilfspersonen haften zu lassen als nach Abs. 2.

Freilich spricht § 278 außer von gesetzlichen Vertretern von Personen, deren sich der Schuldner zur Erfüllung seiner Verbindlichkeit bedient. Aber § 254 schreibt eben nur die entsprechende Anwendung des § 278 vor. Es handelt sich darum, richtig zu deuten, was unter solcher entsprechender Anwendung des § 278 zu verstehen ist. Und da § 254 BGB. unstreitig auch für Schadenszufügungen durch unerlaubte Handlungen gilt, also für Fälle, wo der Schädiger nicht in der Erfüllung einer Verbindlichkeit begriffen ist, wird es sich um Feststellung derjenigen Beziehung handeln, welche in solchen Fällen der Erfüllung einer bestehenden Verbindlichkeit entspricht. Nun besteht eine Verbindlichkeit im Rechtssinne auf seiten des Beschädigten ebensowenig in den Fällen des Abs. 2 wie bei Abs. 1. Es wird lediglich der Anspruch des Beschädigten einer Änderung unterworfen, wenn er sich in gewisser Weise verhalten hat. Es ist auch nicht ersichtlich, wie das Drohen eines Schadens als solches schon eine Verbindlichkeit des möglicherweise demnächst Geschädigten erzeugen könnte, vgl. RG. 62, 350. Trotzdem ist ein einer rechtlichen Verbindlichkeit entsprechendes Verhältnis sowohl im Falle des Abs. 2 wie im Falle des Abs. 1 des § 254 gegeben. Wie Abs. 2 dem Beschädigten zumutet, daß er einen drohenden Schaden von sich selbst abwende, einen bereits entstandenen mindere, soweit an ihm liegt, so verlangt Abs. 1 von ihm bei Vermeidung derselben Folgen, allgemein selbst sorgfältig zu handeln, um sich nicht selbst Schaden zuzufügen. Gewiß ist dies keine Verbindlichkeit im Rechtssinne, es ist aber insofern eine vom Gesetzgeber aufgestellte Verpflichtung, als an die Zuwiderhandlung oder Unterlassung zwar nicht eine Ersatzpflicht, aber die Minderung oder Versagung des eigenen Schadensersatzanspruchs geknüpft wird. In Ansehung dieser Verpflichtung ist eine entsprechende Anwendung der in § 278 vorgesehenen Haftung für Hilfspersonen sehr wohl möglich und durchaus sachgemäß.

Der sechste Zivilsenat des Reichsgerichts (RG. 62, 348; LZ. 1912, 226; Recht 1911, 2819; 12, 1886, 1900, 1955, 1956—58; JW. 11, 944; 12, 138; SeuffA. 67, 125) sieht die in § 254 Abs. 2 Satz 2 vorgesehene entsprechende Anwendung des § 278 entweder darin, daß auf seiten des Beschädigten und Ersatzberechtigten eine zu erfüllende Verpflichtung vorliege, oder darin, daß überall da, wo für den Schädiger und Ersatzpflichtigen eine zu erfüllende Verbindlichkeit vorlag, also § 278 anzuwenden sein würde, für das mitwirkende Verschulden auf seiten des Beschädigten in gleicher Weise die Haftung für Hilfspersonen einzutreten habe. Hätte das Gesetz mit der vorgesehenen entsprechenden Anwendung so seltsame und zugleich so verschiedenartige Fälle im Auge, so wäre es freilich sehr unklar. Wer aber bei Erfüllung einer wirklichen Verbindlichkeit durch seine eigenen Hilfspersonen selbst Schaden zugefügt erhält, hat diesen Schaden, im Verhältnis zu Dritten, natürlich selbst zu tragen. Sollte es einer gesetzlichen Bestimmung bedürfen, daß solcher Schaden nicht auf den Vertragsgegner oder denjenigen, demgegenüber eine Verbindlichkeit erfüllt werden soll, abgewälzt werde? Und ebensowenig wird ein Bedürfnis bestehen, durch eine besondere gesetzliche Bestimmung hervorzuheben, daß der Beschädigte, wenn und insoweit ihm gegenüber eine Verbindlichkeit erfüllt wird, den Schaden zu tragen habe, welcher ihm dabei durch seine eigenen Hilfspersonen zugefügt wird.

Indem der sechste Senat des Reichsgerichts (RG. 62, 350; JW. 12, 138) auch bei Schadenszufügung durch unerlaubte Handlung die entsprechende Anwendbarkeit des § 278 für den Fall anerkennt, daß es sich um die Abwendung eines drohenden oder die Minderung eines bereits gesetzten Schadens handelt, außerdem aber (RG. 75, 258) sich genötigt sieht, einzuräumen, daß der Schlußsatz des Abs. 2 des § 254 nicht auf die in Abs. 2 genannten Fälle beschränkt, sondern auch auf den Tatbestand des Abs. 1 anwendbar ist, gerät er in den Widerspruch, die Haftung für Hilfspersonen in Ansehung eines Verschuldens bei Erfüllung der nicht rechtlichen Verbindlichkeiten im Sinne des Abs. 2 zu bejahen, im Falle des Abs. 1 aber die Erfüllung einer wirklichen rechtlichen Verbindlichkeit zu verlangen und die Haftung für das viel schwerere Verschulden, wodurch die Hilfsperson unmittelbar dem Herrn Schaden verursacht, abzulehnen.

Mit Unrecht scheint mir auch der sechste Senat, der die Frage auch in RG. 77, 212 als eine „sehr streitige" bezeichnet, von einer weitergehenden entsprechenden Anwendung des § 278 eine auffallende Rechtsungleichheit zuungunsten des Beschädigten zu befürchten, indem er gegenüberstellt: „Während auf der Seite des *Schädigers* für das Gebiet der unerlaubten Handlungen der Vertretene und Geschäftsherr für ein Verschulden seines gesetzlichen Vertreters — von der auf besonderen gesetzgeberischen Gedanken beruhenden Haftung der juristischen Personen für die unerlaubten Handlungen ihrer verfassungsmäßig berufenen Vertreter nach §§ 31, 89 BGB. abgesehen — gar nicht, für die Handlungen und Unterlassungen von Hilfspersonen nur in den Grenzen des § 831 BGB. einzustehen habe, würde der *Beschädigte* bei einer solchen Anwendung des § 278 BGB. im Bereiche der unerlaubten Handlungen für die Versehen aller dieser Personen *unbedingt* einzutreten haben." Daß für unerlaubte Handlungen gesetzlicher Vertreter und für den von

Angestellten einem anderen widerrechtlich zugefügten Schaden nur in dem beschränkten Umfange der §§ 31, 89, 831 BGB. gehaftet wird, ist ein Ausfluß des grundsätzlich maßgebenden Verschuldungsprinzips. Andererseits entspricht es durchaus der Billigkeit und einem gesunden Rechtsgefühl (casus sentit dominus), in gewissem Umfange auch einer berechtigten Vermutung eigenen Verschuldens, wenn der Beschädigte den Schaden, der durch Verschulden seines gesetzlichen Vertreters oder seiner, mit der betreffenden Angelegenheit betrauten, Hilfspersonen ihm selbst zugefügt wird, auch selbst zu tragen hat und nicht auf einen Dritten abwälzen darf.

Freilich könnte man eine entsprechende Anwendung des § 278 BGB. schon darin erblicken, daß der Gläubiger, auch wenn er bei der Erfüllung nicht mitzuwirken hat, den Schaden auf sich zu nehmen habe, welchen ihm bei der Erfüllung einer Verbindlichkeit durch den Schuldner seine Hilfspersonen zufügen. Aber dann würde sich der Gläubiger dieser Personen geradesowenig zur Erfüllung einer Verbindlichkeit bedienen, wie der durch eine unerlaubte Handlung Beschädigte. Um die, aus seiner Auffassung folgende, ungleich günstige Behandlung des Beschädigten auszugleichen, gelangt nunmehr der sechste Senat, JW. 1911, 806, 944; DJZ. 1275, zu einer entsprechenden Anwendung des § 831 BGB. auf den Beschädigten. Sie liege näher als die des § 278; denn in § 831 handle es sich zugleich um eigenes Verschulden, das in der mangelhaften Auswahl der bestellten Person liege. Daraus, daß in § 254 nur § 278, nicht auch § 831 BGB. für „entsprechend anwendbar" erklärt sei, lasse sich nicht folgern, daß der Gesetzgeber die entsprechende Anwendbarkeit des § 831 habe ausschließen wollen. Soweit es sich um Haftung für eigenes Verschulden handelt, — und darum allein handelt es sich in § 831 — versteht sich seine Anwendbarkeit gegen den Beschädigten von selbst, vorausgesetzt, daß dieses Verschulden den Schaden mitverursacht hat. Das würde gegenüber dem Beschädigten, der insoweit Ersatz verlangt, mittels exceptio doli geltend gemacht. Wenigstens von einer entsprechenden Anwendung des § 831 BGB. könnte in solchem Falle keine Rede sein. Das Gesetz hätte dann etwa sagen können: „Bei Schadenszufügung durch unerlaubte Handlung findet § 831 auf den Beschädigten Anwendung" und zum Unterschied davon vorschreiben müssen, daß bei der Schadenszufügung bei Erfüllung einer Verbindlichkeit § 278 entsprechende Anwendung finde. Das Gesetz brauchte aber die Anwendbarkeit oder die entsprechende Anwendbarkeit des § 831 mit seiner leichten Entlastungsmöglichkeit nicht vorschreiben, weil es unterschiedslos — für den Fall der Beschädigung bei Erfüllung einer Verbindlichkeit und durch unerlaubte Handlung — die weitergehende entsprechende Anwendung des § 278 BGB. gewollt und vorgeschrieben hat. Niemand zweifelt an seiner Anwendbarkeit, wenn sich das Verschulden auf die Verpflichtung zur Minderung oder Abwendung des Schadens (§ 254 Abs. 2) erstreckt. Um so mehr ist § 278 anzuwenden, wenn sich solches Verschulden auf die Entstehung des Schadens selbst bezieht.

Aus diesen Gründen muß der Auffassung des siebten Zivilsenats des Reichsgerichts, RG. 62, 106, wonach die Vorschrift des § 278 im Gebiet der unerlaubten Handlungen auch auf ein Verschulden im Sinne des § 254 Abs. 1 BGB. entsprechend anzuwenden ist, beigepflichtet werden. So Planck BGB. (3) § 254 Anm. 5; Leyden, Culpakompensation S. 80; Hinze, JW. 1908, 230; (Grünebaum a. a. O.[1])

[1]) Nach dem Preußischen Gesetz vom 3. November 1838 braucht sich bei der Anforderung des Sachschadens von dem Eisenbahnbetriebsnehmer der Beschädigte freilich überhaupt kein Verschulden des Angestellten anrechnen zu lassen (JW. 1911, 944) nach § 25 dieses Gesetzes, das von dem Ort und dem Rechtsgebiet, in welchem der Unfall geschehen ist, nicht abhängig sein durfte und aus sich selbst ausgelegt werden muß, kommt lediglich ein eigenes Verschulden des Beschädigten in Betracht, ROLG. 25, 37. Den Erwägungen des Textes entspricht es aber, wenn z. B. in Braunschweig durch Gesetz vom 28. März 1904 in den §§ 28 Abs. 1 AG. BGB. (Haftung des Eisenbahnunternehmers für Sachschaden) und 29 Abs. 1 AG. BGB. (Haftung des Unternehmers, dem ein dem öffentlichen Gebrauch dienendes Grundstück überlassen ist) der Einschränkung: „sofern nicht der Schaden durch höhere Gewalt oder eigenes Verschulden des Beschädigten entstanden ist," jeweils die Erläuterung beigefügt wurde:

„Das Verschulden eines Dritten steht dem eigenen Verschulden des Beschädigten gleich, wenn der Dritte zur Zeit der Beschädigung die tatsächliche Gewalt über die Sache für den Beschädigten in dessen Haushalt oder Erwerbsgeschäft oder in einem ähnlichen Verhältnisse ausübt, vermöge dessen er den sich auf die Sache beziehenden Weisungen des Beschädigten Folge zu leisten hat (Besitzdiener).

Alle, die es angeht, haben sich hiernach zu richten!"

Ähnliche Bestimmungen gelten in Reuß jüngere Linie nach § 49 Abs. 2 AG., Sachsen-Meiningen nach Art. 12 § 1 Abs. 2 AG., Sachsen-Weimar-Eisenach gemäß § 90 AG. sowie in Württemberg nach Art. 1 des Gesetzes betr. die Haftung für Sachschäden bei dem Eisenbahnbetrieb, vom 4. Juni 1903. Vgl. RG. 63, 270 (Preußen); Recht 1909, 615. Nirgends ist hier dem Beschädigten in Ansehung von Hilfspersonen ein Entlastungsbeweis nach § 831 BGB. gegeben. M. L. Müller (die Bedeutung des Kausal-

Dagegen dürfte eine entsprechende Anwendung des § 829 BGB. auf die Fälle des § 254, wegen des Ausnahmecharakters der erstgenannten Vorschrift nicht angängig sein, vgl. RGRKomm. Anm. 6 mit Rümelin S. 316; unten § 6 a. E.

Ebensowenig, wie der Haftpflichtige dem Beschädigten den Vorteil aus einer von diesem genommenen Versicherung anzu-

zusammenhangs 1912 S. 118, will auf Grund seiner Theorie unterscheiden, indem er den Beschädigten für ein Verschulden des gesetzlichen Vertreters und der Personen, deren er sich zu dem Zwecke, in dessen Störung der Schaden besteht, bedient, nach § 278, für ein Verschulden der von ihm zu anderen Verrichtungen bestellten Personen aber nach § 831 BGB. haften lassen will. Beispiel: 1. D (Dritter) überfährt schuldhaft ein Schaf des B (Beschädigten), welches durch Verschulden des von B angestellten Schäfers H (Hilfsperson) allein auf die Straße gelangt war. Hier habe B das Verschulden des H in entsprechender Anwendung des § 278 zu vertreten. 2. D läßt schuldhaft ein Schaf des B auf die Straße, wo es von dem Kutscher H des B schuldhaft überfahren wird. Hier habe B das Verschulden des H nur gemäß § 831 zu vertreten, so daß ihm der Entlastungsbeweis zustehe. Diese Unterscheidung dürfte dem Gesetz nicht entsprechen: Beispiel 3. Ein Malermeister läßt im eigenen Haus anstreichen. Sein 14jähriger Lehrling verweilt auf der Straße, streitet sich mit einem Altersgenossen herum und wirft diesen dabei in die Spiegelscheibe des Ladens, wobei jeden der Streitenden gleiches Verschulden trifft; soll dem beschädigten Malermeister der Entlastungsbeweis nach § 831 zustehen, weil der Lehrling nur für die Malerarbeit da war und der Malermeister sich des Lehrlings nicht zu dem Zwecke, in dessen Störung der Schaden besteht (? Erhaltung des Hauses und der Spiegelscheibe in unversehrtem Zustand?), bediente? Nein! Denn der Schlußsatz des § 254 bezieht sich auch auf Abs. 1. Wer im Dienste eines anderen steht, mag er auch zu einer Verrichtung bestellt sein, die mit der Erhaltung eines beschädigten Guts oder der Vermeidung eines sonstigen Schadens des Dienstherrn in keinem inneren Zusammenhang steht, ist Hilfsperson des anderen und darf diesem so wenig, wie einem Dritten, Schaden zufügen, hat aber überdies die Interessen des Dienstherrn sonstiger Art zu wahren. Fügt er dem Dienstherrn unmittelbar Schaden zu unter Mitwirkung eines Dritten (§ 254 Abs. 1), so gilt das kraft der entsprechenden Anwendung des § 278 als ein durch das Verschulden des Beschädigten mitverursachter Schaden. Das Gesetz läßt eine Unterscheidung nach Art und Zweck der Verrichtung der Hilfsperson nicht zu. Handelte es sich um einen fremden Lehrling oder einen roten Radler, den der Malermeister zu einer Besorgung ausgeschickt hatte, dann fehlte es, ceteris paribus, freilich an der erforderten Beziehung des Beschädigten zu demjenigen, dessen Verschulden er vertreten soll (JW. 1912, 138); hier war der Bote, der die Scheibe zertrümmern half, nicht Hilfsperson, auch nicht im Sinne des § 831 BGB.; er hat aber auch den Schaden nicht in Ausführung einer Verrichtung zugefügt, zu der er bestellt war. Liegt aber nur letzteres vor, so verpflichtet er den beschädigten Geschäftsherrn schon nach §§ 254, 278 BGB.: vgl. Recht 1912, 1441 = JW. 639 (Verschulden des Rechtsanwalts des Beschädigten).

rechnen befugt ist, vgl. § 7, kann er gegen den Schadensersatzanspruch, gestützt auf § 254 BGB., einwenden, der Beschädigte hätte sich versichern müssen. Abgesehen davon, daß der Haftpflichtige daraus keinen Vorteil gehabt hätte, ist die Nichteingehung einer Versicherung niemals als ein Verschulden, als eine Verletzung der im Verkehr, also anderen gegenüber, erforderlichen Sorgfalt anzusehen. Die Unterlassung der Versicherung hat niemals den Schaden verursacht. Sie hat nur einen Schaden, der noch nicht drohte, nicht abgewendet. Gegen bereits drohende Schäden versichert man sich nicht. Die Unterlassung einer Versicherung kann mithin als Verschulden im Sinne des § 254 Abs. 2 nicht in Betracht kommen.

Zu erwähnen ist noch, daß eine unrichtige Abwägung des Verschuldens des Ersatzpflichtigen und des mitwirkenden Verschuldens des Beschädigten als Verletzung des § 254 BGB. der Beurteilung des Revisionsgerichts unterliegt. Das Reichsgericht hat wiederholt, z. B. JW. 1912, 30 Nr. 14: 12, 866, den Bruchteil, zu welchem der Beklagte für haftbar erklärt worden ist, abgeändert. Das gleiche gilt von der Abwägung von Verschulden auf der einen und Betriebsgefahr auf der anderen Seite, JW. 1903, 102: 04, 448: 06, 544; 12, 71 = Recht 54; JW. 1912, 793.

## § 7.

## Persönliche Unverantwortlichkeit.

Die Fälle der Haftpflicht ohne Verschulden bilden die Ausnahme. Grundsätzlich besteht eine Haftpflicht nur bei Verschulden. Das Verschulden und damit die Haftbarkeit sind aus persönlichen Gründen ausgeschlossen:

1. bei Schadenszufügung im Zustande der Bewußtlosigkeit oder in einem die freie Willensbestimmung ausschließenden Zustande krankhafter Störung der Geistestätigkeit, der Zustand mag dauernd oder nur vorübergehend sein, § 827 vgl. mit 104 Ziff. 2, 105 Abs. 2 BGB., § 51 StGB. Hat sich der Täter durch geistige Getränke oder ähnliche Mittel in einen vorübergehenden Zustand dieser Art versetzt, sei es vorsätzlich, sei es fahrlässig, so ist er für die Schadenszufügung verantwortlich, wie wenn ihm Fahrlässigkeit zur Last fiele, also z. B. nicht nach § 826 BGB. Trifft ihn auch an der Entstehung des Zustandes kein Verschulden, so haftet er nicht. Das schließt nicht

aus, daß z. B., wer sich vorsätzlich betrinkt, um in der Betrunkenheit eine bestimmte Handlung zu begehen, nach § 823 ff. BGB. auch für Vorsatz haftet, wenn er nachher selbst im Zustande der Bewußtlosigkeit die beabsichtigte Handlung vornimmt. Eine bloße Minderung der Verstandes- oder Willenskraft genügt nicht (JW. 08, 210). Ein Dritter, der den Täter in einen derartigen Zustand versetzt, z. B. hypnotisiert hat, kann nach allgemeinen Grundsätzen haftbar sein. Entmündigung liefert einen tatsächlichen Anhaltspunkt, ohne entscheidend zu sein. So kann ein Entmündigter, indem er sich für geschäftsfähig ausgibt und andere dadurch veranlaßt, sich mit ihm in rechtsgeschäftliche Beziehungen einzulassen, einen Betrug begehen, für den er im Rahmen des § 827 BGB. verantwortlich ist, JW. 1912, 24 = Recht 11, 3910. Der genannte Zustand muß im Zeitpunkt der Handlung, der Schadenszufügung, vorhanden gewesen sein. Das trifft nicht zu, wenn der Täter in einem lichten Zwischenraum gehandelt hat oder, wenn der Zustand erst in dem späteren Zeitpunkte des Eintritts der Schadensfolgen vorlag.

2. wenn der Täter noch nicht 7 Jahre alt ist, § 828 vgl. 104 Ziff. 1 BGB., § 55 StGB. oder, wenn er zwischen 7 und 18 Jahren oder taubstumm ist, aber bei Begehung der schädigenden Handlung nicht die zur Erkenntnis der Verantwortlichkeit erforderliche Einsicht hatte, §§ 106—113 BGB., §§ 56—58 StGB. Nicht Erkenntnis der Verantwortlichkeit oder der Gefährlichkeit (Komm. Prot. 2, 582 ff.), oder Voraussehbarkeit des Schadens wird erfordert, sondern nur diejenige geistige Entwickelung, die den Handelnden instand setzt, das Unrecht gegenüber den Mitmenschen und zugleich die Verpflichtung zu erkennen, in irgendeiner Weise für die Folgen seiner Handlung selbst einstehen zu müssen (RG. 53, 159; 51, 32; JW. 04, 202; 05, 48, 531; Recht 1912, 1608). Die bestimmte Vorstellung einer besonderen Gefahr (RG. 51, 30; JW. 06, 473) oder einer bestimmten Art der Vergeltung ist nicht erforderlich. Das höhere oder niederere Alter innerhalb der Grenzen von 7 und 18 (JW. 03 Beil. 101; 05, 48; RG. 51, 30), vorausgegangene Mahnungen und Warnungen (JW. 06, 686) können in Betracht kommen, entscheidend ist die individuelle Entwicklung des Täters (JW. 03 Beil. 101; 06, 686, 747).

Schädigung durch betrügerische Vorspiegelung der Geschäftsfähigkeit begründet bei Personen über 18 Jahren die Haftung aus unerlaubter Handlung, bei noch nicht erreichtem 18. Lebensjahre wird sie es unter den Voraussetzungen des § 828 BGB.

unter Umständen tun können, Mot. 2, 733, ebenso bei Entmündigten; so kann der Geistesschwache aus unerlaubter Handlung haften, wenn er durch Verheimlichung seiner Entmündigung Andere verleitet, sich mit ihm in rechtliche Beziehungen einzulassen, SeuffA. 67, 255; LZ. 1912, 150. Sache des beklagten Schädigers ist es, einen Willensmangel nach § 827 oder 828 BGB. einzuwenden und zu beweisen (RG. 51, 30; 61, 239; JW. 05, 531; 06, 473; SeuffA. 60, 95), Sache des beschädigten Klägers, daß der Schädiger sich in einen Zustand im Sinne des § 827 schuldhaft versetzt habe oder daß derselbe nur ein vorübergehender gewesen sei. Unterlassungen machen den gesetzlichen Vertreter haftbar, wenn sie allein dessen Pflichtenkreis berühren, Mot. 2, 734.

Diese persönliche Unverantwortlichkeit kann nur in Betracht kommen bei einer Haftung aus Vorsatz oder Fahrlässigkeit, aus wirklichem oder vermutetem Verschulden, so bei der Haftung nach §§ 823—826, 831, 832, 833 Abs. 2, 834, 836—839, nicht bei der Haftung nach §§ 833 Abs. 1, 835 BGB. oder nach AutG. Sie schließt auch ein mitwirkendes Verschulden nach § 254 BGB. aus (JW. 02 Beil. 212; RG. 54, 404; JW. 05, 15; 06, 55); hier wird, da keine Verantwortung fremdem Schadens, sondern nur eine Nichtabwälzung eigenen Schadens in Betracht kommt, die zur Erkenntnis der Verantwortlichkeit erforderliche Einsicht ersetzt durch die zur Erkenntnis der Gefährlichkeit des eigenen Verhaltens erforderliche Einsicht (RG. 53, 157; JW. 04, 202; 06, 472). Aber auch bei Bejahung dieser Einsicht fällt das jugendliche Alter als ein bei der Abwägung nach § 254 zu berücksichtigender Umstand ins Gewicht (RG. 68, 422; JW. 1910, 37).

Diese persönliche Unverantwortlichkeit gilt nicht nur für die Haftung aus Verschulden im Gebiet der unerlaubten Handlungen, sondern für die Haftung aus Verschulden bei Schuldverhältnissen jeder Art, § 276 BGB. Dem Versicherten, welcher im Zustande der Trunkenheit einen Unfall erlitten hat, kann jedoch von der Versicherungsgesellschaft nicht entgegengehalten werden, daß er sich schuldhaft in diesen Zustand versetzt hat, wenn nach der Auslegung des Versicherungsvertrags kein vertragliches Verschulden, sondern ein übernommenes Risiko vorliegt (Komm. von Reichsgerichtsräten § 827 Anm. 6).

Sollen Personen im Kindesalter oder die jugendlichen, aber ihrer Verantwortlichkeit noch nicht bewußten Personen, Geisteskranke usw. geschützt werden, indem sie nicht haftbar gemacht werden können, so ist doch zu berücksichtigen, daß auch der Beschädigte für den Schaden ebensowenig etwas kann. Um hieraus sich ergebende Unbilligkeiten zu vermeiden, soll nach § 829 BGB., wer aus den persönlichen Gründen der §§ 827 und 828 nicht verantwortlich ist, haften, insoweit als die Billigkeit nach den Umständen, insbesondere nach den Vermögensverhältnissen der Beteiligten, eine Schadloshaltung erfordert und ihm nicht die Mittel entzogen werden, deren er zum standesgemäßen Unterhalte und zur Erfüllung seiner gesetzlichen Unterhaltspflichten bedarf. Die Ausnahme bezieht sich nur auf die ausdrücklich erwähnten Haftungsfälle nach §§ 823—826 BGB., deren gegenständlicher und persönlicher Tatbestand im übrigen erfüllt sein muß (Prot. 2, 592; Heinsheimer ArchZPr. 95, 253; Komm. von Reichsgerichtsräten Anm. 6); d. h. es ist zu fragen, ob das gleiche Verhalten dem Zurechnungsfähigen als Verschulden anzurechnen wäre, nicht ob im Einzelfall ein subjektiv schuldhaftes Verhalten des Unzurechnungsfähigen erkennbar ist, Höchster ArchZPr. 104, 427ff. Vermögens- und Standesverhältnisse, aber auch der Grad der Bosheit können ins Gewicht fallen. Vorausgesetzt ist aber, daß der Schaden nicht von einem aufsichtspflichtigen Dritten — ob aus rechtlichen oder tatsächlichen Gründen ist gleichgültig — erlangt werden kann. Im Vergleiche zum Aufsichtspflichtigen ist diese Haftung eine hilfsweise, nicht aber im Vergleiche zu einem sonst, nach §§ 823 bis 826, 831, 833—839 Haftbaren, § 840 Abs. 1 BGB. Für die Ausgleichung unter den mehreren Gesamtschuldnern, BGB. § 426, mögen alle oder nur einzelne nach § 829 haften, sind die Billigkeitsgründe nach Maßgabe des § 829 gleichfalls zu berücksichtigen.

Dagegen darf wohl die Ausnahmevorschrift des § 829 nicht auf den Beschädigten angewendet werden, dem ein mitwirkendes Verschulden im Sinne des § 254 gem. §§ 827, 828 BGB. nicht zugerechnet werden kann: Der 12jährige A leiht dem 15jährigen B ein Fahrrad, ohne das vorher herausgenommene und wieder eingesetzte vordere Rad auch festgeschraubt zu haben. B fährt darauf, ohne den auffälligen Umstand, daß das Vorderrad ganz locker sitzt, zu bemerken, und zertrümmert das Rad beim Sturze, ohne sich selbst zu beschädigen. Die zur Erkenntnis der Verantwortlichkeit (bei B) oder Gefährlichkeit (bei A) erforderliche Einsicht ist bei beiden zu verneinen. Ist A ein armer Junge und B der Sohn reicher Eltern, so haftet er nach § 829 für den Schaden. Liegt die Sache umgekehrt, hat aber B die zur Erkenntnis der Verantwortlichkeit erforderliche Einsicht gehabt, so wird er sich nicht auf § 829 BGB. berufen können, um dem A gegenüber eine Schadensverteilung nach § 254 BGB. zu verlangen (Komm. von Reichsgerichtsräten, § 829 Anm. 1; RG. 51, 275; 54, 407; JW. 1903 Beil. 101, 122).

Gegen den Schadensstifter wäre § 829 auch anzuwenden, wenn er erst in der Zwischenzeit Vermögen erworben hat. Für die Billigkeit der Ersatzleistung ist der Zeitpunkt des Urteils maßgebend.

§ 8.

## Vorteilsausgleichung.

Wir sind davon ausgegangen, als Schaden die bei einem Vermögen eingetretene Einbuße anzusehen. In Beziehung gesetzt zu dem Inhaber des Vermögens, welchen diese Einbuße angeht, wird sie als das „Interesse" dieser Person an dem Nichteintritt des schädigenden Ereignisses bezeichnet. Interesse ist der Unterschied zwischen dem Betrage des Vermögens, wie es sich infolge eines vertretbaren Ereignisses ergeben hat und dem Betrage vor ihm und ohne dieses Ereignis. Früher verstand man unter „Interesse" gerade die Vermögensverminderung einschließlich der entgangenen Vermögensvermehrung. In diesem Sinne ist der Ausdruck auch in § 287 ZPO. gebraucht. Ist hiernach der Betrag des Schadens oder das Interesse das Ergebnis einer Schätzung zweier Vermögenslagen, so ergibt sich hieraus ohne weiteres, daß etwaige Vorteile, welche in dem schädigenden und zu vertretenden Ereignis ihre U r s a c h e haben, gleichfalls in Ansatz, zur Ausgleichung gebracht werden müssen. Sie müssen dem Betrag des durch das schädigende Ereignis verminderten Vermögens zugerechnet oder von dem Wertunterschied beider Vermögenslagen in Abzug gebracht werden.

Dabei kommt es nicht, wie man früher meinte, auf die Einheit des einerseits schädlichen, andererseits nützlichen Ereignisses an (z. B. ein Jokei überanstrengt ein Reitpferd, wodurch das Tier zu Tode kommt, aber zugleich dem Herrn ein Preis gewonnen wird [O r t m a n n]), vielmehr genügt es, wenn Vorteil und Schaden auf denselben, verantwortlich machenden, Umstand, ein und dasselbe Ereignis, als gemeinsame, wennschon nur „m i t t e l b a r e", Ursache zurückzuführen sind. Dabei ist die Voraussetzung „ein und dasselbe Ereignis" nicht zu eng zu fassen. Den Maßstab bildet der der Natur der Sache entsprechende Zusammenhang und es ist auch die Billigkeit zu berücksichtigen; JW. 1912, 791, 792; RG. 54, 137. Immer aber muß dieser Umstand die adäquate Ursache auch des Vorteils sein, es genügt nicht, daß der Vorteil ohne jenen Umstand nicht eingetreten wäre, daß jener zum Ersatz verpflichtende Umstand conditio sine qua non des Vorteils war. Der adäquate Zusammenhang kann auch ein „rechtlicher“, d. h. der Zusammenhang zwischen juristischer Tatsache und Rechtsfolge sein: vgl. § 3c Ziff. 4.

## I.

Dahin gehört z. B. folgender von Oertmann S. 67 angeführte Fall, welcher vom Landgericht Hamburg im Sinne der Vorteilsausgleichung entschieden wurde: Ein Spediteur hatte zur Versendung von Waren auftragswidrig statt des Landwegs den billigeren Seeweg gewählt. Die Ware wurde während des Transports geraubt und der Komittent nahm den Spediteur auf Ersatz in Anspruch. Dieser brachte die ersparten Mehrkosten des Landwegs in Abzug. Die Ersparnis war hier zweifellos durch die unrichtige Versendung unmittelbar verursacht. Unmittelbare Ursache des Schadens war aber ebenso zweifellos die Beraubung. Aber auch die unrichtige Versendung war nicht allein conditio sine qua non, sondern Ursache des Schadens vom Standpunkte der Adäquanztheorie, wenn man voraussetzt, daß der Seeweg an sich eine geringere Sicherheit bietet, im gegebenen Falle also seine Wahl eine allgemeine Richtung auf einen Schaden dieser Art hatte.

Ebenso war der Fall SeuffA. 10, 257 zu beurteilen, wo dem Architekten gestattet wurde, gegen den Schaden aus dem Einsturz eines Gebäudes wegen Verwendung schlechten Materials die hierdurch ersparten Mehrkosten anzurechnen. Der Schaden war auf dem Wege des Einsturzes mittelbar, die Ersparnis unmittelbar durch die Verwendung schlechten Materials verursacht.

Mittelbare Verursachung des Schadens wie des Vorteils durch dieselbe Tatsache liegt z. B. vor, wenn (ROHG. 20 Nr. 61) ein Lieferungs**verzug** den Käufer zum Abschluß verschiedener Deckungskäufe bestimmt, die teils günstigen, teils ungünstigen Erfolg haben. Das gleiche gilt, wenn (RG. 15, 73) der Lieferungsverzug einerseits das Verfallen einer Vertragsstrafe, andererseits einen Deckungskauf zu vorteilhafteren Bedingungen für den Käufer zur Folge hatte; vgl. RG. 40, 142.

Wer eine zusammengehörige Geschäftsführung genehmigt, muß sie ganz genehmigen. Waren einzelne Geschäfte vorteilhaft, andere schädlich, so war die Übernahme der Geschäftsführung im ganzen die Ursache sowohl für den Schaden als für den Vorteil. Letzterer ist also in Rechnung zu stellen.[1])

Ein Vorteil kann auch dann mit dem schädigenden Umstand in adäquatem Zusammenhang stehen, wenn er durch eine Handlung des Beschädigten vermittelt wird. Wie unter Umständen die Verursachung eines Schadens durch eine freie Handlung des Beschädigten selbst vermittelt werden kann, hat das RG. in 29, 120 gezeigt. Vgl. § 3e Ziff. 5. Ein Fall eines derartigen Vorteils ist z. B. der Verdienst aus anderweiter Verwertung der Arbeitskraft beim Dienst- und Werkvertrag, §§ 615, 642, 649 BGB. Dieser Erwerb steht mit der Nichtannahme der Dienste oder des Werks in adäquatem Zusammenhang, weil nach der Regel des Lebens eine freigewordene Arbeitskraft ihre Verwendung findet. Das ist eine so allgemeingültige Anschauung, daß unter Umständen schon die bloße Verwertungsmöglichkeit als Vorteil anzurechnen ist. In adäquatem Zusammenhang mit der Schädigung steht auch der Vorteil, der durch eine auf Ausgleichung des entstandenen Schadens gerichtete Tätigkeit entstanden ist, zu der sich der Beschädigte normalerweise wegen des Schadens entschlossen hat. Als Handlung des Haftpflichtigen unterliegt derselben Beurteilung z. B. der den Hinterbliebenen des Verunglückten zwar ohne den Willen der Schuldzahlung aber doch im Hinblick auf den zu vertretenden Unfall gemachte Zuwendung, SeuffA. 36, 42.

Mit Unrecht ist trotz ursächlichen Zusammenhangs des Vorteils mit dem schädigenden Ereignis die Anrechnung versagt dem Beklagten, der für den Kläger eine Partie Petroleum auf Lager genommen und sodann unbefugt einem Dritten ausgeliefert hat, wenn der Kläger dadurch Lagergeld ersparte, SeuffA. 47, 99. Vgl. §§ 430 Abs. 1, 611 Abs. 1, 613 HGB. In ur-

[1]) Bekl. war an einer Treuhänderhypothek des Klägers beteiligt Beide waren Mitbürgen für eine sonst ungesicherte Forderung eines vorgehenden Hypothekgläubigers. Bekl. hat, während der Krankheit des Klägers die Geschäfte führend, bei der Zwangsversteigerung die Hypothek nicht ausgeboten. Auf Schadensersatz verklagt konnte er darlegen, wie er unter Heranziehung der Verwandten des Schuldners, dessen Frau das Grundstück ersteigerte, von dem Vorhypothekar, in dessen Interesse diese Regelung lag, die Befreiung beider Parteien von der Bürgschaft erreichte. Dieser Vorteil überwog den Ausfall. Die Klage wurde abgewiesen. LG. Karlsruhe, 2. ZK. I. S. E. c. K. vom 24. Februar 1912.

sächlichem Zusammenhang mit dem haftungsbegründenden Vorgang und daher anzurechnen ist der Vorteil, der im Falle der Beschädigung oder Zerstörung einer gefahrdrohenden fremden Sache dadurch entsteht, daß deren Eigentümer, z. B. als Tierhalter, selbst der Ersatzpflicht enthoben wird, § 228 BGB. Z. B. A schießt den Terrier des B, welcher einen Wert von 50 Mk. hat, zusammen, während dieser Hund im Begriffe steht, der 20 Mk. kostenden Angorakatze des A den Garaus zu machen. Ebensowenig fehlt der ursächliche Zusammenhang des Vorteils mit dem schädigenden Ereignis, wenn der Gerichtsvollzieher versehentlich statt des wertvolleren, gepfändeten Schrankes einen anderen verkauft, Bolze 16, 166, 124.

## II.

Mangels ursächlichen Zusammenhangs des Vorteils mit dem schädigenden Ereignis ist die Anrechnung versagt:

Wenn der durch Garantiezusage oder arglistige Täuschung zur Annahme einer schlechten Hypothek bestimmte Zessionar oder der durch Schuld des Notars an späterer Stelle eingetragene Hypothekar das verpfändete Grundstück in der Zwangsversteigerung erstanden oder dadurch noch einen besonderen Gewinn erzielt hat, SeuffA. 11, 62; 15, 208; 43, 177; Bolze I, 348, 349; III, 252; anders in einem ähnlichen Fall JW. 1912, 792; Recht 2514; DJZ. 921: Ist der Beklagte seiner Verpflichtung, die Hypothek des Klägers auszubieten, nicht nachgekommen, so ist auf den Schaden, der im Ausfall der Hypothek besteht, der Vorteil anzurechnen, den Kläger dadurch erzielt hat, daß er das Grundstück zu einem den Wert nicht erreichenden Preis ersteigert hat. Vgl. Recht 1912, 3045. Gegen die Anrechnung wiederum RG. vom 30. September/28. Oktober 1912, Recht 3329, da der Erwerb des Grundstücks einen selbständigen Entschluß des vom Verlust bedrohten Hypothekengläubigers voraussetze, ein spekulatives Geschäft darstelle, das durch das schädigende Handeln des Ersatzpflichtigen zwar veranlaßt, aber nicht auf diese Handlung als auf die Ursache im Rechtssinne zurückzuführen sei. Eines selbständigen Entschlusses, meist sogar eines solchen von großer Tragweite, bedarf es immer, wenn ein Hypothekengläubiger seine Hypothek ausbietet und das Grundstück ersteigert. Das schließt aber den ursächlichen Zusammenhang mit einer früheren Tatsache nicht aus; vgl. S. 43ff. Zuvörderst ist hier festzustellen, ob wirklich ein selbständiger Vorteil vorhanden ist. Ein objektiver Mehrwert wird in der Regel nicht vorhanden sein, wenn in der öffentlichen Versteigerung ein Mehrgebot nicht erfolgt. Die unsichere Aussicht auf spätere gewinnbringende Verwertung ist kein gegenwärtiger Vorteil. Kann ein solcher Mehrwert im Rechtsstreit nicht mit genügender Bestimmtheit dargetan werden, dann fehlt es an einem Vorteil, der zur Ausgleichung gebracht werden könnte. Ausnahmeweise mag der Beweis gelingen, daß trotz unterbliebenen Mehrgebots schon im Zeitpunkte der Versteigerung ein offensichtlicher Mehrwert über das Gebot vorhanden war. Dann enthält die Ersteigerung und Übernahme des Grundstücks insoweit keinen Schaden. Erlangt das Grundstück später einen Mehrwert, jedoch infolge von Umständen, mit denen im Zeitpunkte der Versteigerung bereits vernünftigerweise gerechnet werden konnte, während, vielleicht infolge der ungünstigen Lage des Geldmarkts, dieser zu gewärtigende Mehrwert ein günstigeres Gebot bei der Versteigerung nicht herbeizuführen vermochte, dann liegt ein selbständiger Vorteil vor. Da Hypotheken, namentlich, wenn sie bis nahe an die Grenze des Grundstückswerts reichen, erfahrungsgemäß oft zur schließlichen Übernahme des verpfändeten Grundstückes führen, steht dieser Vorteil mit dem schadenbringenden Ereignis, der Übernahme der Hypothek, auch in adäquatem ursächlichen Zusammenhang und ist folglich in Anrechnung zu bringen. Vgl. S. 96 Anm. 1. Dann wäre aber auch in dem vorigen Beispiel der Vorteil auf dieselbe Ursache wie der, in der Annahme der schlechten Hypothek bestehende, Schaden, nämlich auf die Garantiezusage oder Täuschung in Ansehung der Hypothek zurückzuführen; denn zweifelhafte Hypotheken führen erfahrungsgemäß oft zur schließlichen Grundstücksübernahme; vgl. Recht 1912, 3045; RG. 80, 153, 155.

Wenn der durch Diebstahl eines Postschaffners beschäftigte Postfiskus von einem anderen Postschaffner, welchem die Begleitung der Postsachen anvertraut war, teilweisen Ersatz erhielt, Bolze VII, 194, 214.

Wenn ein Anderer z. B. kraft seiner Unterhaltspflicht dem Verletzten Unterhalt gewährt oder zu gewähren hat, so in SeuffA. 37, 116; RG. 25, 52, jetzt ausdrücklich ausgesprochen in § 843 Abs. 4 BGB. Hier bestand die Unterhaltspflicht ohnedies. Der Eintritt der Bedürftigkeit war nur die Bedingung für ihr Wirksamwerden. Dagegen wird die Wiederverheiratung der nach § 3 HaftpflG. entschädigungsberechtigten Witwe mit dem unterhaltspflichtig werdenden zweiten Mann ermöglicht und adäquat verursacht durch die Tötung des ersten, § 7

HaftpflG. Aus diesem Grund, nicht wegen Wegfall oder Minderung des Bedürfnisses, muß der vom zweiten Mann bezogene Unterhalt angerechnet werden, SeuffA. 48, 266.

So braucht der durch Tötung seines Ernährers mittelbar Verletzte nicht anzurechnen, was er von dem Getöteten als Erbe oder Vermächtnisnehmer erhält. Der Anspruch darauf ist durch die Verwandtschaft oder letztwillige Verfügung begründet, die Tötung war nur eine conditio iuris für den Erwerb. Mot. II, 784. Nicht anzurechnen ist mangels adäquaten Zusammenhangs mit dem schädigenden Umstand der Vorteil, welcher durch eine freiwillige Handlung eines Dritten, wenn auch im Hinblick auf den Schaden, aber nicht um eine Schuld des Haftpflichtigen zu tilgen, dem Beschädigten zugewendet wird, Bolze 16, 167. Z. B. der Brandbeschädigte erhält Beihilfe aus öffentlicher Sammlung. Der Brandstifter kann nicht verlangen, daß ihm diese Zuwendung angerechnet werde, wenn sie auch ohne die Schadenszufügung nicht entstanden wäre. Ebensowenig kann der wegen Einsturzes der mangelhaft gebauten Kirche verklagte Baumeister die Anrechnung von milden Beiträgen verlangen, welche aus diesem Anlaß der Gemeinde zugeflossen sind. Vgl. ArchPrktRW. 4, 209; OLG. Darmstadt v. 1. 12. 65.

Die Anwendung des Begriffes der adäquaten Verursachung und der Unterschied von dem bloßen Verhältnis der conditio sine qua non ermöglicht auch eine sichere Entscheidung in den Fällen, in welchen der Beschädigte auf einen eingetretenen Vorteil ohnedies einen rechtlichen Anspruch hatte, jedoch mit der Maßgabe, daß das schädigende Ereignis innerhalb des Rechtsverhältnisses, kraft dessen dem Beschädigten der Vorteil zufloß, die Rolle der Bedingung spielte. Vgl. OLG. München in DJZ. 1899, 135. So liegt die Sache, wenn der Beschädigte gegen den Schadensfall versichert ist. Vom Standpunkt des adäquaten Kausalzusammenhangs ist zwar die Versicherungsnahme und die Provisionszahlung, aber nicht die Schadenszufügung im Sinne des natürlichen Kausalverlaufs als Ursache des erlangten Vorteils anzusehen. RG. 10, 50; = SeuffA. 39, 111. Wenn dort die Pension der Witwe des im Eisenbahnbetrieb Getöteten als ein Vorteil bezeichnet wird, welcher, ebenso wie ein durch höhere Gewalt oder eigenes Verschulden entstandener Schaden, aus dem schädigenden Ereignis nur „zufällig" entstanden ist (§ 4 ALR. I 6), den die Witwe zwar ohne den Tod des Mannes in dem Eisenbahnbetrieb nicht erlangt hätte, der aber mit dem beschädigenden Ereignisse nur in

„natürlichen“, nicht in „rechtlichen Sinn“ in ursächlichem Zusammenhang steht, so ist das nichts anderes als die Bejahung des bloßen Verhältnisses der conditio sine qua non zwischen dem schadenbringenden Ereignis (Tod, Eisenbahnbetrieb) und Vorteil (Pension) im Gegensatz zu dem adäquaten Kausalzusammenhang, dem „ursächlichen Zusammenhang im Rechtssinne“, der nur dann vorhanden sein würde, „wenn der Vorteil infolge jenes Todesfalls (Eisenbahnbetriebs) allein, ohne besondere weitere Voraussetzungen, nach dem natürlichen Lauf der Dinge,“ eingetreten wäre. Der Vorteil aus einer Versicherung ist mithin grundsätzlich und regelmäßig auf den Ersatzanspruch des Beschädigten nicht anzurechnen. Das gilt von der Summenversicherung ebenso wie von der Schadensversicherung. Der erwachsende Vorteil beruht hier auf dem Vertrag. Der Vertragsschluß und die Aufwendung der Prämien ist die rechtserzeugende Tatsache für den vertragsmäßigen Anspruch. Die Bedingung, der Schadensfall, ist nur eine rechtsbestätigende Tatsache. Der Versicherte hatte schon vorher den Anspruch als einen bedingten, als eine rechtlich geschützte Anwartschaft, §§ 158ff. BGB. Wirtschaftlich beruht der Vorteil des Versicherten auf dem Aufwand der Prämien. Der Zusammenhang der rechtserzeugenden Tatsachen mit dem subjektiven Recht ist ein vom Gesetz gewährleisteter, besonders enger, vgl. § 3e Ziff. 4, derjenige der Bedingung mit der Verwirklichung des Anspruchs durch Eintritt der Bedingung — dem Sprachgebrauche entsprechend — ein bloß zufälliger. Man wird daher auch in natürlichem Sinne, d. h. nach dem natürlichen Kausalverlauf, als Ursache des Vorteils aus der Versicherung nicht den Schadensfall, sondern nur den Abschluß des Versicherungsvertrags ansehen müssen.

Tötungen und Körperverletzungen z. B. haben freilich oft, da häufig Versicherung auf diesen Fall besteht, die Zahlung von Versicherungssummen zur Folge. Aber nicht, weil derartige Schadenszufügungen im einzelnen Fall erst Veranlassung zur Versicherung geben. Die Versicherungsnahme ist nicht ein voraussehbares Glied in der Kausalkette, wie die Handlung der jungen Burschen, die sich unbefugt mit unvorsichtigerweise offen aufbewahrtem Sprengpulver zu schaffen machten; § 3e Ziff. 5. Der Versicherte hat vorsichtigerweise, die Möglichkeit eines Schadens vorwegnehmend, den Vertrag geschlossen, sich mittels eines besonderen Aufwands den Ausgleich etwaigen Schadens zum voraus gesichert. Eine Tötung oder Körperverletzung ist, wenn man von solcher Vorsichtsmaßregel absieht, an sich nur geeignet, schädliche Folgen zu erzeugen. Die Versicherungsnahme aber ist, wenn man von dem bestimmten Schadensfall absieht, generell geeignet, bei Hinzutritt irgendeines Schadensfalls der im allgemeinen vorausgesehenen und versicherten Art, den Vorteil der Versicherungsleistung zu gewährleisten.

Die Erlangung doppelten Ersatzes wird dadurch vermieden, daß der Anspruch gegen den Haftpflichtigen auf den Versicherer übergeht, wenn dieser dem Versicherungsnehmer Ersatz leistet. § 67 VVG., vgl. hierzu Hallbauer, LZ. 1910, 647 ff. Das ist ein Rechtsübergang kraft Gesetzes, keine Vorteilsausgleichung.

## III.

Als auszugleichender Vorteil kann an sich auch die Ersparung von Auslagen und Aufwendungen in Betracht kommen. Aber nicht dann, wenn mit diesen Aufwendungen Vorteile sei es materieller, sei es immaterieller Art verbunden gewesen wären, die ihrerseits entgangen sind. Dann werden die ersparten Aufwendungen durch den entgangenen Vorteil aufgewogen. Wer bei einem Unfall oder einer Körperverletzung Ersatz eigenen Schadens verlangen kann, braucht sich nicht den ersparten Unterhalt für einen unterhaltsberechtigten Angehörigen anrechnen zu lassen, der im Zusammenhange mit dem Unfall um's Leben kam. Besteht aber der Schaden gerade in dem Wegfall einer künftigen Unterhaltspflicht des Getöteten (§ 844 Abs. 2 BGB.), so ist der Wegfall der gegenwärtigen Unterhaltspflicht des Beschädigten gegenüber dem Getöteten, z. B. einem 6jährigen Knaben (Recht 1909, 3560), zu berücksichtigen. Und auf den Entschädigungsanspruch wegen unschuldig erlittener Untersuchungshaft (Ges. v. 20. Mai 1898) kann nicht der Betrag angerechnet werden, den der Verhaftete für seinen Lebensunterhalt in der Freiheit aufgewendet haben würde, höchstens der Wert der Gefängnisverpflegung, RG. 76, 105.

IV. Nicht um eine Vorteilsausgleichung handelt es sich, wenn der beschädigte Angestellte zwar seine Stellung und Amtseinkommen verliert, ihm aber ein Ruhegehalt verbleibt. Dieses ist ein verkümmertes Gehalt, das auf Grund des Anstellungsvertrags gewährt wird. Der Schaden besteht hier von vornherein nur in der Minderung des Einkommens auf den Ruhegehalt. Derselbe Grund muß auch zu der Anrechnung von gesetzlichen Witwen- und Waisenpensionen führen, RG. 15, 114; 17, 47. Ebenso hat die Witwe eines durch Unfall Getöteten gegen den Haftpflichtigen insoweit keinen Schadensersatzanspruch, als ihr in den Einkünften des infolge des Todes auf sie übergegangenen Vermögens die Mittel zur Bestreitung ihres Unterhalts geblieben sind, JW. 1910, 289. So liegt auch in dem in SeuffA. 67, 31 behandelten Falle, da der Verkäufer eines Hauses zwar das Mieterträgnis zu hoch angegeben hatte, der Käufer jedoch in der Lage war, die Mieten bis zum angegebenen Betrag zu steigern, insoweit überhaupt kein Schaden, kein selbständiger Vorteil, kein Fall der Vorteilsausgleichung vor.

Nach der besonderen Ausnahme-Bestimmung des § 4 HaftpflG. sind für den Fall der dort vorgesehenen Beitragsleistungen des haftpflichtigen Betriebsunternehmers auf den von ihm zu leistenden Schadensersatz die Kassenleistungen anzurechnen. Erreichen die Leistungen des Betriebsunternehmers nicht das Maß von $^1/_3$ oder liegt jener besondere Grund in der Person des Unternehmers überhaupt nicht vor, hat sich der Beschädigte selbst versichert, so verbleibt es bei der regelmäßigen Nichtanrechnung des Vorteils aus der Versicherung. Nach § 9 des Unfallfürsorgegesetzes in Verbindung mit §§ 57—59 RBG. ist die Anrechnung des Vorteils aus späterer Heirat auf die Pension ausgeschlossen. Hätte aber die Beschädigte (Telephonistin) ohnedies geheiratet und dann aus dem Reichsdienst austreten müssen, dann wäre sie von dem Zeitpunkte an nicht mehr durch den Unfall geschädigt. Das muß ihr aber bewiesen werden. (Recht 11, 3111; 12, 1304; JW. 11, 658.)

Gesetzlich festgelegt ist die Berücksichtigung der Leistungen der reichsgesetzlichen Arbeiterversicherung bei dem Ersatzanspruch des beschädigten Versicherten. Ist der nach allgemeinen Bestimmungen an sich Haftpflichtige der Betriebsunternehmer, so wird gegen ihn nach GUVG. § 135, BUVG. § 45, RVO. §§ 898, 1042, 1219, ein Ersatzanspruch nur gewährt, wenn durch strafgerichtliches Urteil festgestellt ist, daß der Unternehmer den Unfall vorsätzlich herbeigeführt hat. Hier entsteht der Ersatzanspruch in der Person des Beschädigten von vornherein nur in dem die Unfallrente übersteigenden Betrag. Richtet sich aber der Ersatzanspruch gegen einen anderen als den Betriebsunternehmer, einen Dritten, und ist der Beschädigte reichsgesetzlich gegen Krankheit, Unfall oder Invalidität versichert, so geht der Anspruch auf die Krankenkasse, Berufsgenossenschaft oder Versicherungsanstalt bis zum Betrage ihrer Leistungen über. KVG. § 57, GUVG. § 140, LUVG. § 151, BUVG. § 45, SUVG. § 138,

JVG. § 54, jetzt § 1542 RVO. Hier findet also ein wirklicher Rechtsübergang statt. Zur völligen Deutlichkeit ist das in § 1542 Abs. 1 RVO. nunmehr ausdrücklich ausgesprochen. Ebenso geht bei Verletzung eines Beamten nach § 12 BeamtUnfFürsG. der Schadensersatzanspruch in Höhe der Pension kraft Gesetzes auf die Betriebsverwaltung über, JW. 1912, 885.

Der Vorteilsausgleichung verwandt ist der Fall des § 255 BGB., wonach der Beschädiger nur Ersatz zu leisten braucht gegen Abtretung der Ansprüche, die dem Ersatzberechtigten auf Grund des Eigentums an der zerstörten oder verlorenen Sache gegen Dritte zustehen. So muß der nachlässige Verwahrer, welchem die Sache gestohlen wurde, zwar den Wert ersetzen, aber nur gegen Abtretung der Ansprüche aus dem Eigentum und der unerlaubten Handlung, welche dem Beschädigten gegen den Dieb oder gegen Drittbesitzer zustehen. Die nach § 255 BGB. der Abtretungspflicht unterliegenden Ansprüche sind jedoch nur das vom Recht gewährte Mittel, den Schaden wieder gut zu machen, und damit die Folge der Schädigung selbst, kein neben der Schädigung selbständig in die Erscheinung tretender Vorteil. Es handelt sich hier nur um eine besondere Form der Schadensersatzleistung: vgl. unten § 9, 5 b.

## § 9.

## Schadensersatz.

1. Der Umfang des zu ersetzenden Schadens ist grundsätzlich nicht davon abhängig, daß der Ersatzpflichtige ihn voraussehen konnte (so ausdrücklich Entw. I § 704). Daß, wer fremdes Eigentum verletzt, Art und Umfang der Schäden vorausgesehen habe, ist nicht Voraussetzung seiner Haftung, SeuffA. 67, 178. Selbst bei der Haftpflicht aus Verschulden, muß sich dieses, von dem Ausnahmefall des § 826 BGB. abgesehen, nur auf den Einbruch in das fremde Rechtsgebiet, den ersten rechtswidrigen Erfolg erstrecken. Nur der Eintritt eines Schadens überhaupt muß voraussehbar gewesen sein, soll eine Fahrlässigkeit vorliegen. Die weiteren Schadensfolgen sind zu verantworten, wenn sie nur mit dem Einbruch in das fremde Rechtsgebiet in adäquatem ursächlichem Zusammenhang stehen, siehe § 3. Dazu gehört unter Umständen auch eine Schädigung durch die Aufregungen des Schadensersatzprozesses, SeuffA. 64, 7; JW. 1908, 405, 526; 10, 1003; Recht 1910, 3914; RG. 75, 19. Vgl. dazu Reichardt,

Unfallbegutachtung und Gutachterwesen, Jena 1910, Serini, Recht und Wirtschaft, Februar 1912, Elster, JW. 1912, 266. Auch die Kosten eines erfolglosen Vorprozesses gegen einen anderen Beklagten gehören zum Schaden, vorausgesetzt, daß der Kläger bei Aufwendung der im Verkehr erforderlichen Sorgfalt die Haftung des ersten Beklagten als begründet annehmen konnte, Recht 1910, 1563; 1912, 2839. Regelmäßig kann aber nur der eigene Schaden, nicht der einem Vertragsfremden oder einem Dritten erwachsene Schaden verlangt werden, JW. 1911, 1014; RG. 77, 99.

a) Für die Verpflichtung zum Schadensersatz wegen einer gegen die Person gerichteten unerlaubten Handlung wird der Umfang des zu leistenden Ersatzes in § 842 BGB. dahin erläutert, daß er sich auf die Nachteile erstreckt, welche die Handlung für den Erwerb oder das Fortkommen des Verletzten herbeiführt. Stets ist nur der besondere, wirklich erlittene, Nachteil zu ersetzen; „Nachteil für den Erwerb“ ist gleichbedeutend mit „Minderung der Erwerbsfähigkeit“ in § 843 BGB.; JW. 1908, 273; RG. 63, 195. Nachteile für das Fortkommen bringt z. B. eine Entstellung, bei Frauen insbesondere die Verkümmerung der Heiratsaussichten. Zu dem zu ersetzenden Schaden gehören selbstverständlich im Falle der Körperverletzung die Kosten der Heilung, im Falle der Tötung die Kosten der versuchten Heilung. In § 3a HaftpflG. und § 10 AutG. ist das noch besonders hervorgehoben. Im Namen des verletzten Kindes können (nach §§ 677, 812 BGB.) Heilungskosten auch dann verlangt werden, wenn der Vater dieselben auf Grund der Unterhaltspflicht einstweilen ausgelegt hat, RG. 65, 162; Recht 1912, 24; JW. 1910, 389/90; Recht 1912, 2011. Diese verschiedenen Schäden, welche bei Verletzung einer Person in Betracht kommen, sind nur als Teile oder besondere Richtungen eines und desselben Schadensersatzanspruches anzusehen. Das ist wichtig für den Schadensprozeß, in dem sehr häufig von der Befugnis Gebrauch gemacht wird, das Verfahren nach Grund und Betrag zu trennen (§ 304 ZPO.). Die nähere Prüfung, ob in jeder der geltend gemachten Richtungen ein Schaden entstanden ist, kann dem Verfahren über den Betrag überlassen bleiben. Für das Verfahren über den Grund des Anspruchs genügt es, daß eine Schadenswirkung überhaupt feststeht; JW. 1908, 455, 551. Dagegen gehört in das Verfahren über den Grund des Anspruches die Entscheidung über etwaiges mitwirkendes Verschulden des Beschädigten, auch über den ihm hiernach noch zukommenden Bruchteil (§ 254 BGB.). Auch die Entscheidung über die Anrechnung etwaiger Vorteile gehört in das Verfahren über den Grund des Anspruchs, wenn der Beklagte behauptet, daß aus diesem Grunde überhaupt kein Schaden eingetreten sei.

Zur Ausgleichung von dauernden Nachteilen infolge Verletzung von Körper und Gesundheit, insbesondere Aufhebung oder Minderung der Erwerbsfähigkeit, Vermehrung der Bedürfnisse, dient regelmäßig die Geldrente, § 843 BGB. Sie soll die wirkliche wirtschaftliche Einbuße an Arbeitsverdienst, nicht die Arbeitskraft als Kapital ersetzen. Darum die Ausschließlichkeit des Anspruchs des Ehemanns nach § 845 BGB., wo der Frau ein Arbeitsverdienst nicht entgeht, siehe unten 2c. Hatte die Ehefrau einen besonderen Erwerb, so ist bei gesetzlichem Güterstand (§ 1380) und bei Gemeinschaftsehen (§§ 1443, 1519, 1549 BGB.) der Ehemann zur Einklagung des Erwerbsverlustes befugt, nicht aber bei Gütertrennung; dabei kommt in Betracht, daß die Abtretung nichtig ist, soweit sie Ansprüche unter 1500 Mk. jährlich betrifft, §§ 400, 134 BGB., 850 ZPO., Recht 1912, 61. Eine Person, die von den Einkünften ihres Kapitalvermögens lebt, die also von ihrer Erwerbsfähigkeit keinen Gebrauch macht und voraussichtlich auch in aller Zukunft keinen Gebrauch machen wird, erleidet durch den Verlust ihrer Erwerbsfähigkeit keinen Schaden. Es kann ihr ein solcher auch nicht ersetzt werden. RG. vom 22. Mai 1911; EisenbE. 28, 121; WR. 432. Freilich ist die „Erwerbsfähigkeit" ein wirtschaftlich wertvolles Gut (Endemann, Recht 1909, 10), aber dieses Gut als solches wird nach dem Gesetz nicht ersetzt, vgl. Recht 1911, 2433, 2422; Arbeitskraft und Erwerbsfähigkeit ist wie der Körper selbst Teil der Persönlichkeit, kein Vermögensbestandteil, sondern eine Quelle künftigen Vermögenswerts, Oertmann, ArchZPr. 109, 302. Nicht für die Minderung der abstrakten Erwerbsfähigkeit, sondern für die tatsächlich erlittene Beeinträchtigung des Erwerbs ist Ersatz zu leisten, Recht 1912, 490; JW. 1908, 273. Für die Höhe der Einbuße bietet der bisherige tatsächliche Erwerb einen wesentlichen Anhalt. Er ist aber nicht entscheidend, wenn der zuletzt bezogene Verdienst der Erwerbsfähigkeit nicht entsprochen hat, JW. 1911, 584. Nur eine besondere Art der Schadensbegründung hat einzutreten, wenn der verletzte Mann das Geschäft der Frau übergeben und sich in demselben betätigt hatte, JW. 1912, 32 = Recht 62. Ein zu entschädigender Verletzter, der seinem bisherigen Berufe nicht mehr nachgehen kann, darf es nicht ablehnen, sich auf eine andere, seinen Lebensverhältnissen entsprechende Weise einen Erwerb zu verschaffen, JW. 1909, 495; LZ. 932. Jedoch muß der Beklagte die Möglichkeit dartun, Recht 1912, 1305; keineswegs ist der Verletzte verpflichtet, unter Schmerzen die ihm verbliebene Arbeitskraft auszunützen, damit die Entschädigungsverbindlichkeit gemindert oder aufgehoben werde: Recht 1912, 2544. Ohnedies zu erwartender Rückgang der Leistungsfähigkeit mit zunehmendem Alter ist von vornherein zu berücksichtigen; JW. 1910, 65. Ein bestehendes Leiden, das den Eintritt schwererer Unfallfolgen begünstigte, schließt den ursächlichen Zusammenhang und die Haftung für diese Folgen nicht aus. Inwieweit infolge naturgemäßer Weiterentwickelung einer bestehenden Krankheitsanlage teilweise oder völlige Arbeitsunfähigkeit ohnedies eingetreten wäre, ist dem Verfahren über den Betrag vorzubehalten, BadRPr. 1912, 141. Insoweit, als diejenige künftige Erwerbsbeeinträchtigung (Gestaltung der Sachlage), welche ohne das Dazwischenkommen des die Schadensersatzpflicht begründenden Ereignisses ohnedies normalerweise eingetreten sein würde, sich schon übersehen und bestimmen läßt — Abnahme der Erwerbsfähigkeit mit hohem Alter — darf der Ersatzpflichtige hierwegen nicht auf den Weg des § 323 ZPO. verwiesen werden, JW. 1909, 686. Rüstige Frauen aus kleinbürgerlichem Stande sind häufig noch lange über das 70. Lebensjahr hinaus im Haushalt tätig. Eine Beschränkung des Schadensersatzanspruchs des Mannes auf den Zeitpunkt der Erreichung des 70. Lebensjahres der Frau ist daher nicht gerechtfertigt. RG. vom 16. Juni 1910, EisenbE. 27, 291. Die Fortdauer einer Erwerbsbeschränkung wird nicht vermutet. Subjektive Beschwerden allgemein nervöser Art pflegen nach Erledigung des Rechtsstreits bei gutem Willen abzuklingen. Die Fortdauer ist vom Kläger zu beweisen, Recht 1912, 429. Für die Haftpflicht aus Unfällen beim Betrieb von Eisenbahnen, Bergwerken, Steinbrüchen, Gräbereien und Fabriken und beim Betrieb von Kraftfahrzeugen gilt Entsprechendes gemäß §§ 3 Abs. 1 Satz 1, 3a, 7 HaftpflG. und §§ 10 Abs. 1 Satz 1, 11, 13 AutG.

Für ein noch nicht erwerbsfähiges Kind kommt nur die künftige Erwerbsbeeinträchtigung in Betracht. Hier wird in der Regel Feststellungsklage geboten sein. Die unter den Voraussetzungen der §§ 257/8 ZPO. zulässige Klage auf künftige Leistung kann angestellt werden, wenn die künftigen Verhältnisse sich schon mit der genügenden Sicherheit übersehen lassen oder wenn nur der gewöhnliche Durchschnittslohn verlangt wird.

Zur Grundlage für die Bemessung der Rente sind die besonderen Verhältnisse, die Anlagen und Aussichten des Verletzten im Zeitpunkte des Urteilserlasses zu nehmen. Bei wesentlicher Änderung der zugrunde gelegten Verhältnisse kann sowohl in Ansehung der Entrichtung der Rente überhaupt, wie auch hinsichtlich ihrer Höhe und Dauer im Wege neuer Klage die Abänderung des rechtskräftigen Urteils verlangt werden, § 323 ZPO. Die spätere Verheiratung der Rentenempfängerin rechtfertigt die Aberkennung der Rente auf Abänderungsklage hin nur, wenn der Rentenschuldner zu beweisen vermag, daß nach gesellschaftlicher Stellung und Vermögensverhältnissen des Mannes die Arbeitskraft der Frau als Vermögenswert in der Haushaltung und in der Bestreitung des ehelichen Aufwands der Ehegatten keine Rolle spielt; WürttJ. 23, 283.

Auf die zuzubilligende Rente sind anzurechnen die Rentenleistungen der reichsgesetzlichen Arbeiterversicherung, das gesetzliche Ruhegehalt eines Beamten, auch die einem Arbeiter auf Grund einer Versicherungsnahme des Arbeitgebers zufließenden Leistungen, welche gleichfalls als eine Form der Entlohnung der Arbeit erscheinen. Im übrigen sind die auf vertraglichem Boden ruhenden Leistungen einer Versicherung nicht anzurechnen (vgl. § 8).

Bei Entschädigung für verminderte Erwerbsfähigkeit dürfen die frei werdenden Dienste, welche die Ehefrau im Geschäft geleistet hat, dem verletzten Manne nicht als Geschäftsunkosten in Abzug gebracht werden. Will der Ersatzpflichtige ein voraussichtliches späteres Aufhören dieser Dienste bei Bemessung der Rente berücksichtigt haben, so muß er das tatsächlich begründen und beweisen, SeuffA. 67, 82.

Nach der ausdrücklichen Vorschrift des § 843 Abs. 4 wird der Anspruch nicht dadurch ausgeschlossen, daß ein anderer dem Verletzten Unterhalt zu gewähren hat, vgl. § 8. Es steht darum auch nichts im Wege, daß ein verletztes Kind den, von ihm selbst geschuldeten, Ersatz des entgangenen Verdienstes seines Vaters beansprucht, der es zur Überführung in das Krankenhaus begleitete, Recht 1912, 428.

Die Rente ist nach allgemeiner Vorschrift (§§ 843, 760 BGB.) in dreimonatlichen Zeitabschnitten voraus zu entrichten. Dem Berechtigten gebührt der fällige Betrag, wenn er nur den ersten Tag des Vierteljahrs erlebt hat. Nach richterlichem Ermessen, insbesondere bei ungünstigen Vermögensverhältnissen des Schuldners oder häufig wechselndem oder ausländischem

Aufenthalt kann Sicherheitsleistung (§§ 232—240 BGB.) oder Abfindung in Kapital verlangt werden. Ein „wichtiger Grund“, Abfindung in Kapital zu verlangen, kann auch in der Person des Berechtigten gegeben sein, z. B. bei gegebener Gelegenheit, ein Geschäft zu erwerben, oder wenn nach ärztlichem Gutachten die Unsicherheit der Rente den Gesundheitszustand des nervös veranlagten Verletzten erheblich beeinträchtigen würde (LG. Karlsruhe H gegen B vom 21. Dezember 1912). Gegen den Willen des Berechtigten kann nicht Kapitalabfindung erfolgen. Auch die Entscheidung hierüber gehört grundsätzlich in das Verfahren über den Grund des Anspruches.

b) Sind Sachen oder Rechte beeinträchtigt, so ist nicht der Wert im Zeitpunkte der Schadenszufügung, nicht der Wert allein maßgebend, den sie für jedermann hatten, sondern es kann Ersatz des höchsten Wertes von der Schadenszufügung bis zum Zeitpunkt des Urteils, auch Ersatz des besonderen Wertes für den Beschädigten verlangt werden. Nur derjenige Wert bleibt außer Betracht, der lediglich auf besonderer persönlicher Vorliebe beruht. Andererseits besteht der Schaden in der Verringerung des Verkehrswerts ohne Rücksicht darauf, ob der Beschädigte die Sache verkaufen wollte oder gerade dazu in der Lage war, JW. 1909, 273 (Verschneiden von Kastanienbäumen in einem Wirtschaftsgarten).

Auch mittelbarer Schaden, sog. Reflexwirkung, kann in adäquatem ursächlichem Zusammenhang mit der Verletzung stehen. Wer an einer Unternehmung interessiert ist, wird geschädigt durch die Tötung des Unternehmers, der Theaterunternehmer durch die Tötung des von ihm verpflichteten berühmten Schauspielers, die Braut durch die Tötung des Bräutigams, die Versicherungsgesellschaft durch die Tötung des Versicherten, wenn sie den Erben die Lebensversicherungssumme ausbezahlen muß. Hier fehlt es nicht am ursächlichen Zusammenhang. Die Ersatzpflicht wird hier jedoch begrenzt durch die Tragweite des Haftungsgrundes: Der mittelbar Geschädigte ist nicht an einem absoluten Rechte im Sinne des § 823 BGB. geschädigt (§ 12), das etwa verletzte Schutzgesetz bezweckte nicht seinen Schutz (§ 13), der Versicherungsgesellschaft ist, wenigstens in der Regel, kein Schaden vorsätzlich zugefügt (§ 14), die Braut hatte auch noch keinen Unterhaltsanspruch gegen den getöteten Bräutigam, noch konnte er im Sinne des § 844 BGB. kraft Gesetzes ihr unterhaltspflichtig werden: vgl. JW. 1912, 637.

In folgenden Ausnahmefällen erstreckt jedoch das Gesetz die Ersatzpflicht auch auf den Schaden, den ein Dritter,

## 2. Mittelbar Beschädigter,

erlitten hat. a) Nach § 844 Abs. 1 BGB., § 3 Abs. 1 HaftpflG., § 10 Abs. 1 AutG. sind die Kosten der Beerdigung demjenigen zu ersetzen, dem sie obliegt, sei es kraft Gesetzes — §§ 1968, 1615 Abs. 2, 1580 Abs. 3 BGB., so auch dem Armenverband — sei es kraft Vertrags, z. B. einem Sterbekassenverein. Die Kosten einer Überführung der Leiche könne unter Umständen zu den Kosten einer standesgemäßen Beerdigung gehören, RG. 66, 306. Die Kosten einer Beförderung des tötlich Verletzten stellen einen ihm selbst erwachsenen Schaden dar. Hierwegen kann ein Ersatzanspruch nur von den Erben oder auf Grund nützlicher Geschäftsführung oder Bereicherung von demjenigen geltend gemacht werden, welcher sie bezahlt oder sie zu tragen sich verpflichtet hat, z. B. der Witwe.

b) Nach § 844 Abs. 2 BGB., § 3 Abs. 2 HaftpflG., § 10 Abs. 2 AutG. hat auch der Unterhaltungsberechtigte einen Ersatzanspruch. Vorausgesetzt ist, daß der Getötete zur Zeit der Verletzung zu einem Dritten in einem Verhältnis stand, vermöge dessen er dem Dritten gegenüber kraft Gesetzes unterhaltspflichtig war oder unterhaltspflichtig werden konnte (das trifft z. B. nicht zu auf die Witwe, wenn der Verletzte erst nach der Verletzung geheiratet hat), und daß dem Dritten infolge der Tötung das Recht auf den Unterhalt entzogen ist. Dann hat der Ersatzpflichtige dem Dritten durch Entrichtung einer Geldrente insoweit Schadensersatz zu leisten, als der Getötete während der mutmaßlichen Dauer seines Lebens zur Gewährung des Unterhalts verpflichtet gewesen sein würde. In Ansehung der Art der Rentenzahlung, der Sicherheitsleistung und der Abfindung in Kapitel gilt das gleiche, wie bei der Entschädigung wegen Erwerbsunfähigkeit. Hier wie dort wird der Anspruch nicht dadurch ausgeschlossen, daß ein anderer unterhaltspflichtig ist oder wird. Die Ersatzpflicht zugunsten des Unterhaltsberechtigten tritt auch dann ein, wenn er zur Zeit der Verletzung zwar erzeugt, aber noch nicht geboren war.

Voraussetzung des Unterhaltsanspruchs auf seiten des Unterhaltsberechtigten ist die Bedürftigkeit, auf seiten des Verpflichteten seine Leistungsfähigkeit. Nur der Unterhaltsanspruch der Ehefrau ist nicht von ihrer Bedürftigkeit abhängig. Vgl. §§ 1602, 1603, 1611, 1360, 1361 BGB. Die Bedürftigkeit muß bei der

Verletzung nicht schon bestanden, der Getötete braucht selbst noch keinen Unterhalt geleistet zu haben, wenn er nur zu den gesetzlich verpflichteten Personen gehört und zur Leistung imstande war (JW. 1907, 480). Vor Eintritt der Bedürftigkeit steht dem Dritten nicht die Leistungsklage, sondern nur die Klage auf Feststellung der Ersatzpflicht für den Fall späteren Eintritts der Bedürftigkeit zu (JW. 1907, 710; 1909, 314). Das „Recht auf Unterhalt" ist dem Dritten „entzogen" nicht nur dann, wenn die Unterhaltspflicht mit dem Tode erlischt, sondern auch, wenn sie auf die Erben übergeht, wie das bei der Unterhaltspflicht des außerehelichen Vaters der Fall ist (§ 1712 BGB.), die Erben aber tatsächlich zur Leistung oder vollen Leistung außerstande sind.

Die mutmaßliche Lebensdauer des Getöteten bildet die äußerste Grenze des Anspruchs. Innerhalb dieser Grenze kommt der mutmaßliche Eintritt wirtschaftlicher Selbständigkeit des Kindes, Aufhören der Bedürftigkeit des Unterhaltsberechtigten aus anderen Gründen, die Wahrscheinlichkeit einer Verheiratung des Unterhaltspflichtigen (JW. 1905, 143, 152; 1908, 109; 1909, 660), die durch die Tötung ermöglichte Wiederverheiratung der unterhaltsberechtigten Witwe (JW. 1905, 143) in Betracht. Veränderten Umständen kann auch hier nach § 323 ZPO. Rechnung getragen werden (JW. 1905, 152). Unzulässig ist es, den nach Art und Dauer verschiedenen Entschädigungsanspruch der Witwe und der Kinder eines Getöteten in einen Rentenanspruch zusammenzufassen. Dies selbst dann, wenn die Witwe als Inhaberin der elterlichen Gewalt die Kinder in dem Rechtsstreit wegen des Schadensersatzes vertritt; Kommentar von Reichsgerichtsräten § 844 Anm. 6 b; Recht 1912, 63.

Der Entschädigungsanspruch des Unterhaltungsberechtigten wird nicht dadurch berührt, daß ihm als Erben des Getöteten ein Vorteil zuwächst, RG. 64, 350. Dagegen ist beim Güterstand der Gütergemeinschaft der Witwe und den Kindern ein Schaden nicht entstanden, insoweit ihnen dasselbe Vermögen für den Lebensunterhalt zur Verfügung steht, wie zu Lebzeiten des Ernährers (§§ 1458, 1389 BGB.). Dies gilt, da der eheliche Aufwand und damit der Unterhalt der Familie dem Gesamtgut zur Last fällt, von den Erträgnissen der der Witwe zukommenden Gesamtgutshälfte, bei fortgesetzter Gütergemeinschaft von den Erträgnissen des Gesamtvermögens. Hier besteht für die Witwe der Vermögensnachteil nur in dem Wegfall der aus der Arbeitskraft des Getöteten gezogenen Gewinns, soweit dieser nach den gegebenen Verhältnissen für den Unterhalt der Ehefrau und der

Kinder tatsächlich zur Verwendung gekommen wäre, RG. 64, 344, 350; 69, 292.

Auf die Unterhaltsverpflichtung anderer Personen kann sich der Ersatzpflichtige niemals berufen. Dieser, in § 843 Abs. 4, § 7 HaftpflG. ausgesprochene Grundsatz bezieht sich nicht bloß auf den Anspruch wegen Erwerbsbeeinträchtigung und Vermehrung der Bedürfnisse, sondern auch auf den Ersatz der Heilungskosten, durch deren Aufwendung der Verletzte regelmäßig (RG. 47, 312) einen Vermögensnachteil erleidet. Der Grundsatz ist ein allgemeiner, den ganzen Inhalt der Schadensersatzpflicht wegen Verletzung von Körper und Gesundheit umfassender, RG. 65, 163; SeuffA. 67, 9; vgl. aber Recht 1909, 1310.

Bei dem Ausnahmecharakter der bezeichneten Vorschriften kann andererseits Ersatz niemals für denjenigen mittelbaren Schaden verlangt werden, welcher in dem Entstehen einer Unterhaltspflicht, z. B. Kindern gegenüber, besteht, RG. 64, 344, 350 (anders nach gem. Recht JW. 1902, 212).

Für die Entschädigung wegen Tötung oder Verletzung bei dem Betriebe eines Kraftfahrzeugs kommt die in § 12 AutG. bezeichnete Beschränkung in Ansehung des Betrags — höchstens 50000 Mk. Kapital oder 3000 Mk. Jahresrente für einen, höchstens 150000 Mk. Kapital oder 9000 Mk. Jahresrente insgesamt für mehrere Getötete oder Verletzte — hinzu.

c) Für das Gebiet der unerlaubten Handlungen gewährt § 845 BGB. auch dem Dienstberechtigten einen Ersatzanspruch. Der Anspruch geht auf Ersatz für die entgangenen Dienste und ist gegeben nicht nur bei Tötung, sondern auch bei Verletzung des Dienstverpflichteten. Vorausgesetzt ist, daß der Verletzte dem Dritten zur Leistung von Diensten in dessen Hauswesen oder Gewerbe kraft Gesetzes verpflichtet war. Auch hier kommt es nicht darauf an, welcher Art unerlaubte Handlung (nach BGB.) die Verletzung verursacht hat, RG. 50, 255. Anspruchsberechtigt sind der Mann wegen der Dienste der Frau (§ 1356 BGB.), die Eltern wegen derjenigen der Kinder (§ 1617 BGB.). Eine Ausdehnung der Vorschrift auf andere Dienstberechtigte, z. B. den Staat bei Verletzung eines Beamten, ist nicht zulässig, RG. 61, 293. Auch hat der Ehemann keinen Ersatzanspruch, weil infolge der Tötung des Kindes die Frau nervenkrank und erwerbsunfähig geworden ist; der Ausnahmecharakter der Vorschrift des § 845 steht einer derartigen Ausdehnung entgegen, SeuffA. 67, 36. Als Anhaltspunkt für die Höhe der Entschädigung dient der Lohn oder Gehalt eines anzustellenden Dienstboten oder Gehilfen.

Ist eine Ehefrau verletzt, so steht der Anspruch auf Ersatz wegen des Wegfalls ihrer Dienste im Haushalt oder Gewerbe des Mannes bei gesetzlichem Güterrecht dem Manne allein zu. Der Frau verbleibt nur der Ersatzanspruch wegen der Kur- und Verpflegungskosten, auch wenn sie vom Manne verauslagt worden sind, wegen der Vermehrung ihrer Bedürfnisse und wegen des beeinträchtigten Erwerbs außerhalb des Haushalts oder Geschäftes des Mannes, RG. 63, 195; 64, 323; JW. 1906, 385; 1908, 273; 1905, 341; 1906, 469; 1911, 810. Bei allgemeiner Gütergemeinschaft, Errungenschafts- oder Fahrnisgemeinschaft sind die Eheleute Gläubiger zur gesamten Hand, nicht Gesamtgläubiger, wie Aschaffenburg, DJZ. 1911, 433 richtig bemerkt. Der Anspruch fällt in das Gesamtgut, §§ 1438, 1458, 1519, 1529, 1549 BGB., und kann vom Manne, § 1443, oder mit Zustimmung des Mannes von der Frau geltend gemacht werden, RG. 60, 146; Recht 1909, 1484; RG. 73, 309 = JW. 1910, 652; Recht 1910, 2192, 3347; 1912, 2043. Der Anspruch auf Ersatz wegen Beeinträchtigung des künftigen Erwerbs nach Auflösung der Ehe kann nur durch Feststellungsklage verfolgt werden, JW. 1908, 273. Zu empfehlen ist die Erhebung einer gemeinsamen Klage beider Ehegatten oder die Klage der Frau mit Zustimmung des Mannes, RG. 60, 146; JW. 1909, 483 (vgl. Endemann, Recht 1909 S. 12 oben).

Nach dem Haftpflichtgesetz und dem Automobilgesetz steht dem Dienstberechtigten ein entsprechender Anspruch nicht zu. Der Ehemann hat mithin im Falle der Verletzung der Frau keinen Ersatzanspruch im Sinne des § 845 BGB. Da Eheleute am Gesamtgut zur Hälfte beteiligt sind, kann aber bei allgemeiner Gütergemeinschaft, Errungenschafts- oder Fahrnisgemeinschaft der Mann als Verwalter des geschädigten Gesamtguts oder mit seiner Zustimmung die Frau jedenfalls die Hälfte des entgehenden Werts der häuslichen Dienste der Frau einklagen. Wegen der zweiten Hälfte oder gar bei gesetzlichem Güterstand wegen des ganzen Schadens auch der Frau jeden Anspruch zu versagen, „weil ihr kein Schaden erwachsen sei", wäre eine ganz ungeheuerliche Unbilligkeit. Vielmehr hat die Frau, wenn sie auch gemäß § 1356 BGB. dem Manne zur Leistung der Dienste verpflichtet ist, doch zunächst persönlich einen vermögenswerten Verlust erlitten, welchen sie einklagen kann. Dem steht

§ 1356 BGB., der nur die persönliche Verpflichtung der Ehefrau gegenüber dem Manne regelt, nicht im Wege. Dagegen fehlt es eben in den Fällen des HaftpflG. und des AutG. an einer dem § 845 BGB. entsprechenden Bestimmung, aus welcher in Verbindung mit § 1356 der Wille des Gesetzes entnommen werden kann, daß insoweit allein der Mann ersatzberechtigt sei.[1])

d) Die Ansprüche aus §§ 844, 845 BGB. sind selbständiger Natur. Sie entstehen nicht erst in der Person des unmittelbar Verletzten, von welchem sie auf die Person des dritten Ersatzberechtigten übergingen, RG. 55, 24; 69, 186. Jedoch sind die Ansprüche der Dritten ihrer Entstehung nach abhängig von dem Verhalten des Verletzten. Ausschluß der Haftung durch Vertrag, insbesondere der Tierhalterhaftung, hindert auch die Entstehung der Ersatzansprüche der Dritten, RG. 65, 313; 69, 186. Mitwirkendes Verschulden des Verletzten steht ebenso wie dasjenige des dritten Beschädigten dem Ersatzanspruch entgegen, § 846 BGB., RG. 51, 275; 55, 24. Es kann auch über das mitwirkende Verschulden des Verletzten dem Dritten nach § 445 ZPO. der Eid zugeschoben werden, RG. 69, 186. Dagegen sind Vergleiche und Verzichte, die der Getötete nach der Verletzung mit dem Täter wegen des Ersatzanspruchs abschloß, für den dritten Ersatzberechtigten nicht bindend. Die Ausnahmenatur der Vorschriften steht ihrer Ausdehnung auf andere als die in §§ 844, 845 BGB. usw. bezeichneten Personen, auf andere Schäden oder auf Ansprüche aus Vertragsverhältnissen — § 618 BGB. ausgenommen — entgegen, JW. 1907, 710; 1908, 9, 449; 1910, 112; Recht 1907, 3312. Im Falle der §§ 618 BGB., 62 HGB. aber kann der vermöge der entsprechenden Anwendung auch der §§ 844, 845 auf die Angehörigen des Verletzten ausgedehnte Vertragsanspruch auch auf ein Verschulden von Erfüllungsgehilfen im Sinne des § 278 (nicht 831) BGB. gestützt werden, RG. 77, 408.

Soweit die Ersatzpflicht auf „Tötung" gesetzt ist, braucht sich das Verschulden nicht auf den Tod selbst zu erstrecken; es muß sich nur auf die Verletzung des Körpers oder der Gesundheit beziehen, Recht 1912, 52. Es genügt, daß der Tod mit der Verletzung tatsächlich in ursächlichem Zusammenhang steht

[1]) Vgl. die Übersicht von Püschel: Zugehörigkeit der einzelnen Schadensersatztitel bei Verletzung einer Ehefrau zu den verschiedenen Güterarten. Klagelegitimation und Verfügungsberechtigung des einen oder anderen Ehegatten nach den verschiedenen Güterrechten. JW. 1912, 731. Wegen der Passivlegitimation siehe § 4 a. E.

RG. 66, 251; 69, 340; JW. 1907, 514, z. B. bei Körperverletzung mit Todesfolge, § 226 StGB.

### 3. Entgangener Gewinn.

Zum Schaden gehört auch der entgangene Gewinn. Dem Schaden im engeren Sinne (damnum emergens) wird der entgangene Gewinn (lucrum cessans) gegenübergestellt. Ein Gewinnentgang steht mit der zum Schadensersatz verpflichtenden Tatsache in der Regel in ursächlichem Zusammenhang, wenn ohne diese Tatsache der Gewinn gemacht worden wäre. Aber auch hier genügt nicht das bloße Bedingungsverhältnis: es ist nicht ausreichend, daß der Einbruch in das fremde Rechtsgebiet conditio sine qua non des Gewinnentgangs war. Hier verlangt vielmehr das Gesetz ausdrücklich ein Mehr. Der Gewinn muß nach dem gewöhnlichen Laufe der Dinge oder nach den besonderen Umständen, insbesondere nach den getroffenen Anstalten und Vorkehrungen „mit Wahrscheinlichkeit" zu erwarten gewesen sein. Dann wird unterstellt, daß der Betroffene als vernünftiger Mensch ihn auch gemacht hätte. Dann „gilt" ein solcher Gewinn als entgangen, § 252 BGB.

a) Mit Sicherheit kann in den seltensten Fällen auf einen Gewinn gerechnet werden. Ein bloß erwarteter Gewinn ist noch nicht Vermögensbestandteil. Regelmäßig handelt es sich nur um die Möglichkeit und die mehr oder weniger große Wahrscheinlichkeit eines Gewinns. Grundsätzlich müßte die Höhe des möglichen Gewinns und die Wahrscheinlichkeit seines Eintritts dem Grade nach in Anschlag gebracht werden. Die Möglichkeit bedeutenden Gewinns, verbunden mit geringer Wahrscheinlichkeit, wäre dann der großen Wahrscheinlichkeit eines geringen Gewinnes gleichwertig. Das Gesetz sieht aber von einer derartigen Abwägung ab. Ist die Wahrscheinlichkeit eine nur geringe, so wird der Entgang des Gewinns nicht als Folge des zum Ersatz verpflichtenden Umstandes angesehen. Ist aber ein gewisser Grad von Wahrscheinlichkeit vorhanden, dann „gilt" die zum Ersatz verpflichtende Handlung als Ursache des Fehlschlagens, dann hat der Ersatzpflichtige den entgangenen Gewinn voll zu vergüten.

b) Die Bestimmung in § 252 BGB. wird mit Recht als Beleg dafür angeführt, daß dem BGB. der Begriff der adäquaten Verursachung zugrunde liegt. v. Liszt (Deliktsobligationen S. 71) sieht in § 252 die einfache Verwendung dieses Begriffes.

Auch Titze (Die Unmöglichkeit der Leistung, 1900, S. 129) findet die Lehre vom adäquaten Kausalzusammenhang in den Bestimmungen in §§ 252, 254 BGB. geradezu ausgesprochen. Ein entgangener Gewinn wäre hiernach dann zu ersetzen, wenn im Falle des Unterbleibens des haftpflichtig machenden Vorgangs die im Augenblick seines Eintritts vorhandenen Umstände schon den Eintritt des Gewinns generell zu begünstigen geeignet waren, wenn nicht diese Wahrscheinlichkeit eine ganz geringfügige ist. Während nach v. Liszt die subjektive Wahrscheinlichkeit vom Standpunkte des Beschädigten oder des Beschädigenden erforderlich ist, kommt es nach der Lehre vom adäquaten Zusammenhang — Rümelin S. 253 — auf die objektive, allgemeingültige Wahrscheinlichkeit unter Zugrundelegung aller zur Zeit der Beschädigung vorliegenden, sofort oder später erkennbar gewordenen Umstände an. Das Richtige ist aber auch hier, nicht allein die zur Zeit der Schadenszufügung, sondern auch die zur Zeit der Beurteilung dem Richter bekannten Umstände, dessen ganzes tatsächliches und Erfahrungswissen zugrunde zu legen. Der Standpunkt der „objektiven nachträglichen Prognose" ist auch hier der richtige. Der Unterschied von der gewöhnlichen Kausalbetrachtung besteht in dem zu verlangenden Grade der Wahrscheinlichkeit.

Fraglich ist, welches der zugrunde zu legende Wahrscheinlichkeitsgrad ist, ob, wie bei der Verursachung eines wirklichen Schadens, jede nicht ganz geringfügige Begünstigung genügt. Daß hier allerdings ein anderer Wahrscheinlichkeitsgrad verlangt werden muß, ergibt sich aus folgendem: Der entstandene Schaden (damnum emergens) ist eine wirkliche Vermögenseinbuße. Der entgangene Gewinn (lucrum cessans) ist die Einbuße eines Vorteils, der in Wirklichkeit noch gar nicht Vermögensbestandteil war. Ihn der wirklichen Einbuße gleichzustellen, rechtfertigt nur ein höherer Grad von Wahrscheinlichkeit seines Eintritts. Man wird hier also eine überwiegende Wahrscheinlichkeit, eine Wahrscheinlichkeit von annähernd 1/2 oder von 50% verlangen müssen. Nur dann kann man von einem Gewinn sprechen, der im Sinne des § 252 BGB. nach dem gewöhnlichen Lauf der Dinge „mit Wahrscheinlichkeit" erwartet werden konnte. Die Worte „mit Wahrscheinlichkeit" in § 252 sind nach dem gewöhnlichen Sprachgebrauch, nicht nach der Lehre vom adäquaten Kausalzusammenhang im Sinne jeder nicht ganz geringfügigen Wahrscheinlichkeit, sondern im Sinne einer Wahrscheinlichkeit von wenigstens 50%, im Sinne einer „überwiegenden Wahrscheinlichkeit" zu verstehen. Ein wirklicher Schaden, für welchen die verantwortlich machende Rechtsverletzung eine objektive Wahrscheinlichkeit von auch nur 20% mit sich brachte, kann sehr wohl durch jene Verletzung verursacht sein. Von einem Gewinn, für welchen eine Wahrscheinlichkeit von bloß $^1/_5$ vorlag, kann man nicht sagen, daß er nach dem gewöhnlichen Lauf der Dinge „mit Wahrscheinlichkeit" erwartet werden konnte. Und auch, daß diese Erwartung nach den getroffenen besonderen Anstalten und Vorkehrungen berechtigt war, spricht für das Vorhandensein einer „überwiegenden" Wahrscheinlichkeit. Nur in diesen Fällen kann ein bloß erwarteter, aber entgangener Gewinn einer wirklichen Vermögenseinbuße gleichgestellt werden.

c) Ist die Betrachtungsweise vom Standpunkt des erkennenden Richters (objektiv nachträgliche Prognose) die richtige, so ergibt sich ohne weiteres die Zulässigkeit der Berücksichtigung besonders günstiger Verwertungsmöglichkeiten und Verbindungen (Konjunkturen) in der Zwischenzeit. Im allgemeinen wird ein vernünftiger Mensch sie ausnützen. Daß er das getan hätte, braucht nicht erst bewiesen zu werden. Darum „gilt" ein Gewinn als entgangen, für dessen Eintritt die erforderliche Wahrscheinlichkeit gegeben war. Besonders zu erweisende Umstände könnten freilich die Wahrscheinlichkeit ihrer Ausnützung unter 50% herabmindern. Dafür wäre der Beklagte beweispflichtig. Immer aber muß die Sache so liegen, daß der Gewinn, wenn er gemacht worden wäre, als adäquat verursacht anzusehen wäre durch die Umstände, wie sie um die Zeit der Schadenszufügung bereits gegeben waren. Dabei sind freilich auch spätere, dem Richter bekannte, Ereignisse in Betracht zu ziehen. Ein solches Ereignis kann den Ausspruch rechtfertigen, daß der Gewinn mit einer Sicherheit von 100% gemacht worden wäre. Z. B. der Beschädigte kann beweisen, daß er mit dem gestohlenen Geld gerade das Los mit der Nummer gekauft hätte, die gewann. Aber eine solche Sicherheit des Gewinneintritts kann nicht den adäquaten Zusammenhang zwischen Schadenszufügung und Gewinnentgang ersetzen. Deshalb mußte auch die Klage RG. 28, 159 abgewiesen werden. Der Zuckerverkäufer X hatte Verladung auf Schiff A vorgeschrieben. Der Verfrachter Y verlud auf Schiff B. Schiff A ging unter. Bis zur Ankunft am Bestimmungshafen hatte der Zucker infolge von Preissturz erheblich an Wert eingebüßt. X verliert die hohe Versicherungssumme. Die Versicherungssumme ist entgangener Gewinn. Das Gericht konnte von seinem Standpunkt aus mit Sicherheit annehmen, daß X ihn gezogen hätte, hätte Y vertragsmäßig auf Schiff A verladen. Das Oberlandesgericht (Hamburg) hat auch den Klaganspruch dem Grunde nach für berechtigt erklärt. Das Reichsgericht erkannte in der Verladung auf Schiff A und dessen Untergang eine bloße Bedingung des Anspruchs auf die Versicherungssumme. Dagegen wird der erforderliche ursächliche Zusammenhang verneint: Die Verladung auf Schiff A hätte nicht den Versicherungsgewinn adäquat verursacht. Ursache wäre der Abschluß des Versicherungsvertrags gewesen. Die ausgemachte Verladung auf Schiff A brachte aber sowohl im Sinne der Vertragsparteien als auch objektiv in Verbindung mit den übrigen im Zeitpunkte der Verladung gegebenen, wenn auch erst später bekannt gewordenen Bedingungen, nicht die geringste Wahrscheinlichkeit dafür, daß das Schiff untergehen und X die Versicherungssumme ziehen werde. Somit hätte die Verladung auf Schiff A nicht den Gewinn und hat die Verladung auf Schiff B nicht den Gewinnentgang verursacht.

Eine Beweisvermutung wird in § 252 BGB. nicht aufgestellt. „Als entgangen gilt der Gewinn", bedeutet vielmehr so viel als: der ursächliche Zusammenhang zwischen dem haftungsbegründenden Vorgang und dem Gewinnentgang wird gedankenmäßig unterstellt, wenn wegen der bezeichneten Voraussetzungen im Falle des Eintritts der Gewinn als die adäquate Folge jener Voraussetzungen hätte angesehen werden müssen und durch jene Voraussetzungen eine überwiegende Wahrscheinlichkeit des Gewinns begründet war.

## 4. Regelmäßige Formen des Schadensersatzes.

Der Schadensersatz ist regelmäßig durch Herstellung des Zustandes zu leisten, wie er sich ohne das schädigende Ereignis gestaltet haben würde. Der Schuldner hat den Gläubiger in die Lage zurückzuversetzen, in welcher er sich ohne den haftungbegründenden Vorgang befunden hätte. Eine entzogene Sache ist zurückzugeben, eine vertretbare durch eine gleichartige zu ersetzen, eine beschädigte wiederherzustellen. Unter Umständen kann Befreiung von einer Schuld verlangt werden; Recht 1911, 3624. § 249 Satz 1 BGB. Die Herstellung des früheren Zustandes erfordert keine völlige äußerliche Gleichartigkeit. Die Sache muß nur im allgemeinen, namentlich hinsichtlich ihrer wirtschaftlichen Brauchbarkeit und Nutzbarkeit, wieder so hergestellt werden, wie sie vor Eintritt der Beschädigung war, RG.

76, 147; SeuffA. 66, 226. Soweit aber die Herstellung nicht möglich oder, z. B. im Falle der Ausbesserung eines neuen Kleides, zur Entschädigung nicht genügend ist, muß der Ersatzpflichtige Geldentschädigung leisten.

Der Gläubiger kann von vornherein Geldersatz verlangen, wenn wegen Verletzung der Person oder wegen Beschädigung einer Sache Schadensersatz zu leisten ist. Der Beschädigte kann, wie die Wiederherstellung der Gesundheit durch Inanspruchnahme des Arztes und Kurgebrauch, so die Herstellung der Sache auf eigene Kosten vornehmen und den erforderlichen Betrag einklagen. Allgemein kann Geldersatz verlangt werden, wenn dem Ersatzpflichtigen zur Herstellung eine angemessene Frist gesetzt wurde mit der Erklärung, daß nach Ablauf der Frist die Herstellung abgelehnt wurde. Der Gläubiger kann dabei auch ausdrücklich eine „angemessene Frist" setzen. Bei zu kurzer Frist gilt die angemessene als gesetzt, RG. 56, 234 (a. M. Enneccerus § 238). Dann ist es Sache des Richters, zu entscheiden, ob die nötige Zeit gelassen wurde. Erfolgt die Herstellung nicht innerhalb der gesetzten Frist, dann kann der Gläubiger Geldersatz verlangen. Der Anspruch auf Herstellung ist nach Ablauf der Frist ausgeschlossen. § 250 BGB. Eine öffentlichrechtliche Befugnis zur Beseitigung des Schadens, im gegebenen Fall die Befugnis des hamburgischen Staats zur Entfernung eines Wracks aus der Seestraße (Beschädigung einer „Sache", § 249 Satz 2?), wird durch den privatrechtlichen Schadensersatzanspruch nicht berührt. Nach erfolgter Beseitigung bestand der Schaden in den Kosten der Beseitigung (270 000 Mk.), RG. 73, 8 = LZ. 1910, 399.

Der Ersatzpflichtige hat seinerseits von vornherein das Recht, den Gläubiger in Geld zu entschädigen, wenn die Herstellung nur mit unverhältnismäßigen Aufwendungen möglich ist, z. B. bei schwer herstellbarer Katalog- oder Fabrikware, § 251 Abs. 2 BGB. Das gilt auch dann, wenn im Falle des § 249 Satz 2 der Beschädigte die Herstellung selbst vornimmt und die Kosten verlangt. Auch dann muß der Schuldner nur den Betrag bezahlen, welcher 1. zur Herstellung notwendig war und 2. nicht außer Verhältnis steht zu dem tatsächlich entstandenen Schaden z. B. dem Sachwert, JW. 1909, 454; DJZ. 1147; SeuffA. 67, 32, m. a. W. das Recht, die Herstellung abzulehnen, wenn sie nur mit unverhältnismäßigen Kosten möglich ist, steht dem Schuldner auch gegenüber dem Verlangen der Herstellungs**kosten** nach § 249 Satz 2 zu; denn auch damit verlangt der Gläubiger Herstellung. Folglich kann im Falle der Beschädigung einer Sache der Eigentümer sofort deren Minderwert in Geld ersetzt verlangen, wenn dieser Minderwert weniger als die unverhältnismäßig hohen Kosten der Wiederherstellung beträgt, RG. 76, 149. Ob die Kosten unverhältnismäßig hoch sind, ist rein sachlich zu beurteilen. Ob den Gläubiger, welcher die Herstellung auf eigene Kosten vornimmt, ein Verschulden trifft, kommt nicht in Betracht. Er handelt insofern auf eigene Gefahr.

## 5. Besondere Formen des Schadensersatzes.

Der Schadensersatz soll nicht zu einer Bereicherung des Beschädigten führen. Ein doppelter Ersatz soll nicht stattfinden. Daher sind etwaige dem Gläubiger durch den haftungsbegründenden Vorgang erwachsene Vorteile zur Ausgleichung zu bringen. Die Vorteilsausgleichung (§ 7) erfolgt in der Regel im Wege einer Rechnungsaufstellung, RG. 54, 137, soweit möglich in Form der Anrechnung des in Geldwert bestehenden oder zu schätzenden Vorteils auf den zu leistenden Ersatz, nicht nach den Grundsätzen der Aufrechnung oder Zurückbehaltung (§§ 387, 273 BGB.). Sowohl bei der Vorteilsausgleichung als in den folgenden Fällen, in welchen ein selbständiger, zur Ausgleichung zu bringender, Vorteil nicht in Frage steht, kommt es vor, daß eine Anrechnung nicht möglich ist.

a) Dies, wenn der Schuldner an Stelle der beschädigten Sache eine neue liefert oder den vollen Wert bezahlt, die beschädigte alte Sache aber immer noch einen gewissen Wert hat. Dann braucht der Schuldner nur gegen Herausgabe der beschädigten, aber immerhin nicht wertlosen Sache zu leisten. Hier muß der Gläubiger dem Ersatzpflichtigen die beschädigte Sache zur Verfügung stellen. Es wäre also unter Umständen auf Zahlung gegen Überlassung dieser Sache zu klagen und zu erkennen. Ähnliches gilt bei dem Unterschied von alt und neu. Durch die Wiederinstandsetzung der schon vorher minderwertigen Sache erhielte der Gläubiger unter Umständen einen Mehrwert. Ist er ein unerheblicher, so darf der Schuldner hierwegen nichts anrechnen. Dem Beschädigten konnte ja der bisherige Zustand genügen. Und mit den Kosten der Wiederherstellung oder Neuanschaffung verlangt er ja nichts anderes als die Wiederherstellung des früheren Zustandes, § 249 BGB. An sich muß sich der Beschädigte mit der den Minderwert einer schon vorher schadhaften alten Sache berücksichtigenden Geldentschädigung nicht begnügen, arg. § 251 Abs. 2 BGB. Wäre aber der Mehrwert der neuen oder der hergestellten Sache ein erheblicher und gleichzeitig die Herstellung oder Neuanschaffung nur mit unverhältnismäßigem — d. h. zu dem Wert oder Minderwert der alten Sache außer Verhältnis stehenden — Aufwand möglich, dann hätte der Ersatzpflichtige das Recht, den Gläubiger in Geld zu entschädigen, § 251 Abs. 2 BGB. Der Ersatz bestünde dann lediglich in dem Wert oder Minderwert der alten Sache. In Ermangelung der Voraussetzungen des § 251 Abs. 2 BGB. muß es aber nach § 249 bei der Herstellung in Natur oder dem Ersatz ihrer Kosten verbleiben, bei welcher es dem Beschädigten nicht obliegt, den etwa erlangten Mehrwert in Geld zu erstatten. Die vom Gelderersatz handelnde Bestimmung in § 710 HGB. kann auf die Naturalherstellung nach § 249 BGB., soweit solche verlangt werden kann, keine Anwendung finden (a. M. Ortmann, Vorteilsausgleichung S. 235 ff.). Entsprechende Vorschriften wie §§ 710, 872 HGB., 86, 141 Abs. 2 BVG. fehlen im BGB. Ist mit der Wiederherstellung eine Wertsteigerung verbunden, so ist der Gläubiger deshalb auch nicht ungerechtfertigt bereichert; Recht 1912, 2636.

b) „Wer für den Verlust einer Sache oder eines Rechtes Schadensersatz zu leisten hat, ist zum Ersatze nur gegen Abtretung der Ansprüche verpflichtet, die dem Ersatzberechtigten auf Grund des Eigentums an der Sache oder auf Grund des Rechts gegen Dritte zustehen“, § 255 BGB. Auch der Fall, daß beim Sach- oder Rechtsverlust dem Ersatzberechtigten auf Grund des Eigentums an der Sache oder auf Grund des Rechts überdies ein Anspruch gegen Dritte zusteht, ist der Vorteilsausgleichung verwandt. Es handelt sich jedoch hier um eine besondere Form der Ersatzleistung, nicht um die Ausgleichung eines Vorteils. Der Beschädigte hat in dem Anspruch gegen den Dritten keinen selbständigen Vorteil, sondern nur die, mehr oder weniger aussichtsvolle, Möglichkeit, auch von dem Dritten einen und denselben Schaden ersetzt zu erhalten. Wird ihm voller Ersatz von dem Schuldner, so hat für ihn der Anspruch gegen den Dritten keinen Wert mehr; denn er kann nur einmal Ersatz verlangen. Die Abtretungspflicht des § 255 BGB. dient mithin der Überwälzung des Schadens auf den entgültig Haftpflichtigen, unter Umständen der Schadensverteilung.

Nur solche Ansprüche sind abzutreten, die dem Ersatzberechtigten „auf Grund des Eigentums an der Sache oder auf Grund eines Rechts“ zustehen. Unter diesen Rechten sind nur dingliche Rechte an einer Sache zu verstehen. Nicht abzutreten sind Ansprüche, welche dem Ersatzberechtigten auf Grund einer besonderen obligatorischen Beziehung Dritten gegenüber zustehen, d. h. nicht Ansprüche auf Grund eines Vertrags- oder vertragsähnlichen Verhältnisses. Es kann der Entleiher A, in dessen Besitz, weil er achtlos war, die Sache des B durch C beschädigt worden ist, wenn er dafür haftbar gemacht wird, die Abtretung des Anspruchs des B gegen den C, nicht aber umgekehrt C, welcher von B aus unerlaubter Handlung in Anspruch genommen wird, die Abtretung der Ansprüche des B gegen den Entleiher A verlangen. Ansprüche auf Grund des Eigentums im Sinne des § 255 sind in erster Linie solche aus unerlaubten Handlungen. Nichts anderes gilt von den Ansprüchen, die dem Ersatzberechtigten — anderweit — auf Grund des verlorenen Rechtes zustehen.[1])

Dagegen kommt es auf den Rechtsgrund des geltend gemachten Anspruchs des Ersatzberechtigten zunächst nicht an. Er kann auf Vertrag, vertragsähnlichem Verhältnis, Gesetz oder unerlaubter Handlung beruhen. Beruht er auf Versicherungsvertrag, so muß der Versicherte auf Grund der ausdrücklichen Vorschrift in § 67 VVG. dem Versicherer den anderweit zustehenden Ersatzanspruch abtreten.

c) Fraglich kann scheinen, ob § 255 auch dann Anwendung findet, wenn auch der geltend gemachte Anspruch des Ersatzberechtigten auf unerlaubter Handlung beruht. Der Ladenbesitzer A, dessen Spiegelscheibe von dem scheuenden Pferd des Rennstallbesitzers B, weil der darauf reitende Zureiter C unaufmerksam ist, zertrümmert wird, muß, will er Ersatz von der Spiegelglasversicherungsgesellschaft, dieser zweifellos die Ansprüche gegen den Tierhalter B und gegen den Zureiter C

[1]) Bloße Ansprüche können unter den „Rechten“ nicht verstanden sein. Ein verlorener Anspruch läßt keinen mehr übrig. Nur ein dingliches (absolutes) Recht kann Ansprüche gegen verschiedene Personen ausstrahlen oder zurücklassen. Ein verlorener Anspruch kann zu einem Ersatzanspruch gegen einen Dritten nur führen auf Grund eines vertraglichen oder vertragsähnlichen Verhältnisses zu dem Dritten. Nicht unter § 255 BGB. fällt daher das im RGR.-Komm. angeführte Beispiel, daß ein Anwalt Ersatz leisten muß wegen eines ihm zur Einklagung übergebenen, infolge seiner Säumigkeit verjährten Anspruchs. Der Anspruch, dem die Verjährungseinrede entgegensteht, ist nicht ein Anspruch, der dem Klienten „auf Grund des (verlorenen) Rechtes“ zusteht. Es muß ihn abtreten wie eine beschädigte, aber nicht wertlose Sache, für die der Gläubiger Ersatz verlangt, weil insoweit kein Schaden entstanden ist, vgl. vorstehend unter a.

aus § 823 BGB. abtreten. Muß A auch, wenn er den B haftbar macht, dem B (Tierhalter) den Anspruch gegen den C (aus § 823 BGB.) abtreten? Oder: Das Pferd des B wird durch plötzliches (fahrlässig abgegebenes) Huppezeichen des Autofahrers oder unvorsichtiges Draufloszfahren des Radfahrers C zum Scheuen gebracht und zerschlägt die Scheibe. Sicher ist, daß in allen diesen Fällen A, wenn er den C verantwortlich macht, dem C nicht seinen Ersatzanspruch gegen den Tierhalter B abtreten muß; dem steht § 840 Abs. 3 BGB. entgegen. Wenigstens wäre solche Abtretung zwecklos; denn, wollte C den abgetretenen Anspruch gegen den B geltend machen, so würde ihm der in Anspruch genommene Tierhalter mittels exceptio doli entgegnen, daß gemäß § 840 Abs. 3 BGB. C selbst für diesen Schaden dem B hafte. Wird aber der Tierhalter B verklagt, so hat er nach derselben Bestimmung den vollen Rückgriff gegen C ohne weiteres. Während in der Regel dem in Anspruch genommenen Gesamtschuldner der Rückgriff auf den Kopfteil auf Grund des § 426 BGB. zusteht, hat der nach §§ 833—838 Haftpflichtige gegen den verantwortlichen Dritten gemäß § 840 Abs. 3 den Rückgriff auf das Ganze. In beiden Fällen erfolgt der Rückgriff zwar, weil auch der andere aus unerlaubter Handlung haftet, aber nicht auf Grund des abgetretenen Anspruchs des Beschädigten, sondern auf Grund der §§ 426, 840 Abs. 3 BGB. aus eigenem Recht, auf Grund des Gesamtschuldverhältnisses. Hier kann also von einer Abtretung nach § 255 BGB. keine Rede sein.

Wie aber, wenn beide, der Autofahrer und der Radfahrer, durch ihr unvorsichtiges Fahren das Pferd zum Scheuen gebracht und beide aus Verschulden nach § 823 BGB., gemäß §§ 840, 830 Satz 2 BGB. als Gesamtschuldner, haften? Kann etwa der auf Ersatz belangte Radfahrer gemäß § 255 BGB. Abtretung der Ansprüche des A gegen den Autofahrer verlangen? Die Folge, daß hier der zuerst in Anspruch genommene lediglich um deswillen den Anspruch ganz abzuwälzen in der Lage wäre, weil er zuerst in Anspruch genommen wurde, kann jedenfalls vom Gesetz nicht gewollt sein. Hier sind vielmehr allein die Regeln über die Ausgleichung unter mehreren Gesamtschuldnern maßgebend. Freilich könnte, wollte man hier den § 255 BGB. anwenden, der vom Radfahrer belangte Autofahrer mit exceptio doli einwenden, er selbst brauche gleichfalls nur gegen Abtretung der Ansprüche des A gegen den klagenden Radfahrer zu leisten. Das würde dann dazu führen, daß unter den mehreren, aus Verschulden Haftpflichtigen, schließlich der Schaden unter Anwendung des § 254 BGB. oder unter entsprechender Anwendung dieser Vorschrift nach Maßgabe der vorwiegenden Verursachung geteilt werden müßte. Zu diesem Ergebnis gelangt man jedoch auf Grund der Vorschriften der §§ 426, 254 BGB. ohnedies; denn die Anordnung der gleichmäßigen Verteilung des Schadens bei der Ausgleichung auf die Gesamtschuldner stellt sich als eine Hilfsregel dar, die nur Platz greift, wo ein anderweiter Verteilungsmaßstab nicht gegeben ist, oben § 4 Ziff. 4, RG. 75, 251. Daraus ergibt sich, daß, wer selbst aus unerlaubter Handlung haftet, die Abtretung nach § 255 BGB. nicht verlangen kann; wenn diese Vorschrift von demjenigen spricht, der für den Verlust einer Sache oder eines Rechts Schadensersatz zu leisten hat, so meint sie nur den, der aus Vertrag, vertragsähnlichem Verhältnis oder Gesetz, aber nicht aus unerlaubter Handlung zu haften hat.

Wie wir gesehen haben, muß in den Fällen, da für ein und denselben Schaden der eine als Betriebsunternehmer einer Bahn (Gefährdung im Sinne des HaftpflG., nicht nach §§ 833 bis 838 BGB.), der andere aus Verschulden haftet, JW. 1912, 71, oder da derselbe Schaden von dem einen durch seine Fahrlässigkeit, von dem andern vorsätzlich verursacht worden ist, RG. 69, 277; 76, 322, die nach § 254 BGB. gebotene Abwägung, wenn es sich um das Verhältnis des Beschädigten zu dem Ersatzpflichtigen handelt, nicht notwendig dazu führen, daß im ersten Falle der schuldhaft Handelnde, im zweiten Falle der vorsätzliche Täter den Schaden allein zu tragen hat. Die Vermeidung unbilliger Ergebnisse liegt hier auf dem Gebiet der objektiven Verursachung; im zweiten Fall wird vom Standpunkte der adäquaten Verursachung in der Regel nur die Handlung des vorsätzlichen Täters den Schaden verursacht haben, auch wenn außerdem die Fahrlässigkeit des anderen Bedingung (conditio sine qua non) dieses Erfolgs gewesen ist. Dieselbe Anwendung des § 254 BGB. hat entsprechend auch bei der Ausgleichung unter mehreren Ersatzpflichtigen der genannten Art nach § 426 BGB. einzutreten.

In dem in § 3c herangezogenen Beispiele hat der Verlierer B, der die im Theater liegen gebliebene Uhr des D von A zur Aufbewahrung und Ablieferung an den Eigentümer übernommen hat, sicherlich das Eigentum des D durch eine recht grobe Fahrlässigkeit verletzt. B haftet infolgedessen mit C dem D als Gesamtschuldner. Dies auch dann, wenn er nur dem

Dritten (A) gegenüber persönlich zur Sorgfalt verpflichtet war, vgl. § 3d. Nach § 426 BGB. würden B und C, welcher die Uhr zertrat, unter sich der Regel entsprechend nach Kopfteilen haften. Als vorsätzlicher Täter hat jedoch C den Schaden vorwiegend verursacht und auch dem B gegenüber vorwiegend zu tragen. Eine Abtretung des Ersatzanspruchs des D an einen von ihnen, der von D zuerst in Anspruch genommen würde, findet hier nicht statt.[1])

## § 10.

## Schadensersatzklage. (Anspruch auf Unterlassung).

An Besonderheiten des Schadensersatzprozesses sind hervorzuheben:

### 1. Der Gerichtsstand.

Die prozessuale Feststellung der Klagetatsachen kann gerade bei demjenigen Gerichte, in dessen Bezirk eine unerlaubte Handlung begangen ist, am besten, sichersten und mit den geringsten Kosten erfolgen (RG. 60, 301). Darum bestimmt § 32 ZPO.: „Für Klagen aus unerlaubten Handlungen ist das Gericht zuständig, in dessen Bezirke die Handlung begangen ist." Für

[1]) Anders, wenn A als Vertreter des D gehandelt und nach Sachlage B dem D auch aus Verwahrungsvertrag, Auftrag oder Geschäftsführung haften würde. Würde nach den Grundsätzen der Anspruchskonkurrenz B dem D hier auch aus unerlaubter Handlung haften, so könnte doch jetzt B, wenn er von D in Anspruch genommen wird, von ihm nach § 255 BGB. die Abtretung seines Anspruchs gegen C verlangen und auf Grund dessen unter allen Umständen — nicht nur nach Maßgabe des § 254 — vollen Ersatz von C beanspruchen. Auch, wenn C die Uhr nicht zertreten, sondern sie etwa, als B den Besitz noch nicht verloren hatte (§ 856 Abs. 2 BGB.), an sich genommen hätte, um sie sich rechtswidrig zuzueignen, könnte B auf Grund des ihm rechtswidrig entzogenen Besitzes nach §§ 861 Abs. 1, 283, 823 Abs. 1 BGB. seinerseits vollen Ersatz von C verlangen (vgl. Siegel, JW. 1910, 55); B könnte das auch dem Diebe C gegenüber, welcher nach § 426 Ersatz der Hälfte des von ihm dem D vergüteten Schadens verlangen wollte, einredeweise mit Erfolg entgegenhalten. Ebenso würde B von C, falls dieser die Uhr nicht gestohlen, sondern unterschlagen hätte, wohl aus ungerechtfertigter Bereicherung, § 812 BGB., den Rückersatz des vollen Werts verlangen können. Aber allein auf Grund der von C lediglich dem D gegenüber begangenen unerlaubten Handlung (Sachbeschädigung) und mittels des § 255 BGB. könnte B, wenn er selbst nur aus unerlaubter Handlung haftet, vollen Ersatz von C nicht beanspruchen, soweit nicht die Abwägung nach § 254 BGB., die auch hier entsprechend vorzunehmen ist, ergibt, daß der Schaden vorwiegend von C verursacht worden ist.

Klagen aus dem UnlWG. ist nach § 24 daselbst — vgl. § 2 der alten Fassung vom 27. Mai 1896 — dieser Gerichtsstand nur ganz hilfsweise gegeben. Für Klagen aus § 43ff. BörsG. ist nach § 47 der Gerichtsstand des § 32 ausgeschlossen. Im übrigen gilt der Gerichtsstand der unerlaubten Handlung ohne Rücksicht auf Anwesenheit oder Vermögensbesitz des Beklagten im Gerichtsbezirk. Der Begriff der unerlaubten Handlung im Sinne des § 32 ZPO. ist jetzt derjenige des BGB. Er ist auf alle in Titel 25 des 7. Abschnittes des zweiten Buchs angeführten Tatbestände anwendbar, auch wo ein Verschulden nicht vorausgesetzt wird. Selbst für die Haftpflicht der Eisenbahn nach §§ 1 und 2 HaftpflG., die als Haftpflicht aus unerlaubter Handlung im Sinne des BGB. anzusehen ist, RG. 53, 114, 120; 58, 336, besteht der Gerichtsstand des § 32 ZPO., JW. 1905, 317; RG. 60, 300. Desgleichen für die bloße Gefährdungshaftung nach AutG., § 20 daselbst, und für die Ersatzansprüche aus §§ 717, 945 ZPO., vgl. § 11 a. E. Stützt sich die Klage nach ihrer Begründung sowohl auf unerlaubte Handlung als auf Verletzung einer Vertrags- oder vertragsähnlichen Pflicht, so ist für jeden Klaggrund die Zuständigkeit selbständig zu prüfen, RG. 27, 385.

Klagen auf Unterlassung, vgl. unten Ziff. 6, haben zwar meist eine unerlaubte Handlung zur Veranlassung, beruhen jedoch auf dem verletzten und bedrohten absoluten Rechte selbst. Für sie gilt daher, soweit sie nicht als Klage auf Herstellung des früheren Zustands anzusehen sind, nicht der besondere Gerichtsstand des § 32 ZPO.; RG. 24, 394, BadRpr. 1904, 259. Nichts anderes wird gelten, wenn sich die Unterlassungsklage gegen die Verletzung des Rechts auf den „bürgerlichen" oder „kaufmännischen" Namen, die Firma, richtet, § 12 BGB., 37 Abs. 2 HGB., RG. 44, 18 vgl. ROLG. 7, 181. Auch ist für die Unterlassungs- und die Schadensersatzklage aus dem UnlWG. jetzt nach § 24 daselbst ausschließlich die gewerbliche Niederlassung und in Ermangelung solcher der Wohnsitz des Beklagten maßgebend. Haftung aus unerlaubter Handlung ist die Haftung des Geschäftsherrn (§ 831 BGB.), des Aufsichtspflichtigen (§§ 832, 834 BGB.), des Staates usw. nach EG. BGB. Art. 77, §§ 31, 89 BGB., der Gemeinde bei Zusammenrottungen nach Art. 108 EG. BGB. und, soweit eine Haftung gegenüber dem Dritten, nicht dem Versender oder Befrachter gegenüber in Frage steht, auch die Haftung des Frachtführers und des Reeders nach §§ 431, 485f., 734ff. HGB. (Art. 7

EG.HGB.) und des Schiffseigners nach § 3 BinnSchG. — vgl. RG. 27, 385. Insoweit ist mithin der besondere Gerichtsstand des § 32 ZPO. gegeben. Die Klage bleibt eine solche aus unerlaubter Handlung, auch wenn sie zufolge Rechtsübergangs nach den Vorschriften über die öffentliche Armenunterstützung, § 62 UnlWG. jetzt vom 7. Juni 1908, vgl. z. B. § 4 BadArmenpflG. vom 5. Mai 1870, oder nach den Vorschriften der Arbeiterversicherung, von dem Armenverband, der Gemeinde oder dem Versicherungsträger erhoben wird.

Eine unerlaubte Handlung ist da begangen, wo ein wesentliches Tatbestandsmoment in die Erscheinung getreten ist. Erstreckt sich die in Bewegung gesetzte Kraft oder der Erfolg auf mehrere Gerichtsbezirke, z. B. bei einer durch Versendung eines Briefes begangenen Täuschung, so hat der Kläger unter den mehreren Gerichten die Wahl. Die unerlaubte Handlung ist auch am Empfangsort begangen, RG. BZS. 72, 42; JW. 12, 643; RG. 78, 256. Die Bestimmung in § 36 Ziff. 2 ZPO., welche eine Ungewißheit in Ansehung der Grenzen der verschiedenen Gerichtsbezirke voraussetzt, ist nicht anwendbar, RG. 54, 205, GruchotsBeitr. 38, 1200, BadRpr. 1902, 58. Die Sondervorschrift in § 7 Abs. 2 StPO. für Preßvergehen findet im Zivilprozeß keine Anwendung, BadRpr. 1904, 259; RG. 78, 256. Ist eine unerlaubte Handlung, z. B. ein Verstoß gegen § 15 WarenZG., § 823 BGB., bestehend in Verbreitung eines Preßerzeugnisses, an einer Reihe von Orten verschiedener Gerichtsbezirke begangen, so ist das einzelne der in Betracht kommenden Gerichte nicht bloß insoweit zuständig, als der Klaganspruch auf Ersatz des dem Kläger durch Verbreitung des Preßerzeugnisses im Bezirke dieses Gerichts entstandenen oder noch entstehenden Schadens gerichtet ist (RG. 60, 363; JW. 1905, 342), sondern auch insoweit, als die einzelnen Handlungen, aus denen sich die den Gegenstand der Klage bildende unerlaubte Handlung zusammensetzt, außerhalb dieses Gerichtsbezirks verübt sein sollen; RG. 2. ZivSen. Pl.-Beschl. vom 18. Oktober 1909, JW. 1910, 24; RG. 72, 41. Haben mehrere zusammen gehandelt, so ist für das bürgerliche Recht die Handlung aller gleichwertig, § 830 BGB. Bei Mittäterschaft, Beihilfe oder Anstiftung muß jedoch auch hier der Mittäter, Gehilfe und Anstifter den Gerichtsstand der begangenen Tat des anderen Mittäters, oder des Haupttäters teilen. Denn sie alle sind Miturheber des gewollten Erfolgs, vgl. § 3c, 3e Ziff. 3, § 830 Abs. 2 BGB.; Struckmann-Koch, ZPO. § 32 Anm. 4; RStG. 20, 171 (a. M. anscheinend Gaupp-Stein, ZPO. § 32 V).

Bei Untersuchungen ist der Ort der begangenen Tat da, wo die unterlassene Handlung vorzunehmen war. Wegen der Haftung der Reichsbeamten vgl. § 154 RBG. (§ 4 Ges. v. 22. Mai 1910).

Zur Begründung des Gerichtsstandes des § 32 ZPO. genügt es nicht, daß Kläger durch eigene rechtliche Würdigung das behauptete Verhalten des Beklagten als unerlaubte Handlung ausgibt. Entscheidend ist, ob unter der Voraussetzung der Richtigkeit dieses Vorbringens bei richtiger Gesetzesanwendung dem Beklagten in Wirklichkeit eine unerlaubte Handlung zur Last fällt, JW. 1912, 643.

## 2. Nebenintervention.

Der Umstand, daß im Falle des Unterliegens des Klägers in einem Schadensersatzprozesse von einer anderen Person Ersatz desselben Schadens selbständig verlangt werden kann, begründet für diese Person das „rechtliche Interesse" des Nebenintervenienten nach § 66 ZPO. und für den Kläger gegen sie einen die Streitverkündung rechtfertigenden Anspruch auf Schadloshaltung im Sinne des § 72 ZPO.; RG. 77, 360. Wegen der Ausgleichung zwischen mehreren aus unerlaubter Handlung Verpflichteten und der Wirkung eines Prozeßvergleichs für den als Nebenintervenient aufgetretenen anderen vgl. JW. 1912, 865.

## 3. Der Klagantrag

wird häufig nur auf Feststellung der Verpflichtung zum Ersatze des aus einem bestimmten Ereignis (Unfall) erwachsenen Schadens gerichtet werden. Die Klage auf „Anerkennung" dieser Verpflichtung ist nichts anderes als eine Feststellungsklage. Die Voraussetzung des § 253 ZPO., das Interesse an der alsbaldigen Feststellung, ist, wenn die Ersatzpflicht bestritten wird und ein bestimmter Betrag noch nicht angegeben werden, Leistungsklage also nicht erhoben werden kann, regelmäßig schon wegen der kurzen Verjährungen — nach § 852 BGB. 3, nach § 8 HaftpflG. und § 14 AutG. 2 Jahre — gegeben.

Nach dem Beschlusse der RG. VZS. 21, 387 muß der Klagantrag nicht notwendig auf Zuerkennung einer bestimmten, ziffermäßig angegebenen Summe gerichtet sein. Es genügt, wenn nach dem Antrage in Verbindung mit den über den Gegenstand und den Grund des Anspruchs gemachten Angaben der erhobene Anspruch in der Art individualisiert ist, daß über seine Nämlichkeit ein Zweifel nicht besteht und daß der Betrag durch richterliches Ermessen, nötigenfalls mit Hilfe von Sachverständigen, festgestellt werden kann. Das entspricht der konkreten Betrachtungsweise des Schadens, der nicht notwendig ein ziffermäßig angebbarer Vermögensunterschied ist und auch nicht immer ziffermäßig vom Kläger nachgewiesen werden muß. Es genügt, wenn eine ziffermäßige Angabe nicht möglich, die Beschaffung der Grundlagen für die Schätzung durch Sachverständige, richterliches Ermessen oder für den Schätzungseid im Rahmen des richterlich bestimmten Höchstbetrags, §§ 286/7 ZPO.

### 4. Der Beweis im Schadensersatzprozeß.

Hier ist besonders wichtig der Grundsatz der Entscheidung „nach freier Überzeugung". Während im allgemeinen die Entscheidung „nach freier Überzeugung" an den gesamten Inhalt der Verhandlungen und das Ergebnis einer etwaigen Beweisaufnahme geknüpft und gebunden ist, soll die Entscheidung darüber, ob ein Schaden entstanden ist und wie hoch sich der Schaden oder ein zu ersetzendes Interesse belaufe, „unter Würdigung aller Umstände" erfolgen. Das Gericht ist hiernach einmal nicht auf die Berücksichtigung des Ergebnisses der Verhandlungen und der etwaigen Beweisaufnahme beschränkt, andererseits ist es seinem Ermessen anheimgestellt, ob und inwieweit eine beantragte Beweisaufnahme oder von Amts wegen die Begutachtung durch Sachverständige anzuordnen sei.

Das Gericht kann auch anordnen, daß der Beweisführer den Schaden oder das Interesse eidlich schätze. In diesem Falle hat das Gericht zugleich den Betrag zu bestimmen, welchen die eidliche Schätzung nicht übersteigen darf. Von der Befugnis der Auferlegung des Schätzungseides, der ein richterlicher ist (§§ 463ff., 475 ZPO.) und dessen Auferlegung von der Partei nicht verlangt werden kann, wird begreiflicherweise in der Praxis wenig Gebrauch gemacht.

Die besonders freie Stellung des Gerichts bei der Bildung seiner Überzeugung entspricht der häufigen Schwierigkeit und Unmöglichkeit des Beweises, wenn es sich um die Entstehung und die Höhe eines Schadens handelt. Dieser Grundsatz findet Anwendung gleichgültig, ob nur auf Feststellung, auf Herstellung oder Geldersatz, ob auf Rente oder Kapital, ob aus unerlaubter Handlung, aus eigenem oder fremden Verschulden oder aus gesetzlicher Haftung ohne Verschulden geklagt wird. Nur hinsichtlich der Schadensberechnung wird der Grundsatz durch §§ 709ff. HGB., § 85 BinnSchG. eingeschränkt. Der Grundsatz des § 287 ZPO. gilt nicht für den Beweis der Tatsachen, aus denen die Verpflichtung des Beklagten zum Ersatz abgeleitet wird. Für den Beweis eines widerrechtlichen Tuns oder Unterlassens, für den Zusammenhang zwischen Verletzung und Unfall, für den Tatbestand der unerlaubten Handlung (Recht 1912, 457), für die subjektive Verschuldung, für die Art des Verschuldens gilt der Grundsatz der freien Beweiswürdigung nach § 286 ZPO. Dagegen erfolgt die Entscheidung „nach freier Überzeugung unter Würdigung aller Umstände"

a) in Ansehung der Tatsachen, aus welchen die Entstehung eines Schadens folgt, darüber, ob ein Gewinn entgangen, eine Vermehrung der Bedürfnisse, eine Benachteiligung des Erwerbs oder des Fortkommens, ein nicht vermögensrechtlicher Schaden eingetreten ist, wie auch über die Höhe solcher Schäden. Auch die Entscheidung über die mutmaßliche Lebensdauer und Erwerbsfähigkeit des Ernährers nach § 844 BGB., § 3a HaftpflG. und die Entscheidung über das mitwirkende Verschulden des Beschädigten (§ 254 BGB.) unterliegt dem Grundsatze des § 287 ZPO.

b) Nach dem Grundsatze des § 287 ZPO. erfolgt auch die Entscheidung über das Vorhandensein des ursächlichen Zusammenhangs zwischen dem haftungsbegründenden Vorgang und dem eingetretenen Schaden, RG. 6, 356; 10, 140; 19, 436; JW. 1903, 30; Recht 1908, 1416; 1912, 457, 627, 1522; Enneccerus § 235; Rümelin a. a. O. S. 291ff. Natürlich darf aber die Entscheidung nicht willkürlich sein, Recht 1912, 1522 = JW. 694. Hierbei tritt selbst bei erheblichem Verschulden, das eine starke Gefährdung in einer bestimmten Richtung mit sich brachte, keine Umkehrung der Beweislast ein, RG. 29, 139; vgl. 8, 167; 12, 190; 15, 338ff. Dagegen wird in der Rechtsprechung gemäß § 287 ZPO. bei Übertretung von Schutzvorschriften (vgl. § 13) der ursächliche Zusammenhang regelmäßig vermutet, RG. 1, 271; 21, 104; 31, 63; JW. 1912, 536. Dasselbe ist auch ohne Übertretung ausdrücklicher Vorschriften grundsätzlich der Fall bei erwiesenem Hergang und schuldhafter Herbeiführung einer nachher verwirklichten Gefahr, SeuffA. 40, 95; JW. 1912, 349, 682. Gegen die Zulässigkeit solcher Vermutung: RG. in GruchotsBeitr. 48, 924. Der Entscheidung nach freier Überzeugung unter Berücksichtigung aller Umstände unterliegt auch die Abwägung des ursächlichen Werts eines in der Person des Beschädigten oder Verletzten vorhandenen Haftungsgrundes (§ 254 BGB.), während die Schadensverteilung selbst durch § 287 ZPO. nicht in das richterliche Ermessen gestellt ist.

Daraus folgt für den Kläger, daß in den unter a und b bezeichneten Richtungen nicht notwendig die Tatsachen angegeben werden müssen, die einen zwingenden Schluß auf den Schaden zulassen. Liegt die nähere Begründung auch im Interesse des Klägers, so darf doch wegen mangelnder Darlegung der Entstehung und der Höhe des Schadens eine Abweisung erst erfolgen, wenn das Gericht auf Ausübung des Fragerechts hin und auf Grund der ihm selbst zu Gebote stehenden Erkenntnismittel auch zu einer annähernden Schätzung nicht gelangen kann. Für das Gericht folgt daraus die Befugnis, unter Ablehnung angebotener Beweise über Entstehung und Höhe des Schadens innerhalb der Anträge nach freier Überzeugung zu entscheiden, wenn nur dabei alle Umstände des einzelnen Falles berücksichtigt werden und im Zusammenhang damit die Ablehnung der Beweise begründet wird. Dem Revisionsgericht untersteht die Prüfung, ob das Gericht sich der Grenzen seines Ermessens bewußt gewesen ist und diese Grenzen nicht überschritten und ob es alle Umstände berücksichtigt hat, JW. 1911, 650. Auch eine Entscheidung über die „billige Entschädigung" (10 000 Mk. für ein steifes Bein) nach § 847 BGB. unterlag der Aufhebung durch das Revisionsgericht (RG. 76, 174), weil die Abgrenzung des hier allein in Betracht kommenden immateriellen Schadens von den Vermögensnachteilen nicht genügend beachtet und die Annahme des Berufungsgerichts, derartige Verunstaltungen würden von Angehörigen der gebildeten Klasse viel schwerer empfunden, für grundlos erachtet wurde. Nach ständiger Rechtsprechung des Reichsgerichts unterliegt im Falle des § 254 BGB. auch die Abwägung des beiderseitigen Verschuldens und die Entscheidung über den hiernach zu ersetzenden Bruchteil des Schadens der Nachprüfung des Revisionsgerichts, JW. 1904, 448; 1906, 544; 1911, 485.

Die freie Stellung des Gerichts in der Beurteilung der Entstehung und der Höhe des Schadens enthebt den Kläger nicht einer, in seinem eigensten Interesse liegenden, eingehenden Darlegung des Hergangs. Besonders wertvoll wird häufig im Schadensersatzprozeß die Unterstützung der Darstellung durch Handrisse und Zeichnungen. Oft kann das Verständnis des Hergangs durch Photographien der Örtlichkeit wesentlich erleichtert und dadurch mißverständlichen Auffassungen vorgebeugt werden. Bei Unglücksfällen und Unfällen aller Art, Zusammenstößen von Fuhrwerken, Kraftfahrzeugen, Straßenbahnwagen usw. ist der behauptete Verstoß gegen die im Verkehr erforderliche Sorgfalt oft sehr eng mit der Örtlichkeit verknüpft. Das mögen hier einige Beispiele veranschaulichen:

Ein Jäger war der fahrlässigen Körperverletzung angeklagt. Er sollte einem Treiber das Auge ausgeschossen haben. Von der Strafkammer war er mangels hinreichenden Beweises freigesprochen. Auf Schadensersatz belangt, wurde er in drei Instanzen verurteilt. Augenschein und Zeugenvernehmungen ergaben, daß das Schrot entweder ein direktes war oder daß es von dem gefrorenen Boden, dann aber in recht spitzem Winkel, abgeprallt ist. Das konnte an Hand der beim gerichtlichen Augenschein gefertigten Aufnahme dargelegt werden. Das Augenscheinsbild I ist aufgenommen vom Standpunkt des beklagten Schützen. Es zeigt den Standpunkt des verletzten Treibers (1) und des springenden Hasen im Augenblick des Schusses auf Grund der Zeugenaussagen im Strafprozeß (3, 4) und im Zivilprozeß (2). Vgl. das diesen Fall betreffende Urteil des Reichsgerichts in BadRpr. 1910, 157 = JW. 1909, 489[11], 505[37].

Das Bild II stellt den Schauplatz eines Kraftwagenunfalls dar, bei welchem der Kläger aus dem von dem Beklagten gelenkten und sich überschlagenden Wagen geschleudert und schwer verletzt wurde. Das Bild ist beim gerichtlichen Augenschein während der in Gegenwart von Augenzeugen vorgenommenen Probefahrt aufgenommen. Dabei ergab sich, daß der Beklagte mit wenigstens 65 km gefahren war. Der Wagen kam auf der breiten und glatten, wenn schon trockenen Straße ins Rutschen. Schließlich zog der Beklagte plötzlich die Fußbremse an. Außerdem hatte er die an sich ganz ungefährliche Straßenbiegung nicht sachgemäß „geschnitten". Zuerkannter Schaden etwa 35 000 Mk.; LG. Karlsruhe, H gegen B, vom 21. Dezember 1912, vgl. § 9a a. E.

Um einen gefährlichen Zustand in einer öffentlichen Wirtschaft handelte es sich in dem Rechtsstreit, in welchem das Augenscheinsprotokoll durch das Bild III erläutert wurde. Der Kläger war beim Verlassen der Wirtschaft an der etwas in die Höhe stehenden Eisenschiene am oberen Rande der Treppe mit dem Absatz hängen geblieben. Beim Sturze brach er den Arm. Er erhielt Ersatz für die entstandene Erwerbseinbuße zugesprochen (siehe wegen eines ähnlichen Zustandes in einem Warenhaus: Recht 1909, 1775).

Auf dem Bild IV zeigt der Kläger selbst vor einem Wirtshaus in einer kleinen, rein bäuerlichen Dorfgemeinde die Stelle, wo er, eilig die Treppe herabgehend, bei Schneetreiben in einer kleinen Vertiefung des zur Wirtschaft gehörenden Sandsteinplattenbelags hängen geblieben war. Er stürzte und brach den Arm. Mangels Fahrlässigkeit des Wirts und wegen eigenen Verschuldens des Klägers wurde die Klage abgewiesen (vgl. JW. 1910, 65[13]; Recht 1910, 2531, S. 159 Abs. 2). In zweiter Instanz wurde der Beklagte verurteilt. In der Revisionsinstanz schloß die Versicherungsgesellschaft, welche dem Beklagten den Rechtsstreit führte, mit dem Kläger einen Vergleich.

Bei Bild V handelte es sich um den beim Zusammenstoß zweier Kraftwagen entstandenen Sachschaden. Der vor dem Hause haltende Wagen A sollte durch den Wagen B, der von dem mitfahrenden Beklagten II gehalten und von dem Beklagten I gelenkt wurde, angefahren sein. Der Wagen B war davongefahren, aber an der Nummer festgestellt worden. Der mit der Zeugenvernehmung verbundene Augenschein ergab, daß der Wagen B an der gefährlichen Straßenstelle unvorsichtig gelenkt wurde und mit der Vorderradnabe an die in gleicher Höhe befindliche Nabe des linken Vorderrads des Wagens A angefahren war.

In den beiden ersten Fällen wäre ohne die Photographie das Verständnis der Darlegung des Hergangs kaum möglich gewesen, in den anderen wurde es wesentlich erleichtert. Von besonderem Werte können natürlich alsbald nach dem Unfall hergestellte Tatortsbilder sein, insoferne sie, später verwischte, Beweisumstände erhalten. Aber auch spätere Aufnahmen sind oft geeignet, bisher nicht beachtete, aber später hervorgehobene und streitig gewordene, Umstände alsbald aufzuklären. Meist kommt es bei Schadensersatzklagen aus Fahrlässigkeit oder aus Gefährdungshaftung auf die ganz besonderen Umstände des eineinzelnen Falles an. Vor kritikloser Anführung und Berücksichtigung von Vorentscheidungen muß hier besonders gewarnt werden. Freilich ist die Bedeutung von Haftpflichtentscheidungen bei einem gewissen typischen Verlauf oder Tatbestand nicht zu verkennen.

## 5. Die Beweislast,

wo es auf diese ankommt, trägt der Kläger. Er muß die Voraussetzungen der Haftung, insbesondere ein behauptetes Verschulden und den ursächlichen Zusammenhang zwischen dem haftungsbegründenden Vorgang und dem Schaden beweisen. Besondere, die Widerrechtlichkeit einer Schadenszufügung ausschließende Umstände, insbesondere die behaupteten Voraussetzungen der Notwehr, hat der Beklagte zu beweisen (vgl. GruchotsBeitr. 51, 1001; SeuffA. 62, 152). Wer durch eine besonders gefährliche Verrichtung oder Arbeit einen anderen verletzt, muß seinerseits dartun, welche Vorsichtsmaßregeln er ergriffen hat, Recht 1910, 3762. Liegt ein Sachverhalt vor, der nach dem regelmäßigen Zusammenhang der Dinge die Folgerung rechtfertigt, ein Unfall sei durch Verschulden des Beklagten verursacht, so ist es demgegenüber Sache des Beklagten, die etwaigen besonderen Umstände darzutun und zu beweisen, aus denen seine Schuldlosigkeit sich ergibt, Recht 1912, 738. Eine Umkehrung der Beweislast ist dann angenommen worden, wenn jemand außerhalb eines Vertragsverhältnisses dem Gegner die ihm an sich obliegende Beweisführung durch ein nach dem allgemeinen Rechtsbewußtsein verwerfliches Verhalten vereitelt, RG. 60, 147.

Mitwirkendes Verschulden des Beschädigten wird von Amts wegen nicht berücksichtigt. Es geltend zu machen, ist Sache des Beklagten, JW. 1906, 85; 1909, 13; RG. 51, 186, 193; 55, 321; 59, 311. Dazu genügt jedoch, daß der Beklagte tatsächliche Behauptungen aufstellt, aus welchen sich ergibt, daß er das eigene Verhalten des Gegners zur Abwehr seiner Ansprüche verwerten will. Ergibt die Sachlage ohne weiteres Umstände, welche für die Anwendung des § 254 in Betracht kommen, so sind sie vom Gericht zu würdigen, auch wenn der in Anspruch genommene Ersatzpflichtige, der Klagabweisung beantragt, sie nicht im einzelnen dargelegt hat, Recht 1912, 26. Für das Fehlen der in § 828 Abs. 2 BGB. erforderten Einsicht einer Person zwischen 7 und 18 Jahren ist sie selbst behauptungs- und beweispflichtig. Es ist aber nicht immer die zur Erkenntnis der im gegebenen Fall wirksam gewordenen Gefahr erforderliche Einsicht nötig. Die heutige Technik, insbesondere viele im Gebrauch befindliche Maschinen, bringen Gefahren, die oft nicht leicht zu erkennen sind. Bei Übertretung eines vorher eingeschärften Verbots, z. B. einen Hofraum nicht zu betreten, auf welchem eine Dreschmaschine mit offenen Kammrädern steht, genügt schon diejenige Einsicht, welche erforderlich ist, um die Verantwortlichkeit für die Verbotsverletzung zu erkennen, JW. 1910, 37; RG. 51, 30; 53, 157; 61, 239; 76, 187. In Ansehung der reinen Unterlassung, darin bestehend, daß der Beschädigte den Schuldner nicht auf die Gefahr eines ungewöhnlich hohen Schadens aufmerksam gemacht oder den Schaden, obwohl solches in seiner Macht stand, nicht abgewendet oder gemindert hat (§ 254 BGB.), ist der beklagte Schadensstifter nur darlegungs-, der klagende Beschädigte aber beweispflichtig. Ihm liegt es ob, unter Umständen zu beweisen, daß der Beklagte die Gefahr eines ungewöhnlich hohen Schadens gekannt hat oder erkennen mußte, oder, daß er selbst zur Abwendung oder Minderung des Schadens das Seinige getan hat. Der Beweis des mitwirkenden Verschuldens ist zunächst als geführt anzusehen, wenn ein Unfall nach dem festgestellten tatsächlichen Hergang bei normalem Verlaufe der Dinge sich nur aus einem unvorsichtigen Verhalten des Verletzten erklären läßt, JW. 1909, 429; 1910, 37.

Für den Fall der Vorteilsausgleichung wird es in der Regel genügen, wenn das schadenbringende Ereignis zu dem Vorteil auch nur im Verhältnis der bloßen Bedingung (conditio sine qua non) steht. Verlangt der Beschädigte, daß der Schädiger die Folgen auf sich nehme, so muß der Beklagte, um die Anrechnung eines Vorteils zu begründen, nur darlegen und beweisen, daß der Vorteil ohne das schädigende Ereignis nicht eingetreten wäre; SeuffA. 34, 245; JW. 1909, 455. Sache des klagenden Beschädigten wird es dann sein, darzutun und zu beweisen, daß ungeachtet dieses Bedingungsverhältnisses das schädigende Ereignis den Vorteil nicht adäquat verursacht hat, daß vielmehr der Vorteil lediglich auf andere Umstände als adäquate Ursache zurückzuführen sei, vgl. Enneccerus (3) § 235 III, 3; Recht 1911, 2421.

## 6. Folgende Verfahrensvorschriften

kommen für Haftpflichtansprüche besonders in Betracht:

Da es der, oft recht umfangreichen, Erörterungen und Beweiserhebungen über den streitigen Betrag des entstandenen Schadens erst dann bedarf, wenn der Schadensersatzanspruch dem Grunde nach festgestellt ist, wird im Schadensersatzprozeß vom Gericht häufig von der Befugnis Gebrauch gemacht, über den Grund des Anspruchs vorab zu entscheiden, § 304 ZPO., und auch die Verhandlung hierauf zu beschränken, § 146 ZPO. Vgl. oben § 6 Ziff. 1.[1]) Dabei gehört die Entscheidung über etwaiges mitwirkendes Verschulden des Klägers zu der Entscheidung über den Grund des Anspruchs; JW. 1911, 486. Gegebenen Falles ist auch der Bruchteil, zu welchem die Ersatzpflicht festgestellt wird, in dem Urteil über den Grund des Anspruchs anzugeben; JW. 06, 377, 544. Rechtsmittel sind gegen das Urteil sowohl zulässig, wenn das Gericht nach § 304 ZPO. entscheiden wollte, tatsächlich aber nur Urteil nach § 303 erlassen hat, als auch im umgekehrten Fall, Recht 1912, 458. Ist das Urteil nach § 304 ZPO. rechtskräftig, so ist damit eine nach-

[1]) Dabei ist jedoch folgendes zu beachten: In der Praxis kann man sich häufig des Eindrucks nicht erwehren, daß es die hinter dem Beklagten stehende Haftpflichtversicherungsgesellschaft darauf ablegt, den Prozeß möglichst in die Länge zu ziehen und so den Kläger mürbe zu machen (so auch Freudenthal, Recht 1912 S. 550/1). Dazu ist dann die Trennung nach Grund und Betrag ein willkommenes Mittel. Es empfiehlt sich daher für das Gericht, von einer Trennung abzusehen, den Beweisbeschluß, was regelmäßig ohne große Weiterungen möglich ist, gleichzeitig über den Betrag des Schadens zu erlassen mit der Maßgabe, daß „die hierhergehörigen Beweise nur zu erheben sind, soweit das nach Erhebung der Beweise zum Grunde des Anspruchs noch erforderlich erscheint". Beim Landgericht Karlsruhe besteht vielfach eine solche Übung.

trägliche Erörterung über mitwirkendes Verschulden ausgeschlossen. Jedoch kann die Anwendung des § 254 BGB. dem Verfahren über den Betrag ausdrücklich vorbehalten werden. Das kann sich auch aus den Entscheidungsgründen ergeben, JW. 1909, 13. Auch die Frage, ob eine Kapitalabfindung verlangt werden kann, darf dem Verfahren über den Betrag vorbehalten werden (§ 843 Abs. 3 BGB.), wenn die Beweisaufnahme über das Vorliegen eines „wichtigen Grundes" zweckmäßig mit derjenigen über die Höhe des Schadens zu verbinden ist, BadRPr. 1912, 141 (OLG. Karlsruhe).

Bei Rentenansprüchen kann auch wegen der erst nach Erlassung des Urteils fällig werdenden Leistungen (§§ 843—845 BGB., §§ 3, 3a, 7 HaftpflG., §§ 10, 11, 13 AutG.) Klage auf künftige Entrichtung erhoben werden, § 258 ZPO. Der Antrag, Beklagter werde verurteilt, den künftig aus einem bestimmten Ereignis entstehenden Schaden zu ersetzen, ist Feststellungsbegehren, § 256 ZPO. Vgl. oben Ziff. 2.

Bei wesentlicher Änderung derjenigen Verhältnisse, welche bei Verurteilung zu künftig fällig werdenden wiederkehrenden Leistungen für die Verpflichtung zur Leistung überhaupt oder für die Höhe der Leistungen oder die Dauer der Entrichtung maßgebend waren, kann im Wege der Klage eine entsprechende Änderung des Urteils verlangt werden. Dazu werden die von den Erwerbsverhältnissen, der Bedürftigkeit usw. des Beschädigten und des Unterhaltspflichtigen abhängigen Rentenansprüche vielfach Veranlassung geben. Die Klage kann jedoch wie die Vollstreckungsgegenklage nach § 767 Abs. 2 ZPO. nur auf Gründe gestützt werden, die erst nach Schluß der letzten mündlichen Verhandlung entstanden sind, und die durch Einspruch nicht mehr geltend gemacht werden können. Ist die Klage mangels Schadens abgewiesen, ergibt sich jedoch später z. B. eine Erwerbsbeeinträchtigung, so wird die hierauf gestützte neue Klage von der Rechtskraft des früheren Urteils nicht berührt; eine Klage aus § 323 ZPO. findet dann nicht statt, vgl. RG. in SeuffA. 44, 25 zum alten § 7 HaftpflG. Es ist insofern nicht willkürlich (Gaupp-Stein, ZPO. 8/9 Anm. III zu § 323), sondern folgerichtig, wenn die Ausnahmevorschrift des § 323 von dem Falle der Klagabweisung ganz absieht und eine Verurteilung voraussetzt. Außerdem darf eine Abänderung des ergangenen Urteils nur für die Zeit nach Erhebung der neuen Klage erfolgen, § 323 ZPO. Das eine Rente zuerkennende Urteil ist in Ansehung der Höhe rechtsgestaltend (konstitutiv); die tatsächlichen Verhältnisse, welche für den entgehenden Verdienst, die Schadenshöhe bestimmend sind, werden in dem Rentenurteil teilweise vorweggenommen. Eine Konkurrenz mit der Vollstreckungsgegenklage (§ 767 ZPO.) findet nicht statt. Diese ist gegeben, wenn der Schaden — durch Zahlung, Aufrechnung u. dergl. — nachträglich völlig wegfällt. Nur die Abänderungsklage ist gegeben, wenn der Personenschaden nachträglich herabgemindert wird. Ist auf Kapitalabfindung erkannt, so kann, wegen der Vergleichsnatur dieses rechtsgestaltenden Urteils und arg. § 323 Abs. 3 ZPO. eine Abänderungsklage nicht mehr zulässig sein. Dem gesundheitlichen Interesse des klagenden Verletzten entspricht oft mehr die Kapitalabfindung. Auf diesen „wichtigen Grund" im Sinne des § 843 Abs. 3 BGB. (siehe § 9 a a. E.) den klägerischen Vertreter hinzuweisen, ist das Gericht nach § 139 ZPO. befugt! Zuständig für die Abänderungsklage ist nicht das Prozeßgericht I. Instanz im Sinne des § 767 ZPO., sondern es gilt der gewöhnliche Gerichtsstand des früheren Klägers oder Beklagten, gegen den die neue Klage sich richtet; RG. 44, 364; 52, 344; vgl. dazu neuerdings Oertmann, ArchZPr. 109, 265. Bei nachträglicher erheblicher Verschlechterung der Vermögensverhältnisse des Verpflichteten kann auch im Wege der neuen Klage Sicherheitsleistung oder Erhöhung derselben verlangt werden, §§ 324 ZPO., 846 Abs. 2 BGB.

Urteile, welche die Verpflichtung zur Entrichtung einer nach den §§ 843, 844 BGB. geschuldeten Geldrente aussprechen, sind auch ohne Antrag für vorläufig vollstreckbar zu erklären, soweit die Entrichtung für die Zeit nach Erhebung der Klage und für das der Klageerhebung vorausgehende letzte Vierteljahr zu erfolgen hat. Für die frühere Zeit erfolgt vorläufige Vollstreckbarkeit nach §§ 709 Ziff. 4 und 710 ZPO.

Der Anspruch auf Entrichtung einer Geldrente für einen entgangenen Unterhaltsanspruch (§ 844 Abs. 2 BGB.) ist nach § 850 Ziff. 2 ZPO. ebenso der Pfändung entzogen, wie der auf gesetzlicher Vorschrift beruhende Unterhaltsanspruch selbst. Der Pfändungsbeschränkung entspricht die Beschränkung der Aufrechnung (§ 394 BGB.), der Übertragbarkeit (§ 400 BGB.), der Verpfändbarkeit (§ 1274 Abs. 2 BGB.), der Nießbrauchsbestellung (§ 1169 BGB.) und der Zugehörigkeit zur Konkursmasse (§ 1 Abs. 4 KO.).

Der Streitwert wird bei Rentenansprüchen aus §§ 843 und 844 BGB., falls nicht der Gesamtbetrag der geforderten Leistungen geringer ist, auf den fünffachen Betrag des einjährigen Bezugs berechnet, § 9a GKG. Dagegen verbleibt es bei dem 12½fachen Betrag gemäß § 9 GKG., § 9 ZPO. bei Rentenansprüchen für entgangene Dienste, da § 845 BGB. in § 9a GKG. absichtlich nicht angeführt ist.

## 7. Eine Klage auf Unterlassung

widerrechtlicher Störungen ist im Bürgerlichen Gesetzbuch gegen gewisse Fälle von Eingriffen in ausschließliche, insbesondere dingliche Rechte, ausdrücklich zugelassen, nämlich zum Schutze des Namensrechts (§ 12), des Besitzes (§ 862), des Eigentums (§ 1004) und entsprechend zugunsten des Erbbaurechts (§ 1017), der Grunddienstbarkeit (§ 1027), des Nießbrauchs (§ 1068), anderer persönlicher Dienstbarkeiten (§ 1090) und des Pfandrechts (§ 1027). Diese, der Eigentumsfreiheitsklage gleichstehende, Klage (actio negatoria) setzt nur einen gegenständlich (objektiv widerrechtlichen Eingriff in das ausschließliche Recht voraus. Ihre Zulässigkeit wird heute zugunsten aller ausschließlichen Rechte, der „sonstigen Rechte" des § 823 Abs. 1 BGB., insbesondere auch ohne ausdrückliche gesetzliche Regelung zum Schutze der gewerblichen Urheberrechte, allgemein anerkannt. Zu diesen Rechten wird auch der eingerichtete und ausgeübte Gewerbebetrieb gerechnet, RG. 45, 61; 51, 373; 58, 24; 65, 210; JW. 1905, 174; 1908, 333, 505; BadRPr. 1906, 51 = Recht 1925 (Karlsruhe); UW. 4, 66. Die Klage erfordert nur eine erkennbare, ernstliche Gefährdung, keine vollendete Verletzung des ausschließlichen Rechts; sie ist eine Leistungsklage; § 890 ZPO.

Ist der vollendete Tatbestand einer unerlaubten Handlung gegeben, dann umfaßt der Anspruch auf Wiederherstellung (§ 249) auch den Anspruch auf Unterlassung, wenn die bewirkte Rechtsverletzung und der daraus entstehende Schaden nicht völlig der Vergangenheit angehören, sondern einen dauernden, schadendrohenden Zustand darstellen, welcher die Gefahr weiterer Schäden mit sich bringt. Hier genügt ein Eingriff in den allgemeinen Rechtskreis des anderen, ein Eingriff irgendwelcher Art, auch ohne Verletzung ausschließlicher Rechte. Die Klage auf Unterlassung bezweckt hier die Beseitigung des rechtswidrigen, die Wiederherstellung des früheren Zustandes. Es muß also die unerlaubte Handlung in ihrer Wirkung fortdauern, wenn auch nur in einem Zustand fortdauernder gerechtfertigter Beunruhigung, vermöge der Gefahr der Wiederholung eine fortgesetzte Beeinträchtigung gegeben sein. Der Tatbestand einer unerlaubten Handlung muß hier beendet vorliegen. Es kann eine unerlaubte Handlung irgendeiner Art sein, z. B. nach §§ 824, 826 BGB. Hierher gehört die Klage auf Unterlassung der Weiterverbreitung von Flugblättern oder Preßerzeugnissen jeder Art, die Beleidigungen oder Drohungen enthalten; RG. 48, 114; 56, 271; 57, 157; 60, 12; 61, 366; JW. 1903 Beil. 11; 1905, 20, 715; 1908, 38; 1912, 290; SeuffA. 56, 199 (Karlsruhe) = BadRPr. 1901, 151; 1907, 129 (Hundegebell); JW. 1912, 1105 (Klage des Ehegatten auf Unterlassung einer Überwachung durch Detektive wegen der darin liegenden Beleidigung). Die Wiederholungsgefahr hat der Kläger zu beweisen. Unter Umständen ergibt sie sich aus der Sachlage. Dann muß der Beklagte beweisen, daß gleichwohl neue Eingriffe ausgeschlossen sind. Liegt nur die Gefahr der Wiederholung einer gegenständlich beleidigenden Äußerung zur Wahrnehmung berechtigter Interessen, z. B. behufs Verteidigung gegen eine Zivilklage oder behufs Erfüllung einer Amtspflicht, vor, dann ist eine Unterlassungsklage nicht zulässig, LZ. 1912, 389 = JW. 392; JW. 1912, 587 = RG. 78, 210. Grundsätzlich wird jedoch die in entsprechender Anwendung der §§ 12, 862, 1004 BGB. zugelassene Unterlassungsklage (quasinegatorische Abwehrklage) nicht dadurch ausgeschlossen, daß die Handlung, im Falle des § 824 BGB. die Behauptung oder Verbreitung von Tatsachen, zur Wahrnehmung berechtigter Interessen erfolgt, RG. 60, 6; 61, 366; 78, 215.

Für nicht zulässig erklärt ist die Unterlassungsklage, wenn die betreffende Handlung ohnedies mit öffentlicher Strafe bedroht ist, z. B. eine Klage des Apothekers gegen den Drogisten wegen Verstoßes gegen § 367 Ziff. 3 StGB. und die Kaiserl. VO. vom 22. Oktober 1901; es sei denn, daß die Strafverfolgung vollständig der Willkür der verletzten Privatperson anheimgegeben ist, wie in den Fällen der zulässigen Privatklage. Hier kann das Vorhandensein eines Rechtsschutzbedürfnisses nicht verneint werden, DJZ. 1911, 1558; JW. 981; Recht 3645. Wegen mangelnden Rechtsschutzbedürfnisses wird auch eine Klage auf Unterlassung ehebrecherischen Verkehrs zu versagen sein, welche in RG. 71, 85 deshalb abgewiesen wurde, weil die besondere sittliche Natur des ehelichen Verhältnisses eine solche zivilrechtliche Klage nicht zulasse, und es wird wohl auch nicht maßgebend sein, daß „die durch den Ehebruch vernichtete Reinheit des ehelichen Verhältnisses durch die Klage nicht wieder hergestellt werden könne“ — so RGRKomm. Vorbem. 6 zu § 823 —, da es nur auf die Herstellung des dem Recht entsprechenden

Zustandes ankommt, §§ 1353, 1565 BGB., 172 StGB. Vgl. Richard Schmidt, Zivilprozeßrecht §§ 128f. S. 678, 690, 695.

Darüber hinaus hat das Reichsgericht in mehreren Entscheidungen die Klage auf Unterlassung entsprechend der Eigentumsfreiheitsklage (§§ 12, 862, 1004 BGB.) zum Schutze jedes rechtlich geschützten Interesses für zulässig erklärt, auch wenn der Tatbestand einer unerlaubten Handlung nicht vorliegt, sondern nur ein gegenständlich (objektiv) widerrechtlicher Eingriff gegeben ist und weitere Eingriffe ernstlich zu befürchten sind (actio quasi negatoria). In diesem Umfange ist die Unterlassungsklage auch zum Schutze des Erwerbs, Kredits und Fortkommens anerkannt worden, RG. 48, 114; 60, 6; 61, 366; JW. 1911, 761 (Fall des § 824 StGB.); BadRPr. 1906, 51; Recht 1925 (Karlsruhe). Hier dürfte jedoch die Feststellungsklage einen hinreichenden Schutz bieten (RGRKomm. a. a. O., RG. 70, 200; JW. 1909, 75) und die Zulassung der Unterlassungsklage ohne einen Eingriff in ausschließliche Rechte und ohne den beendeten Tatbestand einer unerlaubten Handlung in der Wissenschaft mit Recht beanstandet worden sein, vgl. JW. 1912, 293 a. E.

## 8. Rechtsfragen.

Die Frage, ob ein gegebener Sachverhalt einer gesetzlichen Vorschrift zu unterstellen ist, wird notwendig zur Rechtsfrage in den zahlreichen Fällen, wo das Gesetz nicht begrifflich scharf umgrenzte Vorschriften gibt, sondern die Entscheidung letzten Endes dem verständigen Ermessen oder dem Rechtsgefühl des Richters überläßt. Hierher gehören z. B. die Vorschriften über die „guten Sitten" (§§ 138, 826 BGB.), über „Verschulden" und „mitwirkendes Verschulden" (§§ 276, 254 BGB.), über „Vorsatz" und „Rechtswidrigkeit" (§ 823 BGB.). Ihre Anwendung unterliegt nach §§ 549, 550, 561 ZPO. der Nachprüfung durch das Revisionsgericht.

## 9. Einstweilige Verfügungen.

Würde der körperlich verletzte Kläger in eine Notlage geraten, wenn ihm nicht durch vorläufige Gewährung der Rente die Mittel zum Unterhalt verschafft würden, dann kann er die Zuerkennung durch einstweilige Verfügung verlangen, §§ 940, 627 ZPO.; Recht 1910, 2665; 12, 641. Er entgeht so den Folgen der Sicherheitsleistung des Schuldners gemäß § 713 ZPO., die er selbst durch Sicherheitsleistung nicht abwenden kann, § 713 Abs. 2. Einer besonderen Glaubhaftmachung bedarf es wegen der Notlage dann nicht, wenn sie sich aus den Armenrechtsakten ohnedies ergibt. Zuständig für die einstweilige Verfügung ist nach §§ 937, 943 ZPO. das Gericht erster Instanz, wenn der Rechtsstreit bei diesem Gericht oder beim Reichsgericht anhängig ist. Ist er in 2. Instanz anhängig, so ist das Berufungsgericht zuständig (Freudenthal, Recht 1912, 550/1).

## 10. Buße.

In den Fällen der üblen Nachrede und der verleumderischen Beleidigung oder Kreditschädigung sowie in allen Fällen der Körperverletzung — §§ 186, 187, 223 ff. StGB., vgl. § 824 BGB. — kann Ersatz wegen des entstandenen Schadens auch in dem aus Anlaß der strafbaren Handlung anhängig gewordenen Strafverfahren verlangt werden, §§ 188, 231 StGB. Der Verletzte kann als Privatkläger, §§ 414 ff., 446 Abs. 2 StPO., oder, indem er sich der öffentlichen Klage als Nebenkläger anschließt, §§ 443—445 StPO., bis zur Verkündung des Urteils erster Instanz die Zuerkennung einer Buße verlangen. Der Höchstbetrag ist 6000 Mk. Das Gericht entscheidet unter Berücksichtigung des nachgewiesenen Schadens nach freiem Ermessen. Die Buße hat zugleich den Charakter der Strafe und der Genugtuung. Ihre Zuerkennung setzt die strafrechtliche Verurteilung des Täters voraus. Der Anspruch kann von den Erben des Verletzten nicht erhoben oder fortgesetzt werden. Eine erkannte Buße schließt die Geltendmachung eines weiteren Entschädigungsanspruchs aus; jedoch nicht einen solchen gegen den nicht angeklagten Teilnehmer, JW. 1912, 700; RG. 79, 148.[1])

[1]) Die strafprozessualen Vorschriften über die Zuerkennung einer Buße erfreuen sich in der Praxis keiner großen Beliebtheit. Sie finden Anwendung, wenn eine Buße verlangt wird nach §§ 18, 43, 45 Gesetz vom 11. Juni 1870, betreffend das Urheberrecht an Schriftwerken, 15 MarkenschutzG., jetzt 40 LitUG. vom 19. Mai 1911, 16 KunstUG. vom 9. Januar 1876, 9 Gesetz vom 10. Januar 1876, betreffend den Schutz der Photographien, 14 Gesetz vom 11. Januar 1876, betreffend das Urheberrecht an Mustern und Modellen, 37 PatG. vom 7. April 1891, 11 GebrMustG. vom 1. Juli 1891, 18 WarenZG. vom 12. Mai 1894, 14 UnlWG. vom 7. Mai 1896.

phot. P. Fromberz. Tafel III.

Gerichtlicher Augenschein vom 15. 1. 1908. Zwang g. Pfeifer.

## II. Teil.

# Unerlaubte Handlungen nach Bürgerlichem Gesetzbuch.

## § 11.

### System des Gesetzes.

Im Gegensatze zum preußischen Landrecht (I 6 § 8) und Code civil (Bad. Landrecht), 1382, stellt das BGB. nicht einen allgemeinen Begriff einer widerrechtlichen oder schuldhaften und darum mit Ersatzpflicht belegten Schädigung keinen allgemeinen zivilrechtlichen Deliktsbegriff auf. Das tat der I. Entwurf, indem er in § 704 Abs. 1 bestimmte:

> „Hat Jemand durch eine aus Vorsatz oder Fahrlässigkeit begangene widerrechtliche Handlung — Tun oder Unterlassen — einem Anderen einen Schaden zugefügt, dessen Entstehung er vorausgesehen hat oder voraussehen mußte, so ist er dem Anderen zum Ersatze des durch die Handlung verursachten Schadens verpflichtet, ohne Unterschied, ob der Umfang des Schadens vorauszusehen war oder nicht."

Danach hätte z. B. der Versicherer, der die Lebensversicherungssumme erlegen mußte, einen Ersatzanspruch gegen den Mörder des Versicherten gehabt, sofern der Täter diesen Erfolg seiner Handlung vorausgesehen hat oder voraussehen mußte, also dann, wenn der Mörder wußte, daß der Getötete sein Leben versichert hatte. Nach Mataja, ArchBürgR. 1, 269, war diese Bestimmung sogar noch nicht weitgehend genug. Sie wurde jedoch bis zur entgültigen Fassung des Gesetzes — § 823 Abs. 1 BGB. — schrittweise eingeschränkt. Wir haben somit keine allgemeine Bestimmung, wonach für jede widerrechtliche und schuldhafte Vermögensbeschädigung oder Schadenszufügung Ersatz zu leisten ist.

Der Lage des Versicherers gleicht diejenige des Theaterunternehmers in dem von Hacker, DJZ. 1909, 599, angeführten Fall: Die Opernsängerin B, die in der Abendvorstellung auftreten sollte, wurde in Rostock zwei Stunden vor der Vorstellung von der eigens hierzu von Berlin hergereisten Z erschossen. Ein Ersatz war nicht zu beschaffen. Dem Theaterunternehmer ist ein großer Einnahmeausfall entstanden. Er konnte hierwegen die Z nicht ersatzpflichtig machen; denn es lag keiner der Tatbestände vor, nach welchen aus unerlaubter Handlung nach BGB. dem Beschädigten Ersatz zu leisten ist. Vgl. LZ. 1909, 312. So kann, wegen des Fehlens einer allgemeinen Bestimmung der bezeichneten Art, eine Haftung wegen schuldhaften Verhaltens bei Verhandlungen zum Zwecke eines — nachher nicht zustande gekommenen — Vertragsschlusses, außer der auf das negative Interesse nach § 122 BGB., nur geltend gemacht werden, wenn die Voraussetzungen einer der besonderen Vorschriften in §§ 823 Abs. 1 oder 2, oder etwa des § 826 BGB. gegeben sind, JW. 1909, 684.

Auf der anderen Seite begnügt sich das BGB. auch nicht mit der bloßen Aneinanderreihung genau bestimmter deliktischer Einzeltatbestände, wie sie dem römischen Privatstrafensystem eigen war. Das BGB. stellt vielmehr in § 823 zwei Tatbestände allgemeinerer Art voran, welche die große Mehrzahl der mit Ersatzpflicht verknüpften unerlaubten Handlungen umfassen, indem es die Schadensersatzpflicht einerseits an die schuldhafte und widerrechtliche Verletzung bestimmter Rechtsgüter, andererseits an den schuldhaften Verstoß gegen, den Schutz Anderer bezweckender, anderweiter gesetzlicher Bestimmungen knüpft. Dergestalt wird die richterliche Entscheidung durch genauere Bestimmung der Voraussetzungen der Schadensersatzpflicht an festere gesetzliche Grundlagen gebunden. Diese Tatbestände umfassen nicht oder nur teilweise eine Reihe von Fällen, in welchen eine Ersatzpflicht teils schon vom römischen Recht anerkannt, teils von dem neuzeitlichen Rechtsbewußtsein gefordert wird. Als Grundlage von Schadensersatzansprüchen werden daher besonders geregelt der — bisweilen noch den allgemeineren Tatbeständen zugerechnete — Verstoß gegen die guten Sitten, § 826 BGB., hier § 14, Angriffe auf den Kredit, § 824, hier § 15, die Geschlechtsehre, § 825, hier § 16, die Haftung für Tiere, § 833, Wildschaden, § 835, Einsturz, § 836 und die Beamtenhaftung, § 839, unten §§ 19—22.

Tier- und Wildschaden bedingen keinen Verstoß gegen ein gesetzliches Verbot, die illoyale Handlung, § 826 BGB., richtiger Ansicht nach keine Rechtswidrigkeit. Hieraus ergibt sich, daß das Bürgerliche Gesetzbuch, wo es, wie in der Überschrift zum Titel 25 des 7. Abschnittes des Zweiten Buches, in den §§ 830, 840ff., 848ff., 852f. von „unerlaubten Handlungen" spricht, oder, wie in § 847, eine solche voraussetzt, damit einen Begriff verbindet, welcher von der Verbots- oder Rechtswidrigkeit, wie auch von der Schuldhaftigkeit absieht, RG. 60, 300; ROLG. 25, 57. Unter „unerlaubten Handlungen" im Sinne dieser Bestimmungen sind daher alle eine außervertragliche und nicht vertragsähnliche Schadensersatzpflicht zur Folge habenden Handlungen zu verstehen, z. B. auch die Verwirklichung einer Betriebsgefahr nach §§ 1, 2 HaftpflG., die ungerechtfertigte Erwirkung eines Arrestes, ROLG. 15, 297; RG. 74, 249; JW. 1909, 112 oder einer einstweiligen Verfügung (§ 945 ZPO.); auch der Ersatzanspruch aus Vollstreckung eines vorläufig vollstreckbaren, nachher aufgehobenen, Urteils (§ 717 ZPO.) gehört hierher, JW. 1910, 1008; 11, 153; ROLG. 25, 57 (a. M. Skonietzki-Gelpke, Struckmann-Koch, Seuffert, ZPO.; SeuffA. 58, 111; ROLG. 17, 93). Aus demselben Grunde werden dazu nicht allein die Verletzung im verschuldeten Notstand, § 228, und in vermeintlicher Selbsthilfe, § 231, sondern auch der, mittelbar erlaubte, Eingriff im Falle der Nothilfe, § 904 BGB., zu rechnen sein.

## § 12.

## Widerrechtliche und schuldhafte Rechtsverletzung.

### § 823 Abs. 1 BGB.

a) Tragweite im allgemeinen.

Schon Lenel hat in DJZ. 1897, 409 dargelegt, daß die Fassung des § 823 Abs. 1 BGB. teilweise verfehlt ist. Wer das „Leben" eines Anderen verletzt, kann nicht diesem „Anderen" den daraus entstehenden Schaden zu ersetzen verpflichtet sein, wie die Wortfassung es besagt. Die Kurkosten aber, wegen deren der Getötete einen Anspruch hatte, der auf die Erben übergeht, sind nicht aus der Verletzung des Lebens, sondern aus der Verletzung des Körpers und der Gesundheit erwachsen. In Ansehung der Beerdigungskosten ist nicht der Getötete beschädigt. Die Erben können den Anspruch nicht auf Vertrag, sondern nur auf unerlaubte Handlung stützen, vgl. oben § 9, Ziff. 2a, § 844 BGB., Recht 1909, 52. Immerhin ist insoweit nicht zweifelhaft, daß die Fassung nichts anderes besagen wollte.

Streitig war, was unter den „sonstigen Rechten" des Abs. 1 zu verstehen sei. Man ist jedoch jetzt im wesentlichen darüber einig, daß die Worte „das Eigentum oder ein sonstiges Recht" in engerem Zusammenhange zu lesen, unter „sonstigen Rechten" also nur absolute Rechte nach Art des Eigentums zu verstehen seien. Leben, Körper, Gesundheit und Freiheit sind Bestandteile der — physischen, nicht juristischen, Recht 1909, 1125 — Person, nicht selbst Rechte, „sonstige Rechte", nämlich nach Art des Eigentums, RG. 51, 372; 56, 273; 58, 28; DJZ. 1907, 65. Daß die Ehre nicht zu den sonstigen Rechten des § 823 gehört, ergibt auch der Umkehrschluß aus §§ 824, 825. Abgesehen von der Kreditschädigung und dem Angriff auf die Geschlechtsehre können Ersatzansprüche wegen Ehrverletzung nur auf § 823 Abs. 2 gestützt werden, Recht 1909, 1129; DJZ. 1909, 594 (Ebner). Verletzung des Körpers ist z. B. auch Ansteckung mit Geschlechtskrankheit oder Übertragung ansteckender Krankheit im Bahnzug (Karlsruhe, SeuffA. 53, 86). Die Gesundheit wird z. B. verletzt, wenn der Apotheker oder Drogist Arzneimittel verwechselt z. B. Potasche mit Karlsbader Salz, Recht 1912, 2838 = JW. 1297. Als Verletzung der Freiheit machen haftbar nicht allein die durch § 823 Abs. 2 betroffenen Vergehen gegen §§ 234—241 StGB., sondern auch sonstige vorsätzliche oder fahrlässige Behinderung der freien Willensbestimmung, z. B. widerrechtliche Drohung, Betrunkenmachen behufs Erlangung eines Schuldanerkenntnisses, RG. 48, 123; 51, 373; 58, 24. So würde ein Rechtsanwalt, welcher, nachdem der ihn vertretende Referendar nach dem Offenbarungseidstermin mit dem Schuldner einen Vergleich geschlossen, diesen verhaften ließe, fahrlässig die Freiheit des Schuldners verletzen, Recht 1911, 1933. Der Arzt haftet aus § 823 Abs. 1 bei widerrechtlicher Einschaffung eines angeblich Geisteskranken, Recht 1910, 2989; vgl. SeuffA. 65, 239; JW. 1910, 753; DJZ. 1910, 1081. Das Recht „auf freie Ausnützung der Arbeitskraft" ist kein sonstiges Recht im Sinne von § 823 Abs. 1; RG. 51, 373; 64, 52.

Verletzung des Eigentums ist auch die Verbringung oder Entziehung der Sache (§ 992 BGB.), z. B. durch Zwangsvollstreckung in eine im Besitze des Schuldners befindliche Sache trotz Widerspruchs des Eigentümers, SeuffA. 56, 198; RG. 77, 202.[1]) Jedoch wird bei Pfändung und Versteigerung fremder

[1]) Stein, Rechtswidrigkeit der Pfändung in Sachen Dritter, Vortrag; Recht 1912, 697.

Sachen, die sich im Gewahrsam des Schuldners befinden, ein Verschulden gegenüber dem Eigentümer oft nicht nachzuweisen sein (§ 1006 BGB.). Aber der Anspruch aus ungerechtfertigter Bereicherung ist auch hier anerkannten Rechtes, RG. 13, 180; 40, 288. 42, 90; 43, 178; GruchotsBeitr. 50, 962. Dritte, deren Sachen auf Grund vorläufig vollstreckbaren Urteils gepfändet sind, können auch auf § 717 ZPO. keinen Schadensersatzanspruch stützen, JW. 1911, 943. Auch die Pfändung fremder Sachen unter Verletzung der §§ 808, 809 ZPO. (bei einem nicht zur Herausgabe bereiten Dritten), verpflichtet nur dann zum Schadensersatz, wenn den Gläubiger ein Verschulden trifft. Das trifft dann nicht zu, wenn nach der gegebenen Sachlage der behauptete Besitz ebensowohl wie das angebliche Eigentum des Klägers (Drittbesitzers) begründeten Bedenken unterlag, JW. 1911, 978 = Recht 1911, 3464. Verletzung des Eigentums ist auch die Zerstörung oder Beschädigung der Sache, diese z. B. im Falle des Rückstaus zum Nachteile eines Mühlengrundstücks, Recht 1911, 3317, auch die Beeinträchtigung eines Grundstücks durch nach § 906 BGB. nicht zulässige Einwirkungen, z. B. Gestank, RG. 47, 249, Hundegebell, BadRPr. 1907, 128, Sand, RG. 60, 138, oder ungewöhnlichen Staub von einem Neubau. Dem Eigentümer wird jedoch bei Einwirkungen auf sein Grundstück, deren er sich nicht erwehren kann, z. B. bei Tunnelbau zufolge Enteignungsrechts mit nachfolgender Senkung eines Hauses, ein Recht auf Schadensersatz auch dann zugebilligt, wenn dem Schädiger ein Verschulden nicht nachzuweisen ist, JW. 1912, 869; vgl. RG. 58, 134; 63, 376; § 12 TelWG., § 904 BGB. Fremdes Eigentum verletzt auch, wer die Sache nicht entzieht, aber widerrechtlich benützt, z. B. ein fremdes Auto, SeuffA. 67, 168.

Dagegen ist nicht als Verletzung des Eigentums anzusehen die in einer Fabrik auf dem Nachbargrundstücke begründete Brand- oder Explosionsgefahr, RG. in SeuffA. 57, 191; ROGE. 4, 55, nicht der Bordellbetrieb auf einem Nachbargrundstücke als solcher, RG. 57, 239. Zu den „sonstigen Rechten" gehören alle dinglichen Rechte, z. B. das Bergwerkseigentum, das durch Wasserzufluß aus einem anderen Bergwerke, JW. 1910, 124, das Hypothekenrecht, das durch Entfernung von Zubehörstücken beschädigt wird, JW. 1910, 705; DJZ. 89; SeuffA. 65, 48; Recht 1910, 1572, 2821; 1911, 1738 vgl. mit JW. 1909, 144, wo überdies im Zwangsversteigerungsverfahren dem betreibenden Gläubiger die Möglichkeit zuerkannt wurde, wegen arglistiger Herbeiführung der Freigabe von Zubehörstücken gemäß § 823 Abs. 2 BGB. dem Widerspruch des Dritten zu begegnen. So wurde in der Verschleppung eingebrachter Sachen des Mieters eine Verletzung des gesetzlichen Pfandrechts des Vermieters, als eines Rechtes im Sinne des § 823 Abs. 1 gesehen, Recht 1910, 1941.

Auch Familienrechte, auch das Namens- und Firmenrecht — vgl. Longard, DJZ. 1912, 665 — zählen zu den „sonstigen Rechten“ des § 823 Abs. 1. Ein solches ist auch das auf der elterlichen Gewalt beruhende Erziehungsrecht (§§ 1627 ff. BGB.). Seine Verletzung begründet einen klagbaren Anspruch auf Unterlassung, z. B. des Verkehrs mit dem Kinde, ROLG. 24, 23. Wegen des Rechts am eigenen Bilde verneinend ROLG. 2, 313; KGBl. 02, 90; vgl. RG. 69, 402 (Briefe). Jedoch gehören nur wirkliche subjektive Rechte hierher, nicht aber sogenannte Persönlichkeits- oder Individualrechte, insbesondere nicht die Befugnis zu ungehinderter Verwertung der Arbeitskraft und Erwerbsmöglichkeit oder die freie Ausübung der Gewerbetätigkeit (Rosental, LZ. 1910, 107). Als ein subjektives Recht, als sonstiges Recht im Sinne des § 823 ist freilich in einer Reihe von Entscheidungen des Reichsgerichts — RG. 51, 374; 56, 271; 58, 29; 64, 52, 156; 65, 210; DJZ. 1905, 1009; JW. 1906, 164, 595 = DJZ. 1027; JW. 1910, 120; RG. 73, 107; JW. 1912, 290 = BadRPr. 80 — ein bereits eingerichteter und ausgeübter Gewerbebetrieb insoweit anerkannt, als er durch positive gesetzliche Vorschriften, namentlich das Reichsgesetz zur Bekämpfung des unlauteren Wettbewerbs, besonders geschützt ist. Die ärztliche Berufstätigkeit z. B. dann, wenn sie mit dem Betrieb einer Privatkrankenanstalt verbunden ist, § 30 GewO., RG. 64, 155; DJZ. 1907, 65; Recht 1912, 578. Allein als widerrechtliche Verletzungen eines solchen Gewerbebetriebs sind dann immer nur Störungen und Angriffe anzusehen, die sich unmittelbar gegen den Bestand des Gewerbebetriebs, also gegen die Betätigung des Erwerbswillens im Rahmen des eingerichteten Gewerbebetriebs, richten, so namentlich RG. 58, 30; 64, 156; 76, 46; JW. 1911, 712, 760; Recht 1911, 1544, 3647. Eine bloße nachteilige Einwirkung auf den Ertrag eines Gewerbebetriebs, eine Beeinträchtigung des Umfangs der Kundschaft, ist noch nicht ein Eingriff in den Gewerbebetrieb selbst, Recht 1912, 576 = JW. 290; RG. 77, 217; Recht 1912, 1468. Nicht zweifelhaft (so Recht 1912, 3191) dürfte es sein, daß eine unmittelbare Störung oder Beeinträchtigung des Gewerbebetriebs nicht vorliegt, wenn durch öffentliche Bekanntmachung die Kundschaft teilweise vom Geschäft ferngehalten wird. Eingriffe in die mittelbaren, insbesondere körperlichen Grundlagen eines eingerichteten Gewerbebetriebs können nur dann als unerlaubte Handlungen im Sinne des § 823 Abs. 1 in Betracht kommen, wenn durch sie ein an diesen mittelbaren Grundlagen selbst bestehendes subjektives Recht widerrechtlich verletzt ist, JW. 1909, 493 = LZ. 855; Recht 1910, 1250; RG. 73, 107. Ein bloß mittelbarer Eingriff liegt z. B. vor, wenn eine Medizinalbehörde vor dem Gebrauch eines gefährlichen Waschmittels warnt, Recht 1910, 1376; JW. 1911, 712. Eine Schädigung durch Boykott oder Warnung der Abnehmerkreise kann nicht nach § 823 Abs. 1, höchstens nach § 823 Abs. 2, 824/6 BGB., UnlWG. vom 7. Juni 1909 haftbar machen, RG. 60, 344; 58, 24; 60, 1; 65, 210.

Schuldhafte Verletzung des Besitzes, vgl. Eccius in Gruchots Beitr. 53, 8, begründet Ersatzpflicht jedenfalls nach §§ 858, 823 Abs. 2, RG. 59, 326, vgl. RG. 73, 111, aber auch nach 823 Abs. 1, wenn ein für jedermann erkennbarer Besitzstand verletzt wird, wie bei dem durch Übergabe der Mietsache und den ausgeübten Besitz des Mieters verkörperten Mietrecht; oder beim Pachtbesitz an einem Teiche nebst Fischbestand, Recht 1911, 2879.

Der Schadensersatz wegen Verletzung der Urheber-, Patent-, Gebrauchsmuster- und Warenzeichenrechte richtet sich allein nach den in den Urheberrechtsgesetzen vom 11. Juni 1870, § 18, 9. Januar 1876, § 16, 10. Januar 1876, § 9, PatG. vom 7. April 1891, §§ 36, 37, Gebrauchsmustergesetz vom 1. Juni 1891, § 9, Warenzeichengesetz vom 12. Mai 1894, §§ 14, 15 gegebenen besonderen Vorschriften in Verbindung mit §§ 249 ff. BGB.; RG. 64, 273; DJZ. 1909, 377.

Nicht unter § 823 Abs. 1 fällt die Verletzung eines obligatorischen Rechts. Geht sie vom Schuldner selbst aus, so finden lediglich die Vorschriften über das einschlägige Schuldverhältnis Anwendung, JW. 1912, 135; vgl. jedoch wegen der Anspruchskonkurrenz Fromherz in ArchZivPr. 108, 435. Das gleiche muß aber auch gelten, wenn die Verletzung einem Dritten zur Last fällt. Der infolge einer unerlaubten Handlung im Sinne des BGB. bloß mittelbar Geschädigte kann nur in den Fällen der §§ 844, 845 Ersatz verlangen. Die Gegenmeinung würde zur Wiedereinführung des im BGB. vermiedenen jus ad rem und damit zu praktisch unhaltbaren Ergebnissen führen. Auch ist der Gläubiger durch die §§ 281, 816, auch §§ 823 Abs. 2, 826 ausreichend geschützt, RG. 57, 353; 59, 326; Recht 1907, 1534, 3805; JW. 1905, 367; GruchotsBeitr. 51, 987; 54, 56. So hat z. B. der Käufer keinen Ersatzanspruch nach § 823 Abs. 1 gegen denjenigen, welcher die noch nicht übergebene Kaufsache beschädigt, RG. 59, 329; vgl. DJZ. 1909, 598. Auch ein bedingtes Recht genießt den Schutz nach § 823 Abs. 1, auch gegenüber anderen als dem bedingt Verpflichteten, erst nach Eintritt der Bedingung, arg. § 160 BGB., nicht schon als sog. „Anwartschaftsrecht"; schon vorher ist der dem künftigen Recht entsprechend hergestellte Besitz nach §§ 823 und 861, 862 BGB. geschützt.

Auch die Auffassung Goldmanns (GruchotsBeitr. 54, 56), der den § 823 Abs. 1 bei Verletzung von Forderungsrechten wenigstens in den Fällen (§§ 407, 408, 412, 851, 1070, 1275, 2366 BGB.) anwenden will, wo ein Nichtberechtigter dem Gläubiger gegenüber wirksam über seine Forderung verfügt, dürfte im Gesetze keine Stütze finden.

Nicht unter § 823 Abs. 1 fällt die Beschädigung des Vermögens als solche. Das Vermögen gehört nicht zu den sonstigen Rechten im Sinne der Vorschrift. Es besteht keine allgemeine Haftung für fahrlässig verursachten Vermögensschaden, RG. 51, 92; 58, 28; 76, 48; SeuffA. 57, 186; RG. 65, 294; BadRPr. 1906, 352, ROLG. 8, 17; GruchotsBeitr. 50, 965; Recht 1911, 3812.

b) Ursächlicher Zusammenhang.

Der entstehende Schaden im Sinne des § 823 Abs. 1 ist der durch die Verletzung verursachte Schaden. Das Moment der Verursachung ist selbständig und objektiv, neben der Voraussehbarkeit und dem Verschulden, festzustellen. Wie im BGB. überhaupt, ist die Verursachung im Sinne adäquater Verursachung, d. h. genereller Begünstigung vom Standpunkt objektiver, nachträglicher Prognose zu verstehen (v. Kries, M. v. Rümelin, Träger). Diese Betrachtungsweise gewinnt immer mehr Anhänger und ist jetzt die herrschende, in Wissenschaft und Rechtsprechung. Vgl. Örtmann, Recht der Schuldverhältnisse, Vorb. 4 b zu § 249; Planck, Erl. 2 b zu § 249; RGRKomm. Vorb. 3 zu § 249, 5 zu § 823; Staudinger (Engelmann) § 823, II D vgl. mit Staudinger (Kuhlenbeck) Vorb. III zu § 249, RG. 69, 57; JW. 1900, 365; GruchotsBeitr. 50, 668; 53, 924; RG. 50, 219; ROLG. 18, 82; Recht 1910, 3914; JW. 1908,

526; 10, 1003; 11, 579; danach ist auch zu beurteilen z. B., inwieweit eine Schädigung durch die Aufregung des Schadensersatzprozesses mit der Verletzung in ursächlichem Zusammenhang steht, SeuffA. 64, 7; RG. 75, 19. Vgl. im übrigen oben § 3 und 9 Ziff. 3.

Die Rechtsverletzung im Sinne des § 823 Abs. 1 BGB. — der Einbruch in das fremde Rechtsgebiet oder der haftungsbegründende Vorgang, M. Rümelin S. 228ff. — braucht weder mit dem schuldhaften menschlichen Verhalten noch mit dem Schaden selbst zusammenfallen, wie z. B. bei der Körperverletzung oder der Sachbeschädigung. Dann muß der ursächliche Zusammenhang von dem haftungsbegründenden Vorgang sowohl nach rückwärts als nach vorwärts hergestellt sein, d. h. der adäquate Zusammenhang sowohl zwischen der menschlichen Handlung und dem Einbruch in das fremde Rechtsgebiet, dem haftungsbegründenden Vorgang, als auch zwischen diesem und dem (weiteren) Schaden gegeben sein.

Der adäquate ursächliche Zusammenhang kann auch gegeben sein, wenn das Verhältnis der conditio sine qua non nicht nachgewiesen ist, aber feststeht, daß der dem Beklagten zur Last fallende Fehler die Gefahr steigerte, indem er im Zusammenhang stand mit anderen Vorgängen, welche die gleiche schädliche Folge hervorrufen konnten, und deren Eintritt begünstigte, JW. 1909, 136. Sind mehrere Ursachen gegeben, die jede allein für sich oder auch im Zusammenwirken einen Schaden verursacht haben können, und kann man nicht feststellen, welcher einzelne Umstand im Einzelfall für den Unfall kausal geworden ist, so entspricht es nach RG. in JW. 1909, 361 = Recht 1876, JW. 1912, 581, der Sachlage, es entspricht auch der Erfahrung des Lebens und dem Standpunkte des Gesetzes in § 830 Satz 2 BGB., ein Zusammenwirken beider Umstände anzunehmen. Vgl. § 36 Ziff. 6.

### c) Das Verschulden.

Das Verschulden — siehe § 2 — kann in Vorsatz oder Fahrlässigkeit bestehen. Das Gesetz lehnt es ab, eine Abstufung des Umfangs der Haftung nach dem Grade des Verschuldens eintreten zu lassen. Während sich das Verschulden im Falle des § 823 Abs. 2 nur auf die Übertretung des Schutzgesetzes zu erstrecken braucht, im Falle des Verstoßes gegen die guten Sitten, § 826, auf den, vorsätzlich zugefügten, Schaden selbst erstrecken muß, wird im Falle des § 823 Abs. 1 nur verlangt.

daß sich das Verschulden auf die Verletzung, den Einbruch in das fremde Rechtsgebiet erstrecke. Der daraus erwachsende (weitere) Schaden braucht nicht voraussehbar gewesen sein. (Vgl. Dernburg, Schuldv. § 27, II, 3; Denkschrift S. 69, Art. 1150 C. c. Entw. II § 215, BundesrEntw. § 247 im Gegensatz zu § 249 BGB.). Entschuldbarer Irrtum, z. B. über die Voraussetzungen der Notwehr, des Notstandes, kann Vorsatz oder Fahrlässigkeit ausschließen, so bei Putativnotwehr gegen einen Wilderer, ROLG. 18, 71.

Die oft fälschlich sogenannte Haftung für fremdes Verschulden ist in Wirklichkeit Haftung für von Dritten zugefügten Schaden auf Grund eigenen, aber vermuteten Verschuldens. Es ist die Haftung des Aufsichtspflichtigen und des Geschäftsherrn, §§ 832, 831 vgl. 31, 89 BGB. Vermutet wird bei dem Geschäftsherrn mangelnde Sorgfalt bei der Auswahl der zu einer Verrichtung bestellten Person, oder bei der Beschaffung von Gerätschaften oder der dem Geschäftsherrn obliegenden Leitung der Ausführung der Verrichtung. Der verstattete Gegenbeweis gegen diese Vermutung ist in der Regel unschwer zu erbringen. Allein der Geschäftsherr haftet nicht nur im Umfange des § 831. Der Geschäftsherr hat im Interesse des Verkehrs auch die allgemeine Pflicht, über den ganzen Umfang seines Geschäftsbetriebs, insbesondere über die Tätigkeit seiner Angestellten die Aufsicht zu führen, auch wenn die einzelne Verrichtung oder ein Kreis von Verrichtungen dem Angestellten übertragen ist. Bei Verletzung dieser Aufsichtspflicht haftet der Geschäftsherr auch nach § 823 BGB. So war der Entlastungsbeweis im Sinne des § 831 BGB. unstatthaft, wo bei einem gefährlichen (Krahn-)Betrieb der Unternehmer nicht alle geeigneten Schutzmaßregeln zur Sicherung des Verkehrs getroffen hatte, JW. 1912, 1110. Diese Aufsichtspflicht fällt nicht zusammen mit der in § 831 BGB. erwähnten Leitung der Ausführung der Verrichtung; sie ist vielmehr eine allgemeine fortlaufende Überwachungspflicht, deren Maß und Umfang sich nach den Umständen zu richten hat. Eine solche Überwachungspflicht ist z. B. angenommen worden bei dem Vorstand einer Straßenbahngesellschaft, welche der Stadt gegenüber die Instandhaltung des Straßenpflasters im Bereiche des Übergangs übernommen hatte. Der mit der Unterhaltung beauftragte Bauführer mußte überwacht werden; SeuffA. 66, 180. Eigene Fahrlässigkeit des Geschäftsherrn und Gewerbetreibenden neben derjenigen des Angestellten war z. B. gegeben bei dem Fuhrunternehmer, welcher seine Anordnungen dahin traf, daß daraus das unbeleuchtete Stehenlassen von Wagen auf der Straße folgen mußte, JW. 1909, 134, bei dem Bauunternehmer, der eine besonders gefährliche Arbeit dem Polier überließ, z. B. die Freilegung des Fundaments einer Giebelmauer, und nicht selbst Sicherungsmaßregeln traf, RG. 53, 57, Recht 1905, 1855, bei dem Bauherrn, der wahrnahm, daß der bestellte Bauunternehmer während der arbeitsfreien Zeit den Neubau nicht abschloß oder überwachte, Recht 1911, 3315, oder bei dem Hauseigentümer, welcher sich nicht vergewisserte, ob der, wenn auch mit Sorgfalt ausgewählte und im allgemeinen zuverlässige, Hausverwalter seiner Aufgabe, bei Dunkelheit die Treppen zu beleuchten, nachkam, DJZ. 1909, 1387; JW. 659; LZ. 931 vgl. RG. 53, 53; 282; JW. 1906, 745, SeuffA. 59, 27. Er mußte mit der Erfahrung rechnen, daß der Angestellte, der das Auge des Herrn nicht über sich weiß, lässig zu werden pflegt, besonders, wenn es sich um Verrichtungen alltäglicher und niedriger Art handelt. Dabei wurde der Kläger für beweispflichtig erachtet, dafür, daß die Beleuchtung schon sehr oft unterblieben sei, wie es bei wirksamer Überwachung nicht hätte vorkommen dürfen, dagegen nicht dafür, daß die Nachlässigkeit auch zur Kenntnis des Hauseigentümers gekommen sei. Dieser wurde für beweispflichtig dafür erachtet, daß ihm trotz Überwachung die unterlassene Beleuchtung nicht zur Kenntnis gekommen sei.

Nach demselben Grundsatz haftet unter Umständen nach § 823 Abs. 1 auch der Ehemann für den durch die geisteskranke Frau zugefügten Schaden, RG. 70, 48 = JW. 1909, 17 = DJZ. 265.

### d) Widerrechtlichkeit.

Das Erfordernis des Verschuldens ist streng zu trennen von demjenigen der Widerrechtlichkeit. Die subjektive Widerrechtlichkeit gehört noch zum Verschulden (Titze, Notstandsrechte im BGB. S. 11, RG. 50, 66). Die Widerrechtlichkeit der Verletzung muß im Falle des § 823 Abs. 1 selbständig und objektiv gegeben sein. Nicht widerrechtlich handelt, wer, wenn auch zum Nachteil eines anderen, von seinem gesetzlichen Rechte Gebrauch macht; Recht 1911, 3811; eine auf gesetzlicher Grundlage beruhende Enteignungsverfügung der Behörde (JW. 1912, 390), eine im öffentlichen Interesse polizeilich genehmigte Maßregel (Straßensperrung, Recht 1912, 1000) können mangels Widerrechtlichkeit nicht als unerlaubte Handlungen (§ 852) in

Betracht kommen. Die Verletzung eines der in § 823 Abs. 1 genannten Rechte oder Rechtsgüter ist aber stets als widerrechtlich anzusehen, wenn dem Täter nicht ein besonderes Recht zu dem Eingriff, z. B. kraft Erziehungsrechts, § 1631, 1800 BGB., auch des Lehrers (SeuffA. 64, 8), oder kraft Amtsrechts oder gerichtlicher Entscheidung zusteht. Die Widerrechtlichkeit ist daher für viele Fälle ein pleonastischer Ausdruck, der nur bedeutet, daß die verletzende Handlung nicht aus einem besonderen Grunde rechtmäßig war. (Crome I, 474; Endemann [9] I, 1252, 424; Schollmeyer 2, 225; Oertmann S. 949 Anm. 7; Jung, Delikt und Schadensverursachung S. 18; RG. 58, 24; Henrici in GruchotsBeitr. 42, 625, auch Marx, Kausalität der Unterlassung und Schadensersatzpflicht [Diss. 1908, S. 16]). Andererseits kann der vorliegende objektive Eingriff z. B. in fremdes Eigentum und die darin liegende objektive Widerrechtlichkeit nicht die Schuldhaftigkeit ersetzen, insbesondere auch dann nicht, wenn der Beschädigte zwar nach §§ 903, 1004 BGB. eine Einwirkung an sich verbieten konnte, das aber, weil er die Gefahr des Eingriffs und des entstehenden Schadens nicht gekannt hat, unterließ, JW. 1910, 74 = Recht 314.

Die irrtümliche Annahme der Erlaubtheit einer Handlung kann nicht von der Ersatzpflicht befreien, auch, wenn der Irrtum entschuldbar ist. Der erste Entwurf bestimmte in § 707: „Ist die beschädigende Handlung von demjenigen, welcher sie begangen, aus entschuldbarem Irrtum für erlaubt gehalten, so ist derselbe nicht zum Schadensersatz verpflichtet." Die Bestimmung wurde gestrichen. Somit ist entschuldbarer Irrtum über die Erlaubtheit kein Grund, der von der Ersatzpflicht aus unerlaubter Handlung befreit. Der Vorsatz, die wissentliche Vornahme der Handlung im Bewußtsein ihres schädlichen Erfolgs, der eintretenden Verletzung, wird durch diesen Irrtum nicht ausgeschlossen, ebensowenig die Erkenntnis, daß möglicherweise eine solche Verletzung eintreten werde, die Fahrlässigkeit, oder die Unkenntnis dieser voraussichtlichen Verletzung, sofern sie auf Außerachtlassung der im Verkehr erforderlichen Sorgfalt, also auf Fahrlässigkeit, beruht. Aber auch die objektive Widerrechtlichkeit wird nicht berührt durch die irrtümliche Annahme des Handelnden, er habe zu der Vornahme der Handlung ein Recht. Wer ein absolutes Recht nach Art des Eigentums oder ein Persönlichkeitsrecht (Leben, Freiheit, körperliche Unversehrtheit) eines Anderen verletzt, handelt stets widerrechtlich, sofern er nicht dartun kann, daß ihm ein besonderes Recht zur Vornahme der Handlung zur

Seite stand. Durch die auf einem, selbst entschuldbarem Irrtum beruhende Annahme eines solchen entgegenstehenden Rechts, wird die objektive Widerrechtlichkeit nicht berührt. Entschuldbarer Irrtum über die Erlaubtheit einer Handlung steht also weder dem Verschulden, als Voraussetzung beider Einzeltatbestände des § 823, noch der Widerrechtlichkeit im Sinne des Abs. 1 entgegen. Damit steht im Einklang die Unerheblichkeit des Irrtums in Ansehung der Voraussetzungen der Selbsthilfe, § 231 BGB.[1]) Selbst wenn er entschuldbar war, muß, wer zur Selbsthilfe greift, für Verletzungen der Rechte Anderer aufkommen, wenn die gesetzlichen Voraussetzungen der Selbsthilfe, § 229 BGB., nicht gegeben waren. Auch im Falle der Anfechtbarkeit einer Willenserklärung wegen Drohung ist es nach der neueren Rechtsprechung des Reichsgerichts gleichgültig, ob der Drohende die angedrohte Handlung für berechtigt gehalten hat, SeuffA. 66, 200. Es kommt nur auf die objektive Widerrechtlichkeit der Drohung an. Bisweilen wird die Fahrlässigkeit dann verneint, wenn der Täter entschuldbarerweise die Rechtswidrigkeit des Erfolgs oder seines Verhaltens nicht erkannt hat (Örtmann S. 950/1 Anm. 8, Linkelmann S. 95 Abs. 3, Recht 1907, 2721), oder wenn der Verletzende sich entschuldbarerweise in dem Rechtsirrtum befand, seine Handlung sei erlaubt. Dabei wird ein Rechtsirrtum für entschuldbar nur dann erklärt, wenn der Verletzende bei Beobachtung der im Verkehr erforderlichen Sorgfalt zu der rechtsirrigen Annahme gelangen konnte, unter Umständen wird auch eine Erkundigungspflicht an rechtskundiger Stelle verlangt, Recht 1910, 2363 = RG. 73, 337.[2]) Freilich mag bei der Verwickeltheit des heutigen Rechts ein Rechtsirrtum manchmal entschuldbar erscheinen. Aber es wird daran festzuhalten sein, daß das objektive Recht eben dazu da ist, im Verkehr beachtet und gehandhabt und, soweit erforderlich, gekannt zu werden. Es muß als Richtschnur des Handelns genommen werden. Klare Gesetze zu kennen, ist nicht eine besondere Pflicht der (Polizei-)Beamten, sondern eines jeden, den sie angehen; vgl. RG. Recht 1912, 2543 (Karlsruhe). Wer in Rechte Anderer schädigend eingreifen will, hat im

[1]) Für Zulässigkeit des Analogieschlusses aus § 231: M. Rümelin, Schadensersatz ohne Verschulden 1910 S. 72.

[2]) Derselbe V. Senat des Reichsgerichts steht in LZ. 1912, 150 auf dem Standpunkt, Rechtsirrtum sei zwar strenger zu behandeln als tatsächlicher Irrtum, aber nicht unter allen Umständen als Verschulden anzurechnen, auch dann nicht, wenn die Möglichkeit bestand, Rechtsbelehrung einzuholen.

einzelnen Falle die besondere Verpflichtung, sich von der Rechtmäßigkeit seines Handelns zu vergewissern. Das Reichsgericht selbst hat in obiger Entscheidung, in der es jenen Satz ausgesprochen, die Entschuldbarkeit eines Rechtsirrtums — in Ansehung der Rechtswirksamkeit des Eigentumsvorbehalts an eingebauten Öfen und Kochmaschinen — verneint und das Vorliegen einer Fahrlässigkeit bejaht. Und doch wird man angesichts der Rechtsprechung des Reichsgerichts über die Wirksamkeit des Eigentumsvorbehalts an Maschinen — vgl. z. B. 29. DJT. Band III, 1—38 und 92—128, Gutachten von Lenel und Riedner — solchen Rechtsirrtum eines Laien für verzeihlich halten müssen. Es entspricht auch mehr der Billigkeit, daß, wenn aus Rechtsunkenntnis Schaden zugefügt wird, der Handelnde den Schaden trägt, nicht der Verletzte. Die Rechtssicherheit dürfte erfordern, daß Rechtsirrtum im Zivilrecht niemals die Fahrlässigkeit ausschließt, welche beim Eingriff in absolute Rechte anderer mit Voraussetzung der Haftpflicht ist (§ 823 Abs. 1 BGB.); vgl. RG. 73, 333; JW. 1907, 251; 1908, 480; 1910, 705; 1912, 26; GruchotsBeitr. 43, 389/90. Dagegen ist zuzugeben, daß bei demjenigen, welcher aus entschuldbarem zivilrechtlichen Rechtsirrtum eine Handlung für erlaubt oder sich zu ihrer Vornahme für befugt hält, die zum Verstoß gegen ein Schutzgesetz (§ 823 Abs. 2 BGB.) oder zur Beamtenhaftung (§ 839, Recht 1911, 3184) erforderliche Fahrlässigkeit aus dem bezeichneten Grunde fehlen kann.

Ausgeschlossen wird die Widerrechtlichkeit durch Notwehr, § 227 BGB. Sie erfordert nur einen gegenständlich (objektiv) rechtswidrigen, nicht auch einen bewußt rechtswidrigen Angriff, ist mithin auch gegen Unzurechnungsfähige gestattet. Überschreitung der Notwehr im Schrecken, Bestürzung, Kampfeshitze und dergl. kann eine Fahrlässigkeit enthalten, wobei § 254 BGB. Platz greifen kann, JW. 1912, 312. Entschuldbarer Irrtum über die tatsächlichen Voraussetzungen der Notwehr schließt die Fahrlässigkeit aus, Recht 1904, 1989; ROLG. 9, 39. Nicht widerrechtlich ist auch die Handlung im Notstand, auch wenn er verschuldet ist, und die erlaubte Selbsthilfe, §§ 228—231 BGB. Die Einwilligung des Verletzten schließt die Widerrechtlichkeit nicht aus, wenn auf das Recht nicht wirksam verzichtet werden kann, wie das bei den Rechtsgütern des Lebens und der körperlichen Unversehrtheit regelmäßig der Fall ist. Sie werden auch gegen den Willen der Person geschützt, §§ 201,

216 StGB., §§ 823 Abs. 2, 619 BGB., §§ 120a ff. GewO., 62 Abs. 4, 76 Abs. 1 HGB. Dagegen ist in der Einwilligung unter Umständen ein mitwirkendes Verschulden zu finden, § 254 BGB., so in der Annahme eines Zweikampfes. Rechtsunwirksam ist die Einwilligung insbesondere in den Fällen der §§ 825, 1092 BGB. oder, wenn der Verzicht, als gegen ein gesetzliches Verbot oder gegen die guten Sitten verstoßend, nichtig ist, §§ 134, 138 BGB., RG. 66, 306. Die Einwilligung ist als einseitige rechtsgeschäftliche Willenserklärung anzusehen und muß den Erfordernissen des Rechtsgeschäfts entsprechen. Sie kann durch den gesetzlichen Vertreter wirksam erklärt werden, so auch im Falle der Operation. Nach der Stellung des staatlich approbierten Arztes wird eine Operation auch dann nicht als widerrechtlich anzusehen sein, wenn der Kranke bewußtlos, geschäftsunfähig oder in der Geschäftsfähigkeit beschränkt ist, und die Einwilligung des gesetzlichen Vertreters wegen Gefahr für die Gesundheit und das Leben nicht einzuholen und nicht nach den Umständen anzunehmen ist, daß die Einwilligung versagt werden würde. M. a. W. Die Rechtswidrigkeit einer Heilbehandlung, insbesondere einer Operation, entfällt nur dann, wenn eine ihrem Zweck nach unverwerfliche Einwilligung des zu Behandelnden vorliegt oder zu unterstellen ist, Zitelmann, ArchZPr. 99, 1, 78. Bei entschuldbarem Irrtum über diese tatsächlichen Voraussetzungen kann die Haftung mangels Fahrlässigkeit entfallen, bei rechtsungültiger Einwilligung kann Ermäßigung nach § 254 BGB. geboten sein.

### e) Grundsätze der Rechtsprechung.

Bei der überwiegenden Mehrzahl der erhobenen Ansprüche aus außervertraglicher Haftpflicht kommt § 823 Abs. 1 BGB. zur Anwendung. Er ist der wichtigste allgemeine Tatbestand einer „unerlaubten Handlung" im bürgerlichen Recht. In Verbindung mit der Begriffsbestimmung der Fahrlässigkeit, als der im Verkehr erforderlichen Sorgfalt (§ 2), § 276 BGB., ist er maßgebend für die Rücksichten, welche der Einzelne im Leben zu nehmen hat auf Andere, insbesondere die zu ihm in keinem Vertrags- oder vertragsähnlichen Verhältnisse stehenden Personen. In diesen Vorschriften liegt die Norm und gesetzliche Regel des täglichen, außervertraglichen Verkehrs.

Die unendliche Mannigfaltigkeit der Beziehungen, in welchen bei der zunehmenden Dichtigkeit der Bevölkerung und Intensität der Wirtschaft die einzelnen Rechtssubjekte im außervertraglichen

Verkehr zueinander treten, bringt eine außerordentliche Mannigfaltigkeit und Reichhaltigkeit der Rechtsprechung in Ansehung des von dem Einzelnen zu beobachtenden Verhaltens. Bei der Entscheidung müssen stets die besonderen, begleitenden Umstände des Falles berücksichtigt werden. Nur mit dieser Maßgabe können Vorentscheidungen von Wert sein. Aber das Bedürfnis nach einer Heranziehung von Vorentscheidungen ergibt sich nicht nur aus einer gewissen Bequemlichkeit der Praxis, sondern aus der Forderung nach Einheitlichkeit und Sicherheit der Rechtsprechung.

Für bestimmte Lebensgebiete, in denen gewisse typische Beschädigungen und Schadensersatzansprüche wiederkehren, hat die Rechtsprechung nach Maßgabe der Bedürfnisse des gesunden Verkehrs Grundsätze aufgestellt, in welchen sich die Anschauungen des einschlägigen Verkehrs widerspiegeln. Solche grundsätzliche Entscheidungen typischer Haftpflichtfälle bieten notwendig wichtige Anhaltspunkte für die an die Sorgfalt des Einzelnen zu stellenden Anforderungen. Von allgemeiner Bedeutung ist namentlich die Rechtsprechung in Ansehung des zu erwartenden Verhaltens und der erforderlichen Sorgfalt einmal derjenigen, welche durch Freistellung eines Raums oder einer Örtlichkeit irgendwelcher Art, meist im eigenen Interesse, einen Verkehr veranlassen und eröffnen, zweitens der verkehrenden Personen selbst.

### 1. Verkehrseröffnung.

Wer, sei es ein Privatier oder der Fiskus oder die Gemeinde, als Eigentümer oder Besitzer (Mieter) eines Grundstücks oder Gebäudes oder eines Teiles eines solchen, zu, auf oder in demselben einen Verkehr eröffnet oder auch bloß duldet — vgl. hierzu DJZ. 1909, 16; Spruchsammlung S. 268; Recht 1910, 2531 ff.; 1911, 721 ff., 2327 ff., 3311 ff. —, hat für den verkehrssicheren Zustand des Zugangs oder des Grundstücks oder Gebäudes Sorge zu tragen. Er haftet für den durch die Unterlassung verursachten Schaden, JW. 1911, 759 (vgl. § 3d). Die Übertretung nach § 367 Ziff. 12 StGB. setzt keine Verkehrs*eröffnung* voraus, Recht 1912, 3192 (Karlsruhe). Die Verpflichtung, für den ungefährdeten Verkehr auf einem Grundstück zu sorgen, besteht jedoch nur gegenüber dem legitimen (erlaubten) Verkehr, nicht z. B. gegenüber demjenigen, der ein Feldgrundstück *unbefugt* betritt, JW. 1912, 796 = Recht 3078; es sei denn, daß es sich z. B. um Orte handelt, an dem Kinder zu spielen pflegen; auch ist auf den Zweck einer dem Verkehr zugänglichen Anlage, der — wie die Bedienung von Schiffen, von einer Schleusenmauer (JW. 1905, 340) — eine Absperrung verbietet, Rücksicht zu nehmen.

Z. B. JW. 1909, 161; Gruchots Beitr. 46, 375 (Landstraße); Recht 1909, 1481 (Kreisstraße mit darauf liegenden Baumstämmen); SeuffA. 58, 233 (Gemeindeweg); 1910, 2362 (Gemeindeweg mit unverwahrtem Abhang); JW. 1902 Beil. 131, Recht 1902, 831 (Böschung am Weg); Recht 1911, 1735 (Prellsteine an Straßen dienen nicht bloß zum Schutze von Fußgängern, sondern auch zum Schutze des Wagenverkehrs. Sie müssen so eingerichtet sein, daß sie dem Anprall eines von der Deichsel losgelösten, durch starkes Bremsen in verlangsamte Fahrt versetzten Personenkutsche standhalten können); Recht 1912, 575 (An Straßenecken mit lebhaftem Verkehr innerhalb einer Ortschaft genügen zur Sicherung einer steilen Böschung 1,80 m voneinander entfernt stehende Steinsäulen — unter Umständen! — nicht); 416 (Die verantwortlichen Leiter des Bauwesens einer Stadtgemeinde — vgl. § 5 S. 62 Ziff. 9, § 3d sind verpflichtet, Anordnungen zu treffen, welche, soweit möglich, in wirksamer Weise verhüten, daß ein die Verkehrssicherheit gefährdender Zustand der Straße auch nur einige Zeit andauert); Recht 1912, 3357 (Zeigen sich in einer Straßenanlage fortgesetzt von Zeit zu Zeit an verschiedenen Stellen verkehrsgefährdende Mängel so darf mit der Abhilfe nicht jeweils zugewartet werden, bis mehrere Schäden zusammen zu beseitigen sind); Recht 1912, 2835/6 (Einfluß einer Vertragspflicht, für Verkehrssicherheit zu sorgen); JW. 1912, 864 (Morsches Geländer über die Stützmauer am Weg; Haftung der Gemeinde. Keine Anzeigepflicht der Anlieger, wenn der mangelhafte Zustand den Vertretern bekannt war; Recht 1909, 1301 (Haftung einer Gemeinde für Unfall eines Radfahrers durch ausgebreiteten Sand); Recht 1911, 1736 (Verbindungs- oder Richtwege); Recht 1912, 998 (Die Gemeinde hat öffentliche Wege auch bei außergewöhnlichen Umständen in gefahrlosem Zustand zu erhalten; Zirkuszelt mit nach den Wegen gespannten Befestigungsdrähten); JW. 1912, 793 (Verschließbare Klappe an der, elektrische Transformatoren enthaltenden, Anschlagsäule, in Höhe von nur 1 m; Verletzung eines in die offenstehende Klappe hineingreifenden Kindes: Haftung der Stadtgemeinde); Recht 1911, 1740 = JW. 446 (Die Gemeinde haftet nicht für Unfälle von Fußgängern, die sich über eine, von den Anliegern hergestellte Überbrückung eines Straßengrabens auf längs der Straße laufende, aber nicht zur Straße gehörende Fußwege begeben); JW. 1909, 161 vgl. Recht 1910, 2184, 2991 (Die Gemeinde haftet für den schlechten Zustand der Straße, auch wenn sie noch nicht fertig und ausgebaut, sofern sie nur tatsächlich dem öffentlichen Verkehr übergeben ist); Recht 1911, 3459 (Keine Haftung der Landgemeinde bei schlechtem Seitenweg); SeuffA. 63, 90 (Kanaldeckel auf Straße); Recht 1912, 1443 (Gefährliche Brunnen- und Schachtanlage); DJZ. 1907, 67; ROLG. 4, 283 (Beleuchtung öffentlicher Plätze); BadRPr. 1907, 153 (lose zugefülltes Loch); Recht 1909, 465 (Kanalisationsarbeiten einer Stadtgemeinde); Recht 1910, 896 (Beleuchtung von Straßenaufgrabungen); Recht 1912, 2536 (Haftung der Gemeinde wegen eines Dielenbelags auf dem Fußsteig, der wegen ungenügender Beleuchtung oder Sandaufböschung gefährlich ist); Recht 1910, 1564 (Unterpflasterungsarbeiten, Schutzschilde gegen abspringende Splitter); JW. 1905, 199 (Laternenpfahl); ROLG. 20, 253 (Glätte des Bodenbelags im Rathaus); JW. 1905. 486 (Einengung der Straße und Aufreißen des Pflasters), auch Recht 1901, 559, 1325; 1905, 1135; ROLG. 1912, 110 (Schachtdeckel); Recht 1912, 2534 (Verschulden bei Erhaltung eines verkehrssicheren Zustands an Wegen, wenn mehrere öffentliche Verbände in Betracht kommen); RG. 54, 53 (Öffentliche Treppe); Recht 1910, 1942; 1912, 1467 (Treppe in öffentlicher Schule, Haftung der Gemeinde); ROLG. 18, 86; Recht 1910, 504, 1565 (Treppe überhaupt); Recht 1909, 1775 (aufgebogene Schiene an Treppenstufen (vgl. Bild III); 1909, 1776; JW. 1910, 1003; Recht 3915a (Leiter zum Trockenspeicher, Haftung des Hauseigentümers gegenüber Angehörigen des Mieters); Recht 1911, 3314 (Haftung des Hauseigentümers für verkehrssicheren Zustand baulicher Anlagen auch bei Vermietung); SeuffA. 55, 202; GruchotsBeitr. 46, 1186; 48, 1102; Recht 1904, 322, 901 (unbeleuchtete Treppe); Recht 1912, 2012 (desgl. Selbstverschulden); JW. 1903, 187 (Beleuchtungspflicht der Gemeinde); 1902, 431 (Unverwahrte und unbeleuchtete Hafentreppe); ROLG. 5, 243 (Graben); 4, 282 (Unverwahrtes Bachbett); RG. 55, 24 (Geländerlose Brücke); RG. 62, 31 (Brücke mit morscher Stelle des Bodenbelags); RG. 68, 365 (Wasserstraße); DJZ. 1905, 1121 (Schadhafte Steinstufe am Ladeneingang); ROLG. 12, 107 (Schadhaftes Fenster); ROLG. 18, 69 (Bis zum Fußboden reichendes offenes Fenster); ROLG. 12, 108 (Unbeleuchteter Hof); ROLG. 12, 109; Recht 1910, 3764 (Glätte, z. B. von Flurplatten); Recht 1907, 377 (Treppe zur Waschküche); Recht 1909, 1990 (Pferdestall).

Der Hauseigentümer, der durch Vermieten von Wohnungen einen Verkehr in seinem Hause für andere eröffnet, muß die Zugänge, insbesondere die Treppe, verkehrssicher erhalten. Diese Pflicht gilt nur für den allgemeinen Verkehr, nicht für den darüberhinausgehenden Verkehr, der durch die besonderen persönlichen, gewerblichen oder gesellschaftlichen Bedürfnisse oder Gepflogenheiten des Mieters hervorgerufen wird. Diesen Verkehr hat der Mieter allein zu sichern. So wenn der Gastwirt, der die Wirtschaftsräume gemietet hat, den Gastverkehr über die allgemeinen Grenzen des Hausverkehrs hinaus bis in die tiefe Nacht andauern läßt (JW. 1907, 332). Dagegen ist es eine Gefährdung des **allgemeinen** Verkehrs im Hause, wenn die von den gesamten Hausbewohnern zu benützende Treppe wegen der Malerarbeiten mit schrägen Latten belegt wurde, und die Benützung der Treppe auch während der Nachtzeit zu gewärtigen war, JW. 1912, 143. Vgl. Recht 1912, 1466 (Beleuchtungspflicht des Vermieters, Zulässigkeit abweichender Vereinbarungen durch Mietvertrag und Hausordnung).

Recht 1910, 1377, 1571; JW. 1904, 470; 1905, 144; 1907, 332, 364; 1909, 135, 218; 1910, 65, 333, 468 (Glatteis, unterlassene Streuung); bloße Unterlassung des Streuens bei Glatteis macht noch nicht haftbar; maßgebend ist, ob nach der Anschauung des gesunden, dem tatsächlichen Verhalten billig Rechnung tragenden, Verkehrs gegen die erforderliche Sorgfalt verstoßen ist. Recht 1911, 3465 (Das Streuen kann auch im allgemeinen einem tüchtigen und zuverlässigen Dienstmädchen überlassen werden, vorausgesetzt, daß es nicht überlastet ist); Recht 1912, 415 (Bei ständig sich erneuernder Glatteisbildung begründet die Unterlassung der Streuung kein Verschulden); Recht 1911, 2328 (Haftung des Hausbesitzers und Hausverwalters); DJZ. 1905, 508 (Streupflicht bei andauerndem Schneefall); Recht 1911, 3312, 3462 (Billige Frist vom Beginn der Winterglätte an); JW. 1911, 980; Recht 1912, 2037 (Der Beklagte muß dartun, daß solche Frist noch nicht umlaufen war); JW. 1905, 144, 288 (Bürgersteig mit Eis); auch ROLG. 5, 240; 12, 108, 109; JW. 1909, 135, 218; 1910, 618; Recht 1909, 984, 1677; 1910, 502, 1943 (Streupflicht insbesondere der Stadtgemeinde und der

Kirchengemeinde); JW. 1911, 583 (Streupflicht der Stadtgemeinde, insbesondere an Sonntag Nachmittagen); JW. 1909, 135 = Recht 826 (auch bei möglicher Wiederherstellung der Glätte durch rodelnde Kinder); Recht 1910, 2990 (Haftung der Stadtgemeinde neben dem Hausbesitzer); Recht 1912, 375 = JW. 195 (Der Stadtgemeinde ist zur Beseitigung von Glatteis ein gewisser Spielraum an Zeit zu gewähren; die Hausbesitzer (Anlieger) müssen die Verkehrssicherheit auf dem Bürgersteig und im Innern — hereingewehten Schnee — bis zum Beginn des allgemeinen Verkehrs herstellen); Recht 1910, 2991 (Streupflicht der Stadtgemeinde bei Verkehrseröffnung auch ohne Bebauung der Straße); ROLG. 18, 72; Recht 1912, 1442, 2036 (Streupflicht in Dörfern?); SeuffA. 67, 202 (Einschränkung der Streupflicht bei Glatteis in kleinen Landgemeinden. Keine Streupflicht auf dem Fahrdamm); SeuffA. 67, 253 (auch nicht auf Nebenwegen).

Haftung des Wirtes für verkehrssicheren Zustand des Zugangs und des Inneren der Wirtschaft: JW. 1904, 483 (Zugang); RG. 58, 333; Recht 1910, 61, 687, 688, 1375 (Zugang mit Glatteis); JW. 1910, 65 (Dorfgemeinde, späte Nachtstunde); Recht 1911, 3461 (Glatteis auf Bauernhof, wenn Gäste erwartet werden); JW. 1907, 332; 1910, 65 (Streupflicht bei fortdauernd entstehender Glätte, Vermieter der Wirtschaftsräume); Recht 1910, 2531 (Wirtschaft auf dem Land); JW. 1911, 708 (Freitreppe einer solchen, Fehlen eines Geländers, Beleuchtung); JW. 1905, 45 (Gang in Gastwirtschaft); Recht 1911, 3458 (Glätte in Schankzimmer, weil der Fußboden beim Abfüllen naß wurde); JW. 1901, 768 vgl. Recht 1909, 827 (Benützung des Hofs als Abort); DJZ. 1905, 171, vgl. Recht 1909, 467 (unverwahrte Falltür); ROLG. 18, 103; Recht 1909, 464; 1910, 1569, 2537, 2823; JW. 1910, 333 (Kelleröffnung); Recht 1911, 3815; JW. 1912, 30, 793/4 (Kellertür, die nur eingeklinkt ist und mit anderer Tür leicht verwechselt werden kann. Selbstverschulden, Trunkenheit); Recht 1912, 28 (Auf leisen Druck nachgebende Kellertür im Hausflur); JW. 1910, 112 = Recht 512; Recht 2540; JW. 1912, 857 (Pißort einer Wirtschaft); Recht 1910, 1584 (Waschraum); 4080 (Gartenwirtschaft); DJZ. 1905, 122; Recht 1910, 503 (Mangelnde Gangbeleuchtung); JW. 1887, 295 = Bolze 4, 338; DJZ. 1906, 1261; Recht 1910, 2531 (Treppenbeleuchtung); Recht 1911, 3460 (Beleuchtung der Treppe einer Dorfwirtschaft); Recht 1912, 414 (Nicht notwendig Fahrlässigkeit des Wirts, wenn bei der von einem Verein abgehaltenen Festlichkeit Feuerwerk abgebrannt und ein Gast verletzt wird); JW. 1912, 530 (Keine Haftung des Wirts, wenn Einrichtungen nur vermöge des unvernünftigen Gebrauchs durch Kinder schädlich werden und der Wirt mit ausreichender Beaufsichtigung rechnen durfte). JW. 1906, 54; Recht 1912, 2922 (Ueberwiegendes Verschulden des Gastes, der statt des ihm bekannten ge ahrlosen Wegs zum Toiletteraum einen anderen, ihm nicht als gefahrlos bekannten, Weg benützt. Unvorsichtiges Betreten eines völlig dunkeln Flurs).

Recht 1910, 62 = LZ. 143 (Ladengeschäft, Glätte von Parkettböden); Recht 1909, 1775 (Warenhaus, Messingschienen auf Treppenstufen, vgl. Bild III): LZ. 1910, 772 (Verkehrssicherheit eines Kaufhauses, keine allgemeine Haftung aus Vertrag); Recht 1912, 1890 (In einem Warenhaus muß das Bohnen der Fußböden vor Beginn der Verkehrsstunden beendigt sein); JW. 1909, 493; 1912, 586 (Ladengeschäft, Haftung des Mieters für verkehrssicheren Zustand des Lagerraums); Recht 1909, 983, 2109; JW. 1909, 357, Recht 2109 (Kegelbahn).

RG. 59, 203; BadRpr. 1910, 131 (Aufstellung einer Sache an öffentlicher Straße, so daß Gefahr durch Umfallen erwächst); JW. 1903 Beil. 10 (Stürzender

Baum): 1905, 284 (Baumfällen): Recht 1910, 3491 (Haftung der Gemeinde für Verletzung durch Brandruine an einer Verkehrsstraße): JW. 1911, 981 = Recht 3646 = GruchotsBeitr. 56, 327 (der Pfarrgemeinde für Umfallen von Grabsteinen auf dem Kirchhof); Recht 1911, 2327, 2330 (Stehenlassen einer Dreschmaschine mit freiliegenden Kammrädern auf offenem Hofraum); Recht 1911, 3818 (Unverwahrtlassen einer gefährlichen Maschine begründet nicht immer eine Haftpflicht); JW. 1912, 796 (Gefährdung spielender Kinder): 793 (Anschlagsäule mit Transformatoren): DJZ. 1909, Spruchsammlung 268 (Häckselmaschine in Scheuer).

RG. 53, 53 (Haftung des Eisenbahnunternehmers für gefahrlosen Zugang zum Bahnhof); JW. 1911, 450; Recht 1932 (Treppen an der Laderampe eines Güterschuppens müssen wegen des starken Verkehrs und der starken Gefahr ihrer Lockerung und Beschädigung in kurzen Zwischenräumen auf ihre bauliche Beschaffenheit nachgesehen werden).

Recht 1910, 2183, 2537; JW. 1909, 275 (Für die Verkehrssicherheit einer Wirtschaft haftet der Eigentümer auch bei Verpachtung, ebenso der Bauherr, der ein Restaurant herstellt und dem Verkehr übergibt); Recht 1911, 1739 (Der Besitzer einer Badeanstalt, der auf die gefährliche Glätte der Marmorplatten des Bodens durch wiederholte Unfälle aufmerksam gemacht worden ist, kann sich der Haftung nicht mit der Entschuldigung entziehen, daß ihm die Platten von einer Autorität auf dem Gebiete des Badewesens empfohlen worden sind): DJZ. 1911, 283 (Haftung der Gemeinde als Unternehmerin einer Seebadeanstalt): JW. 1909, 415: ROLG. 18, 74 = Recht 1909, 1480 (Haftung des Mannes nach §§ 1363, 823, wenn eine Fahrlässigkeit bei Verwaltung des eingebrachten Guts begangen wird, z. B. durch unterlassene Treppenbeleuchtung in dem zum eingebrachten Gut der Ehefrau gehörigen Hause): GruchotsBeitr. 45, 891, JW. 1910, 468; 1912, 792 (Haftung des Postfiskus für gefahrlosen Zugang zur Post; ein öffentlicher Raum des Postgebäudes muß auch für eiligen Verkehr ungefährlich sein); ROLG. 12, 103 (Gerichtsraum): DJZ. 1907, 481 (Haftung des Theaterunternehmers für Sicherheit des Zugangs); Recht 1910, 2533 (Starkes Geräusch, Gewehrschüsse bei Theatervorstellung); Recht 1910, 3763: RG. 76, 113 (Die Bildung einer Streupflichtobservanz setzt nicht voraus, daß die Anlieger sich genaue Rechenschaft über den Grund des Streuens geben, es genügt das Gefühl der Rechtspflicht): JW. 1911, 649, 1015; 1912, 864; RG. 76, 164 (Rechtsgültigkeit einer die Streupflicht der Anlieger gemäß §§ 6 ff. PrG. vom 11. März 1850 gebietenden Polizeiverordnung oder ortspolizeilichen Vorschrift zur Sorge für Leben und Gesundheit; VO. vom 20. September 1867).

Die Entscheidung Recht 1910, 2819 betraf die Instandhaltungspflicht einer Straße: danach sind auch unbesonnenen, unvorsichtigen oder betrunkenen Menschen gegenüber sehr gefährliche Stellen, selbst wenn sie an einer abgelegenen Straße liegen, genügend abzuschließen. Der aufgestellte Satz, der Straßenverkehr müsse auch mit solchen Personen rechnen, gilt aber auch für das Verhältnis der verkehrenden Personen unter sich.

## II. Sorgfaltspflicht im Straßenverkehr, insbesondere

der Fußgänger: SeuffA. 64, 130 (Benützt der Fußgänger den Fahrdamm, so muß er sich um die Fuhrwerke kümmern und sich danach umsehen): Recht 1912, 1140 (er darf aber unterstellen, daß ein herannahender Kraftwagen nicht mit übermäßiger Geschwindigkeit fährt); Recht 1912, 1138 (auf dem Fußsteig gehend, braucht er das Herannahen scheuender Pferde von hinten nicht zu bemerken); JW. 1912, 908 (Laufen auf dunkler Ortsstraße, selbst in Dörfern, ist Fahrlässigkeit).

Fuhrwerksbesitzer: JW. 1911, 218 (Der mitfahrende Eigentümer eines Fuhrwerks muß den Lenker beaufsichtigen); Recht 1911, 3468 (auch bei Nachlässigkeit des Lenkers selbst eingreifen, sofern er den Umständen nach dazu in der Lage ist): Recht 1911, 1935 (Wer ein junges Pferd vor einen Wagen spannt und damit den Kutscher zu Besorgungen in der Großstadt ausschickt, obwohl er weiß, daß der Kutscher zeitweise Pferd und Wagen allein stehen lassen muß, muß damit rechnen, daß das Pferd scheut und Schaden anrichtet); auch Recht 1909, 47, 2946; 1910, 895, 1380; 1911, 3471; 1912, 373. Mangels besonderer Polizeivorschrift steht dem Fuhrwerkslenker die zu befahrende Straße frei (Recht 1912, 3188), also regelmäßig nicht in Städten).

Radfahrer: JW. 1910, 105 (Er muß auf Huppezeichen eines Kraftwagens rechtzeitig achten. Wenn der Genuß von Alkohol auch nur einigermaßen die Schärfe seiner Sinne und die Sicherheit des Fahrens beeinträchtigt, so ist das Radfahren auf öffentlichen Straßen als ein Verstoß gegen die im Verkehr erforderliche Sorgfalt anzusehen); RG. 48, 343 (Unter Umständen genügt dem Fußgänger gegenüber nicht die Abgabe eines Klingelzeichens, sondern nur Minderung der Fahrgeschwindigkeit und genügendes Ausweichen); auch Recht 1909, 675; 1912, 562 (über die Straße fliegende Gans!); SeuffA. 67, 81 (er darf im Vertrauen auf die Warnung des Wagenführers neben oder zwischen den Schienen der elektrischen Straßenbahn fahren).

Kraftwagenfahrer: Wegen der Haftung aus bloßer Gefährdung gilt das RG. vom 3. Mai 1909. Die Haftung aus Verschulden bleibt unberührt. Zu große Fahrgeschwindigkeit, nicht rechtzeitige Beachtung von Bahnübergängen, über die sich der Kraftwagenführer vor Antritt der Fahrt mit Hilfe von Karten zu unterrichten hat, SeuffA. 67, 8, usw. geben fortwährend Anlaß zu Schadensersatzprozessen. SeuffA. 67, 201 (Kraftfahrzeuge müssen Fußgängern, die sie nicht wahrnehmen, möglichst ausweichen); Recht 1912, 3189 (Aus der Tatsache, daß der Kraftwagen in einer geschlossenen Ortschaft trotz Verweilens einer Kinderschar auf der Fahrbahn nicht auf 2—3 m zum Stillstand gebracht werden konnte, ist der Schluß auf vorangehendes übermäßiges Schnellfahren gerechtfertigt); Recht 1912, 2833 (Der Automobillenker handelt fahrlässig, wenn er kurz vor dem Herannahen der Straßenbahn die Schienen befährt, die tiefer als das Pflaster liegen und daher durch die Möglichkeit des Festklemmens und Schleuderns das Automobil gefährden); JW. 1905, 287; 1908, 405; DJZ. 1909, Spruchsammlung 269; JW. 1910, 105/106 (Der mitfahrende Besitzer handelt fahrlässig, wenn er den fahrenden Chauffeur gewähren läßt; er muß den Fahrer auf Verstöße aufmerksam machen, sofern er solche wahrnimmt); JW. 1909, 276 = Recht 1300 = DJZ. 713, JW. 1909, 312; 1911, 218 (er muß auch die für die Kraftwagenführer bestimmten Polizeiverordnungen kennen, sonst ist er nicht in der Lage, den Führer gehörig zu beaufsichtigen), siehe auch ROLG. 18, 73; Recht 1909, 1124, 1299, 1482; 1910, 1374; JW. 1909, 312; 1910, 148, 234; DJZ. 1909 Spruchsammlg. S. 269. Sofortiges Anziehen der Bremse eines Kraftwagens durch den Führer auf Zuruf eines Dritten kann ein Verschulden enthalten. Der Führer muß die Sachlage selbst prüfen und danach seine Maßregeln treffen. Er darf sich nicht durch den Zuruf eines beliebigen Dritten aus der Fassung bringen lassen, JW. 1911, 979. Der mitfahrende Fahrtunternehmer hat den Führer zu überwachen und zur Einhaltung einer mäßigen Geschwindigkeit anzuhalten, wenn nicht ganz normale Verhältnisse vorliegen (JW. 1911, 218), unter besonderen Umständen selbst dann, wenn er im Innern des Wagens sitzt (RG. bei Warn. IV, 35/36).

Motorradfahrer: Recht 1910, 691 (Er muß mit der Möglichkeit plötzlich auftauchender Hindernisse rechnen und unter Umständen auch innerhalb der polizeilich zugelassenen Höchstgeschwindigkeit langsam fahren).

Reiter: Recht 1909, 50. In einer größeren Stadt braucht ein Reiter nicht fortwährend auf das Pflaster zu achten, um etwaigen Mängeln auszuweichen. Es kann auch kein irgend erhebliches Verschulden darin gefunden werden, daß er eine dem Verkehr offene, wenn auch nicht mangelfreie, Straße überhaupt benützt, statt einen Umweg zu machen; Recht 1912, 3330/31.

das Nachbarrecht: JW. 1910, 330 (Vertiefung des Nachbargrundstücks über die in § 909 BGB. geregelte Grenze macht ersatzpflichtig nach § 823 Abs. 1. Ablehnung angebotener Schutzmaßregeln auf dem gefährdeten eigenen Grundstück enthält unter Umständen ein Mitverschulden des Beschädigten, § 254 siehe jedoch § 6 Ziff. 4 a. E.).

die sozialen Verpflichtungen des Arbeitgebers: RG. 58, 102; 63, 55 (Die Verpflichtung des Arbeitgebers zur Verwendung von Versicherungsmarken nach dem InvVersG. (§ 1426 RVO.) begründet keine Erweiterung der vertraglichen Leistungspflicht des Arbeitgebers: ihre Unterlassung ist keine unerlaubte Handlung nach § 823 Abs. 1 oder 2); JW. 1910, 232 (auch die Unterlassung der Anmeldung zum Handelsregister nach § 29 HGB., § 7 Ziff. 7 GUVG., vgl. § 537 Abs. 2 RVO., verpflichtet dem Angestellten gegenüber nicht zum Schadensersatz nach § 823 Abs. 1 oder 2); die bestehenden Unfallverhütungsvorschriften (§§ 120 a, 120 e GewO., 112 GUVG., 120 LUVG., 848, 1030, 1199 RVO.) stehen einer selbständigen Erkundigungspflicht des Unternehmers über Neuerungen an Schutzvorrichtungen nicht entgegen.

die Jagd, insbesondere Anschießen von Treibern: Recht 1909, 2401; JW. 1909, 489, 505, 687; BadRpr. 1910, 157 vgl. Bild I Recht 1910, 1732; JW. 1910, 331; SeuffBl. 1910, 328; JDR. 1911 S. 295 ee); Recht 1912, 377. Ein erfahrener Jäger muß im allgemeinen damit rechnen, daß ein Schrotschuß nach verschiedenen Richtungen streuen, auch auf stumpfe Gegenstände auffallen und von dort in veränderter Richtung zurückprallen kann; BadRpr. 1910, 157; Recht 1912, 1889. Er handelt namentlich fahrlässig, wenn er in der Richtung nach einem öffentlichen Weg schießt, den er nicht übersehen kann, BadRPr. 1912, 196.

Sport, insbesondere Fußballspiel: Wo keine Spielregel verletzt wurde, ist bei vorkommender Verletzung des Spielgegners mangels Rechtswidrigkeit und mangels Fahrlässigkeit weder Strafe (§ 230 StGB.) noch Ersatzpflicht verwirkt. Der sportliche Wettkampf bringt regelmäßig gewisse Gefahren mit sich, welche die Beteiligten auf sich nehmen. Der Verzicht auf die körperliche Unversehrtheit ist hier in gewissen Grenzen erlaubt. Das Maß der im Verkehr erforderlichen Sorgfalt wird hier durch die Spielregeln bestimmt. Vgl. BadRPr. 1912, 265.

Flugsport: Der Flieger der vor Antritt der Fahrt das Flugzeug nicht sorgfältig nachsieht, oder der vor Antritt der Fahrt mit einem Fahrgast nicht einen Vorflug ohne solchen macht, handelt fahrlässig; Hellmuth Hirth, 20000 km im Luftmeer, S. 32/33.

Eine Ersatzpflicht des Rechtsanwalts wird von Märklin, JW. 1911, 937, bejaht, wenn der Gehilfe bei Übermittelung einer Terminsverlegung an den Gegenanwalt den Betreff verwechselt, so daß der Gegner Versäumnisurteil über sich ergehen läßt (§ 831), unter Umständen sogar wegen erfolgter strafgerichtlicher Verurteilung des Klienten, ebenda 938, verneint in Recht 1911, 3626, wegen Nichtanrufung von Zeugen, deren Benennung von der Partei in II. Instanz dem Anwalt gegenüber nicht wiederholt wurde; vgl. Recht 1912, 1444 = JW. 639. JW. 1912, 861 (Fahrlässigkeit wegen Verjährung des Mehrbetrags bei Erhebung einer Teilklage). Jedoch handelt es sich hier, wie in den zuletzt genannten Beispielen, meist um Schadensersatz wegen Verschuldens bei Erfüllung des Auftrags, wobei nach RG. in JW. 1910, 294 vom Anwalt die Kenntnis der einschlägigen Entscheidungen des Reichsgerichts in der amtlichen Sammlung zu fordern ist: vgl. die Fälle bei Märklin, Die Haftpflichtversicherung der Rechtsanwälte und Notare, LZ. 1912, 123; Eckstein, Die Haftung assoziierter Rechtsanwälte, SeuffBl. f. RA. 1912 Nr. 17/18.

Auch beim Arzt handelt es sich in der Regel nur um die Haftpflicht wegen fahrlässiger Vertragserfüllung. Vgl. JW. 1912, 528; SeuffA. 67, 223 (Aufklärungspflicht vor der Operation? Umfassende Belehrung über alle möglichen Folgen ist nicht erforderlich. Die Beweislast bei Kunstfehlern trifft nicht schlechthin den Arzt); Recht 1912, 2832 (Der Arzt ist beweispflichtig für die Einwilligung zur Operation, auch wenn sie veranlaßt war); JW. 1912, 857; Recht 2807 (Schuldhaftigkeit der Behandlung nach dem Naturheilverfahren, wenn es nicht den Regeln der ärztlichen Wissenschaft entspricht). Der Arzt haftet aber auch für der ärztlichen Kunst nicht entsprechende Behandlung, wenn er bei einem Unglücksfall ohne Vertrag und unentgeltlich (§ 521 BGB. die Behandlung des Verletzten übernimmt, Recht 1912, 577; wegen der Haftung auf Schmerzensgeld vgl. Fromherz, ArchZivPr. 108, 435 ff. (Zur Lehre von der Anspruchskonkurrenz).

Die Zahl der veröffentlichten Entscheidungen aus dem Gebiete der unerlaubten Handlungen, insbesondere zu § 823 Abs. 1 BGB. und über das Vorhandensein einer Fahrlässigkeit, ist außerordentlich groß und nicht leicht zu übersehen. Vgl. insbesondere die Zusammenstellungen in der Spruchsammlung der DJZ., im Jahrbuch des Deutschen Rechts (JDR.) von Dr. Neumann, „Deutschlands oberstrichterliche Rechtsprechung" im Recht, Sörgel, Warneyer zu § 823. Es ist aber hier bei Anwendung von Vorentscheidungen mit besonderer Vorsicht zu verfahren; denn die Lage des einzelnen Falles und die Anschauungen und die Sitte des einschlägigen Verkehrs mit ihren örtlichen und zeitlichen Verschiedenheiten bleiben in erster Linie maßgebend.

## § 13.

## Verstoß gegen ein „Schutzgesetz."

### § 823 Abs. 2 BGB.

1. Der zweite allgemeinere, mit Schadensersatzpflicht belegte, Deliktstatbestand ist der Verstoß gegen ein den Schutz

eines Anderen bezweckendes Gesetz. Was darunter zu verstehen ist, war einige Zeit streitig. Folgende Auffassung ist in der Rechtsprechung die herrschende geworden: danach ist ein „Schutzgesetz" nicht allein ein Gesetz, welches nur den Schutz Einzelner oder bestimmter Personenklassen im Auge hat, sondern auch ein zum Schutze der Gesamtheit bestimmtes Gesetz, vorausgesetzt, daß nicht der Staat als juristische Person oder die öffentliche Ordnung als solche, sondern die Allgemeinheit als die Summe der Einzelnen geschützt werden soll. RG. 59, 236; JW. 1906, 464; 1912, 636 = Recht 1496; GruchotsBeitr. 46, 973; a M.: Lenel, DJZ. 1897, 409. Gemäß Art. 2 EinfG. BGB. ist auch hier unter Gesetz jede Rechtsnorm zu verstehen, z. B. auch eine auf Grund landesgesetzlicher Vorschrift erlassene städtische Bauordnung, BadRPr. 1903, 289, oder eine örtliche Polizeiverordnung, RG. 55, 316.

2. Als Schutzgesetze sind gemäß dieser Begriffsbestimmung anzusehen die meisten strafgesetzlichen Bestimmungen, z. B. wegen Beleidigung, Falscheid, Betrug, Urkundenfälschung, auch Hehlerei (§ 259 StGB., Recht 1912, 1784) und Münzfälschung. Auch die letzteren sind im Interesse der Gesamtheit als der Summe der Einzelnen, mithin zum Schutze aller möglichen späteren Empfänger falscher Münzen, nicht nur zum Schutze des Staates als juristischer Person, gegeben. Auch § 270 des früheren preußischen Strafgesetzbuchs, welcher diejenigen mit Strafe bedroht, die andere vom Mietbieten oder Weiterbieten bei Zwangsversteigerungen durch Zusicherung oder Gewährung eines Vorteils abhalten, ist als Schutzgesetz im Sinne des § 823 Abs. 2 anzusehen, LZ. 1912, 73; GruchotsBeitr. 56, 593, nämlich zugunsten des Vollstreckungsschuldners und der beteiligten Gläubiger. Schutzgesetze sind insbesondere die im Strafgesetzbuch enthaltenen oder auf dasselbe gestützten Übertretungs- und polizeilichen Vorschriften, welche die Sicherung der öffentlichen Ruhe, des Verkehrs, der Gesundheit bezwecken. Beispielsweise seien erwähnt die Vorschriften über die Kenntlichmachung von Dachdeckerarbeiten durch schräge Latten, JW. 1910, 747, Recht 3174; aus der Bergpolizei die Vorschriften über das Stehenlassen von Sicherheitspfeilern, RG. 72, 307; Recht 1910, 505/6, die Bestimmungen über den Verkehr mit Sprengstoffen. Hervorzuheben sind die Vorschriften über den Radfahrerverkehr, die Straßenpolizeiordnungen, Droschkenordnungen und namentlich die Verordnung über den Verkehr mit Kraftwagen (Automobilordnung) vom 3. Februar 1910, insbesondere ihre §§ 15—24. Sie enthält

Schutzvorschriften auch zugunsten der Mitfahrenden, nicht allein des Straßenverkehrs, Recht 1903, 3082; JW. 1905, 142. Die Die Seestraßenordnung bezweckt den Schutz des Schiffseigners und der Seestraße (des Fahrwassers) selbst, sie ist in beiden Richtungen ein den Schutz eines Anderen bezweckendes Gesetz, Recht 1910, 1095 = RG. 73, 8. Die Bestimmungen in §§ 10 und 12 des preußischen Feldmesser-Reglements vom 2. März 1871 über die anzuwendende Sorgfalt bei Ausführung ihrer Arbeiten und bei Ermittelung der Grenzen usw. sind Schutzgesetze im Sinne von § 823 Abs. 2; RG. 79, 85.

Nicht als Schutzgesetze sind die auf Grund der GewO. § 120e Abs. 2 und GUVG. §§ 112 ff., LUVG. 120 ff., jetzt 848, 1030, 1199 RVO. erlassenen Unfallverhütungsvorschriften anzusehen, vgl. RG. 48, 327; JW. 1902, 11; Recht 1907, 1440; 1909, 3547. Ihre Nichtbeachtung wird freilich häufig eine Fahrlässigkeit im Sinne von § 823 Abs. 1 BGB. enthalten. Der Verletzte hat aber keinen Anspruch gegen die Berufsgenossenschaft wegen Verschuldens bei Erlassung oder Handhabung der Unfallverhütungsvorschriften, RG. 72, 107. Dagegen ist die Strafvorschrift gegen den Mißbrauch der Kolationsfreiheit, § 153 GewO., ein Schutzgesetz, RG. 64, 52; Recht 1909, 1127/8; DJZ. 434, richtiger Ansicht nach jedoch nur zugunsten der Berufsgenossen, nicht zugunsten der auf der entgegengesetzten Seite des Lohnkampfes stehenden Personen, vgl. BadRPr. 1910, 214. Auch die Vorschriften in §§ 16, 147 GewO. z. B. gegen den Betrieb eines Gewerbes ohne Genehmigung, wo solche erforderlich ist, gegen die unbefugte Führung der Bezeichnung als Arzt usw. sind als Schutzgesetze anzusehen (JW. 1909, 493; 1910, 109). Auch privatrechtliche Vorschriften, wie die Bestimmungen in §§ 906, 907, 909, 1004 BGB. und in §§ 617—19 BGB. über die auf das Nachbargrundstück (RG. 51, 177) oder den Dienstverpflichteten (Recht 1910, 898; ROLG. 17, 410) zu nehmenden Rücksichten kommen als Schutzgesetze im Sinne des § 823 BGB. in Betracht. Insoweit nicht nur §§ 617, 618 BGB., sondern § 120a GewO. verletzt ist, geht der Anspruch auch auf Ersatz nicht vermögensrechtlichen Schadens, da § 120a GewO. nicht, wie § 619 BGB., den § 847 ausnimmt. Auch die Vorschriften über den Besitzesschutz (§ 858 BGB.) hat das RG. (59, 326; 73, 111) als Schutzgesetze im Sinne des § 823 anerkannt. Auch § 1 des Gesetzes vom 1. Juni 1909, betreffend die Sicherung der Bauforderungen, kann als Schutzgesetz im Sinne des § 823 BGB. in Betracht kommen, JW. 1909, 349/51 (Breit) und

DJZ. 1909, 1308, 1199 (Harnier und Hagelberg). Hierher gehört auch die Vorschrift in § 314 Ziff. 1 HGB. über die Pflicht des Aufsichtsrats zur vorschriftsgemäßen Darstellung des Vermögensstands einer Aktiengesellschaft. Ihre Verletzung berechtigt den dritten Aktienkäufer zum Schadensersatz, LZ. 1909, 66. Entsprechendes gilt von der Bestimmung in § 147 GenG., Recht 1910, 109.

Dagegen sind nicht als Schutzgesetze zu erachten die Vorschriften in §§ 29, 31, 53, 106 HGB. über die Anmeldungen zum Handelsregister, RG. 72, 408, nicht §§ 241, 246, 249 HGB. über die Pflichten der Mitglieder des Vorstands und des Aufsichtsrats einer Aktiengesellschaft in Ansehung der Geschäftsführung und ihrer Überwachung (RG. 63, 324), nicht die Vorschriften in §§ 11, 15, 41, 42 (83, 84), 52, 64 GmbHG. über die Pflichten der Geschäftsführer zur Buchführung, Bilanzziehung, rechtzeitiger Beantragung des Konkurses und über die Überwachung durch den Aufsichtsrat, JW. 1910, 285; 617; LZ. 1910, 398 = RG. 73, 30; nicht Schutzgesetze sind auch die §§ 19, 34, 38, 41, 146 GenG. In bewußter Abweichung von § 241 Abs. 3 HGB. ist selbst Gläubigern der Genossenschaft ein unmittelbarer Schadensersatzanspruch versagt, LZ. 1910, 219. Nicht Schutzgesetz sind die §§ 140, 141, 176 InvVG. (§ 1426 RVO.). Es besteht keine Haftpflicht des Arbeitgebers gegenüber dem Arbeiter für vorschriftswidrige Nichtverwendung von Marken. Die Vorschriften bezwecken nur die Durchführung des Gesetzes durch die Versicherungsanstalten, nicht unmittelbar den Schutz der zu versichernden Arbeiter, RG. 58, 102; 63, 55. Kein Schutzgesetz ist die Bestimmung in § 29 HGB. gegenüber Angestellten der Lagerungs-, Holzfällungs- oder Transportbetriebe, insofern die Versicherungspflicht nach § 1 Ziff. 7 GUVG., vgl. jetzt § 537 Ziff. 10 und 11 sowie Abs. 2 RVO., voraussetzte, daß der Gewerbetreibende im Handelsregister eingetragen war, denn § 29 HGB. bezweckt höchstens den Schutz derjenigen, welche im geschäftlichen Verkehr auf die Richtigkeit und Vollständigkeit des Handelsregisters vertrauen; in der bezeichneten Richtung besteht auch keine vertragsmäßige Haftung, JW. 1910, 232 = LZ. 400; ROLG. 24, 125. Kein Schutzgesetz zugunsten der Apotheken ist § 367 Ziff. 3 StGB. in Verbindung mit der Kais. VO. vom 22. Oktober 1901, betreffend den Verkehr mit Arzneimitteln. Bezweckt ist der Schutz des Publikums. Der verbotswidrige Verkauf enthält auch keinen unmittebaren Eingriff in den Gewerbebetrieb des Apothekers, Recht 1910, 3175; 1911,

3649; JW. 1911, 981. Das Verbot der Gewährung von Vorteilen für die Abstimmung in bestimmtem Sinn nach § 243 KO. bezweckt den Schutz der Konkursgläubiger, nicht denjenigen des Gemeinschuldners, LZ. 1910, 784. Fälschlich wird auch § 226 BGB. manchmal als Schutzgesetz bezeichnet. Ihm fehlt aber jede Beziehung zu bestimmten, zu schützenden Personen oder Personenkreisen. Er schließt nur bei Rechtsausübungshandlungen die Rechtsmäßigkeit aus, wo Rechtswidrigkeit zum Tatbestand der sonst etwa vorliegenden unerlaubten Handlung gehört.

Auch die Bestimmung in § 832 BGB. über die Haftung des Aufsichtspflichtigen ist nicht als Schutzgesetz im Sinne des § 823 Abs. 2 anzusehen, RG. 53, 314.

3. Der Abs. 2 des § 823 ist vorwiegend zum Schutze nicht durch Abs. 1 gedeckter rechtlicher Interessen bestimmt. Voraussetzung seiner Anwendung ist, daß eine solche Person betroffen, ein solches Rechtsgut verletzt wird, wie sie gerade durch das betreffende Schutzgesetz geschützt werden sollen. Es muß aber auch eine Gefahr verwirklicht sein, auf welche das Gesetz abzielt; der Schaden muß in der Richtung derjenigen Gefahr liegen, welche das Gesetz verhüten will, Rümelin S. 305 ff.; Endemann S. 1263; Träger S. 203/4; RG. 57, 239; JW. 1910, 285; Recht 1909, 828/9. Das letztere dürfte, wie Conrades im Recht 1910, 36 ausführt, beispielsweise nicht der Fall sein, wenn ein kurz nach 8 Uhr abends als Kegeljunge verwendeter, noch nicht 14 jähriger Knabe (RG. vom 20. März 1903) von der von einem Gaste unvorsichtigerweise zu früh geworfenen Kugel verletzt wird. Auch die Strafgesetze verfolgen, obwohl sie öffentlichen Rechtes sind, in großer Zahl lediglich den Zweck, bestimmte einzelne Personen oder Personenkreise zu schützen. Auch bei Strafgesetzen ist daher stets zu prüfen, wessen Interessen durch das durch das Gesetz gebotene oder verbotene Tun oder Unterlassen berührt und durch die Strafvorschrift geschützt werden sollen, Recht 1910, 1253 = RG. 73, 30. So kommt § 257 StGB. als Schutzgesetz höchstens in Betracht, soweit er die Beistandsleistung betrifft, um dem Täter die Vorteile seiner Straftat zu sichern, nicht, soweit der Täter der Bestrafung entzogen werden soll; denn in dieser Richtung bezweckt das Verbot lediglich den Schutz der Allgemeinheit als solcher, JW. 1909, 1619 = Recht 1126. Und die Strafvorschrift gegen den Ehebruch (§ 172 StGB.) bezweckt nicht den Schutz der wirtschaftlichen Interessen des verletzten Ehegatten, JW. 1909, 724.

Voraussetzung der Haftung aus § 823 Abs. 2 ist in solchen

Fällen, in welchen zu der Übertretung des Schutzgesetzes eine Fahrlässigkeit nicht erfordert wird, daß der Verstoß wenigstens auf Fahrlässigkeit beruht, vgl. JW. 1910, 11 = Recht 64. Das Verschulden muß sich aber im Gegensatz zu Abs. 1 nicht auf die Verletzung des fremden Rechtsguts, sondern nur auf die Übertretung des Verbots oder die Zuwiderhandlung gegen das Gesetz, auf die verbotswidrige Handlung oder Unterlassung selbst erstrecken; m. a. W. es kommt nur darauf an, ob der Täter schuldhafterweise gesetzwidrig gehandelt hat, RG. 66, 251/5; Lenel, DJZ. 1897, 410 ff. Der Schaden braucht nicht voraussehbar gewesen sein, JW. 1904, 408; Recht 1905, 55. Ein schuldhafter Verstoß kann auch dann vorliegen, wenn die Polizeibehörde in häufigen Einzelfällen nicht eingeschritten ist, Recht 1909, 1483.

Eine schuldhafte Verletzung des Schutzgesetzes liegt regelmäßig dann vor, wenn sie bewußt geschieht. Jedoch lassen sich, abgesehen von den Fällen, wo die Zuwiderhandlung, z. B. bei Notstand, nicht rechtswidrig ist, Möglichkeiten dartun, wo bei einem Widerstreit von Pflichten und Interessen, die Nichtbefolgung eines Schutzgesetzes, wenn nicht geboten, so doch entschuldbar ist. Das sind jedoch Ausnahmefälle: wenn eine Polizeivorschrift zur Vermeidung von Verletzungen im Verkehr, namentlich im Verkehr mit Kraftfahrzeugen, ein bestimmtes Verhalten positiv vorschreibt, ohne dabei dem Ermessen des Handelnden einen gewissen Spielraum zu lassen, so hat der Einzelne sich an diese Vorschrift zu halten, es sei denn, daß die Lage eine ganz außergewöhnliche, eine solche ist, die das Gesetz vernünftigerweise nicht im Auge haben kann. Solange die Vorschrift einmal besteht, darf sich der Einzelne nicht darüber hinwegsetzen, indem er klüger sein will als der Gesetzgeber, JW. 1909, 313 = Recht 1774. Ist die wörtliche Befolgung einer Schutzvorschrift undurchführbar, so ist sie, um ein Verschulden auszuschließen, doch dem Sinne nach zu befolgen, indem ein gleichwertiger Ersatz an anderen Vorsichtsmaßregeln geschaffen wird, Recht 1910, 1252. Mit der Beschränkung auf die Schutzvorschriften wird zuzugeben sein, daß entschuldbarer Rechtsirrtum zur Entlastung geeignet sein kann, JW. 1907, 251, nicht aber die Verteidigung, die Vorschrift fordere mehr als die im Verkehr erforderliche Sorgfalt, JW. 1910, 1003; denn, wo ein Schutzgesetz verletzt ist, kommt es auf die Beachtung der im Verkehr erforderlichen Sorgfalt im Sinne des § 276 BGB. nicht weiter an, Recht 1912, 1783.

Auch hier hat zunächst der Verletzende das Verschulden zu beweisen. Dafür, daß die Verletzung eines Schutzgesetzes auf einem Verschulden beruht, spricht jedoch eine Beweisvermutung. Dem Beklagten liegt der Widerlegungsbeweis dahin ob, daß er dasjenige getan hat, was geeignet war, die Ausführung der Vorschrift zu sichern. Dieser Beweis wird sich, soweit die Bestellung von Hilfspersonen für eine polizeilich vorgeschriebene Verrichtung in Frage kommt, sachlich mit dem nach § 831 BGB. dem Geschäftsherrn verstatteten Entschuldigungsbeweis bezüglich der Auswahl häufig decken, RGRKomm. § 823 Anm. 16 a. E., Recht 1910, 1571; 1911, 2730; JW. 1909, 134; 1911, 542, 723, 980; 1912, 390, 536.

Das Vorliegen eines Verstoßes gegen ein Schutzgesetz, einer Übertretung, begründet keine Vermutung dafür, daß der Schaden auch auf die Übertretung als Ursache zurückzuführen ist, GruchotsBeitr. 48, 924; SeuffA. 40, 95. Der ursächliche Zusammenhang, vgl. § 3, muß von dem Beschädigten bewiesen werden.

## § 14.

## Verstoß gegen die guten Sitten.

Der Verstoß gegen die guten Sitten, die „illoyale Handlung" als Haftungsgrund, § 826 BGB., bedeutet eine erhebliche Erweiterung der Haftpflicht über die allgemeinen Tatbestände des § 823 hinaus. Es genügt nämlich, wenn ein Schaden vorsätzlich in einer gegen die guten Sitten verstoßenden Weise zugefügt wird, die Zufügung irgendwelchen Schadens, irgendeine Vermögensbeschädigung, wie bei § 823 Abs. 2 BGB., RG. 48, 124. Es muß nicht gerade eines der in § 823 Abs. 1 bezeichneten Rechte verletzt sein und es braucht auch kein Verstoß gegen ein den Schutz eines anderen bezweckendes Gesetz vorliegen. Ja, es braucht die Handlung selbst nicht einmal rechtswidrig zu sein. Es genügt eine Schadenszufügung im weitesten Sinne, z. B. die Beeinträchtigung einer bloßen tatsächlichen Erwerbsaussicht, des Kundschaftsverhältnisses, Recht 1912, 1300. Die Schadenszufügung kann auch in der Verletzung eines bloß obligatorischen Rechtes bestehen, GruchotsBeitr. 51, 987. Sie kann, wie durch eine positive Handlung so auch durch eine Unterlassung erfolgen, dies m. E. jedoch nur, wenn die unterlassene Handlung durch eine Rechtspflicht geboten war. Zu weit geht es, § 826 auf Unterlassungen auch dann anzuwenden, wenn die unterlassene Handlung nur einem Gebot der Sitte entsprach. Wenigstens müßte dazu verlangt werden, daß die Sitte zu einer tatsächlichen Übung und Anerkennung des betreffenden Gebots geführt hat, so daß das Eingreifen der Rechtsordnung als Bedürfnis empfunden wird (opinio necessitatis), soll eine bloße Unterlassung nach § 826 zum Ersatz verpflichten (Liszt S. 43, 73; Rümelin S. 328; vgl. oben § 3 d). Auch in der Beschränkung auf unterlassene Rechtspflichten bringt die Anwendung des § 826 BGB. auf Unterlassungen eine bedeutende Erweiterung der im übrigen begründeten Haftpflicht, weil bei § 826 jede Vermögensbeschädigung genügt.

a) Vorsatz.

Die Schadenszufügung muß vorsätzlich, d. h. mit dem Bewußtsein erfolgen, daß ein Anderer durch die Handlung oder Unterlassung geschädigt wird. Bloße Voraussehbarkeit des Schadens genügt nicht. Der Vorsatz muß sich auf den Schaden selbst, wenn auch nicht auf eine weitere Schadensentwicklung erstrecken, es genügt nicht die Vorsätzlichkeit der Handlung oder Unterlassung. Andererseits wird auch nicht erfordert, daß die Handlung gerade mit der Absicht der Schädigung erfolge, diese braucht nicht gerade bezweckt zu sein, RG. 57, 241; 58, 214, 397; 62, 137; 63, 146; JW. 1902 Beil. 276, 1903 Beil. 142; 1905, 369; 1906, 61/62; 352, 781; SeuffA. 61, 246; JW. 1911, 651. Es genügt das Bewußtsein von der Möglichkeit des schädigenden Erfolgs, wenn die Möglichkeit keine entferntere war; das letztere muß der Täter dartun, JW. 1912, 37 = Recht 1911, 3907 = LZ. 1912, 150. Auch bloß grobfahrlässig der Wahrheit zuwiderlaufende Äußerungen oder leichtfertige Behauptungen können, wenn sie im Bewußtsein der möglichen Schadenswirkung geschehen, eine vorsätzliche Schadenszufügung unter Verstoß gegen die guten Sitten enthalten, so, wenn ein Arzt ohne Untersuchung und begründeten Anlaß erklärt, es sei jemand geisteskrank und müsse entmündigt werden (JW. 1910, 18; auch Recht 1912, 1786, Boykott). Ist in der Richtung des vorsätzlich zugefügten Schadens eine andere Person beschädigt als diejenige, gegen welche die Handlung gerichtet war, so haftet auch ihr gegenüber der Täter nach § 826; insoweit schützt § 826 auch den „mittelbar Beschädigten“; dabei muß jedoch der Täter mit der Schädigung auch dieser Person, z. B. durch Weitergeben einer Auskunft, gerechnet und für den Fall seines Eintritts diesen Erfolg in seinen Willen aufgenommen haben, JW. 1903

Beil. 142; 1912, 637 = Recht 1297, 1300/1; RG. 79, 55 = DJZ. 1912, 809. Nicht zum Vorsatz gehört, daß der Täter sich der Sittenwidrigkeit seines Verhaltens bewußt war, Recht 1912, 1170; selbst die Überzeugung von der Rechtmäßigkeit der Handlung schließt die Sittenwidrigkeit im Sinne des § 826 nicht aus, RG. 79, 17; anders, wenn die Überzeugung des Täters von der Erlaubtheit seines Vorgehens auf einem tatsächlichen Irrtum beruht, der die Annahme einer sittlich verwerflichen Handlung ausschließt, RG. 71, 112 = Recht 1909, 1883; RG. 79, 17. Ob ein Verstoß gegen die guten Sitten vorliegt, ist objektiv zu beurteilen: es ist nur dann, aber dann stets der Fall, wenn das Verhalten objektiv, so wie es in die Erscheinung tritt, die guten Sitten, das Anstandsgefühl der billig und gerecht Denkenden, verletzt. Der verwerfliche Beweggrund allein nicht genügt; Recht 1912, 2659, RG. und OLG. Karlsruhe. An einer Schadenszufügung im Sinne des § 826 fehlt es in der Regel dann, wenn dem anderen nur die Teilnahme an Vorteilen verwehrt wird, auf die er keinen Rechtsanspruch hatte, Recht 1912, 583 = JW. 294. Andererseits berührt es die Anwendbarkeit des § 826 nicht, wenn der Täter daneben auch noch einen anderen, nicht verwerflichen Zweck verfolgt hat. Damit erklärt sich gleichzeitig das Verhältnis zum Rechtsmißbrauch.

b) Verstoß gegen die guten Sitten und Rechtsmißbrauch.

Der Entwurf I, welcher eine Ersatzpflicht desjenigen vorsah, welcher durch eine aus Vorsatz oder Fahrlässigkeit begangene Handlung, ein Tun oder Unterlassen, § 704 Abs. 1, oder durch Verletzung des Rechts eines anderen, § 704 Abs. 2, dem anderen Schaden zufügt, bestimmte in § 705, daß als widerrechtlich auch gelte die kraft der allgemeinen Freiheit an sich erlaubte Handlung, wenn sie einem anderen zum Schaden gereicht und ihre Vornahme gegen die guten Sitten verstößt. Demgegenüber bestimmten die Entwürfe II und III, indem sie von dem Begriffe der illoyalen Handlung diejenige, gegen die guten Sitten verstoßende Schadenszufügung, welche bloß fahrlässig oder in Ausübung eines Rechtes geschieht, ausnahmen:

„Wer durch eine Handlung, die er nicht in Ausübung eines ihm zustehenden Rechts vornimmt, in einer gegen die guten Sitten verstoßenden Weise einem anderen vorsätzlich Schaden zufügt, ist dem anderen zum Ersatze des Schadens verpflichtet.“

Da aber die Reichstagskommission, die Ausnahme der Rechtsausübungshandlungen streichend, der Vorschrift die jetzige Fassung gab:

„Wer in einer gegen die guten Sitten verstoßenden Weise einem anderen vorsätzlich Schaden zufügt, ist dem anderen zum Ersatze des Schadens verpflichtet,"

und gleichzeitig die Vorschrift gegen den Rechtsmißbrauch, § 226 BGB.:

„Die Ausübung eines Rechts ist unzulässig, wenn sie nur den Zweck haben kann, einem anderen Schaden zuzufügen,"

einfügte, kann einerseits nach § 826 auch eine in Ausübung eines Rechts begangene, an sich rechtmäßige Handlung schadensersatzpflichtig machen (wie im Falle des § 904 BGB.), während andererseits die Ausübung eines Rechts unzulässig und rechtswidrig erst dann wird, wenn sie allein den Zweck haben kann, einem anderen Schaden zuzufügen, RG. 48, 114; 51, 369; 55, 368; 56, 271; 58, 214. Dagegen wird eine Handlung, durch welche in einer gegen die guten Sitten verstoßenden Weise einem anderen Schaden zugefügt und um deswillen eine Ersatzpflicht begründet wird, deshalb allein noch nicht zu einer rechtswidrigen (so RGRKomm. § 826). In RG. 58, 214 ist nur ausgesprochen, daß auch eine in Ausübung eines besonderen Rechtes vorgenommene Handlung an sich unter § 826 fallen und zum Schadensersatz verpflichten könne; so auch Recht 1904, 1644. Dagegen ist dort nicht der Ausspruch zu finden, daß eine nach § 826 zum Schadensersatz verpflichtende Handlung dadurch zugleich zu einer rechtswidrigen werde. Das hätte die Folge, daß gegen solche Handlungen auch die Notwehr zulässig wäre. Es könnte bei Lohnkämpfen, wenn aufreizende Drucksachen auf der Straße verteilt oder, vermeintlich unrichtige Darstellungen enthaltende, Flugblätter verbreitet würden, sofern hierwegen der Schadensersatzanspruch nach § 826 begründet wäre, der Gegner die Verbreitung auch mit Gewalt verhindern, weil dieser Angriff gegen die guten Sitten verstößt. Das hätte eine bedenkliche Verwirrung der Grenzen zwischen Recht und guter Sitte zur Folge. Der Einzelne könne sich im Wege der Notwehr, § 227 BGB., zum Richter über die gute Sitte machen. Durch die Bestimmung in § 826 ist aber nur eine Schadensersatzpflicht geordnet und, wie in den §§ 222, 223 Satz 2, 904, 534, 814, 1446, 1641, 2230 das Gebot der Sitte nur in beschränktem Umfange zu einem Gebot des Rechts gemacht, die gegen die guten Sitten verstoßende Handlung selbst nicht verboten oder zu einer rechtswidrigen gestempelt. Freilich wird es für die Frage, ob eine Handlung gegen die guten Sitten verstoße, nicht bedeutungslos sein, ob sie nur kraft der allgemeinen Freiheit erlaubt oder als Ausübung eines besonderen Rechts erscheint (Planck). Es kann aber auch eine solche Handlung gegen die guten Sitten verstoßen und unter § 826 fallen. Rechtswidrig wird sie erst, wenn sie allein den Zweck haben kann, einem anderen Schaden zuzufügen und deshalb ein Rechtsmißbrauch ist, Staudinger-Engelmann § 826 Anm. 6, M. Rümelin, Schadensersatz ohne Verschulden, 1910 S. 67 Anm. 3.

c) „Gute Sitten".

Gegen die guten Sitten verstößt, was den im Leben und Verkehr herrschenden Anschauungen und Anforderungen entgegen ist, was dem Anstandsgefühl aller billig und gerecht Denkenden zuwiderläuft. Sind auch die jeweiligen Anschauungen des in Frage stehenden sozialen Kreises maßgebend, so ist doch ein allgemeiner, gewissermaßen durchschnittlicher Maßstab anzulegen. Eine eingerissene moralwidrige Übung ist daher nicht zu berücksichtigen. Eine niedrige Denk- und Handlungsweise bleibt immer Unsitte und kann auch dann nicht gute Sitte werden, wenn sie in einzelnen Volksschichten die herrschende sein sollte. Ebensowenig kann aber auch die vornehme Gesinnung, durch die sich gewisse Kreise auszeichnen, oder, was im Verkehr als nicht „fair" bezeichnet wird, für die Begriffsbestimmung der guten Sitten im Rechtssinne den Maßstab bilden, RG. 55, 367; 58, 214; 73, 107; JW. 1906, 16. Ist der Maßstab auch ein durchschnittlicher, dem herrschenden sittlichen Bewußtsein des Volks entnommener, so kann es doch im Einzelfall auch auf die Gesinnung des Täters insbesondere darauf ankommen, ob er in seiner Lage die Handlung als gerechtfertigt ansehen durfte, Recht 1912, 581 = JW. 292, RG. 71, 112. Die vorsätzliche Schadenszufügung ist sittlich verwerflich meist schon wegen dieses Ziels. Sie kann aber in Fällen, wo sie trotz dieses Ziels den guten Sitten nicht zuwiderläuft, wie manche Maßregeln im wirtschaftlichen Wettbewerb und im Lohnkampfe, gegen die guten Sitten verstoßen wegen der angewendeten Mittel. Vor einem Präjudizienkultus ist auch hier besonders zu warnen, da stets die sorgfältige Abwägung aller Umstände des einzelnen Falles die Entscheidung geben muß. Immerhin sind folgende

d) Grundsätze der Rechtsprechung von allgemeiner Bedeutung:

Die Berufung auf ein Gesetz, insbesondere den Mangel der vorgeschriebenen Form oder auf die eingetretene Verjährung verstößt nie gegen die guten Sitten, RG. 55, 85; 372; 58, 214; 72, 342; JW. 1909, 59, es sei denn, daß der Gegner die Einhaltung der Form oder die Unterbrechung der Verjährung absichtlich verhindert hätte, GruchotsBeitr. 52, 1044; RG. 64 223. Nicht gegen die guten Sitten verstößt die Geltendmachung eines rechtskräftigen Urteils in Kenntnis seiner sachlichen Unrichtigkeit, RG. 67, 151 vgl. mit JW. 1905, 683; RGSt. 34, 282; RG. 46, 76; 61, 361; 69, 280; Recht 1908, 740; Gruchots Beitr. 52, 1027, wenn nicht das Urteil hinter dem Rücken des Gegners erwirkt worden ist. Angesichts des Grundsatzes von der materiellen Rechtskraft muß für den Anspruch aus § 826 aber verlangt werden, daß das Urteil durch arglistige, auf Täuschung des Gegners oder des Gerichts berechnete Machenschaften erschlichen worden ist, die darauf abgelegt waren, die Verteidigung des Beklagten unmöglich oder unwirksam zu machen, BuschsZ. 41, 407 (Colmar). So ist in DJZ. 1911, 762 der Ehefrau wegen Erschleichung eines auf Scheidung lautenden Urteils ein Schadensersatzanspruch zuerkannt und in GruchotsBeitr. 52, 1027 der Anspruch aus einem Vergleich, dem eine erdichtete Forderung zugrunde lag, als gegen die guten Sitten verstoßend erachtet. Vgl. Düringer, DJZ. 1910, 38; Hellwig, Recht 1910, 727; Fuchs, DJZ. 1910, 1295. Wer ein sachlich unrichtiges Urteil oder die Rechtskraft dieses Urteils arglistig, in einer gegen die guten Sitten verstoßenden Weise, erwirkt hat und dieses Urteil für sich ausnützt, begeht damit ein zum Schadensersatz verpflichtende Handlung. Das rechtskräftige Urteil bleibt als solches bestehen; es wird aber der Partei die unlautere Ausnützung des Urteils aus materiellrechtlichen Gründen verwehrt, RG. 75, 213; JW. 1912, 37 = Recht 1911, 3908; LZ. 1912, 150. Gegenüber der Arglist desjenigen, der ein Urteil erschlichen hat, kann auch das an sich in der Versäumung eines Rechtsbehelfs (§§ 578, 233 ZPO.) liegende mitwirkende Verschulden nicht in Betracht kommen, Recht 1912, 1174 = JW. 537.

Unlauterer Wettbewerb kann, auch wo die in erster Reihe einschlagenden Bestimmungen des UnlWG. vom 7. Juni 1909 zutreffen, unter § 826 BGB. fallen, JW. 1905, 239; 1906, 198; Recht 1906, 2107, 2362. § 826 BGB. schützt den allgemeinen Rechtsverkehr gegen Schädigungen durch Mißbrauch der allen Personen zustehenden Betätigungsfreiheit. Insofern ergänzt er die Einzeltatbestände des UnlWG. und teilweise auch des WarZG., RG. 48, 114; 66, 236; JW. 1905, 237, 743. Die Anwendung des § 826 wird durch die bestehende Sondergesetzgebung, auch der Urheberrechtsgesetze, nicht ausgeschlossen, soweit darin weder ein Tatbestand abschließend geregelt, noch der Schutz eines Tatbestands ausdrücklich versagt ist. So ist § 826 angewendet gegen denjenigen, der von Grammophon-Schallplatten auf billigem galvanoplastischen Wege andere Negative anfertigte und davon wieder Platten herstellte, RG. 73, 294; JW. 1910, 618; DJZ. 766; SeuffA. 66, 187, wie auf den Konkurrenten, der den Empfang einer Mustersammlung erschlich und dann einen durch Musterschutz nicht gesicherten Warenartikel nachahmte, LZ. 1910, 240; so ist in RG. 76, 112 der § 826 für anwendbar erachtet gegen denjenigen, der, um das Unternehmen des Konkurrenten zu schädigen, Zeitungsausschnitte mit wahren Vorgängen aus längst vergessener Vergangenheit als frische Geschehnisse im Kundenkreis verbreitete, und in RG. 77, 431 ist die Erlangung eines gewerblichen Vorteils auf Kosten des Konkurrenten durch Täuschung der Abnehmer als Verstoß gegen die guten Sitten erklärt, auf den § 826 Anwendung findet. Ein gegen die guten Sitten verstoßender Mißbrauch der Vertragsfreiheit wurde, wegen der großen wirtschaftlichen Bedeutung der Elektrizität, darin erblickt, daß ein mit tatsächlichem Monopol ausgestattetes Elektrizitätswerk den Abnehmern unbillige und unverhältnismäßige Bedingungen vorschrieb (RG. 62, 266; Recht 1911, 1133), Recht 1912, 1472 = JW. 687 = RG. 79, 229.

Im gewerblichen Wettbewerb und Lohnkampf reicht das Bewußtsein der Schädigung nicht aus, um einen Verstoß gegen die guten Sitten zu begründen. Mit Recht warnt Örtmann, DJZ. 1911, 435 vor einer zu weitgehenden Anwendung der §§ 138, 826 BGB. auf sozialpolitischem Gebiet. Streik, Aussperrung, Verruf, schwarze Listen und Boykott sind an sich erlaubte Mittel des wirtschaftlichen Konkurrenz- insbesondere Lohnkampfes, vgl. § 152 GewO. Der Zweck dieser Maßnahmen ist dann an sich ein erlaubter (Recht 1912, 2238 ff.), vgl. die Übersicht von Kisch, DJZ. 1911, 1350 ff., aus Anlaß des Urteils RG. 76, 35 ff. vom 13. Februar 1911. Dort ist auch die Erlangung gleicher Behandlung bei Überlassung einer Wirtschaft zu politischen Versammlungen (Verbot der Hergabe des Saals zu sozialdemokratischen Versammlungen im Pachtvertrag der Gemeinde) als erlaubter Zweck anerkannt.[1]) Boykott, Streik usw. können aber unsittlich werden vermöge der angewendeten Druck- und Kampfmittel, die über das zur Erreichung des Zweckes Erforderliche hinausgehen oder die Grenzen der Wahrheit überschreiten, nämlich dann, wenn die Mittel an sich verwerfliche sind, wie wahrheitswidrige (Recht 1912, 1786) oder aufreizende Darstellungen, Ehrverletzungen, rechtswidrige Drohungen oder, wenn der dem Gegner zugefügte Nachteil so erheblich ist, daß er zu dem erstrebten Vorteil in keinem Verhältnis steht, insbesondere den völligen wirtschaftlichen Zusammenbruch des Gegners herbeizuführen geeignet ist. Regelmäßig stellt aber dann nicht das ganze Unternehmen des wirtschaftlichen oder politischen Kampfes, sondern nur das einzelne verwerfliche Kampfmittel eine unerlaubte Handlung dar. Dann ist nur der durch dieses Kampfmittel, die einzelne Maßregel erwachsene, nach § 287 ZPO. zu ermittelnde Schaden zu ersetzen. Vgl. RG. 51, 369; 54, 255; 57, 418; 60, 94; 64, 52; 66, 379 (Öffentliche Aufrufe); 71, 170; GruchotsBeitr. 54, 643 (Ganzer Boykott als unerlaubte Handlung); Recht 1912, 3196/7 (der Boykott, der bezweckt, die Arbeitnehmer zur Unterwerfung unter die Forderung der ausschließlichen Benützung eines Verbandsarbeitsnachweises zu zwingen, ist sittenwidrig. Unzulässig ist auch der Boykott, wenn in Flugblättern und in Veröffentlichungen in der Presse die Arbeitgeber beschimpft und in aufreizender Form die Leidenschaften der Volksklassen aufgestachelt werden). Ferner ROLG. 8, 15, 18; SeuffA. 62, 190, 228; JW. 1905, 20, 507; 1906, 198, 595 = DJZ. 1027; JW. 1908, 272, 333, 482, 679 (Öffentliche Warnung vor Zuzug); RG. 63, 394; LZ. 1910, 294 (Unterbietung durch ein Warenhaus); KfmGewG. 1911, 355

[1]) Die maßgebende vernünftige Interessenabwägung wird aber verkannt, wenn man, ausdrücklich absehend von dem Interesse an der Regelung der Arbeitsverhältnisse, das Interesse an der Anerkennung der politischen Organisation des Arbeitsnachweises (sozialdemokratischer Zentralverband der Fleischer) allein für schwerwiegend genug ansieht, um die Verhängung und Durchführung des Boykotts über das Geschäft eines mit der Organisation in Streit geratenen Schlächtermeisters zu rechtfertigen. (So OLG. Hamburg, DJZ. 1912, 229.) Das LG. hatte, bei einer Schädigung des Boykottierten um 20 000 Mk. innerhalb drei Monaten, der Klage namentlich deshalb stattgegeben, weil eines der im Kampfe erlassenen zahlreichen Flugblätter, Anzeigen usw. das erlaubte Maß überschritt, da es durch auf das Solidariatsgefühl der Arbeiter berechnete Schlagworte die Arbeiterbevölkerung gegen den Kläger aufhetzte.

Arbeitsniederlegung); ROLG. 12, 112; JW. 1906, 198 (Abspenstigmachung von Kunden); ROLG. 12, 114 (Ablehnung der Zusammenarbeit mit nicht organisierten Arbeitern); RG. 65, 423; 71, 108 (Aussperrung); DJZ. 1906, 205 (Anreißertum); Recht 1906, 2358; JW. 1908, 39; 1909, 109; RG. 76, 35 Boykott gegen Wirtschaften); SeuffA. 63, 184, vgl. Recht 1907, 3508 (Bekanntmachung des Geschäftsgebahrens eines Kaufmanns zur Warnung des Publikums); Recht 1912, 3194/5 = LZ. 916 (Sperre); GruchotsBeitr. 52, 1023 (Fabrikantensperre); Recht 1912, 1786 = SeuffA. 67, 254 (Gewerbliche Verrufserklärung. Bewußte Wahrheitswidrigkeit nicht immer erforderlich. Ohne gewissenhafte Prüfung, in leichtfertiger Weise aufgestellte Behauptungen über den wirtschaftlichen Gegner).

Im Hinblick auf den von der deutschen Rechtsprechung bisher eingeschlagenen Weg hat der 29. Deutsche Juristentag 1908 auf Antrag des Berichterstatters in der zweiten Plenarsitzung, Prof. Rosin, 5, 777 ff., beschlossen: „Die zivilrechtlichen Voraussetzungen und Folgen unerlaubter Verrufserklärungen, insbesondere der auf Waren- oder Arbeitsboykott gerichteten, wie sie namentlich im Zusammenhange mit den modernen Lohn- und Wirtschaftskämpfen vorkommen, bestimmen sich im allgemeinen nach § 826 BGB. Der Juristentag hat das Vertrauen zu der deutschen Rechtssprechung, daß sie, wie bisher, so auch ferner verstehen wird, auf der Grundlage dieser Gesetzesbestimmungen die Interessen der individuellen Erwerbs- und Arbeitsbetätigung mit denen der freien gesellschaftlichen Selbsthilfe zu einer gerechten und sittlichen Ordnung zu vereinigen. In diesem Sinne hält der Juristentag eine Änderung oder Ergänzung des BGB. in dieser Materie nicht für geboten.“ Die seitherige Rechtsprechung dürfte dieses Vertrauen gerechtfertigt haben. Vgl. Anm. 1 S. 176.

Der Verrat von Geschäftsgeheimnissen durch Angestellte verstößt gegen die guten Sitten, wenn er während des Dienstverhältnisses geschieht; nach Auflösung desselben, von der Übernahme einer Geheimhaltungspflicht durch Vertrag abgesehen, nur, wenn der Angestellte eine, besonders entlohnte, Vertrauensstellung einnahm, RG. 65, 333. Ein Reisender, der nach Entlassung frühere Kunden aufsucht, ohne sie aufzuklären, daß sie bei seinem neuen Geschäftsherrn bestellen, ist dem früheren Geschäftsherrn ersatzpflichtig, Recht 1911, 1934.

Rat, Auskunft und Empfehlung verpflichten zu Schadensersatz nach § 826 BGB., wenn sie wissentlich unwahr sind, JW. 1902 Beil. 276; 1903 Beil. 142 (Auskunft des Bankiers über Wertpapiere); 1905, 370, SeuffA. 64, 29; 67, 79. Die Auskunft, in welcher eine Krediterhöhung erwähnt, die zugrunde liegende Sicherheitsübereignung aller Geschäftsaktiven aber verschwiegen wird, kann einen Verstoß gegen die guten Sitten darstellen, Recht 1911, 1744. Die Erteilung einer günstigen Auskunft über eine Firma ohne die eigene Überzeugung von der Richtigkeit dieser Auskunft, verbunden mit dem Bewußtsein, daß der Empfänger der Auskunft durch Kreditgewährung möglicherweise Schaden erleiden werde, verpflichtet zum Ersatz nach § 826 BGB., Recht 1911, 3081; das Bewußtsein, daß durch eine ungünstige Auskunft über einen Dritten dieser Dritte möglicherweise Schaden erleiden werde, setzt in der Regel das Bewußtsein des Auskunftserteilers voraus, daß die erteilte Auskunft einem weiteren Kreise zur Kenntnis gelange, JW. 1912, 293. Die Unterlassung einer Nachtragsauskunft wegen späterer ungünstiger Erfahrungen verstößt mangels ständiger Geschäftsverbindung nicht ohne weiteres gegen die guten Sitten, vgl. § 3d a. E. Recht 1912, 1471.

Wegen bloßer Fahrlässigkeit bei Erteilung von Rat, Auskunft und Empfehlung wird nach § 676 BGB. nur aus einem bestehenden Vertragsverhältnis gehaftet. So, wenn der Bankier dem Kunden beim An- und Verkauf von Wertpapieren mit Rat an die Hand geht. Das ist nach der Rechtsprechung des Reichsgerichts — RG. 27, 118; 42, 125; 67, 394; JW. 1903, 151; 1905, 502; 1907, 363; 1910, 808; 1911, 809; SeuffA. 55, 26 — nur der Fall, wenn die Ratserteilung entweder im Rahmen einer dauernden Geschäftsverbindung oder als Vorbereitung zu einem Kauf oder einer Kommission erfolgt. Danach wird man ein Vertragsverhältnis in der Erteilung eines erbetenen Rates schon dann für gegeben erachten müssen, wenn die Ratserteilung nicht im Zusammenhang mit einem bestimmten Vertragsschlusse der bezeichneten Art erfolgt, wenn aber vermöge der ständigen Geschäftsverbindung Rat oder Auskunft im stillschweigenden Einverständnis über die bestehende Verpflichtung zu der Erteilung und zur Haftung wegen Fahrlässigkeit gegeben werden. Auch bei ärztlichem Rat kann schon in der Ratserteilung selbst der Abschluß eines Vertrags liegen, Zitelmann, ArchZPr. 99, 95. Dagegen dürfte es zu weit gehen, wie Brand DJZ. 1912, 724ff. meint, in allen Fällen schon dann ein Vertragsverhältnis anzunehmen, wenn ein Bankier in Ausübung seiner handelsgewerblichen Tätigkeit einen Rat erteilt hat.

Gegen die guten Sitten verstößt es, wenn bei Vertragsverhandlungen ein Dritter zugunsten des einen Vertragschließenden den anderen Teil durch arglistige Täuschung zum Vertragsschlusse bestimmt, RG. 61, 250; 63, 146. Der Schaden besteht hier nicht im Erfüllungsinteresse, sondern nur in dem negativen Vertragsinteresse, Recht 1912, 3047.

In dem bloßen Abschlusse eines Vertrags mit dem vertragsbrüchigen Angestellten eines Konkurrenten liegt noch kein Verstoß gegen die guten Sitten; dazu gehört wenigstens die Förderung des Vertragsbruchs, JW. 1906, 465; DJZ. 1910, 1026; Recht 1911, 2731; vgl. § 125 Abs. 2 GewO. Beteiligt sich A an der Verletzung der dem B gegenüber dem C obliegenden Vertragspflichten, so liegt auch darin für sich noch kein Verstoß gegen die guten Sitten, Recht 1912, 217; ebensowenig in dem Verhalten der Brauerei, welche dem Darlehensgesuch des Wirts gegen Zusage des Bierbezugs stattgibt, wenn sie weiß, daß der Wirt und folglich der als Bürge haftende Eigentümer dem bisherigen Bierlieferanten schadensersatzpflichtig wird, JW. 1912, 144.

Die Vereinbarung mehrerer Gläubiger, bei einer Zwangsversteigerung nicht mitzubieten (pactum de non licitando) verstößt nur unter besonderen Umständen gegen die guten Sitten, z. B. wenn sie bezweckt, alle in Betracht kommenden Bieter überhaupt auszuschalten, so daß der Zweck der Zwangsversteigerung vereitelt wird, RG. 58, 393; 60, 273 (VerZS.); ROLG. 4, 243; DJZ. 1902, 156; JW. 1907, 201.

Der Anfechtungsanspruch geht nicht auf Schadensersatz, sondern auf Rückgewähr des anfechtbar Veräußerten oder Duldung der Zwangsvollstreckung, SeuffA. 46, 20. Die sondergesetzlichen Bestimmungen über die Gläubigeranfechtung haben einen abschließenden Charakter. Der Anfechtungsanspruch schließt Ansprüche aus §§ 823, 826 BGB. aus, wenn ein über den Tatbestand des § 3 AnfG. (§ 30, 31 KO.) hinausgehendes unerlaubtes Verhalten der Beteiligten nicht festgestellt ist, JW. 1909, 499 = DJZ. 1041; SeuffA. 61, 135; JW. 1909, 697, 1910, 38. Es kann aber unter besonderen Umständen neben den Ansprüchen aus §§ 31 Ziff. 1 KO., 3 Ziff. 1 AnfG. ein Anspruch aus unerlaubter Handlung gegeben sein, und zwar nach § 826 und nach § 823 Abs. 2 BGB. (§§ 263, 288 StGB., 241 KO.), wenn dem Tatbestand der Bestimmungen über die Anfechtbarkeit fremde Momente hinzutreten, welche eine unerlaubte Handlung der genannten Art begründen, z. B. wenn der Anfechtungsgegner sich an einer betrüglichen Verschleierung, einer strafbaren Beiseiteschaffung oder Begünstigung als Mittäter beteiligt, oder wenn er mit Rücksicht auf die Gesamtwirkung anfechtbarer Rechtsgeschäfte und seine Kenntnis besonders verwerflicher Beweggründe des Schuldners durch seine Mitwirkung an einer Schiebung selbst in einer gegen die guten Sitten verstoßenden Weise dem Gläubiger vorsätzlich Schaden zugefügt hat, § 830 BGB., JW. 1910, 939 = RG. 74, 225, oder wenn eine betrügliche Täuschung, eine arglistige Verschleierung der den Gläubiger schädigenden Machenschaften unter Beteiligung des Anfechtungsgegners hinzutritt, JW. 1911, 651 = Recht 3082; LZ. 1912, 83; Asch in JW. 1912, 66.

Ein Vertrag, in dem der Ehemann und der ihn anstellende Dienstherr den der Pfändung zugänglichen Teil des Gehalts der Ehefrau zufließen lassen, ist nach der Rechtsprechung auf Grund der Vorschriften der Konkursordnung oder des Anfechtungsgesetzes nicht anfechtbar. Er verstößt auch nur unter besonderen Umständen gegen die guten Sitten. Eine Verpflichtung des Angestellten gegenüber seinen Gläubigern, seine Arbeitskraft zu ihren Gunsten in einer Weise zu verwenden, die es ihnen ermöglichte, zum Zwecke ihrer Befriedigung auf die Gegenleistung Zugriff zu nehmen, besteht nicht. Ein Verstoß gegen die guten Sitten auf seiten der Ehefrau würde „vielleicht" dann vorliegen, wenn der Ehemann den Vertrag in der Absicht geschlossen hätte, seinen Gläubigern das ihm zustehende und noch zu erwartende Entgelt als Gegenstand ihrer Befriedigung der Form nach zu entziehen, gleichzeitig aber den Genuß dieses Entgelts nur sich selbst, unter Vernachlässigung seiner Unterhaltspflicht gegenüber seiner Familie, zu sichern, und wenn der Arbeitgeber in Kenntnis dieser Absicht deren Verwirklichung dem Ehemann bewußt ermöglicht hätte, RG. 69, 60; JW. 1912, 689; Recht 1912, 2840. Auch bei Verstoß gegen die guten Sitten fehlt ein Schaden, wenn der Mann ohne die Zuweisung des pfändbaren Gehaltsteils den Vertrag nicht abgeschlossen hätte, SeuffA. 67, 249. Freilich kann nach Umständen ein Scheingeschäft, insbesondere eine verdeckte Abtretung vorliegen, die dann gemäß § 3 Ziff. 2 AnfG. der Anfechtung unterliegt; Recht 1912, 2840.[1])

[1]) Vgl. Rechtsprechung zum 1500 *M*-Vertrag, LZ. 1912, 686; 709/12. Hampke, LZ. 1912, 683; Philipsborn, JW. 1912, 894; Schubart, JW. 1912, 1121; Lesser, JW. 1912, 1134. In dem Maße, in dem man einen solchen Vertrag als gegen die guten Sitten verstoßend nach § 138 BGB. nichtig ansieht, veranlaßt man den Schuldner, von seiner Arbeitskraft durch Eingehung einer dauernden Stellung weder zugunsten der Familie noch zugunsten der Gläubiger Gebrauch zu machen. Diese volkswirtschaftliche Erwägung muß dazu führen, in der Kritik der reichsgerichtlichen Rechtsprechung etwas vorsichtiger zu sein.

Der Betrieb eines Bordells verstößt gegen die guten Sitten und verpflichtet nach § 826 BGB. zum Ersatze des dem Nachbargrundstücke erwachsenden Schadens, wenn dieser vorsätzlich zugefügt wird, sonst nur unter den Voraussetzungen des § 823 Abs. 1 oder 2, SeuffA. 56, 199; Recht 1903, 2655 = BadRPr. 267 (Karlsruhe); DJZ. 1903, 348; ROLG. 5, 387 (Kolmar); SeuffA. 60, 11 (Celle); 36; 61, 136; RG. 57, 239; Recht 1907, 1311; 1908, 973, 1378.

Wer bei einem Vertragsschluß ein im Hinblick auf die Wertverhältnisse zu niedriges Angebot annimmt, bei welchem ersichtlich ein Irrtum oder Rechenfehler unterlaufen ist, bewußt ausnützt, handelt noch nicht gegen die guten Sitten, RG. 55, 367, es sei denn, daß der Unterschied des bedungenen Preises und des Verkaufswerts ein so großer ist, daß es auch im kaufmännischen Verkehr nicht mehr als anständig gilt, abzuschließen ohne auf diesen Umstand aufmerksam zu machen, JW. 1910, 187 = LZ. 293 = GruchotsBeitr. 54, 994; vgl. Recht 1911, 2883 (Gewissenlose Ausnützung des Irrtums eines Dritten durch Ablieferung an den nichtberechtigten, zur Erstattung unfähigen Empfänger).

Vgl. ferner JW. 1905, 369; v. Dassel, Recht 1908, 505; 1909, 733 (wissentlich falsches Zeugnis für einen Angestellten); Recht 1905, 472 (Auslegung von Waren unter Angabe billigerer Preise, als sie tatsächlich berechnet werden); RG. 68, 317 (Entlastungsbeschluß der Generalversammlung einer A.-G.); RG. 58, 248 (Verweigerung der väterlichen Einwilligung in die Verheiratung); RG. 51, 357 (Wechselbegebung, um die Einrede aus § 66 BörsG. abzuschneiden); RG. 70, 193 (Arglistige Geltendmachung des der Zwangsvollstreckung entgegenstehenden Rechts); RG. 58, 216, 220; JW. 1905, 370 (Nachprüfung durch das Revisionsgericht). In RG. 77, 419 = DJZ. 1912, 345 hat das Reichsgericht ein von einem Nationalpolen dem Gutskäufer bei Vertragsstrafe auferlegtes Verbot, das in den ehemaligen polnischen Landesteilen belegene Gut an einen anderen als an einen Nationalpolen zu verkaufen, „bei einer, von jeder politischen Stellungnahme unbeeinflußten, Erwägung“ als nicht gegen die guten Sitten verstoßend erklärt! Kein Verstoß gegen die guten Sitten wurde darin gesehen, daß ein Verein freigewählter Kassenärzte, der früher angestellt gewesene festbesoldete Kassenärzte nicht aufnimmt, mit Krankenkassen Verträge abschloß, durch welche Nichtvereinsmitglieder ausgeschlossen werden, DJZ. 1912, 513; JW. 294. Ein Gläubiger, der durch

Zwangsvollstreckung Befriedigung sucht, handelt, sofern nicht besondere Umstände vorliegen, auch dann nicht gegen die guten Sitten, wenn er auf andere Weise, z. B. durch Aushaltung eines Vertrags, voraussichtlich Befriedigung gefunden hätte, dagegen durch die Vollstreckung dem Schuldner und auch Dritten Schaden zufügt, Recht 1912, 1173.

§ 826 BGB. findet auch innerhalb eines Vertragsverhältnisses Anwendung, sowohl zur Verteidigung gegen einen, gegen die guten Sitten verstoßenden, Anspruch (exceptio doli generalis), als zur Begründung eines Vertragsanspruchs: Ist bei einem Kauf oder Tausch eine Hypothek in Zahlung gegeben worden, so begründet absichtliche Täuschung über die Höhe der Mietzinsen, über die Vermögensverhältnisse des persönlichen Schuldners (Güte der Hypothek) einen Anspruch aus § 826, wenn dadurch die Übernahme der Hypothek auf den Kaufpreis veranlaßt wurde, JW. 1912, 536 = LZ. 389. Wer durch wissentlich falsche Versicherungen des Verkäufers über Eigenschaften der Kaufsache, auch wenn die Vorspiegelungen nicht in der Vertragsform gemacht sind, zum Kauf bestimmt worden ist, kann den Vertrag nach § 123 BGB. anfechten. Er kann auch nach §§ 463, 826, 249 BGB. das negative Vertragsinteresse, d. h. Rückzahlung des Kaufpreises und Ersatz sonstiger Aufwendungen beanspruchen, Recht 1912, 3193 = LZ. 916, aber auch nach §§ 463, 826 das positive Erfüllungsinteresse verlangen, vgl. RG. 59, 157; 63, 112; JW. 1905, 77; RG. 66, 335; SeuffA. 67, 199; Recht 1912, 2837.

Eine reine Unterlassung, die nicht gegen das Recht, sondern nur gegen die gute Sitte verstößt, dürfte keine Haftpflicht nach § 826 begründen. Damit würde die Sitte dem Recht gleichgestellt und eine bedenkliche Rechtsunsicherheit herbeigeführt; vgl. § 3d a. E.

## § 15.

## Kreditschädigung.

Die Kreditschädigung ist eine zum Schadensersatz verpflichtende unerlaubte Handlung, sofern die Voraussetzungen von § 824 BGB. oder § 187 StGB. oder §§ 14, 15 UnlWG. vorliegen.

Wer wider besseres Wissen in Beziehung auf einen anderen eine unwahre Tatsache behauptet oder verbreitet, welche dessen Kredit zu gefährden geeignet ist, macht sich wegen verleumderischer

Beleidigung strafbar. „Wider besseres Wissen" wird eine solche Tatsache schon dann behauptet, wenn der Mitteilende von der Wahrheit selbst nicht innerlich überzeugt ist, Recht 1905, 154. Er ist wegen Verletzung eines, nicht unter § 823 Abs. 1 BGB. fallenden, rechtlichen Interesses schadensersatzpflichtig schon nach § 823 Abs. 2 BGB. Weiter geht § 824 BGB., indem er

1. eine Ersatzpflicht schon dann aufstellt, wenn der Täter die Unwahrheit der behaupteten Tatsache (RG. 51, 380) zwar nicht kannte, aber kennen mußte, mit Bezug auf die Unkenntnis der Unwahrheit also fahrlässig gehandelt hat, § 122 Abs. 2 BGB. Die unerlaubte Handlung der Kreditgefährdung im Sinne des § 824 erfordert nicht Vorsatz, sondern nur Fahrlässigkeit; die Fahrlässigkeit braucht die Möglichkeit der im gegebenen Falle eingetretenen Schadensfolgen, auch die Eigenschaft der aufgestellten Behauptungen, möglicherweise Schädigungen herbeizuführen, nicht zu umfassen; die Fahrlässigkeit muß nur in Ansehung der Unwahrheit der behaupteten Tatsachen vorliegen (RG. 66, 231; JW. 1906, 160; 1911, 760, 780).

2. Diese Ersatzpflicht tritt auch dann ein, wenn die Mitteilung der Tatsache sonstige Nachteile für den Erwerb oder das Fortkommen des Anderen herbeizuführen geeignet ist. Geschützt werden also Kredit, Erwerb und Fortkommen. Die Verletzung der Ehre kommt nur als Mittel der Gefährdung dieser Güter in Betracht. Nur die Gefährdung, nicht die Verletzung dieser Güter wird erfordert. Dazu gehört und genügt, daß eine behauptete Tatsache nach allgemeiner Erfahrung als Ursache einer Schädigung jener Güter in Betracht kommt, RG. 56, 271. Es ist nicht einmal unbedingt notwendig, daß die behauptete Tatsache einen ehrenrührigen Charakter trägt: auch ohnedies kann eine Gefährdung des Kredits gegeben sein, z. B. mit der Behauptung, ein gewerblicher Unternehmer habe Arbeiter entlassen, weil sie an einem Ausstande teilgenommen, RG. 61, 366, oder ein Arzt sei (lediglich) Arzt für Naturheilverfahren, RG. 57, 157. Geschützt wird nicht bloß das öffentliche Vertrauen in die Zahlungsfähigkeit, sondern auch die berufliche oder amtliche Stellung oder die Möglichkeit ihrer Erlangung gegen die in der Behauptung oder Verbreitung unwahrer Tatsachen liegenden Gefahren, RG. 57, 157 (Gleichstellung schiefer, mehrdeutiger und irreführender Angaben mit der Behauptung unwahrer Tatsachen): 60, 1 (Kritik eines Geheimmittels); 56, 271 (Bezeichnung als Schleuderer, Anspruch auf Unterlassung), vgl. ROLG. 18, 76; JW. 1902 Beil. 264; RG. 66, 231.

Haftpflichtig macht nur die Behauptung von wahrheitswidrigen Tatsachen, nicht der Ausspruch eines Urteils, RG. 51, 369; 60, 1, der als solches in die Erscheinung tritt. Doch kann in der Form des Urteils die Behauptung von Tatsachen liegen, wenn eine hinreichend deutliche Beziehung auf bestimmte Personen oder bestimmte Leistungen gegeben ist, RG. 58, 207; JW. 1909, 670. Vgl. die Zusammenstellung bei Finger, UnlWG. § 14 Anm. 26 und 27.

Auch Fahrlässigkeit hinsichtlich der Unkenntnis der Unwahrheit wird nicht verlangt in § 14 UnlWG. vom 7. Juni 1909:

> Wer zu Zwecken des Wettbewerbs über das Erwerbsgeschäft eines anderen, über die Person des Inhabers oder Leiters des Geschäfts, über die Waren oder gewerblichen Leistungen eines anderen Behauptungen tatsächlicher Art aufstellt oder verbreitet, welche geeignet sind, den Betrieb des Geschäfts oder den Kredit des Inhabers zu schädigen, ist, sofern die Behauptungen nicht erweislich wahr sind, dem Verletzten zum Ersatze des entstandenen Schadens verpflichtet. Auch kann der Verletzte den Anspruch geltend machen, daß die Wiederholung oder Verbreitung der Behauptungen unterbleibe.

Hier genügt es, daß der Täter den Beweis der Wahrheit nicht erbringen kann. In § 15 UnlWG. ist der Tatbestand der verleumderischen Beleidigung (Kreditschädigung) für das gewerbliche Leben genauer gefaßt und ausgedehnt, indem mit Strafe bedroht wird,

> wer wider besseres Wissen über das Erwerbsgeschäft eines anderen, über die Person des Inhabers oder Leiters des Geschäfts, über die Waren oder gewerblichen Leistungen eines anderen Tatsachen der Wahrheit zuwider behauptet oder verbreitet, welche geeignet sind, den Betrieb des Geschäfts zu schädigen.

Nach § 15 Abs. 2 UnlWG. ist der Inhaber des Betriebs neben dem Angestellten oder Beauftragten strafbar, wenn die in Abs. 1 bezeichneten Tatsachen in einem geschäftlichen Betriebe von einem Angestellten oder Beauftragten behauptet oder verbreitet werden und die Handlung mit seinem Wissen geschah. Auch ohne die letzte Voraussetzung ist nach §§ 14 Abs. 3, 13 Abs. 3 gegen den Betriebsinhaber der Unterlassungsanspruch begründet. Die Schadensersatzpflicht nach § 824 BGB., § 14 UnlWG. tritt nicht ein, wenn bei gutem Glauben (nicht wissentlicher Unwahrheit) der Täter oder der Empfänger der Mitteilung an ihr ein berechtigtes Interesse hatte. Berechtigte Interessen, vgl. § 193 StGB., sind solche, deren Wahrnehmung rechtlich erlaubt ist, welche nicht dem Recht oder den guten Sitten zuwiderlaufen, RG. 51, 378; Recht 1904, 632. Während nach § 193 StGB. Straflosigkeit schon dann eintritt, wenn die Äußerung zur Ausführung oder Verteidigung von Rechten oder zur Wahrnehmung berechtigter Interessen gemacht sind, also der bezeichnete Zweck der Äußerungen und die persönliche Meinung des Täters, daß die Äußerungen diesem Zwecke dienlich seien, genügen, entfällt nach § 824 BGB. die Ersatzpflicht nur dann, wenn das berechtigte Interesse an der Mitteilung, z. B. der Auskunftei oder des Bestellers der Auskunft, objektiv vorhanden ist, RG. 51, 379; 56, 285; ROLG. 18, 77. Außerdem genügt hier auch ein berechtigtes Interesse des Empfängers der Mitteilung.

Berechtigte Interessen kommen nicht in Betracht, wenn dem Täter die Unwahrheit der behaupteten oder verbreiteten Tatsache bekannt war. Dem steht gleich der Fall, daß er von der Wahrheit selbst nicht überzeugt war oder eine wahre Tatsache geflissentlich entstellt hat. Aber auch bei bloß fahrlässiger Entstellung kann ein berechtigtes Interesse nicht in Betracht kommen, RG. 57, 157.

Der Kläger hat die Behauptung oder Verbreitung durch den Beklagten und die Nachteiligkeit der behaupteten oder verbreiteten Tatsache für seinen Kredit, den Erwerb oder das Fortkommen, im Falle des § 14 UnlWG. auch für den Geschäftsbetrieb, zu beweisen. Der Nachweis der Unwahrheit liegt im Falle des § 824 BGB. dem Kläger, im Falle des § 14 UnlWG. aber dem Beklagten der Beweis der Wahrheit ob, RG. 51, 369; 56, 271; 58, 207; 61, 370; JW. 1905, 174. Der Beklagte hat sein oder des Empfängers berechtigtes Interesse, der Kläger demgegenüber die Kenntnis des Beklagten von der Unwahrheit zu beweisen.

Im Falle des § 14 UnlWG. ist die auf das Vorhandensein berechtigter Interessen gegründete Ausnahme von der Ersatz- und Unterlassungspflicht erheblich eingeschränkt. Hiernach ist stets noch erforderlich, daß die Mitteilung eine vertrauliche war. Auch dann, wenn es sich um vertrauliche Mitteilungen handelte und der Mitteilende oder der Empfänger an der Mitteilung ein berechtigtes Interesse hatte, ist der Anspruch auf Unterlassung noch zulässig, wenn die Tatsache der Wahrheit zuwider behauptet oder verbreitet wird, der Kläger also die Unwahrheit beweist. Auch der Anspruch auf Schadensersatz kann trotzdem geltend gemacht werden, wenn der Mitteilende die Unrichtigkeit der Tatsachen kannte oder kennen mußte.

Enthält die Behauptung oder Verbreitung eine vorsätzliche, gegen die guten Sitten verstoßende Schadenszufügung, § 826 BGB., so nützt dem Beklagten der Wahrheitsbeweis nichts, SeuffA. 59, 103; RG. 76, 110. Der Ersatz immateriellen Schadens kann nach § 253 BGB. nicht verlangt werden, es müßten denn die Voraussetzungen des § 847 BGB. besonders nachgewiesen werden.[1]) Ist eine Wiederholung zu befürchten, so steht dem durch die unwahren Mitteilungen Betroffenen auch im Falle des § 824 BGB. die Unterlassungsklage zu, RG. 65, 210; JW. 1905, 174; vgl. § 10 S. 135. Zur Wiederherstellung im Sinne des § 249 BGB. wird, trotz EinfG. zur StPO. § 11 und RG. 60, 12 = JW. 1905, 135, unter Umständen auch ein öffentlicher Widerruf gehören, vgl. RG. 56, 286; Dernburg in JW. 1905, 161 ff.; SeuffA. 64, 29 (Hamburg); GruchotsBeitr. 42, 367.

Auf privatrechtliche Ansprüche gegen Parlamentsmitglieder wegen der in Ausübung ihres Berufs getanen Äußerungen dürften die §§ 30 RV. und 11 StGB. sinngemäß anzuwenden sein. Ein Anspruch aus § 824 BGB., 14 UnlWG. wird meist schon wegen berechtigter Interessen an der Mitteilung nicht bestehen, die Unstatthaftigkeit eines Anspruchs wegen Verleumdungen, nach § 187 StGB., 15 UnlWG., 823 Abs. 2, 826 BGB., aber trotz der möglichen bedenklichen Folgen als das geringere Übel hinzunehmen sein.

## § 16.

## Schutz der Geschlechtsehre.

Wegen der meisten Verbrechen wider die Sittlichkeit haftet der Täter der in Mitleidenschaft gezogenen Frauensperson nach

[1]) Durch unwahre Behauptungen oder durch die Presse Körperverletzungen oder Gesundheitsbeschädigungen als verursacht anzusehen, ist in der Regel verfehlt. Das deutsche Volk ist nicht so degeneriert, daß man, von ganz besonderen Umständen abgesehen, derartige Folgen als adäquat verursacht ansehen könnte. Ein Schlag, der eine außergewöhnlich dünne Schädeldecke trifft, war an sich geeignet, eine Körperverletzung oder Gesundheitsbeschädigung herbeizuführen, vgl. § 3 b Anm. 1 S. 24, nicht aber eine unwahre kränkende Behauptung. Nur wenn der Täter die besondere Empfindlichkeit des Betroffenen gekannt hätte, könnte eine Körperletzung und eine Ersatzpflicht gemäß §§ 823, 824, 826 BGB. gegeben sein.

§ 823 Abs. 2 StGB. Als Schutzgesetze kommen jedenfalls in Betracht StGB. § 173 (Blutschande), 174 (Mißbrauch von im Abhängigkeitsverhältnisse stehenden Personen), 176 Ziff. 1—3, 177 (Gewaltsamen Vornahme unzüchtiger Handlungen, Mißbrauch willenloser, bewußtloser oder geisteskranker Frauenspersonen, Unzüchtige Handlungen mit Personen unter 14 Jahren, Notzucht), 179 (Vorspiegelung der Trauung usw.), 180 f. (Kuppelei, namentlich in den Fällen des § 181), 181a (Zuhälterei, namentlich bei Anwendung von Gewalt oder Drohungen, Abs. 2), 182 (Verführung einer noch nicht 16jährigen), 184 Abs. 1 Nr. 2 und 184a (Entgeltliche Überlassung unzüchtiger Schriften usw. an Personen unter 14 Jahren). Wegen des Ehebruchs, § 172, siehe § 13 Ziff. 3.

Auch ohne Begehung einer strafbaren Handlung haftet nach § 825 BGB., wer eine Frauensperson durch Hinterlist, durch Drohung oder durch Mißbrauch des Abhängigkeitsverhältnisses zur Gestattung der außerehelichen Beiwohnung bestimmt. Der Anspruch steht nur einer Frauensperson zu, mag sie ledig, verheiratet oder verwitwet sein, auch wenn sie nicht mehr unbescholten ist, BlfRA. 64, 225, und ohne Rücksicht auf ihr Lebensalter. Vorausgesetzt ist, daß zur Verführung eines der bestimmt bezeichneten verwerflichen Mittel angewendet wurde, nämlich: Hinterlist, d. i. eine Handlung mit Vorbedacht und Verdeckung der wahren Absicht gegenüber der Unvorbereiteten, ohne, daß die Anwendung von Kunstgriffen erfordert wird (§ 181 Nr. 1 StGB.), RGSt. 2, 75; 22, 312; StGB. § 181 Abs. 1 Nr. 1, 223a; JW. 1906, 352; 1909, 415, Drohung, d. i. Ankündigung eines Übels, wozu auch die Belassung eines vorhandenen Übels gehört, dessen Fortbestand von dem Willen des Drohenden selbst abhängt, RGSt. 14, 264, auch die Erstattung einer Strafanzeige, ferner Mißbrauch eines Abhängigkeitsverhältnisses; in Betracht kommen außer den Fällen des § 174 StGB. die Abhängigkeit des Dienstmädchens vom Dienstherrn, der Fabrikarbeiterin vom Werkführer, der Schuldnerin vom Gläubiger. Das Verhältnis zum Arzt, Geistlichen oder Rechtsbeistand kann, auch abgesehen von den Fällen des § 174 StGB., ein Abhängigkeitsverhältnis im Sinne des § 825 BGB. sein. Mißbrauch dieses Verhältnisses erfordert ausdrückliche oder stillschweigende Bezugnahme auf dasselbe, ROLG. 3, 210; Recht 1902, 2200 (Karlsruhe); BadRPr. 1904, 148. Sie wird das erforderliche Bewußtsein des Täters von der bewirkten Beeinträchtigung der freien Willensbestimmung auf seiten der

Frauensperson stets einschließen. Die Bestimmung zur Beiwohnung muß vorsätzlich erfolgt, der Schaden braucht aber nicht beabsichtigt, vorausgesehen oder voraussehbar gewesen sein.

Wegen des Entschädigungsanspruchs der Verlobten ist § 1300, wegen des Anspruchs der Schwangeren und der Mutter §§ 1715, 1716 BGB. zu vergleichen. Ihr kann nach § 825, 830 Abs. 1 Satz 2, 840 BGB. ein Anspruch gegeben sein, wo ein solcher aus §§ 1708, 1715, 1716 BGB. zufolge der Einrede der mehreren Beischläfer, § 1717, versagt, JW. 1909, 415; Recht 1912, 2665. Unter besonderen Umständen kann der zweite Zuhälter von der Mutter, und auch von dem unehelichen Kinde, aus § 826 in Anspruch genommen werden, Wurzer, Recht 1912, 226.

Der Anspruch ist ein solcher aus unerlaubter Handlung, nicht aus außerehelichem Beischlaf. Das Amtsgericht ist mithin nicht ohne Rücksicht auf den Streitwert zuständig, § 23 Ziff. 2 GVG. Wegen des Umfangs des zu leistenden Ersatzes sind §§ 842 ff., 847 BGB. maßgebend. Dem Vater steht ein Anspruch nur nach §§ 845, 846, dem Ehemann wohl nur ein solcher nach § 823 Abs. 1, 845, 846 (nicht § 172 StGB., § 823 Abs. 2 BGB.), beiden bei vorsätzlicher Schadenszufügung ein Anspruch aus § 826, keinem aber ein Ersatz bloß moralischen Schadens zu. Letzteres ergibt der Umkehrschluß aus §§ 845, 847.

phot. P. Fromherz. Tafel IV.

Gerichtlicher Augenschein vom 21. 5. 1907. Frank g. Uissinger.

## § 17.

# Haftung des Geschäftsherrn.

Das BGB. kennt weder eine allgemeine Haftung des Hausherrn für Personen seines Hausstandes noch eine allgemeine Haftung für Angestellte oder Kinder. Nach § 831 BGB. haftet aber, wer einen anderen zu einer Verrichtung bestellt, für den Schaden, den der andere in Ausführung der Verrichtung einem Dritten widerrechtlich zufügt. Die Haftung dieses „Geschäftsherrn" hat ihren Grund jedoch allein in dessen eigenem Verschulden, JW. 1911, 979. § 831 BGB. enthält somit eine Anwendung des Schuldprinzips, keine Ausnahme von demselben, wenn auch ein Verschulden des Bestellten nicht erfordert wird, RG. 50, 65; 70, 76; LZ. 1911, 930. Wer andere zu Verrichtungen bestellt, welche ihn selbst angehen, bringt Dritte in die Gefahr, von dem Bestellten, der in Ausführung nicht eigener, sondern fremder Interessen oft weniger sorgfältig sein wird, geschädigt zu werden. Der Geschäftsherr muß das wissen und der Gefahr vorbeugen. Das Gesetz stellt demgemäß die Vermutung auf, daß den Geschäftsherrn in bestimmten Richtungen ein Verschulden treffe und daß der Schaden auf solchem Verschulden beruhe. Sonst hat, wer Schadensersatz beansprucht, das Verschulden des Ersatzpflichtigen und den ursächlichen Zusammenhang des Schadens mit dem Verschulden nachzuweisen. § 831 Satz 2 behandelt den Fall, daß ein solches Verschulden oder der ursächliche Zusammenhang mit dem Schaden fehlt, als die von dem Geschäftsherrn zu beweisende Ausnahme: Die Ersatzpflicht tritt nicht ein, wenn der Geschäftsherr bei der Auswahl der bestellten Person und, sofern er Vorrichtungen und Gerätschaften zu beschaffen oder die Ausführung der Verrichtung zu leiten hat, bei der Beschaffung oder Leitung die im Verkehr erforderliche Sorgfalt beobachtet oder wenn der Schaden auch bei Anwendung dieser Sorgfalt entstanden sein würde. In dieser Umkehrung der Beweislast (RG. 50, 409) macht sich gleichzeitig das Prinzip des aktiven Interesses (Merkel) und das Gefährdungsprinzip (M. Rümelin, Gründe der Schadenszurechnung 1896, 47) geltend.

### 1.

„Zur Verrichtung bestellt" ist jeder, der für einen anderen etwas tun soll. Bei der Allgemeinheit der Fassung des Gesetzes ist es gleichgültig, ob die Verrichtung rein tatsächlicher oder rechtsgeschäftlicher Art ist. Die Verrichtung kann auch Rechtshandlungen zum Gegenstand haben z. B. einen Auftrag zum Abschluß eines Rechtsgeschäfts, RG. 73, 434; LZ. 1910, 685; JW. 753. Gleichgültig ist für die Anwendung des § 831, ob der Bestellte Vertretungsmacht hat oder nicht, ob die Bestellung nach außen erkennbar hervortritt oder nicht, einerlei ist es auch, ob die Verrichtung unentgeltlich oder gegen Entgelt übernommen ist, ob die Bestellung im geschäftlichen oder privaten Interesse des Geschäftsherrn oder überhaupt nicht in dessen Interesse erfolgt, ob der Bestellte dauernd angestellt oder nur für den Einzelfall berufen ist. Es kann ein Auftrags-, Dienst-, Werkvertrag oder ein anderer Vertrag zugrunde liegen. Zur Verrichtung bestellt ist auch, wer zu ihr überhaupt nicht rechtswirksam verpflichtet ist. Es kommt auch nicht darauf an, ob die Bestellung durch ein gültiges Rechtsgeschäft erfolgt ist. Es genügt zur Haftung des Geschäftsherrn gegenüber dem Beschädigten, wenn jener dem Bestellten gegenüber die Macht, nicht auch das Recht hat, seine Tätigkeit einzustellen (SeuffA. 67, 153). Die Bestellung kann auch durch eine Zwischenperson erfolgen, sie muß nicht unmittelbar von dem Geschäftsherrn oder seinem gesetzlichen Vertreter ausgehen, RG. 55, 171. Auch eine Ehefrau kann im Verhältnis zum Manne zu einer Verrichtung bestellt sein, z. B. im Rahmen der vom Manne übernommenen Verwaltung eines Hauses für einen anderen, JW. 1906, 59. Nichts anderes gilt aber auch hinsichtlich der nach § 1356 BGB. ihr zustehenden Leitung des gemeinschaftlichen Hauswesens, wenn die Frau auch insoweit selbständige Vertreterin des Mannes ist (Huber, DJZ. 1910, 479; siehe den Fall RG. 75, 255), denn auf das der Bestellung zugrunde liegende Rechtsverhältnis kommt es nicht an. Freilich wird hier dem Manne der Entlastungsbeweis nach § 831 vielfach deshalb nicht zustehen oder nichts nützen, weil § 278 BGB. zutrifft oder der Ehemann wegen eigenen Verschuldens nach § 823 haftet. Der Besteller eines Werks hat dem Unternehmer gegenüber die Stellung des Geschäftsherrn, auch wenn er ihm gegenüber keine dem Inhalt des Werkvertrags zuwiderlaufende Anordnungen zu treffen befugt ist, Recht 1910, 2544; 1911, 1742, 1745. Zu einer Verrichtung bestellt kann auch derjenige sein, der einem Dritten Dienste leisten soll, RG. 51, 200. Der Vormund ist nicht vom Mündel „bestellt“. Für den Vormund und andere gesetzlichen Vertreter natürlicher Personen (vgl. §§ 30, 31, 89 BGB.) wird nur nach § 278 gehaftet, RG. 67, 153. Sind mehrere zu einer

Verrichtung bestellt, so ist die Haftung aus § 831 nicht ausgeschlossen, wenn einer von ihnen verletzt wird; auch er kann als dritter Verletzter in Betracht kommen, DJZ. 12, 458 = JW. 296.

Streit herrscht über den Grad der Abhängigkeit, in welcher der Bestellte von dem Geschäftsherrn stehen muß. Die Abgrenzung begegnet in der Praxis manchmal Schwierigkeiten. Nach dem Wortlaute des § 831 wird freilich die Haftung grundsätzlich nicht dadurch bedingt, daß der Bestellte bei der Ausführung der Verrichtung im einzelnen von dem Willen und den Anordnungen des Geschäftsherrn abhängig ist. Die Voraussetzungen der Haftung sind in § 831 Satz 1 erschöpfend geregelt. Satz 2 enthält lediglich die Ausnahme; er bezeichnet denjenigen, welcher einen anderen zu einer Verrichtung bestellt, als den „Geschäftsherrn", ohne damit das weitere Erfordernis einer Abhängigkeit des Bestellten auch in der Ausführung der Verrichtung ausdrücklich beizufügen. Auch kommt die Pflicht zur Beaufsichtigung und Leitung eines Geschäfts- und Gewerbebetriebs im ganzen für die Anwendung des § 823, nicht des § 831 in Betracht, RG. 53, 56; JW. 1906, 745, vgl. oben § 12c. Und die besondere Behandlung des Falles, daß der Geschäftsführer die Ausführung der Verrichtung zu leiten hat, könnte zu dem Schlusse Anlaß geben, daß für die Regel eine derartige Pflicht und Befugnis zur Leitung überhaupt nicht vorausgesetzt wird. Von der einen Seite wird es deshalb für genügend erachtet, wenn die Macht, die Verrichtung abzustellen, die Möglichkeit einer solchen Leitung auch der Ausführung im einzelnen vermittelt; vgl. LZ. 1912, 73; SeuffA. 67, 153. Es ist zuzugeben, daß für diejenigen Fälle, für welche, wegen der regelmäßigen Selbständigkeit des zur Verrichtung Bestellten, die Regel des § 831 nicht paßt, die Bestimmung eine erhebliche Einschränkung schon durch die subjektiven Voraussetzungen der Haftung erfährt. Vgl. Feder S. 92/93 und Örtmann, Anm. 2a im Gegensatz zu Fischer S. 76 und Staudinger. Aber auch aus objektiven Gründen, bei einem gewissen Grade von Selbständigkeit des Schädigenden, wird in der Praxis im Anschluß an die ständige Rechtsprechung des Reichsgerichts die Haftung aus § 831 BGB. mit gutem Grund versagt. Die Stellung eines Geschäftsherrn im Sinne des § 831 kommt dem Besteller nur dann zu, wenn er die erforderlichen Anordnungen zu erteilen hat, wenn diesen von dem Bestellten Folge zu leisten ist, letzterer also bei der Ausführung der ihm übertragenen Handlung von dem Willen des Bestellers abhängig ist. Ist dagegen von dem Bestellten eine Tätigkeit verlangt, bei deren Ausführung er nach eigenem Ermessen handeln und dasjenige vornehmen soll, was er auf Grund eigener Sachkunde und Erfahrung für zweckmäßig erachtet, so hat derjenige, der ihn zu seiner Tätigkeit veranlaßt hat, in Beziehung auf das auszuführende Geschäft nicht die Stellung des Geschäftsherrn. Das entspricht der Auffassung des Verkehrs, der hier auch auf die sozial oder beruflich höhere oder wenigstens gleichgeordnete Stellung Rücksicht nimmt, und dem Sprachgebrauch, der z. B. den Architekten oder Rechtsanwalt (so Recht 1911, 3816/7) nicht als den zu einer Verrichtung Bestellten, seinen Auftraggeber nicht als den Geschäftsherrn bezeichnet. Das entspricht aber auch der Erwägung, daß bei einer derartigen Selbständigkeit eines Beauftragten auch zu einer Vermutung des adäquaten Kausalzusammenhangs zwischen dem Auftrag und der Schadenszufügung kein Raum ist. Vgl. RG. 51, 199; 53, 276; BadRPr. 1906, 349; JW. 1909, 276, 416; 1910, 747; 1912, 37. Ein selbständiger Handwerker, der in Erfüllung eines geschlossenen Werkvertrags tätig wird — z. B. ein Schneider, der einen Anzug anfertigt — und seine Arbeiter sind nicht Angestellte des Bestellers im Sinne des § 831. JW. 1909, 276, 416; vgl. Recht 1910, 2824; JW. 1910, 747; 1911, 370; LZ. 773; SeuffA. 67, 153. Einem tüchtigen und zuverlässigen Polier können bestimmte Geschäfte an einem Bau zu selbständiger Ausführung anvertraut werden, ohne daß Baumeister oder Bauleiter immer besondere Anweisung erteilen oder seine Tätigkeit jederzeit beaufsichtigen müssen z. B. hinsichtlich der Vorkehrung der erforderlichen Sicherheitsmaßregeln bei einer Ausschachtung; JW. 1910, 111; BadRPr. 1909, 193; dagegen wird dem verantwortlichen Bauleiter, der sich um die Wiederauffüllung und Ausebnung der von den Gerüststangen in der Straße zurückgebliebenen Löcher, oder dem Stadtbaurat, welcher sich um die erforderliche Absprießung bei einem Bau überhaupt nicht kümmert, meist wenigstens Versäumung der Leitungspflicht zur Last fallen, JW. 1911, 939, weil hier eine Gefährdung des öffentlichen Verkehrs vorliegt, für deren Vermeidung der Geschäftsherr selbst besorgt sein muß, vgl. Recht 1909, 1991; 1912, 2041; und der Unternehmer von Straßenbauarbeiten ist „Bestellter" der Gemeinde als der „Geschäftsherrin", wo es sich um Sicherungsmaßregeln handelt, zu deren Vornahme die Gemeinde selbst der Allgemeinheit gegenüber verpflichtet war, Recht 1912, 1788/9; vgl. 2041 (Bauleiter einer A.-G.).

Wer aber die selbständige Arbeit einem Handwerker oder Baumeister anvertraut, dessen Untüchtigkeit für die betreffende Verrichtung bekannt oder in Anwendung der im Verkehr erforderlichen Sorgfalt erkennbar war, der kann sich für einen durch den Bestellten zugefügten Schaden haftbar machen, zwar nicht nach § 831, aber nach § 823 BGB. Hier liegt jedoch die Beweislast anders. Der Kläger müßte dartun, daß dem Beklagten bei der Auswahl des Schädigers eine Fahrlässigkeit zur Last fällt und daß hierdurch der Schaden verursacht worden ist. Auch wo der Geschäftsführer bei Übertragung des Werks an einen Unternehmer eine zur Ausführung geeignete und zuverlässige Person gewählt hat, kann trotz § 831 wegen der schädlichen Wirkung des Werks eine Haftbarkeit des Geschäftsherrn begründet sein. So wurde bei der großen Bedeutung eines Eisenbahndamms für die Verkehrssicherheit die Pflicht des Geschäftsherrn, für die gefahrlose Durchführung des übertragenen Werks selbst zu sorgen, bejaht und der Besteller für das Rutschen des Dammes nach § 823 haftbar gemacht, Recht 1909, 1878; LZ. 676. Andererseits wurde bei Kanalisationsarbeiten einer kleinen Stadtgemeinde dem Vorbehalt der Oberleitung und Kontrolle noch nicht die Folge beigemessen, daß die Stadt auch die Ausführung der Arbeit durch einen besonderen Beamten in technischer Hinsicht zu leiten habe, JW. 1910, 11. Wenn jedoch ein Angestellter der Leitung eines anderen untersteht, aber ohne Wissen des letzteren Angestellten durch unbefugte und eigenmächtige Handlungen Schaden zufügt, ist der Geschäftsherr durch die Sorgfalt bei der Auswahl und Leitung des übergeordneten Angestellten nicht gedeckt, JW. 1911, 17.

## 2.

„In Ausführung der Verrichtung" ist die schädigende Handlung nicht schon dann erfolgt, wenn sie durch die Verrichtung „veranlaßt" oder „bei Gelegenheit" der Verrichtung vorgenommen ist. Vielmehr muß die schädigende Handlung oder die pflichtwidrige Unterlassung (JW. 1910, 333) mit der Verrichtung in einem inneren Zusammenhange stehen; sie muß nicht eine Maßnahme darstellen, welche selbst Ausführung der Verrichtung ist, nicht gerade in den Kreis der aufgetragenen Verrichtungen selbst fallen; aber sie muß ihrer Art nach mit der Verrichtung, wie sie aufgetragen ist, in adäquatem ursächlichen Zusammenhange stehen. Ob das der Fall ist, muß nach der äußeren Erscheinung der Handlung objektiv beurteilt werden, JW. 1910, 652. So erfolgt eine Schadenszufügung in Ausführung der Verrichtung, wenn ein Kutscher, Wagenführer oder Zugführer jemanden überfährt oder der mit einer auswärtigen Besorgung betraute Lehrling oder Gehilfe, der sich dabei eines Fahrrads oder Motorrads bedient, damit einen Schaden zufügt, nicht, wenn der Lehrling bei dem Kunden etwas stiehlt, JW. 1906, 377; 1907, 16; 1909, 358; 1910, 333, 652; Gruchots Beitr. 51, 607; 53, 924. Vgl. Feder S. 97/8 und Oertmann Anm. 2b im Gegensatz zu Fischer S. 82. Innerer (adäquater) Zusammenhang der Schadenszufügung mit der Verrichtung liegt auch vor, wenn der Prokurist einer Bank dem Kunden schuldhaft unrichtige Auskunft über die Kreditwürdigkeit eines anderen erteilt. Die Auskunftserteilung braucht kein Geschäftszweig der Bank zu sein. Es genügt, wenn sie übungsgemäß entgegenkommende Auskunft erteilt; SeuffA. 67, 79. Eine Befugnis zu der schadenbringenden Handlung braucht nicht vorzuliegen. In Ausübung der zustehenden Verrichtungen sind auch Wertpapiere unterschlagen, die der Sparkassenrendant „in Ausnützung" seiner Stellung veruntreut, Recht 1912, 540 = JW. 283. Ob der Täter zutreffend oder irrtümlich angenommen hat, er handle in Ausführung der ihm übertragenen Verrichtung, ist belanglos, JW. 1910, 652. Eine unbestimmte Abgrenzung des Geschäftskreises mehrerer Angestellter muß auf Kosten des Geschäftsherrn gehen, Recht 1912, 2539.

3.

Auch die Widerrechtlichkeit muß nur objektiv gegeben sein, vgl. § 12d. Ein Verschulden des Bestellten ist, wie § 840 Abs. 2 ergibt, nicht erforderlich. Die Haftung aus § 831 BGB. gründet sich nicht auf ein Verschulden der zu einer Verrichtung bestellten Person, sondern auf ein vom Gesetze vermutetes Verschulden des Geschäftsherrn; sie wird infolgedessen auch nicht dadurch ausgeschlossen, daß ein Verschulden des Bestellten nicht vorliegt, RG. 50, 65; 70, 76; JW. 1903 Beil. 12, 132; 1911, 979; ROLG. 18, 79. Vgl. jedoch Ziff. 4. Unzurechnungsfähigkeit der Hilfsperson (§§ 827/8) berührt die Haftung des Geschäftsherrn nicht. Die Anwendung des § 831 ist sogar in der Regel, wenn auch nicht grundsätzlich, dann ausgeschlossen, wenn die Handlung der Hilfsperson erst durch die subjektive, schuldhafte Willensrichtung überhaupt rechtswidrig wird (RG.

Warn. 1909, 462, 484 und Sörgel 1909 Nr. 1 zu § 831).[1]) Da eine Handlung, die nur gegen die guten Sitten verstößt, wie die vorsätzliche Schadenszufügung im Sinne des § 826, richtiger Ansicht nach um deswillen noch nicht rechtswidrig ist, wird man eine Haftung des Geschäftsherrn für Handlungen des Bestellten, die nur im Sinne des § 826 unerlaubt sind, schon aus diesem Grunde ablehnen müssen. Nun ist freilich in § 831 im Gegensatz zu § 31 BGB. nicht von einer „zum Schadensersatz verpflichtenden", auch nicht von einer „unerlaubten", sondern nur von einer widerrechtlichen Handlung (Schadenszufügung) die Rede (RG. 61, 207; 63, 146 vgl. mit 73, 433, Mot. 1, 228 unten 3). Aber eine Einschränkung in Ansehung der verletzten Rechtsgüter, wie in §§ 823 Abs. 1, 933 ist in § 831 BGB. nicht enthalten. Grundsätzlich würde daher z. B. auch der von dem Angestellten verübte Betrug eine widerrechtliche Schadenszufügung im Sinne des § 831 enthalten können. Nach den neueren Entscheidungen des RG. gilt grundsätzlich das gleiche auch von vorsätzlichen sittenwidrigen Beschädigungen im Sinne des § 826; LZ. 1911, 548; JW. 1911, 584; Recht 2563; 1912, 3198. Entscheidend ist hiernach lediglich, ob der Schaden noch in Ausführung der übertragenen Verrichtung herbeigeführt ist. Ist aber die unerlaubte Handlung des Angestellten eine vorsätzliche oder, wie bei § 826, gerade nur wegen des Vorsatzes unerlaubt, so wird es regelmäßig an dem ursächlichen Zusammenhang zwischen der Bestellung und der Schadenszufügung fehlen, oder es wird der hierauf bezügliche Entlastungsbeweis des Geschäftsherrn, daß der Schaden auch bei sorgfältiger Auswahl eingetreten wäre, meist unschwer zu erbringen sein.

Ist es auch nicht richtig, daß eine dazwischentretende vorsätzliche Handlung eines Zurechnungsfähigen den ursächlichen Zusammenhang stets „unterbricht", so fehlt in solchen Fällen, wie oben § 3e Ziff. 5 erwähnt, regelmäßig der adäquate Zu-

[1]) Bei dem übereinstimmenden Wortlaut der §§ 832 und 831 in der hier fraglichen Richtung und der Stellung dieser Vorschriften könnte man zu der Annahme gelangen, auch die Haftung nach § 831 setze voraus, daß eines der in § 823 Abs. 1 bezeichneten Lebensgüter oder das Eigentum oder ein sonstiges Recht eines Dritten verletzt sei, RG. 50, 65; 53, 314; widerrechtliche Schadenszufügung im Sinne von §§ 831 und 832 sei eine solche im Umfange des § 823 Abs. 1. Die Art der objektiven Schadenszufügung werde weiter eingeschränkt in § 833. Eine Handlung, die e r st vermöge des Vorsatzes des Gehilfen widerrechtlich werde, falle nicht unter § 831 BGB.

sammenhang mit der vorangegangenen Handlung des anderen, hier der unsorgfältigen Auswahl des Geschäftsherrn. Vorsätzliche Schadenszufügungen, besondere Boshaftigkeit, kann nicht erwartet werden. Wurde nur eine gewisse Nachlässigkeit oder Unzuverlässigkeit des Angestellten bei der Auswahl übersehen und hat dieser Angestellte nachher einem anderen vorsätzlich Schaden zugefügt, so wird der Fall meist (nicht immer) so liegen, wie § 831 Abs. 1 Satz 2 a. E. es voraussetzt, daß nämlich derselbe Schaden auch entstanden sein würde — es handelt sich stets um eine nur gedachte Möglichkeit —, wenn der Geschäftsherr bei der Auswahl die im Verkehr erforderliche Sorgfalt beobachtet hätte und eine Person angestellt hätte, welche nicht mit einer so geringfügigen Nachlässigkeit oder Unzuverlässigkeit behaftet war. In der Entscheidung RG. 73, 433 (vgl. hier Ziff. 1) ist aber hervorgehoben, daß ein derartiger Entlastungsbeweis gar nicht angetreten war.

Deshalb erscheint es auch bedenklich, ohne weiteres einen Verkäufer für eine wissentlich unwahre Auskunft der von ihm mit einer Vertragsvermittelung beauftragten Person nach § 831 haften zu lassen (anders natürlich, wenn sie den Vertrag als Vertreter schloß, RG. 76, 107, dann ist der Vertrag wegen des Betrugs auch dem Vertretenen gegenüber gemäß § 123 BGB. anfechtbar); und, ob das im gegebenen Falle mit Recht geschehen ist, wird auch in RG. 71, 217 nicht ausgesprochen. Vgl. RGRKomm. Anm. 4; JW. 1911, 584.[1]) Liegt ein Verschulden des Bestellten vor, so kann auch er, sofern die übrigen Voraussetzungen dazu gegeben sind, nach §§ 823 ff. verantwort-

[1]) In dem Urteil vom 7. Juni 1909 (Warneyer Nr. 484) hat der VI. Senat des Reichsgerichts die Anwendbarkeit des § 831 für ausgeschlossen erklärt, wenn das Handeln des Angestellten erst durch die subjektive Willensrichtung überhaupt rechtswidrig wird, wie bei § 826 und § 823 Abs. 2 BGB. in Verbindung mit § 263 StGB. In der Entscheidung vom 12. April 1911, SeuffA. 67, 79 = JW. 1911, 584 hat der VI. Senat diese Ansicht aufgegeben und daran auch in der Entscheidung vom 26. Sept. 1912, Recht 3198, festgehalten. Die Ersatzpflicht nach § 831 findet hiernach zwar darin ihre Grenze, daß der Geschäftsherr nicht für schuldhafte Vermögensbeschädigungen durch einen Angestellten haftet, für die er, wenn er sie selbst begangen hätte, nicht haften würde, weil eben das BGB. keine allgemeine Haftung für schuldhafte Vermögensbeschädigungen kennt. Im übrigen unterscheidet § 831 nicht. Auch eine vorsätzliche oder arglistige Handlung des Angestellten kann, wenn der Geschäftsherr auch nicht gerade den Auftrag dazu gegeben hat oder die Handlung in seiner Willensrichtung liegt, noch im Rahmen der dem Bestellten übertragenen Verrichtungen liegen. Es muß aber hier besonders

lich sein. Er haftet dann mit dem Geschäftsherrn als Gesamtschuldner, im inneren Verhältnis zu diesem nach § 840 Abs. 2 allein.

4.

Ursächlicher Zusammenhang im Sinne adäquater Verursachung muß bestehen zwischen der von dem Geschäftsherrn veranlaßten Verrichtung und der schädigenden Handlung sowie zwischen dieser und dem Einbruch in die fremde Rechtssphäre, damit auch regelmäßig zwischen der Verrichtung und dem Schaden. Der ursächliche Zusammenhang zwischen der Bestellung und der schädigenden Handlung wird vom Gesetz vermutet. Die Vermutung ist jedoch widerlegbar. Der Geschäftsherr hat zu beweisen, daß sie nicht zutrifft, indem er dartut, daß der Schaden auch bei Anwendung der erforderlichen Sorgfalt seinerseits entstanden sein würde. Dieser Entlastungsbeweis kann dahin geführt werden, daß der schädliche Erfolg auch eingetreten wäre, wenn der Geschäftsherr eine zuverlässige Person beauftragt hätte, oder, daß der Geschäftsherr auch bei Anwendung aller Sorgfalt die betreffende Person bestellt haben würde, z. B. wegen ihrer Zeugnisse oder der über sie erhaltenen Auskunft, oder daß die Mittelsperson, die den anderen bestellt hat, ihrerseits zuverlässig und tüchtig, auch sorgfältig vorgegangen sei. Alle diese Beweise widerlegen den vermuteten ursächlichen Zusammenhang zwischen dem vermuteten Verschulden des Geschäftsherrn und der Schadenszufügung. Dieselbe Bedeutung hat aber auch der Beweis, daß die bestellte Person selbst ohne jedes Verschulden gehandelt hat (vgl. JW. 1911, 979), es sei denn, daß sie aus persönlichen Gründen (§§ 827/8) nicht verantwortlich gemacht werden kann.[1]) Daß der Schaden auch bei Anwendung der er-

untersucht werden, ob sie innerlich mit der Verrichtung zusammenhängt oder nur bei Gelegenheit dieser Verrichtung vorgenommen ist. Das erstere wurde in dem Fall bejaht, da der Prokurist einer Bank dem Kunden schuldhaft unrichtige Auskunft über die Kreditwürdigkeit eines anderen erteilt hatte. Die Auskunftserteilung brauchte kein Geschäftszweig der Bank gewesen sein. Es genügte, daß sie übungsgemäß entgegenkommende Auskunft erteilte. Vgl. oben Ziff. 2.

[1]) Trifft aber den Angestellten ein Verschulden, so entfällt die Haftung nicht deshalb, weil der Geschäftsherr, der bei der Auswahl nicht sorgfältig zu Werk gegangen ist, gerade das schadenbringende Verhalten des Angestellten nicht voraussehen konnte oder wenn die Fahrlässigkeit des Angestellten in einer anderen Richtung lag, als der von dem Geschäftsherrn übersehene Fehler. Der ursprüngliche Zusammenhang zwischen dem Verschulden des Geschäftsherrn bei der Auswahl und der Schadenszufügung durch den Angestellten wird vom Gesetze vermutet

forderlichen Sorgfalt durch den Geschäftsherrn eingetreten wäre, hebt den ursächlichen Zusammenhang nicht auf in dem Falle, wo nach Eintritt des Erfolgs ein Ereignis hinzutrat, das, ohne mit dem Verschulden, der Bestellung, in adäquatem ursächlichen Zusammenhang zu stehen, denselben Erfolg gleichfalls herbeigeführt hätte, Feder S. 104. Denn trotz der Ausdrucksweise des Gesetzes kommt es nicht darauf an, ob der Schaden auch bei Anwendung der erforderlichen Sorgfalt entstanden sein würde, sondern darauf, ob im Hinblick darauf der ursächliche Zusammenhang zwischen der Bestellung und dem Schaden nicht mehr besteht. Die Bestellung zu der Verrichtung braucht aber nicht conditio sine qua non des Schadens in dem Sinne zu sein, daß der Schaden nicht durch eine besondere Verkettung von Umständen auch ohnedies eingetreten wäre, vgl. oben § 3e, 1. Ist aber der Schaden nur vermöge einer unberechenbaren Verkettung von Umständen eingetreten, dann fehlt der adäquate Zusammenhang mit der Verrichtung, GruchotsBeitr. 53. 1018; Recht 1909, 61.

5. Die Beweislast.

Eines Verschuldens bedarf es nur auf seiten des Geschäftsherrn. Das Verschulden wird jedoch vermutet, RG. 30, 302.

Er kann immer auch dann vorhanden sein, wenn z. B. der Kutscher, welcher, abgesehen von einer dem Geschäftsherrn entgangenen Neigung zu Trunkenheit, bei der Einstellung in zutreffender Weise als einwandfrei geschildert wurde, im gegebenen Fall in völlig nüchternem Zustande ein Versehen beging. Widerlegt wird der objektive ursächliche Zusammenhang zwischen der (unvorsichtigen) Auswahl und dem Schaden nur durch den Nachweis, daß der Schaden auch bei aller Sorgfalt des Geschäftsherrn eingetreten wäre. Dieser Beweis kann aber aus dem Verhalten der Hilfsperson bei der Schadenszufügung nur erbracht werden, wenn diese von Fahrlässigkeit völlig frei ist. Die Persönlichkeit der Hilfsperson in der Weise zu teilen, daß man dartut, den Geschäftsherrn treffe zwar hinsichtlich eines bestimmten Fehlers der Hilfsperson und ihrer Vereigenschaftung zu der Verrichtung ein Verschulden bei der Auswahl, dieser Fehler, z. B. die Neigung zu zeitweiliger Trunkenheit, sei jedoch bei der Schadenszufügung im gegebenen Falle nicht von Einfluß gewesen — wie Warschauer in DJZ. 1910, 1295 scharfsinnig ausführt, — geht nicht an, weil mangelhafte Befähigung und Vereigenschaftung zu einer Verrichtung, wenn sie in einer bestimmten Richtung gegeben ist, immer in adäquatem Zusammenhang stehen kann zu einer Untauglichkeit zu dieser Verrichtung überhaupt, wie sie im gegebenen Falle für den Schaden kausal war, und weil dieser adäquate Zusammenhang niemals wird widerlegt werden können. Die Gegenmeinung führt zu einer unzulässigen Ausdehnung der immerhin nur ausnahmsweise zugelassenen, aber ohnedies schon sehr leichten Entlastungsmöglichkeit.

Namentlich wird vermutet, daß der Geschäftsherr bei der Auswahl des anderen nicht die im Verkehr erforderliche Sorgfalt beobachtet habe. Der Geschäftsherr hat das Gegenteil zu beweisen. Ausgeschlossen ist ein Verschulden bei der Auswahl, wenn ihre Möglichkeit überhaupt fehlte, z. B. bei Annahme eines Kutschers auf Grund einer auf dem Bahnsteig entgegengenommenen Blechmarke (Feder S. 93), es sei denn, daß z. B. die Angetrunkenheit des Kutschers übersehen wurde. Der Mangel eines Verschuldens wird besonders leicht dann nachzuweisen sein, unter Umständen eines Nachweises gar nicht bedürfen, wenn im Verkehr die Vornahme einer Auswahl oder einer besonders sorgfältigen Auswahl nicht erfordert oder dem Geschäftsherrn nicht zugemutet wird.

Das kann der Fall sein bei besonderer Einfachheit der Verrichtung, zu welcher regelmäßig schon ein bestimmtes Alter oder ein gewisser Grad körperlicher Entwickelung genügt, ROLG. 9, 42; doch besitzt ein „auf dem Lande bei Pferden aufgewachsener Junge von 17 Jahren" nicht schon deshalb ohne weiteres die Befähigung zu selbständigen Fuhren schwierigerer Art; läßt er unterwegs Kinder auf die Deichsel des angekoppelten Wagens aufsitzen, so haftet der Dienstherr für den Schaden, Recht 1912, 419, 420; auch bei einfachen Verrichtungen muß jedoch die Zuverlässigkeit des Bestellten geprüft werden, Recht 1906, 936; so beim Streuen wegen Glatteises, Recht 1912, 2541. Andererseits wird eine Auswahl oder eine besonders sorgfältige Auswahl nicht gefordert werden können, wenn eine besondere Sachkunde für die Verrichtung erforderlich und für die Bestellung maßgebend ist und diese Sachkunde schon durch die berufliche oder amtliche Stellung z. B. eines Architekten, Rechtsanwalts (RG. 55, 329) oder Notars gewährleistet erscheint. So kann einem gemeinnützigen Verein, der zur Leitung einer von ihm betriebenen Heil- und Pflegeanstalt einen tüchtigen Spezialarzt angestellt hat, auch nicht eine Überwachung (§ 823) der ärztlichen Maßnahmen zugemutet werden, Recht 1912, 740. Das Maß der Sorgfalt aber, das der Geschäftsherr bei der Bestellung oder Auswahl anzuwenden hat, richtet sich wesentlich nach der Art der Verrichtung, Recht 1912, 1473; je größer die Gefahr

[1]) Mit Recht wird über die Leichtigkeit des Entlastungsbeweises und die große Tragweite des § 831 Klage geführt. Nach Grünebaum, LZ. 1912, 130, führt er in $^9/_{10}$ aller Fälle zu einer Rechtsverweigerung für den Verletzten. Nicht mit Unrecht sieht er in § 831 BGB. ein Palladium für die Haftpflicht-Versicherungsgesellschaften und eine Begünstigung der Großbetriebe.

desto sorgfältiger muß umgekehrt die Auswahl sein, desto größere Anforderungen müssen an den zu erbringenden Entlastungsbeweis gestellt werden, Recht 1911, 3651.

Der Geschäftsherr muß bestimmte Tatsachen anführen, die ihn veranlaßten, die Zuverlässigkeit der bestellten Person anzunehmen, Recht 1911, 3651; auch der Entlastungsbeweis muß sich auf bestimmte Tatsachen richten, aus denen entweder die Tüchtigkeit des Bestellten zu der bestimmten Verrichtung oder wenigstens die Gewissenhaftigkeit und Überlegung des Geschäftsherrn bei dessen Bestellung erhellt, RG. 59, 203; JW. 1904, 361; 1906, 199, 706; 1907, 16; GruchotsBeitr. 51, 600. Für den Entlastungsbeweis ist der Zeitpunkt maßgebend, zu welchem der Bestellte den Schaden zugefügt hat. In diesem Zeitpunkte muß er noch die erforderlichen Fähigkeiten besessen haben, RG. 53, 53; JW. 1906, 196; 1910, 287; 1912, 195, 240. Das muß auch bei Angestellten des Staats gelten, denen gegenüber eine dienstpolizeiliche Ahndung möglich ist, JW. 1912, 638 (z. B. bei Kanallotsen des Kaiser Wilhelm-Kanals); RG. 79, 101. Zunächst wird jedoch der Beweispflicht genügt, wenn der Geschäftsherr dartut, daß er in dem Zeitpunkte der früheren Bestellung durch Einsichtsnahme schriftlicher Zeugnisse und Erkundigungen die erforderliche Sorgfalt beobachtet hat, Gruchots-Beitr. 51, 600. Der Entlastungsbeweis wird entkräftet durch den Beweis des Beschädigten, daß vor der Auftragserteilung zu der Verrichtung Pflichtwidrigkeiten des Angestellten vorgekommen sind und davon dem Geschäftsherrn in glaubwürdiger Weise Mitteilung gemacht worden ist. Dazu gehört, daß die Mitteilung mit Rücksicht auf die Person des Mitteilenden und deren Zuverlässigkeit oder wegen der ihr innewohnenden Genauigkeit den Geschäftsherrn zum Eingreifen veranlassen mußte, JW. 1911, 652; einem Kutscher muß er bei Verfehlungen die Verkehrspflichten einschärfen, JW. 1912, 240. Ist der Täter durch einen Betriebsleiter angestellt worden, so genügt schon der Nachweis, daß der Geschäftsherr bei der Auswahl des Betriebsleiters, dem die Anstellung oblag, die nötige Sorgfalt beachtet hat, Recht 1910, 3498. Bei Großbetrieben insbesondere und großen Verwaltungen, wo dem Geschäftsherrn die eigene Auswahl hinsichtlich der niederen Angestellten nicht möglich ist, genügt der Entlastungsbeweis hinsichtlich der Auswahl der höheren Angestellten, z. B. eines Inspektors, dem die Anstellung der Kutscher einer Omnibusgesellschaft obliegt. Der Geschäftsherr muß sich aber fortdauernd von der Brauchbarkeit der niederen Angestellten verlässigen. Inzwischen erfolgte Verfehlungen müssen zu einer Einschärfung der Verkehrspflichten Anlaß geben. Das gehört zu den allgemeinen Aufsichtsanordnungen. Sie sind auch bei Großbetrieben regelmäßig Aufgabe des Geschäftsherrn, bei Körperschaften des gesetzlichen Vertreters. Auf sie erstreckt sich der Entlastungsbeweis des Geschäftsherrn; JW. 1912, 240 = Recht 422—424; bei Großbetrieben und großen, insbesondere auch staatlichen, Verwaltungen muß der Geschäftsherr auch den Beweis führen, daß ihm Fehler des Angestellten ohne sein Verschulden entgangen sind, daß er also die dienlichsten Einrichtungen getroffen hat, um über Leistungen und Amtsführungen ständig unterrichtet zu werden; RG. 79, 101.

Behauptet und beweist der Beschädigte, daß der Geschäftsherr Vorrichtungen oder Gerätschaften zu beschaffen oder die Ausführung der Verrichtung zu leiten hatte, RG. 53, 56, 125, so ist es wieder Sache des Geschäftsherrn, darzutun, daß er bei der Beschaffung oder Leitung die im Verkehr erforderliche Sorgfalt beobachtet habe. Eine persönliche Tätigkeit des Geschäftsherrn wird auch in diesen Fällen nicht immer erforderlich, RG. 53, 124. Die Auswahl der Hilfsperson und die Beschaffung von Vorrichtungen und Gerätschaften erfordern unter Umständen eine dauernde Kontrolle ihrer Tauglichkeit, RG. 53, 57; JW. 1905, 529. Zurechnungsfähigkeit, §§ 827, 828 BGB., muß nur bei dem Geschäftsherrn vorhanden gewesen sein.

Besonders strenge Anforderungen an die Sorgfaltspflicht des Geschäftsherrn werden im Bau- und Transportgewerbe gestellt, weil diese, meist in der Öffentlichkeit ausgeübt, die größten Gefahren für das Publikum bringen und die Schädigenden meist niedrig gestellte, zahlungsunfähige Leute sind (Carlebach § 8). Von einem Droschkenkutscher wird nicht nur technische Fertigkeit und Nüchternheit, sondern auch Zuverlässigkeit, Besonnenheit und eine gewisse moralische Reife erfordert. Auch darauf muß sich die Erkundigung erstrecken. JW. 1904, 471; 1905, 287, 492 ff.; 1906, 199; 1907, 333; 1908, 402; Recht 1903, 2784; 1906, 936/7; ROLG. 18, 79; 20, 262; DJZ. 1906, 1206; 1908, 1175; 1909, 713; GruchotsBeitr. 51, 600, 1000. Eine Brauerei, die einen Bierführer anstellt, kann den Entlastungsbeweis nicht führen, wenn sie weiß, daß er von seinen Fahrten dann und wann betrunken nach Hause kam. Namentlich der lebhafte Verkehr einer Großstadt erfordert Nüchternheit der Wagenführer. Die Brauerei kann sich nicht damit entschuldigen, daß es der Beruf der Bierführer mit sich bringe, manchmal

Bier zu trinken, Recht 1910, 3344. Vgl. Recht 1909, 3557 (Von einem Lehrling gelenkter Metzgerwagen); 1909, 3362 (Wagen mit Bauholz). Strenge Anforderungen sind auch an die Auswahl der Kraftwagenführer zu stellen, SeuffA. 60, 7; Recht 1908, 2174. Bei dem Kraftwagenführer ist im allgemeinen die erforderliche Sorgfalt beachtet, wenn der Wagenbesitzer den Führer im Fahren und Handhaben des Wagens hat ausbilden lassen und der Führer die Prüfung vor einem zur Abnahme eines solchen amtlich bestellten Ingenieur abgelegt hat, auch als Ergebnis der Prüfung völlige Vertrautheit mit Kraftfahrzeugen bescheinigt ist, JW. 1908, 405; 1910, 105; Recht 1909, 2260, 2659, 3076; DJZ. 1909, 272. Bei Einstellung eines Kraftwagenführers ist außer schriftlichem Dienstzeugnis grundsätzlich unmittelbare Erkundigung bei dem früheren Dienstherrn erforderlich, ROLG. 20, 261. Vgl. § 7 AutG. vom 3. Mai 1909; auch Recht 1912, 56. In Ansehung eines Motorwagenführers ist der Entlastungsbeweis als mißlungen anzusehen, wenn der Betriebsunternehmer ihn trotz wiederholter unaufgeklärter Unfälle nicht wenigstens besonders überwachen läßt, Recht 1912, 58.

Aus der sehr reichhaltigen Rechtsprechung sind folgende Grundsätze hervorzuheben: Ungeeignetes Verhalten der zur Verrichtung bestellten Person schließt nicht aus, daß bei der Auswahl die erforderliche Sorgfalt beobachtet wurde, JW. 1904, 361; RG. 53, 56; 59, 203; JW. 1905, 340. Genaue Bezeichnung des Angestellten, der den Schaden zugefügt hat, z. B. eines Straßenbahnschaffners, ist nicht unbedingt erforderlich, JW. 1909, 277 = DJZ. 658 = RG. 70, 379, ebensowenig die Benennung eines bestimmten Eisenbahnbetriebsbeamten bei einem durch starken Stoß bei der Einfahrt herbeigeführten Schaden, wo im übrigen die Voraussetzungen des § 831 gegeben sind, JW. 1909, 483. Ob der Geschäftsherr die Ausführung zu leiten hatte, bestimmt die Verkehrsanschauung, JW. 1902 Beil. 256, 1907, 664; RG. 53, 125. Eine Aufsichtspflicht wird durch § 831 nicht eingeführt, ob eine solche besteht, entscheidet die Anschauung des Verkehrs; die Verletzung der Aufsichtspflicht hat der Kläger zu beweisen, RG. 53, 281 ff.; JW. 1903 Beil. 9, 118; Recht 1904, 902; 1905, 575, 1855; ROLG. 4, 57, 284; vgl. ferner: JW. 1906, 807 = RG. 64, 231 = DJZ. 1907, 129 (Arzt im städtischen Krankenhaus); JW. 1906, 547 (Betriebsleiter einer Fabrik, Ruhen des Betriebs); DJZ. 1907, 1023; JW. 1911, 487 (Krümperwagen); JW. 1906, 113; Recht 1909, 1991;

1912, 2041 (Maurerpolier); JW. 1906, 427 (Gymnasiumsdirektor und Schuldiener); JW. 1906, 163 (Maßnahmen der Militärbehörde am Truppenübungsplatz); JW. 1906, 377 (Wagenführer einer Straßenbahn); DJZ. 1908, 1378 (Haftpflicht der Revisionsverbände); SeuffA. 63, 63; JW. 1907, 674 (Schieferdeckermeister); JW. 1912, 296 („Dritter" im Sinne des § 831 kann auch ein solcher sein, der selbst in Ausführung einer Verrichtung für denselben Geschäftsherrn tätig war).

Auf dem Gebiete des Patentrechts, Gebrauchsmusterschutzrechts und Warenzeichenrechts, wo die Schadensersatzpflicht nur eintreten soll, wenn eine wissentliche oder grobfahrlässige Verletzung vorliegt, kann § 831 BGB. nicht zur Anwendung kommen, RG. 70, 74; DJZ. 1909, 377; JW. 136; LZ. 234, vgl. Düringer ebenda. Wegen unlauteren Wettbewerbs wird nunmehr für Angestellte nach §§ 13 Abs. 3, 14 Abs. 3, 15 Abs. 2 und 16 Abs. 4 UnlWG. gehaftet. Eine Anwendung des § 831 auf die Ersatzpflicht für Aufwendungen nach § 136 GUVG., jetzt §§ 903, 904, 1042 RVO., mit der Maßgabe, daß Betriebsunternehmer auch bei einer vorsätzlichen oder fahrlässigen Herbeiführung des Unfalls durch einen Angestellten für die Aufwendungen der Genossenschaft, Krankenkasse usw. haften würde, ist, wie die Sondervorschriften in § 136 Abs. 2 GUVG., jetzt § 904 RVO. zeigen, ausgeschlossen, RG. 69, 340; JW. 1906, 403. Nach § 831 haften auch offene Handelsgesellschaften und Kommanditgesellschaften für Handlungen der geschäftsführenden und vertretungsberechtigten Gesellschafter, RG. 64, 77; dagegen hat für eine schuldhafte Handlung des gesetzlichen Vertreters einer natürlichen Person der Vertretene nur nach Maßgabe des § 278 BGB., nicht für Verschulden bei einem Vertragsschluß (culpa in contrahendo) einzustehen, RG. 61, 207.

Wegen der Haftung des Geschäftsherrn nach allgemeinen Grundsätzen, insbesondere nach § 823 BGB. (GruchotsBeitr. 54, 985; JW. 1910, 653) vgl. oben § 12c. Wegen der Haftung für den „Tierhüter" (§ 833 Satz 2 BGB.) vgl. § 19.

6.

Nach § 831 Abs. 2 trifft die gleiche Verantwortung denjenigen, welcher für den Geschäftsherrn die Besorgung eines der in Abs. 1 Satz 2 bezeichneten Geschäfte durch Vertrag übernommen hat. Hier ist Rechtsgültigkeit des Vertrags erforderlich. Für Schadenszufügung durch diese Mittelperson kann der

Geschäftsherr daneben haften. Liegen bei beiden die Voraussetzungen des § 831 Abs. 1 vor, so ist der Geschäftsherr mit dem anderen, z. B. dem Unterakkordanten, Werkführer, Polier, Betriebsleiter, nach § 840 als Gesamtschuldner haftbar.

7. Verhältnis zu anderen Vorschriften.

Der Geschäftsherr kann sich auch nach § 254 BGB. auf eigenes Verschulden des Geschädigten berufen. Der Entlastungsbeweis des Geschäftsherrn kann auch in der Weise geführt werden, daß den Beschädigten ein so überwiegendes Verschulden treffe, daß der Schaden als völlig auf diesem Verschulden beruhend anzusehen sei. Hat der Angestellte arglistig gehandelt, so haftet deshalb nicht auch der Geschäftsherr aus Arglist oder vermuteter Arglist. RG. 71, 217; JW. 1903 Beil. 92; 1904, 288. Eine Streitfrage ist, ob und inwieweit der Geschäftsherr, wenn er der Beschädigte ist, sich auch das Verschulden seiner Hilfspersonen anrechnen lassen muß. Hierwegen ist § 6 Ziff. 5 zu vergleichen.

Nach Art. 95 EG. BGB. ist in Ansehung des dem Landesrecht vorbehaltenen Gesinderechts eine die Haftung nach § 831 BGB. abändernde Regelung nicht zulässig. Einer vertragsmäßigen Erweiterung der Haftung steht nichts im Wege, JW. 1906, 353.

Für unerlaubte Handlungen verfassungsmäßiger Vertreter haftet die juristische Person unbedingt nach §§ 30, 31, 89 BGB., sofern die unerlaubte Handlung in Ausführung der dem Vertreter zustehenden privatrechtlichen Verrichtungen, nach Art. 77 EG. BGB. und den Landesgesetzen, sofern sie in Ausübung der ihm anvertrauten öffentlichen Gewalt begangen ist. Verfassungsmäßige Vertreter sind diejenigen, welche zu ihrer Tätigkeit innerhalb eines Geschäftsbereichs durch die Satzungen, bei öffentlichrechtlichen Körperschaften durch die grundlegenden Verwaltungsbestimmungen berufen sind; bloß zu einer Verrichtung bestellte Personen im Sinne des § 831 BGB. sind diejenigen, welche ihren Dienstauftrag nur von den erstgenannten ableiten. Die Anstellung selbst kann auch bei einem Vertreter auf einen anderen zuständigen Vertreter zurückgehen. RG. 53, 276; 54, 53; 55, 176; 62, 34; 68, 285; SeuffA. 49, 76; JW. 1903 Beil. 117, 132; 1904, 165; 1906, 8. Hiernach wurden z. B. in Preußen Kreisbaumeister, Stadtbaumeister, Stadtingenieure, ein städtischer Markthalleninspektor, ein Oberförster als verfassungsmäßige Vertreter, ein Leutnant in der Militärverwaltung, ein Stations=

vorsteher, ein Bahnmeister, das Zugpersonal, ein Postassistent, der Hausmeister eines Postgebäudes, ein Schuldiener als zu Verrichtungen bestellte Personen im Sinne des § 831 BGB. angesehen, vgl. RGRKomm. § 831 Anm. 2; oben § 5, I. Auf nicht rechtsfähige Vereine findet § 31 überhaupt nicht, sondern nur § 831 Anwendung, vgl. § 54 BGB. Die Mitglieder des Vorstands eines nicht rechtsfähigen Vereins sind von sämtlichen Vereinsmitgliedern generell zu den Verrichtungen bestellt, die in ihren Geschäftskreis fallen, Recht 1912, 421.

Um das Verhältnis zu § 278 BGB. klarzustellen, bedarf es des Eingehens auf diese Bestimmung. Nach § 278 hat der Schuldner ein Verschulden seines gesetzlichen Vertreters und der Personen, deren er sich zur Erfüllung seiner Verbindlichkeit bedient, in gleichem Umfange zu vertreten, wie eigenes Verschulden. Hauptsächlich kommen Verbindlichkeiten aus Verträgen in Betracht, aber § 278 BGB. beschränkt sich nicht auf vertragliches Verschulden. Öffentlichrechtliche Verhältnisse, §§ 89, 31 BGB., Art. 77 EG., gehören zwar nicht hierher, dagegen gilt § 278 gleichmäßig bei Verbindlichkeiten aus Verträgen und vertragsähnlichen Verhältnissen, z. B. §§ 809, 812 BGB. Selbst die Erfüllung einer Schuld aus unerlaubter Handlung fällt unter § 278. Nur die Erfüllung eines bestehenden Schuldverhältnisses wird vorausgesetzt, JW. 1906, 111, 193, dagegen fällt nicht unter § 278 ein Verschulden, welches seinerseits erst den Tatbestand einer unerlaubten Handlung begründet. Zur Erfüllung einer Verbindlichkeit bedient sich der Schuldner eines anderen nicht nur dann, wenn es sich gerade um die einklagbare Leistung handelt, sondern allgemein, wenn die Erfüllung der aus dem Schuldverhältnisse sich ergebenden Verpflichtungen oder die Ausübung der kraft des Schuldverhältnisses zustehenden Befugnisse in Frage steht, vgl. gegen Nußbaum 54—63, Feder 43 ff., ROLG. 18, 10; DJZ. 1907, 283, 655, 481 (Haftung des Mieters für Beschädigungen beim Umzug, des Theaterinhabers für Zugänge). Dagegen macht das Verschulden eines Gehilfen bei Eingehung eines Schuldverhältnisses, soweit nicht rechtsgeschäftliche Vertretung vorliegt (§§ 164 ff.), nach § 278 BGB. ebensowenig haftbar, wie nach § 831, RG. 61, 207. Einerseits genügt es nicht, wenn der Gehilfe zwar zu der Erfüllung zugezogen wird, aber sich an derselben überhaupt nicht beteiligt. Andererseits ist es nicht erforderlich, daß die schuldhafte Handlung gerade am Gegenstande der Leistung erfolge. Innerhalb dieser Grenzen vertreten J. Rümelin, Feder und Karl

Fischer die „uneingeschränkte Haftung" des Schuldners für Hilfspersonen nach § 278. Der Schuldner soll für jede bei Gelegenheit der Erfüllung begangene schädigende Handlung der Hilfspersonen haften, weil §§ 31, 831 BGB. die Haftung auf die „in Ausführung der ihm zustehenden Verrichtungen" begangenen Handlungen beschränkten, weil die Beweisführung aus §§ 275, 280 BGB., wonach nur für schuldhafte Handlungen gehaftet werde, durch welche gerade die geschuldete Leistung ganz oder teilweise unmöglich werde, zu unerwünschten Ergebnissen führe, und weil die „uneingeschränkte Haftung" der Volksüberzeugung entspreche und eine scharfe Abgrenzung ermögliche. Das sei die Haftung bis zu derjenigen Schädigung, welche durch die Erfüllung im Sinne eines adäquaten Zusammenhangs verursacht wird. Dabei wird jedoch zu berücksichtigen sein, daß der Schuldner ein Verschulden der Gehilfen bei der Erfüllung nur in gleichem Maße vertreten soll wie eigenes Verschulden. Bezieht sich das auch zunächst auf die verschiedenen Verschuldungsgrade — leichte, konkrete, grobe Fahrlässigkeit, Vorsatz, JW. 1907, 100 —, so besagt die Bestimmung doch mit gleicher Deutlichkeit, daß der Schuldner nur für ein solches Verschulden der Hilfspersonen haftet, für das er selbst, wenn es ihm zur Last fiele, und zwar aus dem bestehenden Schuldverhältnisse — nicht aus einem eben durch dieses Verschulden erst zu begründenden Schuldverhältnisse — gleichfalls haften würde. Der Uhrmacher, der nicht den Lehrling schickt, sondern selbst zu dem Kunden kommt, die Uhr aufzuziehen, und im Hause des Letzteren einen Überzieher stiehlt, haftet hierwegen nicht aus dem Werkvertrag. Ebensowenig kann hieraus der Schuldner nach § 278 BGB. haften, wenn der Diebstahl von der Hilfsperson begangen wird, vgl. LZ. 1910, 927.

Über die Tragweite der „uneingeschränkten Haftung" sind ihre Vertreter selbst nicht einig. Während Feder S. 66 in dem von Merkel S. 67 an den Pranger gestellten Beispiele aus der französischen Rechtsprechung die Entscheidung, welche den Gutsbesitzer, der ein Mädchen an der Bahn abholen ließ, dafür haften ließ, daß der Kutscher dasselbe unterwegs vergewaltigte, von seinem Standpunkt aus auch nach § 278 BGB. billigt, lehnt Fischer S. 36 diese Folge mit einer dem Gebiete seiner Abhandlung fremden Erwägung ab, indem er irrigerweise den ursächlichen Zusammenhang zwischen der Zuziehung und dem Verschulden der Hilfsperson sowie dem Schaden verneint. Nach der weitaus herrschenden Ansicht, vgl. Örtmann

Anm. 3b zu § 278 BGB., ist erforderlich ein innerer Zusammenhang der schädigenden Handlung der Hilfspersonen mit der Erfüllung des Schuldverhältnisses. Die schuldhafte Handlung muß ihrer Art nach mit der Erfüllung in adäquatem Zusammenhang stehen. Das kann auch der Fall sein, wenn nicht gerade der Gegenstand der Leistung beschädigt ist. Z. B. der Lehrling, der die Uhr aufhängen soll, läßt sie fallen, so daß nicht nur die Uhr zerbricht, sondern auch Möbel und andere Einrichtungsgegenstände des Bestellers beschädigt werden, JW. 1909, 359; 1906, 460; 1907, 741.

Gemeinsam mit dem § 278 ist dem § 831 BGB. die Bestellung zu einer Verrichtung und die Schädigung in Ausführung dieser Verrichtung. Diese Person, deren sich der Schuldner zur Erfüllung bedient, ist stets zu einer Verrichtung bestellt, wenn sie zum Zwecke der Erfüllung tätig wird. Dagegen erfolgt die Schädigung in Ausführung einer aufgetragenen Verrichtung keineswegs immer im Zusammenhang mit der Erfüllung einer Schuld gegenüber dem Geschädigten, selbst wenn er der Gläubiger ist. Während § 278 ein bestehendes Schuldverhältnis und ein Verschulden der Hilfsperson voraussetzt, ein solches des Schuldners aber nicht erfordert, verlangt § 831 nur ein — vermutetes und durch Gegenbeweis entkräftbares — Verschulden des Geschäftsführers, aber kein Verschulden des Gehilfen. Die beiden Bestimmungen stehen hiernach weder im Verhältnis der Subordination, noch der Koordination (Korrelation), sondern der Interferenz (Feder 90), wie zwei sich schneidende Kreise. Eine Konkurrenz ihrer Anwendung, wenn der Tatbestand die Voraussetzungen beider erfüllt, ist nicht ausgeschlossen. Freilich kann nicht der Gläubiger, wenn nur die Voraussetzungen des § 278 BGB. vorliegen, um die erweiterte Haftung aus §§ 842 ff. BGB. geltend zu machen, gegen den Schuldner als Geschäftsherrn nach § 831 BGB. klagen. So wird der Barbier, dessen Lehrling den Kunden beim Rasieren verletzt, nach § 278, nicht nach §§ 831, 847 BGB. haften. Die Verletzung steht mit der Vertragserfüllung in innerem adäquatem Zusammenhang. Selbst wenn den Dienstherrn ein Verschulden bei der Auswahl träfe, so würde der Schaden doch immer nur auf einer Gefährdung der künftigen Vertragsgegner, auf einem vertraglichen Verschulden beruhen. Würde es dagegen dem Lehrling des Uhrmachers an der nötigen Körperkraft fehlen, die Uhr bei dem Kunden aufzuhängen, und würde durch die herabfallende Uhr auch ein Angehöriger des Bestellers oder der Besteller selbst, der zufällig in der Nähe stünde, verletzt, oder auch ein zu Besuch weilender Dritter, so würde bei diesem wie bei jenen eine Verletzung vorliegen, für welche durch das Schuldverhältnis eine innere Wahrscheinlichkeit nicht mehr begründet ist, und die mit der Erfüllung des Werkvertrags nicht in adäquatem Zusammenhang steht. Vgl. JW. 1907, 100 = DJZ. 298; JW. 1906, 377; DJZ. 1906, 1262. Und der Lehrling des Uhrmachers, nicht aber der des Barbiers, verwirklichte eine nicht auf die Vertragsgegner beschränkte Gefahr, vgl. Fromherz, ArchZPr. 108, 435.

Die Grenzziehung, ob eine Schadenszufügung im inneren Zusammenhang mit der Erfüllung eines bestehenden Schuldverhältnisses steht, oder ob nur ein Schaden vorliegt, welcher von einer Hilfsperson in Ausführung der übertragenen Verrichtungen zugefügt ist, mag in einzelnen Fällen nicht ganz leicht sein. Vgl. DJZ. 1906, 1262 (Von einer Stadtgemeinde veranstaltetes Feuerwerk); RG. 59, 22; Bodenheim, DJZ. 1905, 1003; Fromherz, DJZ. 1906, 539 (Verletzung durch Verschulden des Bühnenkünstlers); DJZ. 1907, 283, 655 (Haftung des Mieters für Beschädigung der Wohnung beim Umzug durch Angestellte des Spediteurs); DJZ. 1910, 974 und zutreffend, wenn auch ungenau, Schlotter, LZ. 1912, 202 (Haftung für den zur Abholung von geschuldeten Geldzahlungen bei der Bank längere Zeit benützten, aber wegen Unzuverlässigkeit entlassenen, Gehilfen; Zusammenhang der Schadenszufügung mit der „Geschäftsverbindung"; oder für den Buchhalter, der nicht angenommene Akzepte, mit deren Rücksendung er beauftragt ist, mit dem falschen Giro des Prinzipals versieht, unterschlägt und von dem Akzeptanten einzieht).

Ist der bezeichnete Zusammenhang mit der Erfüllung einer Schuld gegeben, so bestimmen sich der erforderliche Verschuldungsgrad, der Umfang der Haftung und die Verjährungsfrist nur nach den einschlägigen Vorschriften über das Schuldverhältnis. Auch eine Deliktshaftung, welche auf die für das einschlägige Vertragsverhältnis maßgebenden Verschuldungsgrade — §§ 521, 599, 680, 690, 708, 968 BGB. — beschränkt war, könnte nicht eintreten. Fehlt der innere Zusammenhang mit einem Schuldverhältnis oder ist er nur ein äußerlicher (vgl. Schl. Holst. Anz. 1909, 14), so tritt die Haftung aus § 831 BGB. ein.

Ist der innere Zusammenhang mit einem Schuldverhältnis zwar gegeben, erstreckt sich aber die gesetzte Gefahr geradeso auf dritte, zu dem Geschäftsherrn in keinem Schuldverhältnis stehende Personen, hat sich mithin eine allgemeine, nicht auf Vertragsgegner beschränkte Gefahr verwirklicht — z. B. es erfolgt durch die Unaufmerksamkeit des Wagenführers einer Straßenbahn ein Zusammenstoß, bei dem sowohl Fahrgäste als Dritte zu Schaden kommen — so wird wiederum — wegen des einschlagenden Vertragsverhältnisses — kein Grund vorliegen, dem Vertragsgegner den, unter Umständen auch auf Schmerzensgeld nach § 847 BGB. gerichteten, Anspruch aus § 831 BGB. zu versagen, während ihm der Anspruch aus dem Schuldverhältnisse gemäß § 278 auch nach Ablauf der dreijährigen Verjährung nach § 852 noch zusteht.[1])

## § 18.

## Haftung des Aufsichtspflichtigen.

Wie der Geschäftsherr haftet aus vermutetem Verschulden der Aufsichtspflichtige. Auch hier wird der ursächliche Zusammenhang zwischen Verschulden und Schaden vermutet. Nach § 832 BGB. ist, wer kraft Gesetzes zur Führung der Aufsicht über eine Person verpflichtet ist, die wegen Minderjährigkeit oder wegen ihres geistigen oder körperlichen Zustandes der Beaufsichtigung bedarf, zum Ersatze des Schadens verpflichtet, den diese Person einem Dritten widerrechtlich zufügt. Auch § 832 enthält, wie § 831, eine Anwendung der Schuldprinzips, keine Ausnahme von demselben. Die Gefährdungshaftung macht sich geltend, indem das Verschulden des Aufsichtspflichtigen und der ursächliche Zusammenhang mit dem Schaden vermutet und die Beweislast umgekehrt wird: Die Ersatzpflicht tritt nicht ein, wenn der Aufsichtspflichtige seiner Pflicht genügt oder wenn der Schaden auch bei gehöriger Aufsichtsführung entstanden sein würde, RG. 50, 409.

I. Die Haftung ist beschränkt in Ansehung des Kreises der aufsichtsbedürftigen Personen: sie besteht nur in Ansehung der Minderjährigen und solcher Personen, die wegen ihres geistigen oder körperlichen Zustandes der Aufsicht bedürfen. Bei Minderjährigen ist das immer der Fall, RG. 50, 60; 52, 73, bei Volljährigen hat es der Beschädigte zu beweisen. Die Regelung ist erschöpfend und eine entsprechende Anwendung nicht zulässig, RG. 53, 312; 70, 48. Kraft Gesetzes aufsichtspflichtig über

[1]) Vgl. Fromherz, ArchZivPr. 108 (1912), 435: Beitrag zur Lehre von der Anspruchskonkurrenz.

Minderjährige ist der Elternteil, dem die Sorge für die Person zusteht, regelmäßig der Inhaber der elterlichen Gewalt, §§ 1626, 1627, 1631, 1684—86, 1699 ff., 1719, 1736, 1757, 1765 BGB., die Mutter hinsichtlich des Unehelichen, § 1707, ferner der Pfleger oder Vormund, §§ 1793, 1794, 1800, 1909, 1915 BGB. Nebeneinander aufsichtspflichtig sind die Eltern, § 1634, vgl. auch §§ 1676 Abs. 2, 1698 BGB. Keine Aufsichtspflicht besteht über die minderjährige Ehefrau, § 1633 BGB., Recht 1904, 2240. Nach GewO. §§ 127, 127a ist aufsichtspflichtig der Lehrherr über minderjährige Lehrlinge, auch ohne, daß sie in Kost und Pflege des Lehrherrn stehen, RG. 52, 73; JW. Beil. 265, nach HGB. § 76 wohl auch der Prinzipal über minderjährige Handlungslehrlinge. Kraft Landesgesetzes sind meist aufsichtspflichtig die Lehrer an Volks- und höheren Schulen (RG. 65, 290) und kann es sein die Dienstherrschaft über das minderjährige Gesinde. Im Verhältnis zwischen Lehrern und Eltern tritt nach Lage des Falles eine zeitliche Teilung in der Aufsichtspflicht ein, ROLG. 12, 114. Der Lehrer haftet als Aufsichtspflichtiger, wenn der Schaden im Unterricht oder bei einem unter seiner Leitung unternommenen Schulausflug (RG. 52, 74; DJZ. 1906, 544) oder bei einem Schulfeste zugefügt ist, RG. 65, 290. Wegen Aufsicht bei Bewegungsspielen siehe Recht 1911, 3814; JW. 1912, 36 = DJZ. 1911, 1559.

Eine gesetzliche Haftpflicht über Volljährige kommt für § 832 BGB. nur in Betracht, wenn der geistige oder körperliche Zustand die Beaufsichtigung nötig macht, z. B. nach §§ 1897, 1901, 1906, 1909, 1910, 1915 BGB., wenn der Zweck der Vormundschaft oder Pflegschaft eine Beaufsichtigung erfordert, nach landesgesetzlicher Vorschrift bei Ärzten und Vorstehern in öffentlichen Irrenanstalten. Nicht aufsichtspflichtig im Sinne des § 832 ist der Vorgesetzte hinsichtlich der untergebenen Personen des Soldatenstandes, der Ehemann hinsichtlich der geisteskranken Ehefrau, RG. 70, 48, oder der Leiter der Schule als solcher (Warn. 1908 Nr. 316). Bei ihnen kann jedoch Fahrlässigkeit und Haftbarkeit aus § 823 BGB. vorliegen.

Nach § 832 Abs. 2 trifft die gleiche Verantwortlichkeit denjenigen, welcher die Führung der Aufsicht durch Vertrag übernommen hat. Es ist ein rechtsgültiger Vertrag erforderlich im Gegensatz zu bloß tatsächlicher Übernahme der Aufsicht, JW. 1905, 202. Unter Umständen besteht Gesamthaftung nach Abs. 1 und 2 z. B. der Mutter und des Kinderfräuleins; auch des Aufsichtspflichtigen und des Täters, wenn er nach §§ 827/8

BGB. verantwortlich ist; im Falle des § 829 BGB. haftet der minderjährige oder geisteskranke Täter nur hilfsweise. Die Ausgleichung richtet sich nach dem bestehenden Vertragsverhältnis, §§ 426, 840, im Verhältnis zum Aufsichtspflichtigen ist der Täter, im Falle des § 829 aber der Aufsichtspflichtige allein haftbar. Selbstbeschädigung des Aufsichtsbedürftigen kann den Aufsichtspflichtigen unter Umständen nach § 823 BGB. haftbar machen.

II. Wie im Falle des § 831 genügt die gegenständliche (objektive) Widerrechtlichkeit der Schadenszufügung. Ein Verschulden des Aufsichtsbedürftigen ist nicht erforderlich, ebensowenig seine Deliktsfähigkeit, während eigene persönliche Unverantwortlichkeit dem Aufsichtspflichtigen zu statten kommt, RG. 50, 65; 53, 315. Widerrechtliche Schadenszufügung liegt nur vor, wenn eines der Lebensgüter oder Rechte im Sinne des § 823 Abs. 1 BGB. verletzt ist, RG. 50, 65; 53, 314.

III. Wegen des Entlastungsbeweises ist nach Lage des Einzelfalles zu entscheiden. Es muß geprüft werden, „was unter den vorliegenden Umständen verständige Eltern nach den vernünftigerweise an sie zu stellenden Anforderungen zur Erfüllung ihrer Aufsichtspflicht hätten tun müssen". Dabei dürfen aber auch die eigene wirtschaftliche Lage, die eigenen Geschäfte und Berufspflichten der Eltern nicht außer Acht gelassen werden, SeuffA. 57, 216; RG. 50, 64; 52, 69; DJZ. 1902, 175; JW. 1904, 202; 1905, 21. Die Art und Weise der Aufsicht staltet sich verschieden je nach Alter, Anlagen, Eigenschaften, kurz nach der Individualität des Minderjährigen: RG. 52, 73; SeuffA. 63, 114; JW. a. a. O. Zu ständiger Beaufsichtigung sind Eltern nicht verpflichtet. Nach den in Betracht kommenden ländlichen Verhältnissen ist es z. B. in SeuffA. 63, 114 für natürlich und allgemein gebräuchlich erklärt, daß Knaben im Alter von 11—12 Jahren einen großen Teil des Tages sich selbst überlassen sind und kann den Eltern eine weitergehende Beaufsichtigung, insbesondere auch der Spiele, nicht angesonnen werden. Ein Geschäftsreisender, der viel außer Hause ist, hat nach ROLG. 2, 458 im gegebenen Falle zweckmäßig gehandelt, wenn er nach dem Tode seiner Frau mit dem Kinde zu einer Tante zog und diese mit der Aufsicht betraute, zumal, wenn er gelegentlich zu Hause in der Lage ist, selbst miteinzugreifen und das bei vorgefallenen Ungezogenheiten auch getan hat. Eine zu Ausschreitungen neigende Vereigenschaftung muß den infolge seines Gewerbes (Fuhrmann) viel vom Hause abwesenden Vater zu strengerer Beaufsichtigung nur dann veranlassen, wenn ihm die Ungezogenheiten bekannt geworden sind, JW. 1905, 21. Für den Erfolg der Erziehung haben die Eltern nach § 832 nicht einzustehen. Erziehung und Aufsicht gehen ineinander über, sind aber zu scheiden. Für § 832 ist nur die Aufsichtspflicht und ihre Erfüllung im gegebenen Falle erheblich. Fortschritte in der Erziehung geben einen Maßstab für die erforderliche Beaufsichtigung. Insofern können auch in Betragen und Führung gute Schulzeugnisse von Gewicht sein. Der Nachweis guter Erziehung genügt, wenn nach Lage des Falles eine besondere Beaufsichtigung, d. h. eine Einwirkung auf gegenwärtige Willens- und Tätigkeitsakte im Augenblick der Schadenszufügung nicht möglich oder nicht zu verlangen war. Dagegen genügt nicht der Nachweis guter Erziehung, d. h. der Gewöhnung an rechtliches und sittliches Wollen für die Zukunft, wenn im Zeitpunkte der Schadenszufügung die mögliche gegenwärtige Einwirkung unterlassen worden ist. Es genügt nicht ein Verbot oder eine Warnung, wenn der Aufsichtspflichtige ihre Nichtbeachtung gewärtigen mußte. Recht 1902, 1141, vgl. RG. 52, 75; JW. 1905, 21 ff.; 1902 Beil. 220; GruchotsBeitr. 46, 949; Recht 1911, 3320. Die Beaufsichtigung von Spielen, die Zulässigkeit der Überlassung von Spielgeräten richtet sich nach ihrer Gefährlichkeit. Unter Umständen ist eine Belehrung erforderlich. Zur Überlassung von Schußwaffen muß außerdem verlangt werden, daß der Aufsichtspflichtige den Minderjährigen im ungefährlichen Gebrauch tatsächlich unterweist (JW. 1912, 539 = Recht 1176), daß er sich von der Besonnenheit des Minderjährigen und dem Geschick und Verständnis im Gebrauch überzeugt hat und daß er dafür sorgt, daß die Benützung ohne Übertretung polizeilicher Vorschriften (§ 367 Ziff. 8 StGB.) und nicht ohne die üblichen Vorsichtsmaßregeln geschieht, RG. 50, 60; 52, 69; JW. 1905, 21; Recht 1911, 3911; nach RG. 53, 314; 63, 328 sind die Vorschriften, durch welche den in § 832 BGB. bezeichneten Personen eine Aufsichtspflicht auferlegt wird, nicht als Schutzgesetze im Sinne von § 823 Abs. 2 zugunsten derjenigen anzusehen, die von den Aufsichtsbedürftigen beschädigt werden.

IV. Hat der Aufsichtsbedürftige den Schaden in Ausführung einer ihm von dem Aufsichtspflichtigen übertragenen Verrichtung zugefügt, so unterliegt dieser zugleich der Vermutung und Haftung nach § 831 BGB.

Was das Verhältnis zu § 254 BGB. (Mitverschulden des Beschädigten) betrifft, so ist folgendes zu unterscheiden:

1. dem Aufsichtspflichtigen, welcher den, einem Minderjährigen erwachsenen Schaden, zunächst selbst getragen hat und nun aus Geschäftsführung klagt, kann nicht entgegengehalten werden, der zu Schaden gekommene Minderjährige habe den Schaden dem dritten Haftpflichtigen durch seine Unachtsamkeit selbst zugefügt und darum hafte der Aufsichtspflichtige nach § 832 BGB. Der Minderjährige, welcher aus eigener Unvorsichtigkeit unter den Bahnzug kam und dabei selbst verletzt wurde, hat nicht ein Lebensgut oder ein Recht (im Sinne des § 823 Abs. 1 BGB.) des Dritten, hier des Bahnunternehmers verletzt. Ebensowenig kann dem Aufsichtspflichtigen entgegengehalten werden, er hafte für diesen Schaden nach § 823 Abs. 1 BGB., es sei denn, daß die Verletzung der familienrechtlichen Aufsichtspflicht ihm selbst als Fahrlässigkeit gegenüber dem Minderjährigen anzurechnen ist (§§ 840, 426 BGB.). Dann hat er keinen Anspruch insoweit, als er selbst den Schaden mittragen müßte, RG. 75, 251. Nach § 823 Abs. 2 haftet der Aufsichtspflichtige aber deshalb nicht, weil § 832 BGB. und die familienrechtlichen Vorschriften über die Aufsichtspflicht keine Schutzgesetze im Sinne dieser Bestimmung sind, RG. 53, 313.
2. Klagt der Aufsichtspflichtige als gesetzlicher Vertreter des zu Schaden gekommenen Minderjährigen, so kann ihm Verletzung der Aufsichtspflicht nach § 832 schon deshalb nicht entgegengehalten werden, weil er nicht in eigenem Namen klagt. Jedoch kann ihm der Streit verkündet werden. Dagegen müßte sich der vertretene Minderjährige die Haftung für den gesetzlichen Vertreter nach § 254 Abs. 2, 278 BGB. entgegenhalten lassen, soweit es sich um eine Schadenszufügung bei Erfüllung einer Verbindlichkeit des Minderjährigen oder bei einer Mitwirkung desselben bei einer Verbindlichkeit gegenüber dem Minderjährigen handelte. Außerdem kann, namentlich, wenn der Aufsichtspflichtige der gesetzliche Vertreter ist, eine entsprechende Anwendung des § 278 gemäß § 254 Abs. 2 Satz 2 in Betracht kommen, wenn der Aufsichtspflichtige nach Sachlage in dem ihm zugewiesenen Wirkungskreis für die Vermeidung oder Minderung eines Schadens, sei es nach Abs. 2 oder nach Abs. 1 des § 254, nicht besorgt war. Vgl. § 5 Ziff. 5.

3. Mitverschulden des Aufsichtsbedürftigen kann dem klagenden gesetzlichen Vertreter nach § 254 BGB. nur dann entgegengehalten werden, wenn der Minderjährige eines Verschuldens fähig ist, §§ 827/8 BGB. Vgl. § 5 Ziff. 1.
4. Dem beschädigten Aufsichtspflichtigen, welcher gegen einen Dritten auf Ersatz klagt, kann aus dem zu 1 genannten Grunde niemals eine eigene Haftung nach § 832, sondern nur nach § 254 Abs. 2 Satz 2 in entsprechender Anwendung des § 278 ein Verschulden des zu beaufsichtigenden Minderjährigen entgegengehalten werden. Das setzt die Deliktsfähigkeit des Minderjährigen voraus und außerdem müßte der Minderjährige, wenn auch nicht gerade bei Erfüllung einer Verbindlichkeit, im Kreise der ihm nach Sachlage obliegenden Verrichtungen unterlassen haben, eine Beschädigung des Klägers zu vermeiden oder zu mindern, § 254 Abs. 1 und 2. Vgl. § 6 Ziff. 5.

## § 19.

## Haftung des Tierhalters.

Die Haftung des Tierhalters beruht auf der allgemeinen Erwägung, daß derjenige, der in seiner Wirtschaft besonders gefährliche Gegenstände verwendet, den durch sie für andere erwachsenden Schaden als Kosten des Unternehmens tragen solle. Gehaltene Tiere bilden vermöge ihrer Fähigkeit zu selbständiger, oft besonders heftiger und starker, aber nur durch den tierischen Instinkt, nicht durch die Vernunft geleiteter, Bewegung und Kraftentfaltung eine besondere Gefahr für den Verkehr. Den Nutzen der Tiere hat der Tierhalter. Darum ist es angemessen, daß der Tierhalter grundsätzlich auf Grund der bloßen Gefährdung für den durch das Tier entstandenen Schaden einzustehen hat. Wie in den Fällen der §§ 836—838 BGB., § 1 HaftpflG. und § 7 AutG. soll es auf ein Verschulden nicht ankommen. Die vom Entwurf I bis zur entgültigen Fassung des Gesetzes schrittweise verschärfte Tierhaftung wurde durch das Gesetz vom 30. Mai 1908 (§ 833 Satz 2) von einer Ausnahme durchbrochen für Haustiere, wenn sie dem Beruf, der Erwerbstätigkeit oder dem Unterhalte des Tierhalters zu dienen bestimmt sind. Durch diese — unter II behandelte — Ausnahme, welche zu dem Verschuldungsprinzip, wenn auch mit umgekehrter Beweislast, zurückkehrt, ist die Tragweite und Bedeutung des ursprünglichen § 833, seines jetzigen Satzes 1, wesentlich eingeschränkt.

I.

1. Die Tierhaftung erstreckt sich nur auf Verletzungen der in § 833 genannten Art. Sie tritt nur ein, wenn ein Mensch getötet oder der Körper oder die Gesundheit eines Menschen verletzt oder eine Sache beschädigt ist. Unter die Beschädigung einer Sache fällt, wie unter die Verletzung des Eigentums nach § 823 BGB., auch ihre Entziehung oder Verschleppung. Für Schadenszufügungen anderer Art kann der Tierhalter nur nach allgemeinen Grundsätzen, insbesondere gemäß §§ 823, 831 BGB. in Anspruch genommen werden; es muß also ein eigenes Verschulden des Tierhalters oder eine rechtswidrige Schadenszufügung durch einen Angestellten vorliegen.

2. Tiere im Sinne des § 833 sind vorwiegend Haustiere, aber auch wilde Tiere in zoologischen Gärten und Schaustellungen, auch Bienen, Recht 1905, 2094 (Karlsruhe), PucheltsZ. 1905, 382. Bazillen gelten nicht als Tiere im Sinne des § 833. Sie nähern sich den Pflanzen und werden im Verkehr nicht als Tiere angesehen. Selbst wenn sie gehalten (gezüchtet) werden, begründen sie keine Tierhaftung.

3. Um „durch das Tier verursacht" zu sein, muß ein Schaden, da die Tierhaftung auf der besonderen Tiergefahr beruht, auch eine Verwirklichung dieser besonderen Tiergefahr darstellen. Auch dann muß der Schaden durch das Tier und, da nur gehaltene Tiere in Betracht kommen, durch die Tierhaltung adäquat verursacht sein.[1]) Das trifft auch dann zu, wenn das Tier davongelaufen oder aufgegeben, aber nicht anderweit in Besitz genommen ist oder der Tierhalter nur vorübergehend an der Ausübung der tatsächlichen Gewalt verhindert ist, vgl. RG. 52, 118 mit Endemann, DJZ. 1903, 161. Durch ein Tier ist mithin ein Schaden dann verursacht, wenn die Tierhaltung, vermöge der Fähigkeit des Tiers zu selbständiger (willkürlicher) aber nur instinktmäßiger, nicht vernünftiger Bewegung, in dem, menschlicher Erfahrung und möglicher Voraussicht entsprechenden, Zusammenhange mit anderen Bedingungen des Schadens eine nicht ganz geringfügige allgemeine Wahrscheinlichkeit eines Schadens dieser Art begründet hat, JW. 1905, 691; RG. 50, 180,

[1]) Das Letztere ist freilich auch dann der Fall, wenn der Knecht hinter dem Rücken seines Herrn die Kuh aus einer Milchkuranstalt zum Zug verwendet, das des Zugs entwöhnte Tier durchgeht und ein Mensch überfahren wird, der Tierhalter aber solche Gefahr nicht voraussehen konnte (Schmoller gegen Litten). Siehe auch JW. 1912, 797 = SeuffA. 67, 256.

219; 54, 73, 407; 60, 65 ff.; Recht 1904, 2607 (Karlsruhe); 1906, 460.[1]) Das trifft zu, wenn ein Pferd ausschlägt, scheut, durchgeht, beißt, ein Hund einen Menschen auf der Straße anspringt oder beißt und so ein Schaden entsteht.[2])

Dagegen liegt keine Verwirklichung der Tiergefahr vor, wenn ein Tier selbst gar nicht tätig, sondern lediglich als Werkzeug benützt wird, z. B. eine Katze wird zum Fenster hinausgeworfen und bricht durch das Glasdach eines Photographen, oder wenn es nur durch seine Größe, Masse oder sein Gewicht Schaden anrichtet, z. B. ein stürzendes Pferd oder Rind, SeuffA. 58, 186; Recht 1907, 456; das gleiche gilt dann, wenn ein Tier nur durch ein anderes Tier mit unwiderstehlicher Gewalt in Bewegung gesetzt wird, RG. 61, 318. Ist dagegen ein unvernünftiges tierisches Verhalten vorausgegangen, so wird die Verursachung durch das Tier nicht schon dadurch ausgeschlossen,

[1]) Im wesentlichen ebenso Roscher S. 59/60. Seine Ausscheidungsgrundsätze betonen mehr als die meisten anderen Kausalitätstheorien das Moment der Aktivität und der Passivität durch Einführung des Begriffs der Kraftquelle, in der sie die juristische Ursache erblicken. Daß es auch hier nicht immer, so bei bloß psychischer Einwirkung, auf ein „Bewirken" durch physische Kraft ankommt, zeigen die nachfolgenden Beispiele.

[2]) Falsch ist es, Verwirklichung der Tiergefahr dann zu verneinen, wenn das Tier durch ein bei seiner Art ungewöhnliches Verhalten Schaden zufügt, z. B. ein Stier beißt. Denn die Tiergefahr besteht gerade in dem häufigen Vorkommen unberechenbaren, unvernünftigen Verhaltens. Man darf die Verwirklichung der Tiergefahr also nicht bei einer besonders unberechenbaren Art der Schadenszufügung verneinen. Anders, wenn das Tier lediglich vermöge eines nach allgemeiner Erfahrung nicht berechenbaren oder voraussehbaren Zusammentreffens mit anderen, selbständigen Bedingungen des Schadens diesen bedingt hätte. Das römische Recht seit Justinian — vgl. Eisele in JheringsJ. 24, 481, 488 — und im Anschluß daran das gemeine Recht haben, wie Francke, ArchZivPrax. 1905, 152 und Tierhalterhaftung S. 13 gezeigt hat, die §§ 4, 6—8 Dig. 9, 1 (Ulpian) mißverstanden, indem sie die Worte „contra naturam" mit „sui generis" ergänzten, statt „contra naturam rerum" zu lesen. Es sahen schon die älteren römischen Juristen in dem unberechenbaren, unverständigen Tun des Tieres überhaupt den Grund der Gefährdungshaftung des Tierhalters oder des Herrn des Tieres. Eine Schadenszufügung gegen die Art des Tieres oder eine Art Verschulden war nicht erforderlich. Vielmehr beruht die Gegenüberstellung des I. Kapitels des 9. Buchs — si quadrupes pauperiem fecisse dicatur — und des II. Kapitels dieses Buchs — ad legem Aquiliam — gerade auf dem Gegensatz der reinen Verursachung des Schadens durch das Tier: „Noxia autem est damnum ipse . . . pauperies est damnum sine iniuria facientis datum", zu dem mit Verschulden verursachten Schaden: „ut qui servum servamve alienum alienamve quadrupedem vel pecudem iniuria occiderit . . . igitur iniuriam hic damnum accipiemus culpa datam etiam ab eo, qui nocere noluit."

daß das Tier im Augenblick der Schadenszufügung bereits wieder in den Zustand der Ruhe übergegangen ist, z. B. wenn ein Zug durch Überfahren von Kühen zur Entgleisung gebracht wird; Recht 1906, 3194; 1908, 69/70; umsoweniger ist es für die Verursachung durch das Tier von Belang, ob ein Radfahrer, der durch einen über die Straße laufenden Hund zu Schaden kommt, gegen den Hund oder ob der Hund gegen das Rad angestoßen ist, BadRPr. 1906, 197; Örtmann § 833 Anm. 3e; Recht 1909, 1779; DJZ. 1912, 106. Keine Verwirklichung der Tiergefahr liegt vor, wenn ein Tier nur dem Willen und der Lenkung des Menschen folgt, z. B. ein Pferd lediglich dem Reiter oder Kutscher gehorcht, RG. 50, 180, 219; 61, 316; 65, 103; JW. 1909, 218; GruchotsBeitr. 47, 948; Recht 1908, 1556; DJZ. 1905, 1176; 1906, 1379 (Farren). Macht jedoch das Tier dabei willkürliche Bewegungen der bezeichneten Art (Seitensprünge, Hochgehen), so fällt sein Tun auch dann unter § 833 BGB., selbst wenn ein menschliches Verhalten die Tätigkeit des Tiers veranlaßt hat, z. B. Hetzen eines Hundes auf Menschen, Losmachen von der Kette, Scheuen und Durchgehen eingespannter Pferde, RG. 50, 219; 54, 74; SeuffA. 59, 258; Recht 1909, 1308. Das menschliche Verhalten kann den Schaden mitverursacht haben und Haftung aus § 823 begründen, GruchotsBeitr. 47, 404; DJZ. 1902, 204. Dagegen liegt allein eine Folge der Lenkung vor, wenn das Tier die bisherige Bewegung nicht plötzlich abbrechen kann, auch wenn die Lenkung ohne Zügel, durch Zuruf oder Nebenhergehen erfolgt, RG. 65, 103.

Kein selbständiges (willkürliches) Tun eines Tiers ist es, wenn auf den Körper oder die Sinne des Tiers ein äußeres Ereignis mit einer Gewalt einwirkt, der solche Tiere nicht widerstehen können. Hier muß aber eine Einwirkung ganz außergewöhnlicher Art vorliegen. So, wenn ein niedergestürztes Pferd oder ein zum Verschneiden niedergeworfener Hengst um sich schlägt, um in die natürliche Stellung zurückzugelangen, RG. 51, 401; 69, 399; JW. 1909, 313; Recht 1909, 470; JW. 1910, 579, auch bei bloßem Erschrecken und Ausweichen infolge eines ganz außergewöhnlichen Ereignisses. Vorkommnisse des täglichen Lebens und Verkehrs, wie Erscheinen und Pfeifen von Lokomotiven, anfahrende Kraftwagen, blendende Wagenlaternen, flatternde Wäsche, Vorbeifliegen von Vögeln (Recht 1906, 460), herabfallende Gegenstände, Fliegenstiche gehören nicht hierher. Durch sie wird das tierische Tun nicht ausgeschaltet; RG. 60, 65; 61, 316; 54, 408; Recht 1906, 2109; 1908, 3798; § 833 bleibt anwendbar z. B., wenn Pferde scheuen auf das Gebell eines Hundes, ROLG. 9, 44, oder, weil ihnen beim Ziehen eines Wagens Gegenstände auf die Hacken fallen, JW. 1905, 318, oder infolge Insektenstichs oder Peitschenschlags, JW. 1905, 392; ROLG. 14, 49, 51; oder wenn ein beim Verladen störrisches Rind aus Wut ausschlägt, Recht 1911, 3470. „Durch" ein ausschlagendes Pferd ist der Schaden auch dann verursacht, wenn der Reiz durch Aufstechen einer Eiterbeule schon auf dem Wege zum Rückenmark, bevor er sich in das Gehirn fortgepflanzt hat, die Bewegung ausgelöst hat. Ob die Bewegung von einem mehr oder weniger zentralen Teil des Tierkörpers ausgegangen, ist gleichgültig, JW. 1912, 797. In solchen Fällen bilden heftige Bewegungsäußerungen des Tiers vielmehr gerade eine Verwirklichung der besonderen Tiergefahr. Die Grenze wird hier erst da liegen, wo ein Mensch unter dem Eindruck des außergewöhnlichen Ereignisses ähnlich gehandelt hätte. Dann trifft auch die Berufung auf „höhere Gewalt" zu, was nichts anderes bedeutet, als, daß eben der Schaden nicht mehr durch das Tier adäquat verursacht ist. Die Beweislast für solche außergewöhnlichen Umstände trifft den Beklagten, RG. 54, 407; JW. 1905, 392; Recht 1902, 2679; 1908, 1556.

Die Verursachung kann auch eine sogenannte mittelbare sein, z. B. wenn ein Pferd zunächst einen Wagen in Bewegung setzt oder durch einen anspringenden Hund veranlaßt wird, ihn umzuwerfen, JW. 1911, 982, oder wenn der in Schrecken versetzte Mensch sich selbst verletzt, RG. 50, 219; SeuffA. 56, 223; 59, 258; JW. 1906, 349, 739; 1908, 680. Geschieht das aber nur wegen der besonderen Veranlagung einer nervenschwachen Person, die z. B. durch Anspringen und Bellen eines, offenbar nicht zu fürchtenden, Hundes in Bestürzung gerät, so liegt eine adäquate Verursachung durch das Tier nicht mehr vor, JW. 1908, 41 = DJZ. 251; Recht 1904, 2607. Auch eine freie Handlung des Beschädigten braucht den ursächlichen Zusammenhang nicht aufzuheben, so, wenn er beim Durchgehen von Pferden — wenn auch ungeschickt — vom Wagen springt oder durchgehende Pferde am Zügel halten und aufhalten will, JW. 1907, 307; RG. 50, 219; GruchotsBeitr. 51, 200, oder wenn der von einem bissigen Hund Angefallene bei der Abwehr (§ 228 BGB.) seinen wertvollen Stock zerbricht, BadRPr. 12, 91. Mitwirkendes Verschulden des Verletzten ist im übrigen gemäß § 254 BGB. zu berücksichtigen. Ein Fremder darf sich z. B. niemals einem noch so ruhigen Pferde von hinten in gefahrdrohender Weise nähern, Recht 1912, 1138.

4. „Tierhalter" ist nach der Begriffsbestimmung des Reichsgerichts — 52, 117; JW. 1906, 197 — derjenige, der in eigenem Interesse durch Gewährung von Obdach und Unterhalt die Sorge für das Tier übernommen hat, und zwar nicht bloß zu einem ganz vorübergehendem Zwecke, sondern auf einen Zeitraum von einer gewissen Dauer. Eigentum wird nicht erfordert, dagegen mittelbarer oder unmittelbarer Besitz, ein tatsächliches Verhältnis, das mit der Verwendung des Tiers seine Leitung ermöglicht. Tierhalter ist somit der Nießbraucher, der Pächter eines Guts, auch der Ehemann, wenn das Tier zum Eingebrachten oder zum Gesamtgut gehört. Ein Unzurechnungsfähiger (§§ 827, 828 BGB.) kann zwar nicht durch eigene Willensentschließung Tierhalter werden; er wird es aber, wenn der gesetzliche Vertreter die Verwendung in dem Interesse des Vertretenen bewirkt.

In der Entscheidung Band 66, 1 hat das Reichsgericht die Tierhaltereigenschaft mangels eigenen Interesses (der Landwirtschaftskammer) verneint. In RG. 62, 81 ff. hat es das Reichsgericht für nicht angängig erachtet, den Rechtsbegriff der Tierhaltereigenschaft auf die Zeit zu erstrecken, während welcher der bisherige Tierhalter sich der tatsächlichen Herrschaft über das Tier entäußert hatte, indem er es einem anderen zu dessen eigenem selbständigen Gebrauch ohne jegliches Entgelt übergab, und dieser das Tier, wenn auch nur vorübergehend, in seinen Betrieb einstellte. Daraus ist zu entnehmen, daß das Reichsgericht, sofern das zu seiner Entscheidung gestanden wäre, den früheren Mitbeklagten F, der das Pferd entliehen und, wenn auch nur vorübergehend, in seinen Betrieb eingestellt hatte, als Tierhalter behandelt haben würde. Es wird aber um deswillen nicht falsch, wenn man bisher dem Sprachgebrauch entsprechend mit dem „Halten" eines Tieres eine gewisse Dauer jenes tatsächlichen Verhältnisses wenigstens für die Regel verbunden hat. Es wird daher zu weit gehen, wenn der RGRKomm. unter Tierhalter schlechthin denjenigen verstehen will, der das Tier im eigenen Interesse verwendet. Dann wäre nicht nur der Arzt oder Reserveleutnant, der das Pferd für die Dauer einer militärischen Übung leiht oder mietet, sondern auch derjenige, der es nur zum Reiten für eine Stunde mietet, auch der Bergverwalter in RG. 52, 118, der unbefugt mit Pferden der Gewerkschaft ausfuhr, als Tierhalter zu erachten.

Es wird zu beachten sein, daß das RG. in 62, 81 (wenn jener Schluß auf die Tierhaltereigenschaft des F nicht zu umgehen ist) von einer gewissen längeren Dauer der Gewährung von Obdach und Unterhalt nur dann absehen will, wenn das Tier in den Wirtschaftsbetrieb einer Person eingestellt ist und darin Verwendung findet. Denn in diesem Falle treffen auch bei nur vorübergehender Dauer der Verwendung die Gründe, welche zu der Aufstellung dieser Gefährdungshaftung geführt haben, in der Person des Betriebsunternehmers zu: Er setzt als Unternehmer seines Interesses wegen andere der Tiergefahr aus, er hat von dem Tier den wirtschaftlichen Nutzen und seine Herrschaft über den Betrieb ermöglicht ihm auch, vermöge der gleichzeitigen Herrschaft über das Tier der schadenbringenden Entfesselung des tierischen Naturbetriebs vorbeugend entgegenzuwirken. Ist das Tier aber nicht in den wirtschaftlichen Betrieb eingestellt oder in ihm verwendet, dann treffen auf den Besitzer die zwei ersten Gründe, der Ausgang der Gefahr von dem Besitzer als dem Unternehmer des wirtschaftlichen Betriebs und der Bezug des Nutzens von dem Tier, nicht oder nur in beschränktem Umfange zu. Fehlt es an der Einstellung in einen bestimmten Wirtschaftsbetrieb und der Verwendung in demselben, dann muß nach einem anderen entscheidenden Merkmal dafür gesucht werden, daß bei dem Besitzer jene gesetzgeberischen Voraussetzungen der Tierhaftung vorliegen. Bisher verband man sie mit der Gewährung von Obdach und Unterhalt für eine gewisse Dauer. Man wird nun in der Tat von diesem Erfordernis absehen können. Jene gesetzgeberischen Voraussetzungen für die Tierhaftung, die ratio legis, werden, wenn es an der Einstellung des Tiers in einem Wirtschaftsbetrieb und seiner Verwendung in ihm fehlt, schon stets bei demjenigen gegeben sein, der es sonst auf eigene Rechnung besitzt, d. h. so, daß er für Obdach und Unterhalt aufkommt. Wer ein Pferd leiht, um damit einige Stunden spazieren zu reiten, ist nicht Tierhalter: so Recht 1906, 687; 1912, 1302. Er wird es aber, obgleich er es nicht in seinen Wirtschaftsbetrieb einstellt, dann, wenn er ihm auf eigene Rechnung Obdach und Unterhalt gewährt. Damit ist zwar eine gewisse Dauer der Herrschaft regelmäßig verknüpft; vermöge des Besitzes auf eigene Rechnung wird man aber bei solchem Besitzer jene Voraussetzungen, die Verwendung im eigenen Interesse, den Ausgang der Gefahr von dem Besitzer und die Beherrschung und Einwirkungsmöglichkeit behufs Vorbeugung immer für gegeben erachten dürfen. Umgekehrt ist auch der Tierhalter, wer, ohne ihm Unterhalt oder Obdach auf eigene Rechnung zu gewähren, das Tier kraft vorbehaltener Benützung auf Grund eigenen Rechts dauernd verwendet, nämlich in seinem

Wirtschaftsbetrieb, JW. 1911, 279. Dagegen ist nicht Tierhalter der Viehkommissionär, dem das Tier zum Verkauf übergeben ist, wenn es in Wirtschaftsbetrieb, Unterhalt und Pflege des Eigentümers verbleibt, Recht 1912, 584.

Es entspricht daher dem Rechtsgrunde der Tierhaftung und dem Sprachgebrauche, denjenigen als den Tierhalter zu betrachten, der das Tier, wenn auch nur vorübergehend, in seinen Wirtschaftsbetrieb einstellt oder der es sonst auf eigene Rechnung besitzt, d. h. so, daß er für Obdach und Unterhalt aufkommt.[1]) Die Hervorkehrung der wirtschaftlichen Seite des Tierhaltens entspricht auch dem „Betriebsunternehmer" im Sinne des HaftpflG. und dem, was unter „Halter" eines Kraftfahrzeugs richtiger Ansicht nach zu verstehen ist: es ist der Unternehmer des Betriebs, in dem der Kraftwagen Verwendung findet oder derjenige, der sonst das Kraftfahrzeug auf eigene Rechnung im Gebrauche hat, vgl. Eger zu § 7 AutG.

Ersatzpflichtig ist derjenige, der das Tier im Zeitpunkt der Schadenszufügung gehalten hat, RG. 52, 117. Zu welchem Zwecke das Tier im Augenblick der Schadenszufügung verwendet wird, ist gleichgültig. Die Verwendung kann im wirtschaftlichen, wissenschaftlichen, Annehmlichkeits- oder Sportsinteresse erfolgen. Für die Tierhaltereigenschaft ist nur die Bestimmung des Tiers zur Verwendung in der eigenen Wirtschaft oder im eigenen Interesse maßgebend. Nicht Tierhalter ist der Gutsverwalter, der mit den für die Gutswirtschaft bestimmten Pferden eine Spazierfahrt macht, RG. 52, 117, nicht der Staat, wenn unter behördlicher Aufsicht bei der Pferdemusterung oder zur Ankörung Pferde vorgeführt werden, JW. 1904, 408; 1906, 466, nicht der Zureiter oder Stallmeister, dem das Pferd zum Zureiten übergeben wird, nicht der Tierarzt, der es zur Behandlung erhält. Wohl aber der Beamte oder die Militärperson, die beruflich verpflichtet ist, selbst ein Pferd im Berufe sich zu halten oder der es zur freien Benützung und Pflege überwiesen ist, wie die Chargenpferde der bayerischen Kavallerieoffiziere und der Artillerieoffiziere der reitenden Abteilung (Remontierungsordnung vom 24. August 1894, Erhard in BayZ. 8, 81), auch der Gendarm, der ein Pferd zu dienstlichen Zwecken verwendet, RG. 55, 166, desgleichen der Landwirt, der ein Pferd zur

[1]) Ähnlich, aber zu eng, bezeichnet Roscher S. 50 als Tierhalter denjenigen, der fremde Interessen gefährdet, indem er ein Tier als zu seinem Vermögen gehöriges Gut verwertet und der die Gewalt hat, es zu beaufsichtigen, zu erziehen und seinen Aufenthalt zu bestimmen.

Verwendung in seiner Wirtschaft leiht. Entscheidend ist, ob im gegebenen Falle die Absicht auf Gewährung von Obdach und Unterhalt auf eigene Rechnung, somit auf ein längeres Behalten, gerichtet war, das Verhältnis muß nicht schon einige Zeit gedauert haben. Die Anwendbarkeit des § 833 wird auch nicht dadurch ausgeschlossen, daß das Besitzverhältnis binnen kurzem beendet werden soll, z. B. bei einem dem Verkäufer noch belassenen Pferd, RG. 62, 82; JW. 1910, 706. Auch die Übergabe des Tiers an einen anderen zur Wartung und Pflege schließt die Tierhaltereigenschaft nicht unbedingt aus, Recht 1910, 2825; wer an dem Tier und dessen Nutzungen keinerlei Interesse hat, ist nicht Tierhalter, RG. 66, 1; ROLG. 14, 44; haben mehrere ein Interesse an ihm, so entscheidet die Einstellung in den Wirtschaftsbetrieb und die Gewährung von Obdach und Unterhalt auf eigene Rechnung. Vgl. wegen des Verhältnisses zwischen Farrenhalter und Gemeinde SeuffA. 61, 154; DJZ. 1906, 152 (Karlsruhe); zwischen Zureiter und Rennstallbesitzer: DJZ. 1908, 537.

5. Als Gesamtschuldner nach §§ 830, 840 Abs. 1 BGB. haften mehrere Tierhalter desselben Tieres, auch der Tierhalter und der Aufsichtspflichtige nach § 834 (Der „Tierhüter" RG. 60, 313), die Tierhalter verschiedener Tiere, welche zusammenwirkend den Schaden verursacht haben, ROLG. 14, 45; 18, 83; GruchotsBeitr. 50, 973, auch der Tierhalter und der aus einem anderen Grunde Haftpflichtige: ein Pferd scheut infolge des übermäßig schnellen Fahrens eines Kraftfahrzeuges oder infolge des Betriebsvorganges einer Eisenbahn, RG. 53, 114; 58, 335; 61, 56; GruchotsBeitr. 47, 405; 48, 928. Bei der Ausgleichung haftet der Dritte im Verhältnis zum Tierhalter allein, selbst bei bloßer Gefährdungshaftung auch des Dritten, da § 840 Abs. 3 nur die Ersatzpflichtigen aus §§ 833—838 BGB. gegenüber anderen begünstigt, während der Bahnunternehmer dem Dritten im Sinne von § 840 Abs. 3 BGB. gleichgestellt wird (trotz § 17 AutG.), RG. 53, 114; 58, 335; 61, 56, das auch dann, wenn der Tierhalter selbst der Beschädigte ist, RG. 71, 7; JW. 1905, 734. Die Abwägung im Sinne des § 254 BGB. hat auf der einen Seite die Tiergefahr, auf der anderen Seite das Maß des Verschuldens und ihre Bedeutung für die Verursachung in Betracht zu ziehen, RG. 51, 275; JW. 1902 Beil. 234; 1903, Beil. 42, 66, 143; 1904, 57; 1906, 808. Eigenes mitwirkendes Verschulden des Verletzten liegt z. B. vor, wenn er sich leichtsinnigerweise selbst der Tiergefahr ausgesetzt hat, so, wenn er

der Warnungstafel ungeachtet einen Hof betritt, auf dem ein bissiger Hund gehalten wird, JW. 1906, 349, oder wenn jemand ohne Not dicht an Pferden vorbeigeht, JW. 1906, 739; 1907, 307; 1909, 136. Letzteres trifft nicht zu bei dem Stallknecht, dessen Arbeit es mit sich bringt, daß er sich dem Tiere nähern muß, JW. 1906, 740. Mitwirkendes Verschulden ist angenommen, wenn der verletzte Radfahrer durch übermäßig schnelles Fahren in Ortschaften die Hunde aufregt und das Anspringen von Hunden gegen das Rad herbeiführt, JW. 1908, 680,[1]) oder wenn ein Tierarzt oder Hufschmied bei der Behandlung oder beim Beschlagen der Pferde die nötige Vorsicht versäumt, JW. 1904, 57. Kein mitwirkendes Verschulden liegt vor, wenn beim Durchgehen eines Pferdes ein Insasse des Wagens, selbst ungeschickt, herausspringt, um sich zu retten, JW. 1907, 307, oder wenn jemand, um eine große Gefahr von der Allgemeinheit abzuwenden, durchgehenden Pferden in die Zügel greift, RG. 50, 219. Wird der Tierhalter selbst verletzt, aber infolge Verschuldens eines Dritten, so kann ihm zufolge § 840 Abs. 3 kein Einwand aus § 254 BGB. entgegengehalten werden, RG. 71, 7, wohl aber, wenn auch der Dritte nur aus § 833 haftet, RG. 67, 120.

## II.

Haustiere sind nach der Novelle vom 30. Mai 1908 von der strengen Haftung ausgenommen, wenn sie dem Berufe, der Erwerbstätigkeit oder dem Unterhalte des Tierhalters zu dienen bestimmt sind. Für Schaden, der durch solche Haustiere angerichtet wird, haftet der Tierhalter nur aus Verschulden. § 833 Satz 2 kehrt also zur Verschuldungshaftung zurück, Recht 1911, 2887, vgl. Fürnrohr, JW. 794. Mit der Maßgabe jedoch, daß der Beschädigte nicht dartun muß, daß der Schaden, den zunächst das Tier verursacht hat, auf ein Verschulden des Tierhalters zurückzuführen ist; vielmehr muß der Tierhalter beweisen, daß er bei der Beaufsichtigung des Tiers die im Verkehr erforderliche Sorgfalt beobachtet hat oder der Schaden auch bei Anwendung dieser Sorgfalt entstanden sein würde. Dem Tierhalter wird also der Beweis seiner Schuldlosigkeit oder des mangelnden ursächlichen Zusammenhangs zwischen Schaden und

[1]) Dabei wird jedoch zu beachten sein, daß sich die Hunde das gefährliche Anspringen gegen Radfahrer inzwischen zumeist abgewöhnt haben und es auch dann unterlassen, wenn ein Radfahrer übermäßig rasch fährt!

etwaiger Fahrlässigkeit auferlegt. Mit dem Beweis wird man es nicht zu leicht nehmen dürfen: wenn ein gehaltenes Haustier einen Schaden anrichtet, spricht immer eine gewisse tatsächliche Vermutung dafür, daß bei der Beaufsichtigung etwas versäumt wurde. Weiß z. B. der Tierhalter, daß sein Pferd ein Schläger ist, so genügt er seiner Sorgfaltspflicht gegen Dritte nicht durch die Mitteilung, das Pferd sei unruhig, Recht 1912, 220, 1303.

1. Haustiere sind solche Tiere, die ihrer Art nach behufs wirtschaftlicher Verwendung durch Zähmung und Züchtung dem deutschen Haushalt einverleibt sind. Haustier ist mithin in Deutschland: Hund, Pferd, Rindvieh, Esel, Maulesel, Maultier, Schaf, Schwein, Ziege, Katze, Kaninchen, Federvieh, nicht z. B. Elefant oder Kamel,[1]) nicht Hase oder Rabe, nicht Affe, Papagei, Kanarienvogel. Die Biene wird von manchen nicht als Haustier angesehen. So OLG. Karlsruhe, BadRPr. 1912, 73, 163. Freilich ist im Reichstag dem Antrag Gäbel, der die Biene ausdrücklich unter die mildere Haftung aufnehmen wollte, keine Folge gegeben worden, nachdem der Regierungsvertreter unter Hinweis auf § 961 BGB. und das Magdeburger Stadtrecht, wo sie ein „wilder Wurm" heißt, sich dagegen ausgesprochen hatte. Daß der Bienenschwarm nach jener Bestimmung gleich wilden Tieren herrenlos wird, wenn ihn der Eigentümer nicht unverzüglich verfolgt oder die Verfolgung aufgibt, läßt nicht den Schluß zu, daß die Biene vom Gesetz auch in Ansehung der Tierhaftung nicht als Haustier anzusehen sei. Entscheidend kann auch nicht sein, daß die Biene zwar regelmäßig in ihren Stock zurückzukommen, manchmal aber auch mit dem Schwarm auszurücken pflegt. Entscheidend muß vielmehr der Sprachgebrauch sein. Der Haustierbegriff ist kein juristisch technischer Begriff, sondern ein Ergebnis der Kulturgeschichte. Diese hat die Biene längst den wirtschaftlichen Zwecken des Menschen dienstbar gemacht und zwar vermöge ihrer Arbeitsleistung und Honigerzeugung. Die Bienenstöcke werden längst bei Viehzählungen in den Haushaltungslisten mitgezählt. Dieser wirtschaftlichen Bedeutung entsprechend kannte schon das preußische allgemeine Landrecht (I, 9 § 121) zahme Bienenschwärme und auch das Bayerische Landrecht von 1756 rechnete die Biene zum zahmen Vieh. Seiner wirtschaftlichen Bedeutung und dem Sprachgebrauch entsprechend umfaßt der Haustierbegriff auch die Biene. Muß die Biene aber als Haustier erachtet werden, dann ist bei ihr,

[1]) Diese können es sein vor dem Konsular- oder Kolonialgericht; entscheidend ist die Verkehrssitte des Landes.

wenigstens in der Regel, auch die weitere Voraussetzung für die mildere Haftung gegeben:

2. Die strenge Haftpflicht fällt bei einem Haustier nur dann weg, wenn es dem Beruf, der Erwerbstätigkeit oder dem Unterhalt des Tierhalters zu dienen bestimmt ist. Von einem Beruf spricht man nicht allein bei natürlichen Personen und nicht nur im Sinne einer dauernden, selbstgewählten und den Lebenszweck des Menschen bildenden Tätigkeit. Der Sprachgebrauch kennt vielmehr das Wort „Beruf" auch in einem weiteren, übertragenen Sinne, in dem es die Aufgabe bezeichnet, zu deren Erfüllung jemand „berufen" ist, mag die Berufung in eigener Wahl oder worin sonst ihren Grund haben. In diesem Sinne läßt sich von einem Berufe sehr wohl auch bei juristischen Personen des öffentlichen Rechts reden, so bei Gemeinden und weiteren Kommunalverbänden, so beim Staate und auch beim Reiche. Dem Reiche liegt nach Art. 57 ff. RV. die Aufrechterhaltung der Kriegsbereitschaft der bewaffneten Macht ob; diese Aufgabe bildet in dem bezeichneten Sinne einen Teil des Berufs des Reichs. Sie läßt sich ohne die Benützung von Dienstpferden nicht lösen; diese sind deshalb dem Berufe des Reichs zu dienen bestimmt, und was von den eigentlichen Dienstpferden gilt, hat auch für die sog. Krümperpferde Geltung, die, insbesondere bei den berittenen Truppen, vorwiegend militärischen Zwecken zu dienen bestimmt sind, obwohl die Krümperfuhrwerke nebenbei auch den Offizieren gegen eine gewisse Vergütung und innerhalb gewisser Grenzen als Privatfuhrwerk dienen. Die Armeepferde gehören daher zu den in § 833 Satz 2 BGB. erwähnten Haustieren, und der Schutz dieser Vorschrift kommt deshalb auch dem Reichsmilitärfiskus — der durch die Korpsintendanturen, beim Krümperwesen aber durch den Regimentskommandeur vertreten wird — zugute; RG. 76, 225 (LG. Karlsruhe). Vgl. wegen Anwendbarkeit des § 823 hierzu JW. 1911, 487. Entsprechend dienen Pferde der Posten, Polizeihunde, Feuerwehrpferde, Gemeindebullen dem „Beruf" des Reichs, Staates oder der Gemeinde, während Pferde von Bergwerken oder sonstigen Erwerbsanstalten des Staates als der Erwerbstätigkeit dienend dem Satz 2 des § 833 unterstehen.

Zum Berufe gehört auch die sog. Repräsentation hoher Würdenträger, z. B. wenn Pferde nicht zufolge gesellschaftlicher Übung, sondern zufolge der im öffentlichen Interesse gelegenen Pflicht der Dienststellung gehalten werden (Diplomatische Vertreter). Dem Berufe, der Erwerbstätigkeit oder dem Unterhalt dienen Haustiere, die mit ihrer Dienstleistung im Beruf oder Erwerb mithelfen — Ackerpferde, Offizierspferde, Pferde der Fuhrleute, Wagenvermieter, Milchhändler, Metzger, Brauereien, Schäferhunde, Zughunde von Boten und Hausierern — oder Tiere, welche vermöge ihres Werts zur Zucht oder ihrer Erzeugnisse oder des Schlachtwerts zum Erwerb oder Unterhalt des Tierhalters und seiner Leute gebraucht werden; Schlacht- und Zugvieh des Landwirts, Hühner und sonstiges Geflügel, Milchvieh, Ziegen, Katzen in Kornspeichern. Auch zum Schlachten bestimmtes Vieh dient der Erwerbstätigkeit des Metzgermeisters vermöge seines Gebrauchswerts, JW. 1912, 690 = RG. 79, 246, der Erwerbstätigkeit oder dem Unterhalt des Landwirts vermöge seines Gebrauchswerts. Kommt ein Haustier in einem gewerblichen oder landwirtschaftlichen Betriebe als Zug-, Last-, Schlacht- oder Zuchtvieh zur Verwendung, so dient es der Erwerbstätigkeit vermöge seines Gebrauchswerts. Daran würde auch der Umstand nichts ändern, daß es ein solches Tier — z. B. ein Teil der von einem Landwirt gehaltenen Schweine — schließlich zum Schlachten verkauft wird, während der Landwirt die anderen Stücke selbst schlachtet oder zur Zucht verwendet. Die endgültige Bestimmung und Ausscheidung zum Verkauf erfolgt gewöhnlich erst kurz vor der Veräußerung. Mindestens, insolange eine solche Bestimmung zum Verkauf nicht getroffen ist, teilt es die dem Vieh des Landwirts im allgemeinen gegebene Zweckbestimmung, im eigenen Betrieb zur Arbeit, Aufzucht oder Schlachtung, also vermöge seines natürlichen Gebrauchswerts der Erwerbstätigkeit oder dem Unterhalt des Landwirts zu dienen.

Auch die in Gestüten oder Hundezuchtanstalten gehaltenen Tiere gehören hierher, wenn aus der Aufzucht ein Gewerbe gemacht wird. Immer aber ist es der natürliche Gebrauchswert des Tiers, der es zum Haustier macht und vermöge dessen es den genannten Zwecken dienen muß.

Die zur Bewachung und Sicherheit gehaltenen Hunde (Wachhunde) können der Erwerbstätigkeit zu dienen bestimmt sein (Schäferhund, Hofhund des Landwirts, Wachhund auf einem Holz- oder sonstigen Lagerplatz), sie können auch Berufszwecken dienen, z. B. bei einem Kassenbeamten auf dem Land; werden sie aber nur zur Bewachung privater Wohnhäuser gehalten, so fallen sie unter Satz 1. Maßgebend ist die allgemeine, erkennbare und vorwiegende Zweckbestimmung zur Zeit der Schadenszufügung, SeuffA. 67, 224.

3. Eine für die Praxis besonders wichtige Streitfrage ist, ob nur für den Handel angekaufte Tiere im Sinne der Novelle dem Berufe, der Erwerbstätigkeit oder dem Unterhalte des Halters zu dienen bestimmt sind. Die Frage muß — mit LG. Mosbach, BadRPr. 1909, 117, OLG. Celle und Frankfurt a. M., ROLG. 20, 272; OLG. Karlsruhe I. Senat vom 18. Juni 1910 (Engert c. Brückheimer) und II. Senat vom 24. Januar 1911 (Schnell c. Kuhn), unter Billigung der Ansicht der Landgerichte Mosbach und Heidelberg angeführt in BadRPr. 1912, 49, 52; I. Senat vom 31. Mai 1911 (Z. c. W.), BadRPr. 1912, 163; Fürnrohr, JW. 1911, 702 — verneint werden.[1]) Den Gegensatz bilden nach Regierungsbegründung und Reichstagsverhandlungen freilich die dem Luxus dienenden Haustiere. Die neue Vorschrift nähert sich allerdings insofern dem Gedanken des Allgemeinen Landrechts (I, 6 § 72), wonach derjenige, welcher ein Tier lediglich zu seinem Vergnügen halte, ohne Rücksicht auf Verschulden hafte. Aber die zum Vergnügen gehaltenen Haustiere fallen nicht allein unter die Regel des Satzes 1. Dazu gehören z. B. auch die wilden Tiere einer Menagerie oder der, wie ein Hund gehaltene, gezähmte Affe; jene dienen sogar der Erwerbstätigkeit; aber sie sind keine Haustiere. Ausgenommen werden von der strengen Haftung zunächst einmal die Haustiere und von diesen wieder nur eine nach dem Verwendungszweck bestimmte Art von Haustieren. Schon die Wendung „jemandem dienen" im Gegensatz zu „zu etwas dienen" deutet auf eine Dienstleistung im natürlichen Sinne. Das wird jedoch nicht zwingend sein. Ebensowenig, daß es heißt: „der Erwerbstätigkeit", nicht: „dem Erwerbe". Auch, daß das Tier für den Tierhalter ein „geschäftliches Hilfsmittel" sein oder vermöge einer der menschlichen Tätigkeit entsprechenden Lebensäußerung dem Menschen dienen müsse, mag nicht entscheidend sein. Ich möchte auch nicht als ausschlaggebend bezeichnen, daß das besonders nahe Verhältnis, in welchem das, seinem eigentlichen Zwecke entsprechend, der menschlichen Wirtschaft dienende Haustier zu dem Tierhalter kraft jahrhundertelanger Gewohnheit und Anpassung steht, das unterstellte Quasiverschulden mildere; denn nicht ein Quasiverschulden, sondern die Gefährdung ist

[1]) A. M. Josef, Recht 1910, 770; GruchotsBeitr. 53, 39, 44; Hasenclever JW. 1911, 703; OLG. Karlsruhe IV. Sen. v. 19. Januar 1912 (Emig c. Strauß) BadRPr. 1912, 49, 52, unter Verzicht auf historische Begründung und mit unrichtiger Gleichstellung von Handels- und Schlachtvieh; ebenso nebenbei RG. 79, 246.

der Haftungsgrund. Eher ließe die Verwendung für den notwendigen Bedarf namentlich kleinerer Wirtschaften unmittelbar die Gefährdungshaftung als nicht angebracht erscheinen. Mit Grund läßt sich darauf hinweisen, daß gerade das dauernde Verhältnis des Haustiers zur Wirtschaft seines Halters erst die Ausnützung der dem Haustier als solchem anhaftenden Eigenschaften ermöglicht, zugleich aber auch die Anpassung seiner Behandlung an diese Wirtschaft und die Bedürfnisse der Verkehrssicherheit fördert, und daß dem hier einschlagenden Gesichtspunkte der Vorbeugung und der Haftung nach Maßgabe der Einwirkungsmöglichkeit (M. v. Rümelin, Schadensersatz ohne Verschulden, 1910 S. 36 ff., 45 ff.) die Umkehrung der Beweislast entsprechen und genügen werde.

Mit genau dem gleichen Rechte wie von Handelsvieh könnte man von toten Waren sagen, daß sie der Erwerbstätigkeit des Kaufmanns dienten. Die alleinige Schlußfolgerung aus der wirtschaftlichen Stellung des zu schützenden Tierhalters (Hasenclever) berücksichtigt zu wenig, daß die Novelle nur von Haustieren spricht und daß es allgemein „Tiere" heißen müßte, wäre nur auf die wirtschaftliche Stellung des Tierhalters abgehoben. Der Grund, weshalb die Novelle auf Handelsvieh nicht anwendbar ist, liegt tiefer.[1])

[1]) Schon in vorgeschichtlicher Zeit hat der Mensch eine Reihe von Tieren durch Zähmung seiner Wirtschaft dienstbar gemacht und sie durch Züchtung der Rassen für diese Zwecke vervollkommnet. Das Moment der Dienstleistung wohnt von altersher dem Haustierbegriff inne. Die Leistung von Diensten für den menschlichen Haushalt ist auch nach dem heutigen Sprachgebrauch eine Eigentümlichkeit des Haustiers. Der Begriff ist kein juristisch technischer, sondern ein Ergebnis der Kulturgeschichte. Die Römer unterschieden von den quadrupedes, zu denen zunächst auch wilde Tiere gehörten (actio de pauperie), die pecora und die iumenta (im Sinne der actio de pastu pecoris und der lex Aquilia). Beiden war der Gebrauch zum menschlichen Haushalt, letzteren die Dienstleistung als Lasttiere insbesondere, eigen. Das begriffliche Merkmal der Dienstleistung ergibt sich vor allem aus der Gleichstellung mit den Sklaven, Dig. 9, 2, l. 2 § 2. Wegen der Dienstleistung wurden auch Elefanten und Kamele zum „Vieh" gerechnet; nam et iumentorum operas praestant et natura eorum fera est. Der wirtschaftliche Wert des Haustiers, auf den es ja in jenem Zusammenhang ankam, wegen des „damna dare", konnte schon damals auch auf der Nutzung beruhen. Darum wurden auch Schafe und Ziegen zum Vieh gerechnet; Dig. 1, 2 § 2 a. a. O., Inst. 4, 3 § 1. Zweifelhaft war schon die Haustiereigenschaft der Schweine, die vorwiegend nur wegen des Schlachtwerts dem menschlichen Haushalt nützlich waren. Kam auch hinzu, daß auch sie herdenweise weideten, so heißt es doch bei der lex Aquilia immer nur „gregatim habentur", nicht „gregatim pascuntur". Es war also im Grunde ihr Ge-

Eine Auffassung des Begriffes des „Dienens“, der Dienstleistung in dem weiten, übertragenen Sinne, wie er in den §§ 97 und 98 BGB. gebraucht ist, erscheint hier deshalb nicht zulässig, weil die Novelle nur von Haustieren spricht, die dem Berufe, der Erwerbstätigkeit oder dem Unterhalt des Tierhalters zu dienen bestimmt sind. Hier wie dort ist das Gesetz weit davon entfernt, im Gesetze feststehende Rechtsbegriffe zu verwenden. „Haustier“ und dessen „Dienst“leistung sind Begriffe, welche, der menschlichen Wirtschaft und Kultur entnommen, dem Sprachgebrauche zugrunde liegen, die aber nicht aus ganz andersartigen Vorschriften des Gesetzes, insbesondere, was das „Dienen“ betrifft, nicht aus den Vorschriften über Zubehör erläutert werden dürfen. Viel näher läge doch, ohne daß es der Heranziehung der ehemaligen Gleichstellung der Haustiere mit den Sklaven bedarf, die Vergleichung mit Art und Sinn des Wortgebrauchs in den Vorschriften über den Dienstvertrag. Weil sie von dem Dienste der Haustiere spricht, verbindet die Novelle mit dem Worte „dienen“ einen beschränkten Begriff des Dienens, des Dienens im natürlichen, nicht im übertragenen Sinne. § 833 Satz 2 ist eine Ausnahmebestimmung, die nicht über ihren natürlichen und klaren Sinn hinaus auszudehnen ist. Die Grenze liegt da, wo ein Haustier nicht mehr vermöge des, den Schlachtwert umfassenden, Gebrauchswerts, sondern nur vermöge des durch den Gebrauchswert bedingten Marktwerts der Erwerbstätigkeit dient. Indem das Gesetz das wirtschaftliche Moment, welches dem Begriffe des Haustiers an sich schon innewohnt, noch näher bestimmt, will es die Halter nur solcher Haustiere bevorzugen, die ihrer eigentlichen Zweckbestimmung nicht entzogen sind; v. Reichel S. 30. Der Händler will die besonderen Eigenschaften, die dem Haustier anhaften und seine Nützlichkeit für den Beruf, die Erwerbstätigkeit oder den

brauchswert als Schlachttiere im menschlichen Haushalt, vermöge dessen auch sie unter die Haustiere gerechnet wurden. Immerhin bedurfte es zu dieser Entscheidung der Autorität des Labeo, weil eine eigentliche Dienstleistung — operas praestare — durch Schweine nicht stattfand. Das Moment der Dienstleistung, welches dem Haustierbegriff innewohnt, umfaßt heute wie schon zur Römerzeit auch die Verwendung zur Schlachtung, die Verwertung des Schlachtwerts, aber es ist immer zu verstehen in der Beschränkung auch dieses Gebrauchswerts für die unmittelbaren Zwecke des menschlichen Haushalts. Das entspricht auch noch dem heutigen Sprachgebrauch. Darum ist es richtig, daß die Novelle nur diejenigen Haustiere im Auge hat, die vermöge ihrer besonderen Eigenschaften als Haustiere, unter Verwertung und Entfaltung dieser Eigenschaften, den genannten Zwecken des Tierhalters zu dienen bestimmt sind.

Unterhalt ausmachen, nicht zur Förderung seiner Erwerbstätigkeit ausnützen, indem er das Tier jene Eigenschaften in seinem Wirtschaftsbetriebe entfalten läßt oder sie verwertet. Diese Eigenschaften haben vielmehr für den Händler nur insofern ein Interesse, als sie auf die Bemessung des Kaufpreises von Einfluß sind. Die gleiche Behandlung von Tieren eines Viehhändlers mit denjenigen des Metzgers ist nicht begründet. Dem Letzteren dient ein Ochse vermöge seines Schlachtwerts, also vermöge seiner bestimmungsgemäßen Gebrauchsmöglichkeit als Haustier, auch, wenn er die zur Zubereitung gerichteten Fleischstücke verkauft. Dem Viehhändler dient das Vieh nur als Ware, wie die leblose Ware des Kaufmanns, nicht vermöge der bestimmungsgemäßen Gebrauchsfähigkeit als Haustier. Jedes Haustier ist bestimmt, den Menschen zu „dienen", sei es durch Arbeitsleistung (Pferde, Zugvieh), indem es zur Annehmlichkeit oder Zierde gereicht (Singvogel, Luxushund) oder vermöge seiner Nutzung, wenn z. B. eine Gans wegen der Federn oder auch, wenn sie allein wegen des Fleisches gehalten wird. Eine besondere Art dieses Dienens wird erfordert, wenn das Haustier dem Beruf, der Erwerbstätigkeit oder dem Unterhalt des Tierhalters zu dienen bestimmt sein muß. Das Schlachtvieh dient noch dem Metzgermeister zu seiner Erwerbstätigkeit, dem Landwirt zum Unterhalt, wie es als Haustier dem Menschen überhaupt zu dienen pflegt und bestimmt ist. Handelsvieh dient dem Viehhändler nicht, wie es als Haustier dem Menschen überhaupt zu dienen pflegt und bestimmt ist.

Handelsvieh unterliegt mithin der strengeren Haftung nach § 833 Satz 1 BGB. In der Anwendung entstehen Schwierigkeiten, die jedoch nur scheinbar diesem Ergebnis entgegenstehen, z. B. wenn ein Landwirt zwei Schweine aufzieht, das eine zum Schlachten, das andere zum Verkauf (Franke), oder wenn ein Viehhändler eine Kuh während der Einstellung vorübergehend als Milchkuh verwendet. Mit der allgemeinen Zweckbestimmung müßte die Haftungsart wechseln (Hasenclever S. 703). Allein, wie für die Frage, was ein Haustier ist, die Gattung, so muß für die Zweckbestimmung im allgemeinen die dem Betriebe und der Art nach vorherrschende Zweckbestimmung in erster Linie maßgebend sein. Dem Landwirt, der Rindvieh und Schweine regelmäßig wegen ihres Gebrauchswerts hält, dienen mit ihrem Gebrauchswert auch einzelne zum Verkauf bestimmte Tiere: dessen Erwerbstätigkeit dient das Jungvieh, sei es, daß es für die Ackerwirtschaft oder zur Veräußerung im Betriebe bestimmt ist, vermöge seines Gebrauchswerts (Dünger), vgl. Recht 1910, 2188. Und umgekehrt wird bei dem Viehhändler die Bestimmung des Tiers als Ware den Ausschlag geben, auch wenn es gelegentlich genützt wird. Die erste bekannt gewordene gerichtliche Entscheidung, welche zu dieser Streitfrage Stellung genommen hat (LG. Mosbach vom 17. April 1909, BadRPr. 117), dürfte hiernach das Richtige getroffen haben.

4. Maßgebend für die Anwendung des Satzes 2 des § 833 ist die allgemeine Zweckbestimmung des Haustiers. Es braucht nicht ausschließlich dem Beruf usw. zu dienen bestimmt sein oder oder dienen und es verschlägt nach der klaren Fassung des Gesetzes nichts, wenn ein Ackerpferd im Augenblick der Schadenszufügung zu einer Spazierfahrt verwendet wird. Der dem Tierhalter obliegende Sorgfaltsbeweis für eine gehörige Beaufsichtigung umfaßt die Sorge für die Verwahrung, den Unterhalt und die Leitung; der Beweis hat sich, wie bei §§ 831 — vgl. oben § 17 Ziff. 4 und 5 — und § 832 BGB. auf den Zeitpunkt der Schadenszufügung zu beziehen, muß sich aber auch auf die allgemeine Fürsorge in der vorangegangenen Zeit erstrecken, wenn ihre Vernachlässigung ursächlich gewesen sein kann.

Im Falle der Annahme eines Tierhüters genügt im Sinne des § 833 Satz 2 nicht immer die Auswahl desselben mit der im Verkehr erforderlichen Sorgfalt. Zwar wird der Tierhalter, wenn er den in § 831 Abs. 1 Satz 2 vorgesehenen Beweis in allen Richtungen erbringt, damit häufig zugleich den Entlastungsbeweis des § 833 Satz 2 geführt haben. Rechtlich fallen aber beide Entlastungsbeweise keineswegs zusammen. Der Tierhalter hat auch über die Bestellung eines tauglichen Tierhalters hinaus die im Verkehr erforderliche Sorgfalt zu beachten. Nach § 833 Satz 2 freilich nur bei der Beaufsichtigung des Tiers, da der Antrag Bitter, diese Worte zu streichen, vom Reichstage abgelehnt worden ist. Die Pflicht zur Beaufsichtigung erfordert unter Umständen Anordnungen, die über die Befugnisse des Tierhüters hinausgehen, insbesondere ein eigenes Einschreiten des Tierhalters. Hätte z. B. der Bauer dem neu eingetretenen, an sich zuverlässigen, Knecht nicht gesagt, daß das Pferd, mit welchem der Knecht in die Stadt fährt, bei Bahnübergängen oder vor Autos sehr leicht scheut, so wäre das ein Fehler des Tierhalters bei der Beaufsichtigung. Vgl. die Fälle Recht 1912, 220, oben S. 149, 196 u. 11, 3471; 1912, 426. Außerdem haftet der Tierhalter darüber hinaus für jede für den entstandenen Schaden ursächliche Vernachlässigung der im Verkehre erforderlichen Sorgfalt, insoweit freilich nicht nach § 833 Satz 2, so daß er sich zu entlasten hätte, sondern nach § 823 BGB., so daß ihm von Beschädigten der Nachweis eines Verschuldens zu erbringen ist, JW. 1911, 653; RG. 76, 230; SeuffA. 66, 235.

III.

Wer für den Tierhalter die Führung der Aufsicht über das Tier durch Vertrag übernimmt („Tierhüter", RG. 60, 313; 76, 229), ist neben dem Tierhalter für den Tierschaden haftbar, § 834 BGB. Ob es sich um ein Haustier der in Satz 2 des § 833 genannten Art handelt oder nicht, ist für die Haftung des Tierhüters gleichgültig; in jedem Falle kann sich der Tierhüter durch den Beweis entlasten, daß er bei der Führung der Aufsicht die im Verkehr erforderliche Sorgfalt beachtet habe oder, daß der Schaden auch bei Anwendung dieser Sorgfalt entstanden sein würde. Das ist der Beweis eigener Schuldlosigkeit bei der Beaufsichtigung oder des Mangels des ursächlichen Zusammenhangs zwischen etwaigem Verschulden und dem Schaden.

1. Die nach § 834 rechtserhebliche Aufsicht muß sich auf die Verhütung der Tiergefahr beziehen. Sie ist die Obsorge dafür, daß das Tier keinen Schaden anrichtet. Sie erfordert eine gewisse Selbständigkeit in der Ergreifung der erforderlichen Maßregeln. Gesindepersonen, welche nur auf Anweisung des Dienstherrn handeln, haben regelmäßig keine Aufsichtsführung übernommen, regelmäßig auch nicht ein Pferdeknecht oder Kutscher; denn eine selbständige, allgemeine Gewalt über das Tier ist ihnen nicht übertragen, RG. 50, 244; JW. 1905, 202. Dagegen haben der Verwahrer, der Entleiher und der Mieter, auch der Begleiter eines Viehtransports meist auch die Aufsichtsführung über die betreffenden Tiere vertragsmäßig übernommen, JW. 1905, 202.

2. Die Aufsichtsführung muß durch Vertrag übernommen sein. Nicht hierher gehört eine gesetzliche Aufsichtspflicht oder die rein tatsächliche freiwillige Übernahme der Aufsicht über das Tier. Die vertragsmäßige Übernahme kann sich aus den Umständen ergeben (§§ 133, 157 BGB.). Wem ein Tier zur Verwahrung, Wartung, Abrichtung zur Jagd oder zum Zureiten vertragsmäßig überlassen und in die Gewalt übergeben wird, wer einen Viehtransport übernimmt, hat auch die

Aufsicht über die Tiere übernommen, RG. 58, 410; JW. 1905, 202. Der Vertrag braucht nicht mit dem Tierhalter selbst geschlossen zu sein, es genügt, wenn der Tierhüter die Aufsichtsführung für den Tierhalter durch Vertrag übernommen hat.

3. Der von dem Tierhüter zu führende Entlastungsbeweis entspricht demjenigen nach §§ 831, 832, vgl. oben §§ 17, 18. Der Tierhüter haftet neben dem Tierhalter als Gesamtschuldner, RG. 60, 313, im inneren Verhältnis zum Tierhalter, wenn dieser ihn zu der Aufsicht bestellt hat, gemäß § 831 allein, § 840 BGB.

4. Erleidet der Tierhüter selbst einen Schaden, so haftet zwar grundsätzlich auch ihm gegenüber der Tierhalter nach § 833. Hier wird jedoch die Tierhaftung ausgeschlossen oder gemindert oder wenigstens für die Beweislast umgekehrt aus Gründen, welche auch für anderweite Rechtsbeziehungen zwischen dem Tierhalter und dem Beschädigten gelten, eine allgemeinere Bedeutung beanspruchen und darum im folgenden zusammenhängend behandelt werden:

## IV.

Zwischen Tierhalter und Beschädigtem bestehende rechtliche Beziehungen sonstiger Art können die Anwendbarkeit der §§ 833, 834 in verschiedener Weise beeinflussen.

1. Die mit der Bedienung von Zug- und Reittieren betrauten Personen sind, auch wenn das Halten der Fahrzeuge oder Reittiere nicht gewerbsmäßig geschieht, nach § 537 Ziff. 6 und 7 (624, 627 Abs. 1, 629 Abs. 2), 633 oder nach §§ 915, 923 RVO., wenn die Tierhaltung zum landwirtschaftlichen Betrieb gehört, reichsgesetzlich gegen Unfall versichert. Hieraus ergibt sich für die betreffenden Tierhalter, die zugleich Betriebsunternehmer sind, auch wenn sie ein Verschulden trifft oder wenn sie den in Satz 2 des § 833 BGB. erforderten Nachweis nicht zu erbringen vermögen, im Verhältnis zu dem verletzten Angestellten und seinen Hinterbliebenen die Beschränkung der Haftung auf den Fall der strafrechtlichen Verurteilung wegen vorsätzlicher Herbeiführung des Unfalls und auf den die Unfallentschädigung übersteigenden Betrag, §§ 898, 1042 RVO. Im Verhältnis zu den Gemeinden, Armenverbänden, Krankenkassen usw. haftet der Tierhalter, welcher Betriebsunternehmer oder Angestellter desselben im Sinne des § 899 RVO. ist, nach §§ 903, 1042 RVO. nur bei strafrechtlicher Feststellung, daß er den Unfall vorsätzlich oder fahrlässig unter Außerachtlassung

einer Berufspflicht herbeigeführt hat, für die Aufwendungen. Er haftet der Berufsgenossenschaft nach § 903 Abs. 4 „auch ohne strafrechtliche Feststellung“, in diesem Falle im Hinblick auf die Worte des § 898 RVO. „Ersatz des Schadens nach anderen gesetzlichen Vorschriften“ — sofern nicht die Genossenschaftsversammlung nach § 905 verzichtet — freilich an sich auch gemäß § 833 BGB.

2. Bei einem zwischen dem Tierhalter und dem Beschädigten bestehenden Vertragsverhältnis, mag dieser Tierhüter im Sinne des § 834 sein — z. B. der Kutscher (DJZ. 1905, 962), Zureiter oder Begleiter eines Viehtransports (SeuffBl. 1907, 960/1) — oder nicht, z. B. der Tierarzt, Hufschmied oder Stallknecht, erscheint, zumal dem Beschädigten dann regelmäßig selbst die beste Sachkunde in Ausdehnung der Behandlung des Tiers beizumessen ist, zunächst eine eigene Sorgfaltspflicht des Beschädigten als verletzt. Hier hat deshalb der Beschädigte zu beweisen, daß er seiner Vertragspflicht genügt habe oder daß der Schaden ohnedies eingetreten wäre. Fällt ihm ein Verschulden zur Last, so ist es gemäß § 254 BGB. bei der Schadensverteilung zu berücksichtigen, RG. 50, 244; 58, 413; 61, 54; JW. 1905, 202; 393; 528.

3. Eine vertragsmäßige Vereinbarung auf Ausschluß der Tierhaftung kann aus den Umständen entnommen werden, namentlich aus einem bestehenden Vertragsverhältnis sonstiger Art. So, wenn der Verletzte durch Dienst- oder Werkvertrag eine in seinen Berufskreis gehörige Arbeitsleistung übernommen hat, die als solche mit der Gefährdung durch ein Tier verbunden ist. Hier ist regelmäßig mit der Leistung auch die damit verbundene Gefahr übernommen. Das trifft zu beim Zureiten eines Rennpferdes durch den Bereiter, eines Reitpferdes durch einen Stallmeister. Hier bedingt der Vertrag eine selbständige Gewalt dieser Personen über das Tier, RG. 58, 410; JW. 1905, 143; SeuffA. 67, 256. Anders beim Tierarzt oder Hufschmied, vgl. RG. 61, 54 mit JW. 1906, 553; 1912, 797, 3199. Bei letzterem wurde die Übernahme der Tiergefahr auch in einem Falle verneint, wo er trotz Wahrnehmung gefährlicher Umstände das Beschlagen fortsetzte, Recht 1912, 184, 3199; JW. 1912, 797. Die besondere Tiergefahr wird jedoch regelmäßig übernommen sein von dem Eigentümer des weiblichen Tiers, wenn anläßlich der Deckung die Kuh durch den Bullen, die Stute durch den Hengst beschädigt wird, DJZ. 1905, 1176; 1911, 1379. Keine Übernahme der Tier-

gefahr ist anzunehmen bei den unselbständigen Dienstverrichtungen der von den Weisungen des Dienstherrn abhängigen Gesindepersonen: Kutscher, Reitknecht, Stallknecht, RG. 50, 244; JW. 1905, 202, 392, 393, 528; 1907, 710; Recht 1909, 469, 470; DJZ. 1259; so bei Übernahme der Wartung und Pflege eines kranken Pferdes, Recht 1912, 586. Beim Unternehmen einer Beförderung ist die Übernahme der Gefahr durch den Beförderten Tatfrage des einzelnen Falles.

Für den Fall, daß ein Fahrgast aus Gefälligkeit mitgenommen wurde, beließ es RG. 54, 73 bei der Tierhaftung. Aber die Umstände, z. B. bestehendes Verwandtschaftsverhältnis zwischen Tierhalter und Fahrgast, die zu unterstellende Absicht der Beteiligten, den Vertrag den Geboten der Billigkeit zu unterstellen, können einen **Vertrag** auf Ausschließung der Tierhaftung enthalten, ohne daß diese Willenseinigung ausdrücklich erklärt ist, ohne daß die Beteiligten auch nur an die Gefahr eines Unfalls gedacht haben und, ohne daß eine dahingehende Verkehrssitte besteht, RG. 65, 313; 67, 431; JW. 1907, 308; 1908, 108. Das auch ohne sonstigen Vertragsschluß, wie ihn die bloße Gefälligkeit des Mitfahrenlassens nicht ohne weiteres enthält, RG. 65, 18; JW. 1908, 108. Schon die Bitte um Mitnahme und die Einwilligung dazu enthalten regelmäßig solche Ausschließung. Bei entgeltlicher Mitnahme bedarf sie jedoch besonderer Begründung, JW. 1908, 108; 1909, 313. Gegen eine vertragsmäßige Ausschließung der Tierhaftung spricht eine bestehende Haftpflichtversicherung auf seiten des Tierhalters und die Kenntnis davon auf seiten des Mitfahrenden, dagegen spricht der Umstand, daß auf seiten des Mitfahrenden oder desjenigen, der sich sonst einer Tiergefahr aussetzte, darin eine Gefälligkeit gegenüber dem Tierhalter lag. Wer aus Gefälligkeit gegen den Tierhalter mit oder an dem Tier eine Verrichtung vornimmt, wer z. B. beim Verladen eines Kalbes mithilft, SeuffA. 67, 7, und bei Gelegenheit des Gefälligkeitsdienstes von dem Tier verletzt wird, hat in der Regel nicht daran gedacht, die Gefahr auf sich zu nehmen und auf die Tierhaftung zu verzichten. Ein stillschweigender Ausschluß der Haftung erstreckt sich auch in der Regel nicht auf eine erst durch ein **Verschulden** des Tierhalters begründete Gefahr, Recht 1911, 3466; 1912, 585.

RGRKomm. § 833 Anm. 7 a. E., Warn. 1909, 357, auch Recht 1909, 1680 wollen an die Stelle des stillschweigenden Vertrags auf Haftungsausschluß oder Gefahrübernahme das Handeln auf eigene Gefahr setzen; wer bewußterweise außerhalb eines Vertragsverhältnisses oder seiner sonstigen rechtlichen oder sittlichen Verpflichtungen einer bestimmten Gefahr sich aussetze, nehme die Gefahr auf sich. Allein die Tierhaftung ist gerade eine außervertragliche; man wird, so wie das Gesetz lautet, einem „Handeln auf eigene Gefahr", wenn es nicht derart in die Erscheinung tritt, daß es die Annahme eines, wenn auch nur stillschweigenden, vertragsmäßigen Haftungsausschlusses begründet, und wenn es auch ein Mitverschulden (§ 254) nicht enthält, eine selbständige Bedeutung nicht belegen können; vgl. Francke, Tierhalterhaftung, S. 76 Ziff. 8. Handeln auf eigene Gefahr, „nämlich Übernahme der Gefahr" (sic!) ist z. B. angenommen, wo der Wageninsasse wußte, daß das junge Pferd noch nicht eingefahren war, JW. 1912, 857 = Recht 3080.

4. Auch aus einem allgemeineren Grunde, nämlich nach den Grundsätzen der sog. Anspruchskonkurrenz, kann sich ein Ausschluß der Tierhaftung ergeben.

Die Entscheidung des Reichsgerichts 50, 249 sagt nur, daß „sich nach dem Dienstvertrag, entsprechend den Vorschriften in §§ 611 ff. BGB., die vertraglichen Beziehungen, Rechte und Pflichten des Dienstberechtigten und des zur Dienstleistung Verpflichteten, bestimmen; darin erschöpfe sich die Tragweite der hierauf bezüglichen Gesetzesvorschriften, die sich also nicht über das Gebiet des Vertragsverhältnisses hinaus erstreckten. ... Aber durch die hier (§§ 616—619 BGB.) vom Gesetze getroffene Regelung des vertraglichen Schuldverhältnisses sollten nicht sämtliche Rechtsbeziehungen, die sich aus Anlaß des Dienstverhältnisses für die Beteiligten möglicherweise ergeben könnten, abschließend normiert werden, und die erwähnten Gesetzesvorschriften schließen nicht eine weitergehende Haftung aus, welche von dem Gesetz an einen anderen, von dem Dienstvertrag unabhängigen Rechtsgrund, namentlich an den Tatbestand einer unerlaubten Handlung oder der im 25. Titel des 7. Abschnittes des 2. Buches den unerlaubten Handlungen gleichgestellten Fälle, geknüpft ist."

Zweifellos mit Recht wird es in dem Urteile des Reichsgerichts vom 28. Februar 1906[1]) für unzutreffend erklärt, daß die abredegemäß übernommene Aufsicht, Obhut oder Führung des Tiers allemal dann den vertragsmäßigen Ausschluß der Haftung des Tierhalters zur Folge haben müsse, wenn damit Gefahren verknüpft sind.

[1]) Nr. 538 der Drucksachen des Reichstags 1907/8 S. 16; Beiheft II zu RLG., Materialien zum Gesetze vom 30. Mai 1908 S. 15.

Daraus folgt aber nicht, daß die Beschädigung, welche der Dienstverpflichtete anläßlich einer Dienstverrichtung an dem Tier durch dieses Tier erleidet, sofern weder ihn noch den Dienstherrn ein Verschulden trifft, gerade deshalb auch außerhalb der kontraktlichen Beziehungen steht. Damit käme man zur Haftung des Vertragsgegners, nämlich aus § 833 BGB., gerade weil ein Verschulden nicht vorliegt.

Legte schon die Betonung des „von dem Dienstvertrag unabhängigen Rechtsgrundes" und der bloß „aus Anlaß des Dienstverhältnisses sich ergebenden Rechtsbeziehung" in RG. 50, 249 eine tiefergehende Unterscheidung nahe, so drängt sich dieselbe geradezu auf bei einem Vergleiche der Entscheidungen des Reichsgerichts vom 23. April und 17. Dezember 1909 und 11. März 1910 (JW. 1909, 357; Recht 2109; JW. 1910, 112, Recht 512 und ebenda 1584) einerseits mit den Entscheidungen vom 8. November 1910, 22. Dezember 1910 und vom 4. Oktober 1911 (Recht 1910, 4080; JW. 1911, 219 und RG. 77, 99).[1] Hiernach wird aber gefragt werden müssen, ob die in der Schadenszufügung verwirklichte Gefahr in einem inneren, adäquaten Zusammenhang zu dem vorliegenden Schuldverhältnisse steht und außerdem, will man eine für die Praxis ausreichende Bestimmtheit der Grenzziehung erreichen, ob im gegebenen Falle die Gefahr sich nicht auch auf solche Personen erstreckt hat, die zu dem Verantwortlichen in keiner vertraglichen oder vertragsähnlichen Beziehung standen, m. a. W. ob im gegebenen Falle die Gefahr gerade auf den oder die Vertragsgegner beschränkt war.

---

[1]) RG. 77, 99 erklärt in dem Falle, daß die Ehefrau des Mieters durch die herabfallende Klappe eines Jalusiekastens verletzt wurde, den Vermieter dem Mieter gegenüber für haftbar wegen der entgehenden Dienste der Ehefrau, jedoch nur nach §§ 537/8 BGB. aus dem Mietvertrag, nicht aus unerlaubter Handlung gemäß §§ 823, 831, 836, 845 BGB. Das Vorliegen einer Fahrlässigkeit des Vermieters war Voraussetzung der Haftung auch aus dem Mietvertrag. Indem das RG. ausführt, es sei mit Recht angenommen worden, daß nach der gegebenen Sachlage eine Haftung des Beklagten aus §§ 823, 831, 836 BGB. sich nicht rechtfertige, kann mithin nicht das Vorliegen einer Fahrlässigkeit verneint worden sein; denn sonst hätte auch der Anspruch aus dem Mietverhältnis abgelehnt werden müssen. Daß wegen der Körperverletzung der Frau der Anspruch aus unerlaubter Handlung versagt und nur der Anspruch aus dem Mietvertrag für zutreffend erklärt wurde, kann mithin seinen Grund nur darin haben, daß die Verletzung in einem adäquaten, inneren Zusammenhang zu dem Mietverhältnis stand und lediglich die Folge der Verletzung einer durch dieses Vertragsverhältnis begründeten Pflicht war, auch die verwirklichte Gefahr sich objektiv nur auf Personen erstreckte, denen oder deren Schutz der Vermieter kraft des Vertrags zur sorgfältigen Instandhaltung verpflichtet war.

Sind beide Fragen zu bejahen, aber auch nur in diesem Falle, dann ist nur die Haftung aus dem bestehenden Schuldverhältnisse, nach § 276 BGB. also nur für Verschulden, begründet. Muß aber auch nur eine verneint werden, dann ist auch die Deliktshaftung, gegebenen Falles aus § 833 BGB. begründet.[1])

Ist bei Auslegung eines Vertrags, insbesondere auch in der Richtung, ob ein Haftungsausschluß vereinbart erscheint, die Verkehrssitte zu berücksichtigen (§ 157 BGB.), so dürfen um so mehr die gesetzlichen Vorschriften herangezogen werden, denen die Parteien offensichtlich den Vertrag unterwerfen wollten. Stellt sich aber ein Rechtsverhältnis, bei welchem die Verwendung eines Tiers oder die Verrichtung an einem solchen in Frage kommt, — Beförderungsvertrag, Pflege, ärztliche Behandlung, Aufsicht — nach der äußeren Erscheinung und der Absicht der Parteien als ein Dienst- oder Werkvertrag dar, so dürfen und müssen um so mehr zur Auslegung des Vertrags auch die gesetzlichen Bestimmungen über den Dienst- oder Werkvertrag herangezogen werden. Denn das Gesetz enthält den Niederschlag der Verkehrssitte. Auch auf diesem Wege muß man zu einem Ausschluß der reinen Gefährdungshaftung aus § 833 BGB. gelangen, sofern die Beschädigung in innerem, adäquatem Zusammenhange mit dem bestehenden Rechtsverhältnisse steht und nichts als eine Verwirklichung der gerade durch dieses Rechtsverhältnis begründeten Tiergefahr darstellt, welche sich auf andere Personen nicht erstreckt hat. Jedoch handelt es sich hier, wo nicht Verkehrssitte, sondern geltendes Recht in Frage steht, wie Francke mit Recht bemerkt, um das unmittelbare Gebot gesetzlicher Vorschriften, um den Inhalt von dem § 833 widersprechenden Rechtsnormen.[2])

## § 20.

## Wildschaden.

Der Ersatz von Wildschaden bestimmt sich nach § 835 BGB., Art. 70—72 EG. BGB. und den landesgesetzlichen Wildschadensbestimmungen. § 835 BGB. enthält einen Fall der Gefähr-

[1]) Die Frage ist von allgemeinerer Bedeutung und kann hier nur gestreift werden. Vgl. Francke, Tierhalterhaftung 1911 S. 72, 73; Fromherz in ArchZivPrax. 108 (1912), 435.

[2]) Wegen der Möglichkeit der Einschränkung der Gefährdungshaftung durch bestehende Rechtsbeziehungen besonderer Art vgl. M. Rümelin, Schadensersatz ohne Verschulden 1910 S. 42 f.

dungshaftung und damit eine Ausnahme von dem das Haftpflichtrecht nach dem Bürgerlichen Gesetzbuch beherrschenden Schuldprinzip. Es gilt der Grundsatz, daß ohne Rücksicht auf ein Verschulden der Wildschaden von demjenigen zu ersetzen ist, welcher die Vorteile und Annehmlichkeiten der Jagd genießt, RG. 60, 303. Die §§ 827—829 BGB. können hiernach keine Anwendung finden.

Wildschaden ist nach § 835 Abs. 1 BGB. die durch Schwarz-, Rot-, Elch-, Dam- oder Rehwild verursachte Beschädigung eines Grundstücks, an welchem dem Eigentümer das Jagdrecht oder dessen Ausübung nicht zusteht, einschließlich des Schadens an den noch nicht getrennten Erzeugnissen eines Grundstücks, §§ 93, 94 BGB., sowie ein Schaden, den die Tiere an den getrennten, aber noch nicht eingeernteten Erzeugnissen des Grundstücks anrichten. Dazu gehört auch der Schaden, der durch Wild angerichtet wird, das aus einem Gehege ausgetreten ist, Art. 71 Ziff. 2 EG. BGB. Der Wildschadensersatz erstreckt sich nur auf Schaden durch jagdbares Wild (vgl. Art. 71 Ziff. 1 EG. BGB.) nicht z. B. auf Schaden durch wilde Kaninchen, auch nicht im ehem. Kurfürstentum Hessen, SeuffA. 67, 257.

Ersatzpflichtig ist:

a) wo noch ein Jagdrecht an fremdem Grund und Boden besteht, wie in Mecklenburg, der Jagdberechtigte;

b) wo dem Eigentümer die Ausübung des ihm zustehenden Jagdrechts durch Gesetz entzogen ist, z. B. zugunsten eines anliegenden größeren Grundstücks, derjenige, der zur Ausübung des Jagdrechts auf dem beschädigten Grundstück gesetzlich berechtigt ist;

c) wo der Eigentümer eines Grundstücks, auf dem das Jagdrecht wegen der Lage des Grundstücks nur gemeinschaftlich mit dem Jagdrecht auf einem anderen Grundstück ausgeübt werden darf, das Jagdrecht dem Eigentümer dieses anderen Grundstücks verpachtet hat, der Eigentümer dieses anderen Grundstücks;

d) wo die Eigentümer der Grundstücke eines Bezirks zum Zwecke der gemeinschaftlichen Ausübung des Jagdrechts durch das Gesetz zu einem Verbande vereinigt sind, der Verband und, wo dieser als solcher nicht haftet, die Eigentümer nach Verhältnis der Größe ihrer Grundstücke, vgl. § 840 Abs. 1 BGB.

Ersatzberechtigt ist als Verletzter der Eigentümer des beschädigten Grundstücks, bei Verpachtung der Pächter; hat der Eigentümer bei der Verpachtung das ihm zustehende Jagdrecht vorbehalten, so entscheidet die Auslegung des Pachtvertrags, ob der Pächter Anspruch auf Ersatz von Wildschaden hat oder nicht. Ohne ausdrückliche oder stillschweigende Vereinbarung besteht kein Ersatzanspruch, soweit nicht übermäßig Wild gehegt und der Fruchtgenuß in einer Weise beeinträchtigt wird, welche einer nach Treu und Glauben erfolgenden Auslegung des Pachtvertrags zuwiderläuft. An Stelle des Eigentümers als Ersatzberechtigten tritt nach Art. 72 EG. BGB. der Nutzungsberechtigte, wenn in Ansehung eines Grundstücks ein zeitlich nicht begrenztes Nutzungsrecht besteht. Hat bei der Entstehung des Schadens ein Verschulden des Verletzten mitgewirkt, hat z. B. der Grundeigentümer Schutzvorrichtungen, die nach bestehender Übung oder Vorschrift erforderlich sind, nicht angebracht, so findet § 254 BGB. Anwendung, Art. 71 Ziff. 4 EG. BGB., RG. 52, 349; JW. 1905, 367. Mehrere Jagdberechtigte haften, vorbehaltlich der Bestimmung in § 835 Abs. 3, nach § 840 BGB. als Gesamtschuldner, ebenso ein daneben aus unerlaubter Handlung anderer Art haftbarer Dritter. Dieser haftet im inneren Verhältnis zum Jagdberechtigten aufs ganze, § 840 Abs. 3. Der Jagdpächter oder Jagdberechtigte selbst kann wegen zu starker Wildhaltung nicht aus § 823 BGB. haftbar gemacht werden, BayZ. 1906, 44. Die Verjährungsfrist für den Anspruch auf Ersatz von Wildschaden ist 3 Jahre, § 852 BGB. Landesgesetzliche Anmeldefristen, vgl. Art. 70 EG. BGB., werden dadurch nicht berührt. Für die Ersatzklage ist nach § 23 GVG. ohne Rücksicht auf den Streitwert das Amtsgericht sachlich zuständig, örtlich ist der Gerichtsstand des § 32 ZPO. gegeben. An die Vorschriften des Bürgerlichen Gesetzbuchs über den Ersatz von Wildschaden sind die Landesgesetze gebunden, Art. 69 EG. BGB., jedoch vorbehaltlich der zahlreichen, nach Art. 70, 71 EG. BGB. zugelassenen Einschränkungen:

Art. 70. Unberührt bleiben die landesgesetzlichen Vorschriften über die Grundsätze nach welchen der Wildschaden festzustellen ist, sowie die landesgesetzlichen Vorschriften, nach welchen der Anspruch auf Ersatz des Wildschadens innerhalb einer bestimmten Frist bei der zuständigen Behörde geltend gemacht werden muß.

Art. 71. Unberührt bleiben die landesgesetzlichen Vorschriften, nach welchen

1. die Verpflichtung zum Ersatze des Wildschadens auch dann eintritt, wenn der Schaden durch jagdbare Tiere anderer als der im § 835 des Bürgerlichen Gesetzbuchs bezeichneten Gattungen angerichtet wird;
2. für den Wildschaden, der durch ein aus dem Gehege ausgetretenes jagdbares Tier angerichtet wird, der Eigentümer oder der Besitzer des Geheges verantwortlich ist;
3. der Eigentümer des Grundstücks, wenn das Jagdrecht auf einem anderen Grundstücke nur gemeinschaftlich mit dem Jagdrecht auf seinem Grund-

stück ausgeübt werden darf, für den auf dem andern Grundstück angerichteten Wildschaden auch dann haftet, wenn er die ihm angebotene Pachtung der Jagd abgelehnt hat;

4. der Wildschaden, der an Gärten, Obstgärten, Weinbergen, Baumschulen, und einzelstehenden Bäumen angerichtet wird, dann nicht zu ersetzen ist, wenn die Herstellung von Schutzvorrichtungen unterblieben ist, die unter gewöhnlichen Umständen zur Abwendung des Schadens ausreichen;
5. die Verpflichtung zum Schadensersatz im Falle des § 835 Abs. 3 des Bürgerlichen Gesetzbuchs abweichend bestimmt wird;
6. die Gemeinde an Stelle der Eigentümer der zu einem Jagdbezirke vereinigten Grundstücke zum Ersatze des Wildschadens verpflichtet und zum Rückgriff auf die Eigentümer berechtigt ist oder an Stelle der Eigentümer oder des Verbandes der Eigentümer oder der Gemeinde oder neben ihnen der Jagdpächter zum Ersatze des Schadens verpflichtet ist;
7. der zum Ersatze des Wildschadens Verpflichtete Erstattung des geleisteten Ersatzes von demjenigen verlangen kann, welcher in einem anderen Bezirke zur Ausübung der Jagd berechtigt ist.

Es sind daher die zahlreichen einschlägigen Vorschriften der einzelstaatlichen Jagd- und Wildschadensgesetze zu berücksichtigen:

Anhalt: Gesetz, den Ersatz von Wildschaden betr. vom 21. April 1899.

Baden: Jagdgesetz vom 2. Dezember 1850, Fassung vom 9. August 1898. Ausübung der Jagd durch die Grundeigentümer selbst nur bei wenigstens 72 ha = 200 Morgen zusammenhängender Fläche, sonst durch die Gemeinde. Ersatzpflicht für Wildschaden, auch wenn er durch jagdbare Tiere anderer als der in § 835 BGB. bezeichneten Gattungen angerichtet wird, nicht für Schaden, welcher von Raubtieren, Strichvögeln oder Zugvögeln verursacht wird. Hausgärten und Baumschulen müssen eingezäunt, junge Obstbäume im Winter eingebunden sein. Haftpflicht der Jagdpächter im verpachteten Gemeindejagdbezirk. Haftung der Gemeinde als Bürge. Haftung der Gemeinde allein, wenn im Pachtvertrag die Verbindlichkeit der Jagdpächter zum Wildschadensersatz ausgeschlossen ist. Anmeldung binnen einer Woche beim Bürgermeister. Feststellung des Schadens auf Grund der Abschätzung beeideter Schätzer. 14 tägige Klagfrist gegen die Feststellung.

Bayern: Jagdgesetz vom 30. März 1850; Wildschadengesetz vom 15. Juni 1850; AG. BGB. §§ 86, 138, 143, 144 und 146; VO. vom 11. Juni 1900, die jagdbaren Tiere betr. Haftpflicht auch für Schäden, welcher durch jagdbare Säugetiere anderer als der in § 835 BGB. bezeichneten Gattungen angerichtet wird. Haftbarkeit der Gemeinde, wo sie die Jagd verpachtet hat oder in Selbstverwaltung ausübt. Schutzvorrichtungen bei Baumschulen, Obstgärten und jungen Bäumen. Anmeldung binnen sechs Tagen bei der Ortspolizeibehörde.

Braunschweig: Gesetz vom 8. September 1848 Nr. 39, § 14, über die Aufhebung des Jagdrechts; Jagdausführungsgesetz vom 16. April 1852 Nr. 23; AG. BGB. §§ 32—37. Haftung des Jagdpächters bei gemeinschaftlichen selbständigen Jagdbezirken, Ausübung mittels Administratoren nur unter Verpflichtung des Administrators zur Befriedigung etwaiger Wildschadensgläubiger.

Elsaß-Lothringen: Gesetz vom 7. Februar 1880, betr. Ausübung des Jagdrechts; AG. BGB. §§ 16—36. Ausdehnung auf Hasen- und Kaninchenschaden. Schutzvorrichtungen an Gärten, Obstgärten, Baumschulen und einzelstehenden Bäumen. Für Schwarzwildschaden haftet die Gemeinde. Insoweit bilden sämtliche Gemeinden eine Wildschadensgenossenschaft. Für anderen Schaden haftet der Jagdpächter; wenn er und der Bürge zahlungsunfähig sind, auch die Gemeinde. Anmeldung beim Bürgermeister ohne Frist. Ermittelung und Schätzung zu Protokoll, das Beweis für Bestand und Höhe des Schadens begründet. Hinterlegung des Protokolls binnen einer Woche. Binnen einer weiteren Woche Widerspruch, binnen zwei weiteren Wochen Klage zulässig. Auswärtige Jagdpächter haben einen zum Vergleichsabschluß ermächtigten Vertreter zu bestellen.

Hessen: Gesetz vom 1. Juni 1895; VO. vom 2. August 1899, den Ersatz von Wildschaden betr. AG. BGB. § 276. Ausdehnung auf in § 835 BGB. nicht genannte Gattungen jagdbarer Tiere: der von Federwild, mit Ausnahme des Trutwildes und der Fasanen, verursachte Schaden wird nicht ersetzt. Schutzvorrichtungen bei Obstbäumen und Baumschulen. Bei Jagdverpachtung Verpflichtung des Verpächters und Pächters. Anmeldung binnen einer Woche bei Bürgermeisterei. Sühneversuch. Bei Erfolglosigkeit entscheidet auf Antrag eine Sachverständigenkommission, gegen deren Gutachten die Entscheidung des Kreisausschusses angerufen werden kann.

Lübeck: Jagdgesetz §§ 58—80.

Mecklenburg-Schwerin: VO. vom 9. April 1899, den Ersatz von Wildschaden betr. Ausdehnung auf Kaninchen. Schutzvorrichtungen an Gärten, Obstgärten, Baumschulen und einzelstehenden Bäumen. Anzeige der Beschädigung an den Jagdpächter binnen bestimmter Fristen, § 12. Binnen 1—2 Wochen Antrag auf Einleitung eines Schiedsverfahrens, § 16. Entscheidung des Schiedsmanns. Dagegen Beschwerde und gerichtliche Klage binnen zwei Wochen.

Mecklenburg-Strelitz: VO. vom 18. Dezember 1899, betr. den Ersatz von Wildschaden.

Preußen: Wildschadensgesetz vom 11. Juli 1891, § 6. In den alten Provinzen gibt es keinen Wildschaden durch Hasen, PrJagdO. § 51, vom 15. Juli 1907, §§ 61 ff. (Wildschadensverhütung), § 64 (Zulässigkeit des ordentlichen Rechtswegs bei Schwarzwildschaden, § 14 Abs. 1 WildschG.), RG. 70, 306. Wildschongesetz vom 14. Juli 1904 (Delius in DJZ. 1904, 960). Für Hannover: Gesetz vom 20. Juli 1848 und JagdO. vom 11. März 1859. Hier ist jeder Schaden durch jagdbare Tiere ohne Ausnahme zu vergüten. Gesetzlich haftet der Jagdpächter, gegebenenfalls der Verpächter mit Rückgriff gegen denjenigen, aus dessen Wildstand das Schadenswild ausgetreten ist. Für das ehemalige Kurhessen: WildschG. vom 26. Januar 1854 und JagdG. vom 7. September 1865, SeuffA. 63, 91.

Königreich Sachsen: Gesetz vom 1. Dezember 1864.

Sachsen-Altenburg: Gesetz, den Ersatz von Wildschaden betr. vom 20. Dezember 1899.

Sachsen-Coburg-Gotha: AG. BGB. § 16.

Sachsen-Weimar-Eisenach: AG. BGB. §§ 74—89.

Schwarzburg-Sondershausen: AG. BGB. Art. 21. Gesetz betr. Änderung des § 11 des Gesetzes vom 17. Februar 1870 über die Ausübung der Jagd und die Erstattung von Wildschäden vom 19. Dezember 1900.

Schwarzburg-Rudolstadt: Gesetz, den Ersatz von Wildschaden betr. vom 11. Juli 1899.

Württemberg: Gesetz betr. Regelung der Jagd vom 27. Oktober 1855; AG. BGB. §§ 190—201. Verpachtung der Jagd durch die Gemeinde im Namen der Grundeigentümer. Ausdehnung auf Hasenschaden. Schutzvorrichtungen. Haftung des Jagdpächters, auch des Besitzers des Geheges, aus dem Wild ausgetreten ist, der Gemeinde als Bürge, der Gemeinde allein, wenn im Pachtvertrag die Ersatzpflicht des Pächters ausgeschlossen ist. Anmeldung binnen einer Woche beim Ortsvorsteher, Feststellung durch das Oberamt, zweiwöchige Klagfrist vom Tage der Feststellung.

## § 21.

## Einsturz.

Ebensowenig wie die Haftung des Geschäftsherrn, § 831, und des Aufsichtspflichtigen, § 832 BGB., enthält diejenige für Einsturz nach §§ 836—838 BGB. eine Ausnahme von dem Schuldprinzip. Das Verschulden besteht in der mangelhaften Unterhaltung. Aber auch hier äußert sich das Gefährdungsprinzip, indem zwar nicht, wie dort, auch der ursächliche Zusammenhang zwischen dem Verschulden und dem schadenbringenden Ereignis, wohl aber das Verschulden vermutet wird. Der Besitzer eines Grundstücks ist für den Schaden haftbar, wenn durch den Einsturz eines Gebäudes oder eines anderen mit einem Grundstücke verbundenen Werkes oder durch Ablösung von Teilen des Gebäudes oder Werkes ein Mensch getötet, der Körper oder die Gesundheit eines Menschen verletzt oder eine Sache beschädigt wird. Der Unterschied von Gebäude und Bauwerk[1]) kommt nicht in Betracht bei § 836 BGB. Er enthält eine Anwendung des nach der Rechtsprechung des Reichsgerichts für die Haftung aus § 823 BGB. bedeutungsvollen Grundsatzes, daß jeder für Beschädigung durch seine Sachen insoweit aufkommen müsse, als er dieselbe bei billiger Rücksichtnahme auf andere hätte verhüten müssen, RG. 52, 379; JW. 1904, 91; 1905, 370.

Ersatzpflichtig ist der Besitzer des Grundstücks, und zwar der Eigenbesitzer, der Eigentümer als solcher nicht, der mittelbare wie der unmittelbare Besitzer, auch der frühere Besitzer,

[1]) Während unter Bauwerken unbewegliche, durch Verwendung von Arbeit und Material in Verbindung mit dem Erdboden hergestellte Sachen zu verstehen sind — vgl. §§ 638, 648, 1012 BGB., RG. 30, 153; 56, 41 ff. — gehört zum Gebäude noch die seiner Zweckbestimmung zur Unterkunft oder Verwahrung von Menschen, Tieren oder Sachen entsprechende Gestalt und Umfriedung.

wenn der Einsturz oder die Ablösung innerhalb eines Jahres nach der Beendigung seines Besitzes eintritt. Besitzt jemand auf einem fremden Grundstücke in Ausübung eines Rechts ein Gebäude oder ein anderes Werk, § 95 Satz 2, 1012 BGB., so trifft ihn an Stelle des Besitzers des Grundstücks die in § 836 bestimmte Verantwortlichkeit, § 837 BGB. Dies ist der Fall bei dinglichen Rechten, z. B. dem Erbbaurecht, auch bei Pacht, nicht bei Miete, da der Mieter nach § 836 BGB. nicht zur Unterhaltung des Gebäudes verpflichtet ist. Wie der Besitzer ist nach § 838 BGB. verantwortlich, wer die Unterhaltung eines Gebäudes oder eines mit einem Grundstücke verbundenen Werkes für den Besitzer übernimmt oder das Gebäude oder das Werk vermöge eines ihm zustehenden Nutzungsrechts zu unterhalten hat. Mehrere Besitzer oder frühere Besitzer und Haftpflichtige nach §§ 837, 838 haften nach § 840 BGB. als Gesamtschuldner, unter sich nach § 426 BGB. § 840 Abs. 3 BGB. findet auf dieses Verhältnis keine Anwendung.

Als andere, mit einem Grundstücke verbundene, Werke kommen in Betracht: Brunnen, Böschungen, Dämme, z. B. ein Bahndamm mit Schienengleise (JW. 1908, 196), Denkmäler, elektrische Leitungen, Mauern und Gerüste (JW. 1910, 288), Kanäle, Masten, Karussells, Torpfeiler (SeuffA. 57, 62), Wasserleitungen (Recht 1903, 2785); Teile eines Gebäudes oder Werkes sind z. B. Dachziegel, bei Dachdeckerarbeiten abstürzende Steine (JW. 1910, 747), Schornsteine, Erker. Vgl. RG. 52, 236 (Fußboden, Decke), ROLG. 5, 246 (Telegraphenstangen), ROLG. 5, 249 (Türscheibe), JW. 1903 Beil. 115 (Gesimsstücke), JW. 1904, 91 (Dachaufsätze), RG. 60, 421 (Fensterläden), JW. 1906, 423 (Firmenschilder), ROLG. 14, 52 (Jalousiestücke), 14, 53; Recht 1905, 1859 (Torflügel, Schiebetor), 1860 (Fahnenstangen), ROLG. 4, 285 (Durchbruch der Decke), ROLG. 9, 45 (Durchbrechen der Bretter eines Heubodens), JW. 1904, 486 (Bruch des eine Lucke verschließenden Deckels), SeuffA. 64, 30 = ROLG. 18, 85 (Schutzdrähte einer elektrischen Leitung), DJZ. 12, 760 (Elektrischer Leitungsmast), SeuffA. 63, 249 (Schienengleise), ROLG. 18, 86 (Treppengeländer), nicht: natürliche Felsblöcke oder Bäume, nicht: bloße Sandüberwehungen, ROLG. 9, 46 vgl. mit RG. 60, 138; vgl. ROLG. 18, 86 (Teile eines Gerüstes) Als ein mit einem Grundstücke verbundenes Werk, d. h. als ein einem bestimmten Zwecke dienender, nach gewissen Regeln der Kunst oder der Erfahrung unter Verbindung mit dem Erdkörper hergestellter Gegenstand (RG. 60, 139), wurde angesehen die Anordnung steinerner Gehwegplatten über einem Wasserdurchfluß, RG. 76, 260. Als „Ablösung" (nicht „Absturz") kommt auch das Durchbrechen eines Brettes des Fußbodens ohne Herabfallen der Bruchstücke in Betracht, Recht 1912, 587; JW. 242. Keine Anwendung findet § 836, wenn bei Ausführung eines Neubaus ein noch nicht verbauter Gebäudeteil herabfällt, Recht 1912, 427.

Der ursächliche Zusammenhang wird nicht dadurch aufgehoben, daß äußere Einflüsse, z. B. ein Windstoß, das Anfahren eines Wagens, mitgewirkt haben, vgl. SeuffA. 57, 62; Recht 1905, 1859; ROLG. 9, 46; 14, 52. Es genügt, daß der Schaden ohne unmittelbare Einwirkung auf die beschädigte Person oder Sache oder Berührung derselben verursacht wurde, sofern nur adäquater Zusammenhang besteht, RG. 52, 239; JW. 1905, 370; ROLG. 18, 86; SeuffA. 64, 30, 92. Unter allen Umständen muß der Einsturz oder die Ablösung von Teilen des Gebäudes oder Werkes durch die fehlerhafte Einrichtung oder die mangelhafte Unterhaltung des Gebäudes oder Werkes verursacht sein. Daß dies der Fall ist, hat der Beschädigte zu beweisen. Mangelhafte Unterhaltung ist z. B. für gegeben erachtet, als eine in Laufschienen sich bewegende Scheunentür dadurch sich loslöste, daß die unteren Schienen durch Erde verstopft waren, und infolgedessen die Tür hochgehoben wurde und aus der oberen Laufschiene fiel, Recht 1911, 1746.

Die Ersatzpflicht fällt weg, wenn der Besitzer zum Zwecke der Abwendung der Gefahr die im Verkehr erforderliche Sorgfalt beobachtet hat, bei dem früheren Besitzer, wenn er während seines Besitzes diese Sorgfalt beachtet hat oder ein späterer Besitzer durch die Beachtung dieser Sorgfalt die Gefahr hätte abwenden können. Der Beweis liegt in diesem Falle dem Besitzer oder früheren Besitzer ob. Was zu der erforderlichen Sorgfalt gehört, richtet sich nach der Beschaffenheit und örtlichen Lage des Gebäudes oder Werkes. Vgl. JW. 1904, 91 (eine in Zwischenräumen von 10 Jahren erfolgte Nachschau im gegebenen Falle hinreichend), vgl. mit Recht 1912, 1902 (wo angenommen wurde, daß der Hausbesitzer seiner Pflicht, auf die baulichen Mängel des Hauses zu achten, nicht schon durch Anordnung jährlicher Untersuchungen genügt habe; er müsse auch in der Zwischenzeit die Sorgfaltspflicht betätigen; auch dürfe er sich in Ansehung von Mängeln, die den allgemeinen Verkehr gefährden, nicht auf die dem Mieter nach § 545 BGB. obliegende Anzeigepflicht verlassen), ROLG. 2, 27 (keine Verpflichtung des

Hausherrn zur Nachschau der Klosetts nach dem Auszug des Mieters), JW. 1904, 487 (keine Verantwortung, wenn die gepflogene Nachschau die Gefahr nicht erkennen ließ), ROLG. 4, 281; 9, 47 (Nachschau unter Zuzug eines Sachverständigen als genügend), Recht 1912, 1003 (Fahrlässigkeit des Kirchenvorstands, der zur Prüfung des mangelhaften Zustands der Läutevorrichtung der Kirche verordnungswidrig lediglich Dorfhandwerker statt Sachverständige zuzieht).

Wegen Einsturzes usw. wird nur gehaftet für den Schaden, welcher aus der Tötung und der Verletzung des Körpers oder der Gesundheit eines Menschen oder der Beschädigung einer Sache entsteht, und zwar gemäß §§ 842—847 BGB., z. B. auch auf Schmerzensgeld, nicht für Entziehung der Freiheit. Nach § 908 BGB. kann beim Drohen eines Schadens der in § 836 bezeichneten Art der Eigentümer des Nachbargrundstücks von demjenigen, welcher nach § 836 Abs. 1 oder 837, 838 BGB. für den eintretenden Schaden verantwortlich sein würde, verlangen, daß er die zur Abwendung der Gefahr erforderliche Vorkehrung trifft. Deliktsfähigkeit, §§ 827, 828 BGB., muß wenigstens während eines Teiles der Besitzzeit vorhanden gewesen sein. § 829 BGB. findet auf die Haftung wegen Einsturzes keine Anwendung. Hat der deliktsunfähige Besitzer einen gesetzlichen Vertreter, so wird dieser, auch wenn er nicht unmittelbarer Besitzer ist, zu haften haben. Denn er hatte mit der Vermögensverwaltung die Obsorgepflicht. Vgl. auch Art. 106 EG. BGB. Nach Vertragsauslegung besteht keine Haftung des Gebäudebesitzers aus § 836 BGB. gegenüber demjenigen, der das Gebäude niederreißt, Recht 1912, 1790.

phot. B. Fromberz.

Tafel V.

Gerichtlicher Augenschein vom 16. 5. 1912. Motorwagen-Ges. St. Blasien g. Kunzmann.

Zusammenstoß zweier Kraftwagen vor dem Gasthaus zur „Jägermatt" auf dem Feldberg im Schwarzwald am 17. 5. 1911. Gerichtlicher Augenschein vom 18. 5. 1912.

## § 22.

# Beamtenhaftung.

Der Beamte ist von der Haftung für unerlaubte Handlungen nach den allgemeinen Vorschriften in §§ 823 ff. BGB. nicht ausgenommen. Er haftet nach diesen Vorschriften persönlich auf Schadensersatz nicht anders als der Nichtbeamte.

1. Besonders geregelt ist die Haftpflicht des Beamten, soweit Verletzung einer besonderen Amtspflicht vorliegt. Die besondere Verletzung einer Amtspflicht, insbesondere einer Dienstvorschrift, soll nämlich nicht ohne weiteres der Verletzung eines den Schutz eines anderen bezweckenden Gesetzes im Sinne von § 823 Abs. 2 gleichstehen oder gar immer eine Fahrlässigkeit im Sinne des § 823 Abs. 1 BGB. bedeuten. Der Beamte soll vielmehr aus einer Amtspflichtverletzung dem dadurch beschädigten Dritten nur dann haftbar sein, wenn die betreffende Amtspflicht, die Beachtung der Dienstvorschrift, dem Beamten nicht allein gegenüber seinem Dienstherrn — Staat, Gemeinde usw. — sondern auch gegenüber dem und im Interesse des zu Schaden gekommenen Dritten obliegt, § 839 Abs. 1 Satz 1 BGB. Nur dann haftet der Beamte über die allgemeinen Vorschriften hinaus wegen Verletzung seiner Amtspflicht. Dabei macht es zunächst keinen Unterschied, ob die Pflichtverletzung bei Ausübung der dem Beamten anvertrauten öffentlichen Gewalt (Art. 77 EG. BGB., unten Ziff. 8) oder bei Erfüllung lediglich privatrechtlicher, durch Vertrag übernommener Verpflichtungen des Staats vorkam, Recht 1912, 1792.

Liegt eine schuldhafte Rechtsverletzung der in § 823 Abs. 1 bezeichneten Art vor,[1]) so wird die Haftung des Beamten nicht nach § 839 Abs. 1 Satz 2 zu einer bloß hilfsweisen[2]) oder nach

---

[1]) Z. B. ein Schrankenwärter, der das Abläuten des Zugs überhört und sein Herannahen zu spät bemerkt hat, schließt die Schranke, während ein Fuhrwerk sich noch auf den Schienen befindet, hält es so auf den Gleisen zurück und unterläßt es, die Schranke wieder rechtzeitig hoch zu ziehen, so daß das Fuhrwerk vom Zug erfaßt wird.

[2]) Z. B. es war gerade von der anderen Seite ein Fuhrwerk hart an die Schranke herangefahren, so daß die Deichsel über die Schranke zu liegen kam und ihre Hebung hinderte, jedoch so, daß der Schrankenwärter, hätte er aufgemerkt, ein Zurückziehen des Wagens und ein Heben der Schranke noch rechtzeitig hätte bewirken können, der Schaden mithin durch die Fahrlässigkeit sowohl des Schrankenwärters als auch des Fuhrmanns verursacht ist, §§ 830, 840 BGB.

§ 839 Abs. 1 Satz 1 oder Abs. 3 ausgeschlossen um deswillen, weil gleichzeitig eine Amtspflicht oder eine solche Amtspflicht oder Dienstvorschrift verletzt ist, die zum Schutze Dritter gegeben, nicht nur eine den inneren Dienst betreffende Ordnungsvorschrift ist. Erfüllt jedoch das Tun oder Unterlassen eines Beamten lediglich deshalb den Tatbestand einer unerlaubten Handlung, weil es die Verletzung einer besonderen Amtspflicht enthält, dann kann allein die eingeschränkte Haftung aus § 839 BGB. eintreten (vgl. dagegen OLG. München, SeuffA. 66, 209). Eine Einschränkung der jedermann treffenden Haftpflicht nach den allgemeinen Vorschriften, insbesondere nach § 823 Abs. 1 und Abs. 2 und § 826, wenn deren Voraussetzungen zutreffen, ist mithin zugunsten des Beamten vom Gesetz nicht verfügt, JW. 1908, 653; DJZ. 1908, 1223. Der Beamte haftet, wie jeder andere nach § 823 Abs. 1, wenn er absolute Rechte anderer widerrechtlich und schuldhaft verletzt, auch wenn ihm als Beamten die außer acht gelassene Sorgfalt noch besonders zur Pflicht gemacht ist. Auch eine etwaige vertragliche Haftung gemäß § 276 BGB. bleibt neben derjenigen aus § 839 bestehen, RG. 56, 90; JW. 1901, 783. Bei vorsätzlicher unerlaubter Handlung eines Beamten kommt gegenüber dem Anspruch aus § 823 Abs. 1, 826 das Verhalten des Verletzten, der unterlassen hat, den Schaden durch Gebrauch eines Rechtsmittels abzuwenden, nur im Sinne des § 254 BGB., nicht unbedingt haftungsausschließend im Sinne des § 839 Abs. 3 in Betracht.

Aber neben die allgemeine Haftpflicht und „neben das spezielle Schutzgesetz, neben den Schutz durch die guten Sitten tritt" — wie Hachenburg in seinen für Geist und System des Gesetzes lehrreichen Vorträgen (S. 429/30) ausführt — „der Schutz durch die Amtspflicht". „Die Bestimmungen über die Haftung des Beamten stehen daher selbständig neben denen über die unerlaubten Handlungen."

Auch auf Verletzung eines Schutzgesetzes kann nach § 823 Abs. 2 ein Anspruch nur dann gestützt werden, wenn dieses Gesetz gerade den Schutz von Personen oder Sachen der betreffenden Art im Auge hat. Es ist eine Anwendung dieses, in § 823 Abs. 2 BGB. nur nicht ausdrücklich ausgesprochenen Grundsatzes auf die Beamtenhaftung, vgl. Dorner, BadAG. BGB. S. 61b, daß nur die Verletzung der ihm einem Dritten gegenüber obliegenden Amtspflicht den Beamten dem Dritten zivilrechtlich haftbar macht. Die Beamtenhaftung ist daher im Vergleiche zu derjenigen nach den allgemeinen Vorschriften der §§ 823 ff. insofern auch nicht erweitert.[1])

[1]) Neuerdings macht sich eine Auffassung geltend, nach welcher der Beamte in Fällen, wo an dem Tatbestande einer nach den allgemeinen Vorschriften, §§ 823 ff. BGB., haftbar machenden unerlaubten Handlung nichts fehlt, in beschränkterem Maße haften solle als der Nichtbeamte. Danach käme die bei bloßer Fahrlässigkeit eintretende Einschränkung der Haftung des Beamten diesem auch dann zu gut, wenn die fahrlässige Verletzung der Amtspflicht gleichzeitig einen Verstoß gegen die im allgemeinen im Verkehr erforderliche Sorgfalt, eine Verletzung des § 823 BGB. enthält, Recht 1911, 2567. Danach bemißt sich nach § 823 Abs. 1 die Haftung eines Beamten nur, wenn das Vorhandensein einer Amtshandlung bei Vornahme der schädigenden Handlung überhaupt verneint wird, SeuffA. 66, 209 (München); es soll im wesentlichen Einigkeit darüber bestehen, „daß das Verschulden nach § 823 Abs. 2 von der Sonderbestimmung des § 839 BGB. mitumfaßt werde". Vgl. Heuer, DJZ. 1910, 141; Delius, Recht 1906, 646; Ortmann, Schuldverhältnisse (3/4) § 839 Anm. 2c S. 1122; und eine Haftung aus § 823 Abs. 2 soll bei dem Beamten neben derjenigen aus § 839 BGB. dann, aber auch nur dann gegeben sein, wenn die Beobachtung des Schutzgesetzes nicht zu den besonderen Amtspflichten des Beamten gehört. Vgl. RGRKomm. § 839 Anm. 1 S. 692 oben Anm. 3, 6 und 7d. Diese Auffassung dürfte im Gesetz kaum begründet sein: „Der Beamte, der in Ausübung seiner amtlichen Verrichtungen einem anderen Schaden zufügt, haftet hierfür, soweit nicht schon die für jedermann geltenden allgemeinen Bestimmungen (BGB. §§ 823 ff.) eine Ersatzpflicht begründen gemäß §§ 839—841 BGB.", Dorner, BadAG. BGB. S. 61; Staudinger, BGB. (5/6) § 839 Anm. 3 und 6d. Sicherlich hat das Gesetz nicht gewollt, daß der Beamte, wenn er eine nach allgemeinen Vorschriften unerlaubte oder nach Vertragsgrundsätzen zum Ersatz verpflichtende Handlung begeht, um deswillen von der Ersatzpflicht ganz oder teilweise befreit werde, weil er überdies eine Amtspflicht verletzt. Ähnlich zutreffend: Pasch, JW. 1912, 657. Unannehmbar wäre die Folge, zu welcher die gegenteilige Auffassung gelangt: der Beamte hafte zwar nach den allgemeinen Vorschriften, wenn er gleichzeitig eine ihm nach den Vorschriften des inneren Dienstes dem Staate gegenüber obliegende Amtspflicht verletzt; seine Haftung werde aber zu einer bloß hilfsweisen oder unter Umständen, im Falle des § 839 Abs. 3, ohne weiteres ausgeschlossen, wenn die Amtspflicht überdies eine solche ist, die ihm dem Dritten, Beschädigten, gegenüber obliegt. Das Gegenteil der Auffassung des Textes wird auch in der RGRKomm. § 839 Anm. 6 angeführten Entscheidung, JW. 1908, 654 unter II nicht ausgesprochen, sondern nur als möglich unterstellt. Diese mögliche Folge wird aber für den gegebenen Fall abgelehnt mit der Ausführung: Die Spezialbestimmung in § 839 Abs. 1 Satz 2, welche eine Konkurrenz der sonstigen allgemeinen Deliktshaftung ausschließen könnte, greift vorliegend nicht Platz, sofern dem Beklagten nach der Feststellung des Berufungsgerichts nicht bloß Fahrlässigkeit, sondern vorsätzliches unerlaubtes Handeln zur Last fällt. Ob das Reichsgericht im Falle bloßer Fahrlässigkeit die Haftung nur als hilfsweise anerkannt haben würde, ist daraus keineswegs zu erkennen. § 839 Satz 2 ist aber im Zusammenhang mit Satz 1 zu

Andererseits kann dadurch, daß eine Amtspflichtverletzung zugleich auch eine nach allgemeinen Bestimmungen, §§ 823ff., unerlaubte Handlung enthält (vgl. unten 3a), die, ihrem Umfange nach allein sich nach § 839 BGB. richtende, Haftung des Staats für Regierungshandlungen gemäß Art. 77 EG. BGB. usw. (vgl. oben § 5 II) nicht erweitert werden über die in § 839 BGB. gegebenen Einschränkungen.

2. Die besonderen Vorschriften über die Beamtenhaftung in §§ 839, 841 BGB. gelten nur für öffentliche Beamte, nämlich für unmittelbare Reichsbeamte nach RBG. vom 31. März 1873 § 1, vgl. Recht 1905, 2274; JW. 1904, 165 (Postbeamte); GruchotsBeitr. 48, 929 (Telegraphenbeamte), und die Landesbeamten nach dem Landesstaatsrecht, nämlich die in einem unmittelbaren oder mittelbaren öffentlichen Dienstverhältnis zu einem Bundesstaat und unter entsprechender Dienstgewalt stehenden Personen, vgl. § 359 StGB., z. B. Gemeindebeamte: ROLG. 7, 140 (Oldenburg); Recht 1903, 1121 (Jena); RG. 58, 296; ObLG. 15, 368; Gerichtsschreiber: § 102 ZPO., JW. 1904, 85. ROLG. 4, 58; BadRPr. 1906, 300; Gerichtsvollzieher: RG. 51, 186, 258; 56, 84; ROLG. 4, 58; 13, 346; JW. 1906, 452; Recht 1903, 2928 (Colmar); DJZ. 1902, 27; 1907, 427; 1909, 17ff., 20 (Giercke); Grundbuchbeamte: § 12 GBO.: RG. 57, 277; 60, 392; GruchotsBeitr. 50, 1004;

lesen; er hat nur den Fall der Verletzung einer dem Dritten gegenüber obliegenden Amtspflicht und die daraus entstehende besondere Ersatzpflicht im Auge. Neuerdings pflichtet auch Lent (Die Gesetzeskonkurrenz im Bürgerlichen Recht und im Zivilprozeß 1912 S. 228ff.) der Ansicht bei, ein Beamter könne, wo Verstoß gegen eine Amtspflicht vorliege, nur nach § 839, nie nach §§ 823ff. haftbar gemacht werden. Die auf seine Theorie gestützte Ansicht dürfte der auf die Auslegung gegründeten Anschauung des Textes gegenüber nicht haltbar sein. Freilich soll auch nach RG. 74, 252, JW. 1911, 85 auf Ansprüche wegen Fahrlässigkeit aus § 823 Abs. 1 die Bestimmung über die bloß hilfsweise Haftung der Beamten — § 839 Abs. 1 Satz 2 — „entsprechend anwendbar" sein. Gleiches müßte dann aus den reichsgerichtlichen Gründen auch von der Bestimmung in § 839 Abs. 3 gelten; Recht 1911, 2567; ZBlFG. 1912, 148. M. E. findet diese Ausschließung oder Einschränkung der Haftung nach den allgemeinen Vorschriften nur statt zugunsten der juristischen Person, welche nach RG. vom 22. Mai 1910, Art. 77 EG. BGB. usw. nur nach § 839 BGB. haftet. Die im Eingang dieser Anmerkung angeführten gegenteiligen Entscheidungen und Meinungsäußerungen dürften nur für den Fall zutreffen, daß eine juristische Person in Anspruch genommen wird, welche nach solchen besonderen Vorschriften — vgl. oben § 5 II — mit der in § 839 BGB. bestimmten Verantwortlichkeit, und nur mit dieser, belastet ist.

Recht 1906, 163; JW. 1906, 132; 1907, 395; Lehrer: SeuffA. 64, 8; JW. 1906, 85; Gefängnisarbeit: RG. 56, 220; Notare, für Preußen: RG. 49, 269; JW. 1906, 467; ROLG. 7, 473; Bayern: NotG. vom 9. Juni 1899, Art. 8; ObLG. n. F. 3, 1030; JW. 1907, 176, 514; Polizeibeamte (Waffengebrauch): JW. 1906, 745, Recht 1911, 3819; Schiedsmänner, für Preußen: JW. 1905, 345 = RG. 60, 321; Versteigerungsrichter: ROLG. 5, 210; ZBlFG. 3, 656; JW. 1906, 539; 1907, 828. Nicht hierher gehören Privatbeamte, Rechtsanwälte, Ärzte, nicht Schiedsrichter, RG. 65, 175; JW. 1907, 176, nicht Schöffen, Geschworene, Vormünder, Pfleger, Testamentsvollstrecker, Nachlaß- und Konkursverwalter.

3. Eine Amtspflichtverletzung im Sinne des § 839 kann auch schon in einer nach allgemeinen Bestimmungen, §§ 823 ff., 826, unerlaubten Handlung liegen, RG. 56, 84 (Amtsunterschlagung), 66, 107 (Fälschung amtlicher Urkunden), GruchotsBeitr. 51, 1001 (Körperverletzung durch Waffenmißbrauch eines Polizeibeamten), RG. 56, 215 (Fahrlässige Körperverletzung eines Gefangenen durch Strafanstaltsbeamten). Nicht notwendig ist, daß der Beamte zu der Handlung, aus deren Anlaß er die Pflichtverletzung begeht, verpflichtet ist. Amtspflichtverletzung kann vorliegen, wenn er zu der betreffenden Handlung nur befugt ist, oder auch, wenn er seine Befugnisse überschritten hat; z. B., indem er in der Form einer amtlichen Urkunde Falsches beurkundet, RG. 68, 278; JW. 1902, Beil. 214; 1909, 494, vgl. RG. 60, 321. Ein Verstoß gegen eine Amtspflicht liegt insbesondere vor, wenn ein dem Publikum gegenüber mit öffentlicher Autorität bekleideter Beamter mit Überschreitung seines Amtsbereichs eine urkundliche Erklärung abgibt, die nach ihrer Form beim Publikum den Anschein einer vom zuständigen Beamten ausgestellten öffentlichen Urkunde, einer amtlichen Beurkundung zu erwecken und so irre zu führen, die Sicherheit des Verkehrs zu gefährden geeignet ist, RG. 71, 60; JW. 1911, 452.

Dritte im Sinne des § 839 BGB. sind alle, deren Interessen durch die pflichtgemäße Amtsausübung berührt werden können, bei Grundbuchsgeschäften nicht nur diejenigen, in deren Interesse eine Eintragung vorgenommen werden soll, RG. 72, 324, sondern alle, die durch Täuschung des Vertrauens auf die richtige Handhabung der Grundbuchsvorschriften geschädigt werden, RG. 66, 107; unter Umständen auch der Fiskus, Recht 1909, 1886.

Ob eine Amtspflicht verletzt ist, welche dem Beamten auch gegenüber dem zu Schaden gekommenen Dritten, nicht allein gegenüber dem Dienstherrn oder anderen Beamten oder Behörden gegenüber obliegt, entscheiden die gesetzlichen Vorschriften des einschlägigen öffentlichen Rechts. Ist die Amtspflicht in einer Dienstvorschrift geregelt, so ist der Inhalt dieser Vorschrift maßgebend, JW. 1908, 653. Handelt es sich um eine Staatsaufgabe, die den Schutz und die Förderung der Zwecke und Interessen des Einzelnen zum Gegenstand hat, so liegt dem Beamten die betreffende Amtspflicht auch dem Dritten gegenüber ob.

Solche Amtspflichten auch gegenüber Dritten ergeben sich z. B. aus den Bestimmungen über die Amtsverschwiegenheit, aus der Verpflichtung des Beamten, die Grenzen seiner Zuständigkeit einzuhalten und sich solcher Handlungen zu enthalten, die ausschließlich anderen Beamten vorbehalten sind, RG. 71, 60; JW. 1909, 494.

Amtspflichten gegenüber Dritten ergeben sich z. B.

a) für den Richter im allgemeinen aus der Pflicht, sich Kenntnis der Gesetze zu verschaffen und dieselben, soweit es sich nicht um noch nicht geklärte Streitfragen handelt, richtig auszulegen, ROLG. 5, 210; RG. 59, 381; 60, 392; JW. 1906, 53, 132, 162; 1909, 11, 727; GruchotsBeitr. 50, 832; SeuffA. 61, 175; Recht 1903, 1121, 1551; 1908, 312; für den Zivil- und Strafrichter insbesondere aus ZPO. §§ 99 Abs. 3 Satz 2, 891 Satz 2 (Anhörung des Gegners), 216 Abs. 2 (Terminsbestimmung innerhalb 24 Stunden, RG. 33, 246), 654 (Vernehmung des zu Entmündigenden), 807 (Prüfung des Vermögensverzeichnisses auf Vollständigkeit vor Abnahme des Offenbarungseides, RG. 62, 351), StPO. §§ 112 ff. (Vernehmung des Verhafteten, Nichtvollzug des Haftbefehls, ROLG. 18, 101), 123 (Aufhebung des Haftbefehls nach Wegfall des Haftgrundes, RG. 62, 368), § 571 ZPO., 348 Abs. 2 StPO. (Vorlegung der Beschwerde);

b) für den Vollstreckungsrichter im Zwangsversteigerungsverfahren aus der großen Tragweite der Nichtbeobachtung der Verfahrensvorschriften überhaupt, JW. 1906, 539; 1907, 828; 1910, 588; Konkursrichter: Recht 1905, 997;

c) für den Vormundschaftsrichter (RG. 67, 408; JW. 1910, 288, wegen Rangänderungen siehe Sörgel 1908, 409; 1904, 288/9, Staudinger, BGB. § 1833 2b β), wegen des Rückgriffs gegen den nachlässigen Vormund: Recht 1912,

3360—63, Nachlaß- und Konkursrichter (JW. 1904, 85, PuchcltsZ. 1906, 4) aus §§ 1666 ff., 1837 ff., 1674, 1848, 1915, 1960 ff. BGB., 78, 83 f. KO. vgl. § 841 BGB.;

d) für den Grundbuchbeamten — vgl. § 12 GBO. — aus zahlreichen Vorschriften der Grundbuchordnung, deren Verletzung nicht nur den an beurkundeten Rechtsgeschäften und Eintragungen unmittelbar Beteiligten, sondern auch allen denjenigen schädlich werden kann, die auf die Öffentlichkeit des Grundbuchs und die richtige Handhabung der Vorschriften vertrauen; GruchotsBeitr. 52, 696; RG. 72, 324; 57, 277; 60, 392; 65, 98; 66, 107; JW. 1905, 139; 1907, 395; 1912, 866; SeuffA. 66, 198. Grobe Fahrlässigkeit (? wegen des Rückgriffs des Staats gemäß Art. 8 PreußAG.), wenn der Grundbuchrichter den Hypothekenbrief vor der Ausfertigung nicht mit dem Grundbuch oder dem gefertigten Entwurf des Grundbuchsführers verglich, RG. 77, 423 = JW. 1912, 196; dagegen wurde die grobe Fahrlässigkeit eines als Grundbuchrichter verwendeten, nicht genügend ausgebildeten und überlasteten Assessors und folglich die Zulässigkeit des Rückgriffs des Staats verneint in DJZ. 1912, 497;

e) für die Notare aus der Verpflichtung zur Beobachtung der bestehenden Formvorschriften für letztwillige Verfügungen usw. Eine Amtspflicht Dritten gegenüber folgt auch aus der Verpflichtung, sich bei Beglaubigungen und Beurkundungen hinsichtlich der Nämlichkeit und der Geschäftsfähigkeit der verfügenden und rechtsgeschäftliche Erklärungen abgebenden Personen Gewißheit zu verschaffen, JW. 1907, 87, vgl. oben § 5, bei Wechselprotesten aus der Pflicht, die Eigenschaft des Auftraggebers als Wechselgläubigers nach dem Wechsel festzustellen, JW. 1906, 467; aus der erforderlichen unverzögerlichen Erteilung von Ausfertigungen, JW. 1910, 234 vgl. 1907, 514, 176; aus der erforderlichen Beschleunigung bei Einreichung einer Hypothekenbewilligung an das Grundbuchamt, Recht 1912, 59; wegen der Verpflichtung zur Einsichtnahme vom Grundbuch: ROLG. 18, 98; JW. 1907, 514; 1912, 195, wegen der Verletzung des § 176 FGG.: Recht 1909, 3774; 1910, 2190. Der Notar hat als Urkundsperson nicht die Verpflichtung zu besonderer Ratserteilung behufs Ersparung von Stempelkosten, JW. 1912, 195;

f) für den Gerichtsschreiber — siehe § 102 ZPO. — aus der Pflicht zur Eintragung der im Konkurs angemeldeten Forderungen zur Tabelle, zur Prüfung der zur Zustellung gegebenen Klage auf das Vorhandensein der Terminsbestimmung, JW. 1904, 85; 1906, 452;

g) für den Gerichtsvollzieher aus zahlreichen Dienstvorschriften, vgl. RG. 51, 186 (Ausdehnung der Vollstreckung über das zur Befriedigung des Gläubigers erforderliche Maß); RG. 56, 84; JW. 1908, 233 vgl. § 5 II, 3 (Unterschlagung eingenommener Gelder), ROLG. 16, 300 (Beachtung des § 809 ZPO. Keine Pfändung beim Drittbesitzer gegen dessen Willen);

h) für den Telegraphenbeamten aus der Pflicht zu unverzüglicher Beförderung des Telegramms und aus der Verpflichtung, die zur Kontrolle von der Endstation abgegebene Rückdepesche mit der Urschrift des aufgegebenen Telegramms zu vergleichen, GruchotsBeitr. 48, 929; BadRPr. 1912, 171. — Dabei ist es ein Selbstverschulden, wenn der Aufgeber wichtige Zahlen nicht mit Buchstaben geschrieben hat. Die Pflicht zur Weitergabe einer telegraphischen Postanweisung liegt dem Beamten auch dem Empfänger gegenüber ob, JW. 1912, 751, 742, 768; Recht 1791; SeuffA. 67, 258;

i) für den Postbeamten aus der vorgeschriebenen Vorsicht bei Auszahlung postlagernder Anweisungen, ROLG. 12, 117;

k) aber auch für den Polizeibeamten aus der Verpflichtung zur angemessenen Handhabung der Ortspolizei, JW. 1911, 758, wo das Gewährenlassen gefährlichen Rodelsports auf Straßen zu einem Anspruch an die Gemeinde geführt hat.

Eine dem Dritten gegenüber obliegende Amtspflicht wird stets dann anzunehmen sein, wenn die Entschließung des Beamten vor dem Dritten mit Rechtsmitteln angefochten werden kann. Die Beachtung der von dem Gesetz für die Anordnung einer Beschlagnahme gegebenen Schranken ist eine dem Beamten auch Dritten gegenüber obliegende Amtspflicht, Recht 1912, 1177. Eine Verpflichtung zur Beobachtung der für Rechtsgeschäfte, insbesondere letztwillige Verfügungen, bestehenden Formvorschriften wird bei dem mit der Errichtung befaßten Beamten vorliegen nicht allein gegenüber demjenigen, dessen Erklärungen beurkundet werden, z. B. bei Testamentserrichtung dem Testator gegenüber, sondern auch gegenüber denjenigen, deren Rechtsverhältnisse durch das Rechtsgeschäft berührt werden, z. B. den in einer letztwilligen Verfügung Bedachten, JW. 1901, 815; RG. 58, 296; ROLG. 7, 140; Recht 1904, 904; JW. 1901, 488, 815; 1909, 139 vgl. DJZ. 1899, 356. Dasselbe wird aber auch hinsichtlich der Beobachtung materiellrechtlicher Vorschriften gelten, in Ansehung welcher der Beamte sachkundig sein muß, z. B. Beurkundung eines Faustpfandvertrags mit constitutum possessorium, vgl. ROLG. 18, 98. Bei Beurkundung von Verträgen sind Dritte, denen gegenüber dem Notar die Pflicht zu sorgfältiger Beurkundung obliegt, nicht nur die Vertragsparteien, sondern alle diejenigen, die in Betreff der Gestaltung ihrer Rechtsverhältnisse auf die pflichtmäßige Ausübung der Tätigkeit des Notars angewiesen sind, so der Rechtsnachfolger der Vertragspartei, der im Vertrauen auf das beurkundete Rechtsgeschäft von einer Vertragspartei Rechte erwirbt, z. B. gegen Verpfändung des Rechts ein Darlehen gibt; beim Wechselprotest auch der Aussteller, JW. 1912, 349 = Recht 1912, 743—745, 876. Bei Erteilung amtlicher Auskunft wird es genügen, daß der Beamte, sofern er solche erteilt, verpflichtet ist, sie richtig zu erteilen, wenn er auch zur Auskunftserteilung selbst nicht verpflichtet ist, JW. 1902 Beil. 214 = Gruchots-Beitr. 46, 935; ROLG. 7, 473; 12, 116; 13, 348; 18, 97; 20, 263; RG. 52, 365; 68, 282; Recht 1906, 2842; 1907, 987, 1836; 1908, 2933; 1909, 3776. Selbstverständlich kann auch eine Unterlassung die Verletzung einer Amtspflicht enthalten, RG. 56, 92.[1])

4. Das Verschulden, Vorsatz oder Fahrlässigkeit, muß sich, wie bei § 823 Abs. 2 nur auf den Verstoß gegen das Schutzgesetz, so im Falle der Beamtenhaftung nur auf die Verletzung der Amtspflicht erstrecken. Voraussehbarkeit der Schädigung ist nicht erforderlich, JW. 1907, 828; Recht 1910, 701, 2189. Ob eine schuldhafte Amtspflichtverletzung vorliegt, hängt auch von der Vorbildung des Beamten ab. Darum wurde die Klage gegen den Bürgermeister abgewiesen, welcher, um Aufnahme eines Nottestaments angegangen, den Erblasser nicht an den, allein zuständigen, Gutsvorsteher verwiesen hatte (SeuffA. 67, 112). Im allgemeinen ist der Maßstab eines pflichtgetreuen Durchschnittsbeamten anzulegen, DJZ. 1904, 529; JW. 1906, 132; 1909, 11; Recht 1907, 1648; 1909, 3774; 1910, 701, 2189; ROLG. 10, 320; RG. 57, 279; 60, 392 (Außerachtlassung oder unrichtige Anwendung klarer und unzweideutiger Vorschriften, wie GBO. § 17); ROLG. 5, 210 (Unterlassene Verschaffung der zur Amtsausübung erforderlichen Gesetzeskenntnis, namentlich bei Änderung der Gesetzgebung), vgl. RG. 59, 381; Recht 1903, 1551, 209. § 829 BGB. findet auf die Haftung von

[1]) Siehe Märklin, LZ. 1912, 123 ff., Die Haftpflichtversicherung der Rechtsanwälte und Notare.

Beamten keine Anwendung. Vgl. jedoch die entsprechende Erweiterung der Haftung des Staats usw. oben § 5 II, insbesondere nach § 1 des Gesetzes über die Haftung des Reichs für seine Beamten vom 22. Mai 1910. Ursächlicher Zusammenhang zwischen der Amtspflichtverletzung und dem Schaden ist unerläßlich, vgl. Recht 1904, 1038.

5. Fällt dem Beamten nur Fahrlässigkeit zur Last, so haftet er nur hilfsweise; er kann in diesem Falle nur in Anspruch genommen werden, wenn der Verletzte nicht auf andere Weise Ersatz verlangen kann, weil entweder ein anderer Ersatzpflichtiger, sei es aus unerlaubter Handlung, sei es aus ungerechtfertigter Bereicherung oder einem anderen Rechtsgrunde, nicht vorhanden oder, daß der anderweit Ersatzpflichtige zahlungsunfähig ist, § 839 Abs. 1 Satz 2. Dabei ist nicht bloß die Möglichkeit des Ersatzes zu berücksichtigen, den der Verletzte hätte erlangen können, wenn er ihn im Zeitpunkt der erlangten Kenntnis des Schadens von dem Dritten gefordert hätte, GruchotsBeitr. 48, 929, sondern auch die erst später erwachsene und noch vorhandene oder unbenutzt gelassene, nicht aber eine ganz entfernte oder eine zukünftige Ersatzmöglichkeit, Recht 1912, 3360—63. Die Haftung des commettant nach Art. 1384 C. c. ist eine selbständige neben derjenigen des angestellten Beamten und kann sogar weiter reichen als die des Beamten. Dieser kann den Gläubiger auf die Haftung des Fiskus nach § 839 Abs. 1 Satz 2 verweisen (RG. 74, 250; JW. 1911, 366; GruchotsBeitr. 55, 1004; Recht 1911, 1747, 2564; 1912, 1476 = JW. 639). Der Verletzte muß nur dartun, daß nach Sachlage eine andere Ersatzmöglichkeit nicht gegeben ist noch war; diese Behauptung gehört zur Klagbegründung, Recht 1911, 2565; 1912, 589. Behauptet der Beklagte das Gegenteil, so muß er selbst beweisen, daß eine andere haftbare und zahlungspflichtige Person vorhanden ist, RG. 51, 186, oder bei rechtzeitiger Inanspruchnahme vorhanden war. Wird dieser Beweis geliefert, dann gehört der Vorsatz zur Begründung des Anspruchs und ist vom Kläger zu beweisen. Dem Beamten den Beweis zuzumuten, daß ihm nur Fahrlässigkeit zur Last falle (RGRKomm. Anm. 6) hieße den Vorsatz vermuten. Haben mehrere Beamte den Schaden verursacht, dann kann derjenige, der nur fahrlässig handelte, den Verletzten auf den anderen verweisen, dem Vorsatz zur Last fällt. Haben mehrere fahrlässig gehandelt, dann verbleibt es bei der Gesamthaftung gemäß § 840 Abs. 1 BGB., RG. 51, 258. Im übrigen ist im Hinblick auf die bloß hilfsweise Haftung nach

§ 839 Abs. 1 Satz 2 eine Gesamthaftung des Beamten in diesem Falle ausgeschlossen, Recht 1911, 1747, 1748, 1771. Nicht bloß hilfsweise ist die Haftung eines Beamten, insoweit sie in allgemeinen Bestimmungen über unerlaubte Handlungen, §§ 823 ff., oder in einem bestehenden Vertragsverhältnis, z. B. dem einem Gerichtsvollzieher erteilten Auftrag, begründet ist, DJZ. 1902, 27. Vgl. Anm. S. 249.

Für das innere Verhältnis mehrerer, als Gesamtschuldner haftender, Beamten gilt die Regel der Teilung nach Köpfen, § 426 BGB. Hat aber ein Beamter seine Amtspflicht nur insoweit verletzt, als er einen anderen — Beamten oder Nichtbeamten — zu einer Geschäftsführung für einen Dritten zu bestellen oder eine solche Geschäftsführung zu beaufsichtigen oder durch Genehmigung von Rechtsgeschäften bei ihr mitzuwirken hatte, so ist in ihrem Verhältnisse zueinander der andere allein verantwortlich, § 841 BGB. Das gilt vor allem für den Vormundschaftsrichter, den Nachlaß-, Konkurs- und Vollstreckungsrichter. Das gleiche gilt nach § 1833 BGB. für das Verhältnis des Vormunds zum Mitvormund oder Gegenvormund.

6. Die Haftung des Spruchrichters, d. h. des Beamten, der bei dem „Urteil" in einer Rechtssache seine Amtspflicht verletzt, ist nach § 839 Abs. 2 eingeschränkt. Er ist für den daraus entstehenden Schaden nur dann verantwortlich, wenn die Pflichtverletzung mit einer im Wege des gerichtlichen Strafverfahrens zu verhängenden öffentlichen Strafe bedroht ist, vgl. vgl. § 580 Abs. 1 Ziff. 5 ZPO., §§ 399 Ziff. 3, 402 Ziff. 3 StPO. Einschlägige Strafvorschriften sind StGB. § 334 (Bestechung), § 336 (Rechtsbeugung), wohl auch § 339. Die Möglichkeit disziplinärer Ahndung genügt nicht. Während der Entwurf I das Privileg allgemein für die Fälle der Verletzung der Amtspflicht „bei der Leitung oder Entscheidung einer Rechtssache" aufstellte, beschränkte es der Reichstag auf die Amtspflichtverletzung bei „dem Urteil in einer Rechtssache". Damit sind nur die Urteile in Strafsachen, End-, Zwischen- und Teilurteile in Zivilsachen gemeint. Auf sie wurde nach der Entstehungsgeschichte das Privileg bewußtermaßen beschränkt. Eine ausdehnende Auslegung, nach der es sich auch auf andere Entscheidungen, z. B. Beweisbeschlüsse, Arrest- und Entmündigungsbeschlüsse, Einstweilige Verfügungen, Haftbefehle, Beschlagnahmen, Kostenfestsetzungen erstreckt (so Hachenburg, Örtmann 2. Aufl.), ist auch mit dem klaren Wortlaut nicht vereinbar. Die dahingehenden Versuche sind abzulehnen (Recht 1905, 1861), ROLG.

4, 286; RG. 62, 369.[1]) Die Ausnahme gilt z. B. auch für die Mitglieder eines Verwaltungsgerichtshofs und für Handelsrichter, § 116 GVG., nicht aber für die Beisitzer in Schöffen-, Gewerbegerichten usw. oder für Schiedsrichter (vgl. aber RG. 65, 176), welche nicht Beamte sind, RG. 41, 251.

Die für den Fall der Pflichtverletzung eines Beamten bei dem Urteil in einer Rechtssache in § 839 Abs. 2 vorgesehene Einschränkung der Haftung findet auf eine Verweigerung oder Verzögerung der Ausübung des Amts keine Anwendung, Abs. 2 Satz 2. Daß diese Unterausnahme bedeutungslos sei, kann nicht zugegeben werden, sie wird z. B. zutreffen, wenn die Erteilung der Ausfertigung eines Urteils wegen nicht erfolgter Niederschrift derart verzögert würde, daß die vorher vorhandene Ersatzmöglichkeit verloren geht.

7. Mitverschulden des Beschädigten, § 254 BGB., wird berücksichtigt, wie sonst auch. Vgl. § 6. Es wurde z. B. für gegeben erachtet, wenn der Empfänger eines verstümmelten Telegrammes die Unrichtigkeit erkennen mußte, Recht 1904, 1038, oder, wenn eine Partei den ihrem Wunsche nicht entsprechenden Vertrag geraume Zeit vor der Beurkundung im Entwurfe gekannt hat, Recht 1911, 3652. Ebenso wurde § 254 BGB. angewendet gegen denjenigen, der sich vom Bürgermeister oder Gemeinderat auf vorgedrucktem Formular die Zahlungsfähigkeit eines Kreditsuchenden bestätigen ließ, obwohl er wußte, daß solches nicht innerhalb der Amtspflichten jener Beamten lag, Recht 1911, 1938. Mitverschulden im Sinne des § 254 Abs. 2

[1]) Der hier vertretenen Ansicht, z. B. Crome, Kipp-Windscheid, Planck, Staudinger, RGRKomm. Die Ausführungen von Soehngen und Kraft, DRZ. 1912, 374, 417, 325 sind de lege ferenda gewiß beachtlich, wenn dargetan würde, daß die herrschende Auffassung eine ungebührliche Inanspruchnahme der Richter zur Folge habe. Ohne das glaube ich aber nicht, daß die richterliche Unabhängigkeit darunter leide, wenn die Richter, die täglich so viele andere für ihr, auch geringes Verschulden, verantwortlich zu machen in die Lage kommen, auch die Verantwortung für eigenes Verschulden zu tragen wissen, wenigstens in dem durch § 839 Abs. 1 Satz 2 und Abs. 3 ohnedies beschränkten Umfange. Man stütze Ansehen und unabhängige Stellung der Richter durch eine solche Erhöhung ihrer Bezüge, welche nicht allein mit der Steigerung der Kosten der Lebenshaltung Schritt hält, sondern auch den gesteigerten Anforderungen entspricht, welche die Neuzeit an den richterlichen Beruf stellt. Dann würden sie in der Lage sein, sich gegen den Rückgriff zu versichern oder auch, wie der III. Preußische Richtertag (DJZ. 1912, 736) auf den Bericht von Ricks vorgeschlagen hat, auf dem Wege einer im Dienstaufsichtsweg ihnen zur Pflicht gemachten Beitragsleistung das Rückgriffsrecht des Staates aufzuheben.

BGB. kann vorliegen, wenn der Geschädigte eine sich darbietende Gelegenheit, auf andere Weise Ersatz zu erlangen, versäumt hat, Recht 1912, 3360—63. Außerdem entfällt aber mangels ursächlichen Zusammenhangs im besonderen Falle des § 839 BGB. die Haftung, wenn der Verletzte vorsätzlich oder fahrlässig unterlassen hat, den Schaden durch Gebrauch eines Rechtsmittels abzuwenden. Hierzu gehören nicht allein Berufung, Revision und Beschwerde im Sinne der Prozeßordnungen, sondern Rechtsbehelfe jeder Art, welche eine Beseitigung der schädigenden Verfügung ermöglichen, vgl. ROLG. 18, 102, z. B. Einspruch, Widerspruch gegen Arrest und einstweilige Verfügung, Nichtigkeits- und Restitutionsklage, Wiederaufnahme des Verfahrens im Strafprozeß. Für ein Ermessen des Gerichts im Sinne des § 254 BGB. ist insoweit kein Raum, ZBlFG. 3, 657. Der Abs. 3 des § 839 bezieht sich sowohl auf die Haftung des Spruchrichters, Abs. 2, als auf die Beamtenhaftung im allgemeinen, Abs. 1. Wegen der Zuständigkeit der Landgerichte vgl. § 70 GVG., § 39 PreußAG. GVG., wegen der Zulässigkeit einer Vorentscheidung § 11 GVG. Die letztere Bestimmung ist durch § 839 BGB. nicht berührt worden, RG. 51, 329; 64, 249; JW. 1906, 754.

8. In Ausübung der dem Beamten anvertrauten öffentlichen Gewalt zugefügte Schäden können in der Regel gegen den Beamten selbst nicht eingeklagt werden. Bei Reichsbeamten haftet nach dem Gesetz vom 22. Mai 1910 (oben § 5 Anm. 6) das Reich, bei Landes- oder Kommunalbeamten auf Grund der gemäß Art. 77 EG. BGB. erlassenen Vorschriften in der Regel der Staat oder die Gemeinde; siehe hierwegen oben § 5 II.

In Ausübung anvertrauter öffentlicher Gewalt ist ein Beamter auch dann begriffen, wenn er eine hoheitsrechtliche Handlung im Auftrage einer Privatperson vornimmt, JW. 1912, 638. Der Zusatz, daß der Staat für die Gerichtsvollzieher nur haften solle, wenn der letztere durch das Gericht mit der betreffenden Verrichtung beauftragt ist — so § 40 ElsLothr. AG. —, ist für das preußische Gesetz abgelehnt worden (Drucks. Nr. 354 A S. 2 1908/9); vgl. oben §§ 5 II, 3 a. E.

Nach Art. 77 EG. BGB. kann die landesgesetzliche Regelung derart erfolgen, daß entweder der Staat neben dem Beamten haftet oder, daß die unmittelbare Haftung des Beamten „insoweit" ausgeschlossen ist, als der Staat haftet. Dagegen darf das Landesrecht nicht dem Staat eine beschränktere Haftung auferlegen und gleichzeitig bestimmen, daß der Beschädigte sich darüber hinaus auch an den Beamten nicht halten dürfe.

Nach Art. 5 BadAG., der ausdrücklich nicht nur die in § 839, sondern die im BGB. bestimmte Verantwortlichkeit auf den Staat überträgt, kann ein Dritter, sofern nur der Schaden von dem Beamten in Ausübung der ihm anvertrauten öffentlichen Gewalt zugefügt ist, den Beamten auch nicht aus §§ 276, 823, 826 BGB. in Anspruch nehmen, JW. 1908, 233. Dagegen ist nach § 1 Abs. 1 des preußischen Gesetzes vom 1. August 1909 und dem gleichlautenden § 1 Abs. 1 des Reichsgesetzes vom 22. Mai 1910 nur die in § 839 bestimmte Verantwortlichkeit auf den Staat übertragen. Die weitergehende Haftung des Beamten aus §§ 276, 823, 826 kann damit dem Beamten deshalb nicht abgenommen sein, weil die Bestimmungen sonst mit Art. 77 EG. BGB. in Widerspruch ständen.

Ist die Haftung eines Beamten sowohl in §§ 276, 823 oder 826 als auch in § 839 begründet, so haftet nach dem Reichsgesetz und dem preußischen Gesetz der Staat im Umfange des § 839, d. h. mit den Beschränkungen des Abs. 1 Satz 2 und Abs. 3. Zuerst muß ein dritter Haftpflichtiger belangt werden. Vorsätzliche oder fahrlässige Nichtbenützung eines Rechtsmittels durch den Verletzten schließt auch den Anspruch gegen den Staat aus. In diesem Umfange haftet der Beamte überhaupt nicht; der Staat tritt an seine Stelle. Der Staat haftet auch dann, wenn zwar feststeht, daß der Schaden von einem Beamten in Ausübung der anvertrauten öffentlichen Gewalt schuldhaft angerichtet ist, die Person dieses Beamten aber nicht ermittelt werden kann. Hat der Verletzte die Frist des § 852 verstreichen lassen, ohne den Staat zu verklagen, dann kann er den Beamten auch nicht mehr belangen, wenn er den Schuldigen erst später ermittelt hat. Scheitert aber die Klage gegen den Staat an den Beschränkungen des § 839 Abs. 1 Satz 2 und Abs. 3, dann kann der Beamte selbst aus §§ 276, 823 oder 826 BGB. in Anspruch genommen werden, wenn ihre besonderen Voraussetzungen gegeben sind.

Es wird somit stets, soweit § 839, wenn auch im Zusammentreffen mit §§ 276, 823 oder 826, gegeben ist, zuerst der etwa haftpflichtige Dritte, dann der Staat, unter Streitverkündung an den Beamten, zu belangen sein. (So im wesentlichen auch Reimer, JW. 1912, 981.)

## § 23.

# Schmerzensgeld. — Besondere Bestimmungen über Sachschaden.

## §§ 847—851 BGB.

1. Im Falle der Verletzung des Körpers, der Gesundheit oder der Freiheit einer Person wird nach § 847 BGB. auch sog. Schmerzensgeld gewährt, vgl. § 1 a. E. Als Geldvergütung für einen nicht vermögensrechtlichen Schaden bringt es ausnahmeweise eine Vermögensvermehrung. Es wird nur bei Schadensersatz aus unerlaubten Handlungen geschuldet. Eine entsprechende Anwendung ist nach der ausdrücklichen Vorschrift in § 253 BGB. ausgeschlossen. Selbst in einem Falle vertraglichen Schadensersatzes, in welchem im übrigen die Vorschriften über den Schadensersatz aus unerlaubten Handlungen für ent-entsprechend anwendbar erklärt sind, § 618 Abs. 3 BGB., ist das Schmerzensgeld ausgenommen. Wo nur eine Verletzung von Vertragspflichten vorliegt, kann Schmerzensgeld nicht verlangt werden; RG. 65, 17; JW. 1908, 196; 1910, 112; so regelmäßig nicht vom behandelnden Arzt (vgl. Fromherz in ArchZPr. 108, 425 ff., auch wegen der Anspruchskonkurrenz); vgl. GruchotsBeitr. 55, 968; JW. 1911, 449; auch das HaftpflG. gewährt kein Schmerzensgeld, JW. 1908, 196; RG. 57, 55. Jedoch bleibt der Anspruch auf Schmerzensgeld bei unerlaubten Handlungen unberührt, wenn nur zugleich eine Vertragsverletzung vorliegt, JW. 1907, 829 (§ 836 bei Einrutschung eines Eisenbahndamms und Zugsentgleisung); Recht 1909, 1496. Auch wenn ein Unfall nach vorläufiger Heilung der bewirkten Verletzung durch später erforderliche Operation neue Schmerzen bereitet, besteht hierwegen Anspruch auf Schmerzensgeld (LG. Karlsruhe, 2. ZK. vom 12. Juli 1911, J. S. Pfeiffer geg. Schroth). Die von einer körperlichen Verletzung zurückbleibende Entstellung ist ein besonderer, nach § 847 zu ersetzender, nicht vermögensrechtlicher Schaden. Die durch die Entstellung bedingte Beeinträchtigung des Verkehrs mit den Mitmenschen, der späteren Heiratsaussichten und des Lebensgenusses überhaupt können einen Ersatzanspruch nach § 847 begründen, auch insoweit diese Nachteile, wie bei einem vierjährigen Mädchen, nicht sofort empfunden werden, DJZ. 1912, 690 = Recht 1306. Wegen des Anspruchs auf Schmerzensgeld bei Betriebsunfall vgl. ROLG. 10, 153.

Der Anspruch ist als ein höchstpersönlicher nicht übertragbar und geht nicht auf die Erben über, er kann nicht gepfändet und nicht verpfändet und es kann gegen ihn nicht aufgerechnet werden, §§ 851 ZPO., 1273 Abs. 2, 394 BGB., er gehört folglich als solcher auch nicht zur Konkursmasse, es sei denn, daß er durch Vertrag anerkannt oder daß er rechtshängig geworden ist; auch steht er nur dem unmittelbar Verletzten zu (§§ 844/5). Bei der „billigen Entschädigung", welche in Ansehung der Höhe dem § 287 ZPO. unterliegt, kann auch auf die beiderseitigen Vermögensverhältnisse, jedoch auch hier nicht auf eine bestehende Versicherung des Ersatzpflichtigen, Rücksicht genommen werden, RG. 63, 104; vgl. 76, 176; es steht nichts im Wege, unter Umständen gemäß § 843 BGB. auch insoweit eine Rente zuzusprechen.

2. Die Haftung für „Zufall" — vgl. § 3 b a. E. — im Falle der Entziehung einer Sache durch unerlaubte Handlung und die Zinspflicht in Ansehung des Sachschadens, §§ 848, 849 BGB., entsprechen den Vorschriften für den Fall des Verzugs, §§ 287, 290 BGB., vgl. ROLG. 9, 282. Es bedarf keiner besonderen Mahnung. „Sache" ist auch hier jede körperliche Sache (§ 90 BGB.), aber auch nur diese. Der Kurssturz einer Aktie gehört nicht hierher. Die Haftung für Zufall entfällt, wenn der Untergang, die anderweite Unmöglichkeit der Herausgabe oder die zufällige Verschlechterung auch ohne die Entziehung eingetreten wären. Nicht nötig ist, daß bei dem Beschädigten derselbe Zufall diesen Schaden herbeigeführt hätte. Die Pflicht zur Verzinsung des Werts oder der Wertverminderung setzt auch hier den Nachweis eines besonderen Schadens nicht voraus. Die Bestimmung des Zeitpunktes, welcher der Wertbestimmung zugrunde gelegt wird, unterliegt dem freien Ermessen des Gerichts, § 287 ZPO. Auch die Entziehung von Geld durch unerlaubte Handlung untersteht der Bestimmung des § 849 BGB.

Die Vorschriften über die Ersatzpflicht für Verwendungen auf die herauszugebende Sache finden auch hier Anwendung, §§ 850, 994—1003 BGB. Der zur Herausgabe einer entzogenen Sache Verpflichtete kann, wenn er sie nicht durch eine vorsätzliche unerlaubte Handlung erlangt hat, wegen der Verwendungen auch das Zurückbehaltungsrecht aus § 273 BGB. geltend machen. Zugunsten des Haftpflichtigen gilt auch nach § 851 BGB. der Besitzer einer beweglichen Sache im Zeitpunkte der Beschädigung oder Entwendung als empfangsberechtigt, es sei denn, daß der Ersatzpflichtige wissentlich oder grob fahrlässig unter Außerachtlassung des besseren Rechtes des Dritten an den früheren Besitzer leistet. Der nichtberechtigte Empfänger haftet dem Berechtigten nach § 816 Abs. 2 BGB. aus ungerechtfertigter Bereicherung auf Herausgabe. Auch § 851 BGB. bezieht sich nur auf körperliche Gegenstände, nicht auf unkörperliche Sachen, an denen kein Besitz besteht. Maßgebend für die Kenntnis oder grob fahrlässige Unkenntnis des besseren Rechts des Dritten ist der Zeitpunkt der Ersatzleistung. Der Beschädigte muß beweisen, daß der Ersatzpflichtige bei der Leistung in bösem Glauben oder grob fahrlässig gehandelt hat.

## § 24.

## Verjährung.

Die dreijährige Verjährungsfrist für den Anspruch aus unerlaubter Handlung beginnt mit dem Zeitpunkte der erlangten Kenntnis von der Person des Ersatzpflichtigen und dem Schaden. Das Kennenmüssen steht der Kenntnis nicht gleich, RG. 76, 63. Kenntnis des Schadens in seinem ganzen Umfange ist nicht erforderlich. Die Kenntnis von der Person des Ersatzpflichtigen muß so weit reichen, daß der Beschädigte auf Grund des ihm bekannten Materials eine Klage gegen eine bestimmte Person zu begründen in der Lage ist. Eine jeden Zweifel am Obsiegen ausschließende Überzeugung ist nicht erforderlich, JW. 1912, 640. Die Kenntnis von einem eingetretenen Schaden umfaßt alle Folgezustände, die im Zeitpunkte der Erlangung der Kenntnis überhaupt nur als möglich vorauszusehen waren. Der Beginn der Verjährung ist nicht daran gebunden, daß Umfang und Höhe des Schadens, bei Gesundheitsbeschädigungen der Höchstgrad und die Tragweite ihrer Folgen für die Erwerbsverhältnisse völlig übersehen werden können. Es genügt die Kenntnis von der Beeinträchtigung der Erwerbsfähigkeit überhaupt. Die Verjährung beginnt in Ansehung aller dieser Folgen, wenn nur die Feststellungsklage möglich ist; JW. 1912, 38 = Recht 3913; LZ. 151. Ist aber ein ganz anderer Schaden dem Ersatzberechtigten erst später bekannt geworden, z. B. eine nicht vorausgesehene Verschlimmerung, ein Leiden anderer Art, eine schwere innere Erkrankung, eingetreten, dann beginnt die Verjährung insoweit erst mit der hiervon erlangten Kenntnis; ROLG. 12, 32; SeuffA. 63, 14, 64; JW. 1909, 110, 724,

725; ROLG. 18, 107; Recht 1911, 3472; RG. 70, 150. In den Bereich der Kenntnis des Ersatzpflichtigen gehört auch eine gewisse Rechtskenntnis, um die rechtlichen Voraussetzungen der Ersatzpflicht zu erkennen, RG. 76, 61, sofern die Unkenntnis von Rechtssätzen und Rechtsgrundsätzen das Hindernis bildet, von der Person des Ersatzpflichtigen Kenntnis zu erlangen, vgl. RG. 67, 141, 145; JW. 1911, 453. „Trifft die in § 839 BGB. bestimmte Verantwortlichkeit an Stelle des Beamten den Staat", wie die betreffenden Vorschriften meist lauten — vgl. § 511 —, so genügt die Kenntnis von der Person des Täters. Unkenntnis des Rechtssatzes, daß für den Täter der Staat oder die Gemeinde haftet, hindert die Verjährung nicht, Recht 1911, 3821. Bei fortgesetzten Handlungen, z. B. Immissionen, richtet sich der Beginn der Verjährung nach dem Zeitpunkt der einzelnen schädigenden Handlung, Recht 1908, 2669; 1911, 3912; JW. 1907, 832. Haften mehrere, so kann die Kenntnis von der Person des Ersatzpflichtigen und der Verjährungsbeginn bei den Einzelnen zeitlich verschieden sein. Bei bloß hilfsweiser Haftung — §§ 829, 839 Abs. 3 — beginnt die Verjährung erst mit der Kenntnis, daß ein anderer Ersatzpflichtiger nicht vorhanden ist. Unkenntnis der Person des Erben des Ersatzpflichtigen hindert die Verjährung nicht. Es tritt nur die Hemmung nach § 207 BGB. ein.

Ohne Rücksicht auf diese Kenntnis verjährt der Anspruch aus unerlaubter Handlung in 30 Jahren seit der Begehung. Beide Anfangszeitpunkte sind von dem regelmäßigen, der Entstehung des Anspruchs (§ 198 BGB.), verschieden. Die Begehung ist auch in den Fällen der §§ 831, 832 BGB. erst mit der Entstehung des Schadens durch den zur Verrichtung Bestellten oder den Aufsichtsbedürftigen vollendet; denn die widerrechtliche Schadenszufügung gehört zum Tatbestand. Auch wird das unterstellte Verschulden des Geschäftsherrn oder Aufsichtspflichtigen regelmäßig bis zu diesem Zeitpunkt andauern. Eine Abtretung des dem Haftpflichtigen an die Versicherungsgesellschaft zustehenden Anspruchs bewirkt wenigstens Hemmung der Verjährung nach §§ 202, 205, RG. 70, 35. Der Beginn der Verjährung gegen den Tierhalter wird nicht dadurch gehemmt, daß über die Zugehörigkeit zu einer Berufgenossenschaft Streit entsteht. Vom Erlaß eines, später aufgehobenen, Bescheids, der den Tierhalter als Betriebsunternehmer erklärt, ist § 202 Abs. 1 BGB. anwendbar, weil insolange der Klage § 146 LUVG. entgegenstand, Recht 1912, 3367.

Die Verjährungsvorschrift des § 852 BGB. erstreckt sich auf alle Tatbestände unerlaubter Handlungen, mögen sie im Bürgerlichen Gesetzbuch oder in anderen Gesetzen geregelt sein. Z. B. auch auf den Anspruch aus Eigentumsverletzungen, unzulässiger Zuführung von Gasen, Flüssigkeit oder Geräusch nach §§ 906, 1004 BGB., RG. 70, 150; JW. 1912, 31. Desgleichen auf die Ansprüche aus vorzeitiger Vollstreckung nach §§ 302 Abs. 4, 600 Abs. 2, 717 Abs. 2, 945 ZPO., RG. 74, 249 = JW. 1910, 1008; DJZ. 1911, 1391.

Ein dem Beschädigten neben dem Anspruch aus unerlaubter Handlung etwa zustehender Anspruch aus der Verletzung einer Vertragspflicht, ungerechtfertigter Bereicherung usw., unterliegt in Ansehung der Verjährung den hierüber geltenden besonderen Vorschriften. Stellt die unerlaubte Handlung zugleich eine Vertragsverletzung dar, so verjährt mit dem Anspruch aus unerlaubter Handlung nicht auch derjenige aus dem Vertrag, sofern die Verjährungsfrist eine längere ist, RG. 66, 86, z. B. aus einem Dienstvertrag, § 618 BGB., §§ 62, 76 HGB. (RG. in Recht 1906, 25), oder aus Kauf, § 463 Satz 2 BGB. (RG. 66, 88), § 195 BGB. An dem vorangestellten Satz wird aber (gegen RGRKomm. und RG. 66, 363) auch festzuhalten sein, wenn die kürzere Verjährungsfrist z. B. des Anspruchs aus Miete oder Leihe nach §§ 558, 608 BGB. abgelaufen ist. Daß jene Vorschriften dadurch bedeutungslos würden, kann nicht anerkannt werden. Wenn z. B. ein Angehöriger oder Dienstbote des Mieters die vermietete Sache beschädigt, kann sehr wohl ein vertragswidriger Gebrauch der Mietsache vorliegen, §§ 548, 558, 278 BGB., ohne daß eine Haftung des Mieters auch nach §§ 823, 831, 832 BGB. gegeben ist. Nach Umständen kann aber auch eine dieser unerlaubten Handlungen gegeben sein. Und wer methylalkoholhaltigen Schnaps oder verdorbene Würste oder einen gefährlichen Apparat zum Zimmerturnen (JW. 1911, 748) oder ein Gewehr, das, entgegen gemachter Zusicherung, durch Platzen des Laufs den Schützen verletzt (Recht 1912, 2535/8), verkauft, wird aus § 823 Abs. 1 nicht nur dem Dritterwerber, sondern auch dem an der Gesundheit geschädigten Käufer (§ 463 Satz 1) haften. Hier ist zu fragen, ob der Schaden in einem inneren Zusammenhange mit dem Vertragsverhältnis steht oder ob er auch Personen traf oder solchen drohte, die zu dem Verantwortlichen in keinem Vertragsverhältnis standen.[1])

[1]) Vgl. Fromherz, ArchZivPrax. 108 (1912), 435.

Sind hiernach die besonderen Voraussetzungen einer unerlaubten Handlung gegeben, dann wird der hierauf gestützte Anspruch auch durch die kurze Verjährung des Vertragsanspruchs nicht berührt.

Auf den Ersatzanspruch des Mündels gegen den Vormund findet § 852 BGB. keine Anwendung. Der Anspruch aus § 1833 BGB. ist auf das familienrechtliche Verhältnis gegründet. Mit dem Schadensersatzanspruch verjährt auch der auf die unerlaubte Handlung gestützte Anspruch auf Unterlassung. Für den Ausgleichungsanspruch unter mehreren Haftpflichtigen nach §§ 830, 840, 426 BGB. gilt die 30jährige Verjährung nach § 195 BGB., hier handelt es sich um den Anspruch aus dem Gesamtschuldverhältnis, RG. 69, 422; JW. 1910, 235.

Hat jemand durch eine unerlaubte Handlung eine Forderung, z. B. aus einem durch Arglist oder Drohung herbeigeführten Vertragsabschluß einen Vertragsanspruch, erlangt, so kann der Verletzte durch Anfechtungserklärung binnen Jahresfrist, §§ 123, 124, 142 BGB., die Nichtigkeit klarstellen. Nach Ablauf dieser Frist hat er gegen den Betrüger usw. noch gemäß §§ 823 ff., 852, 249 BGB. aus der unerlaubten Handlung den Anspruch auf Wiederherstellung, welche sich in der Wiederaufhebung des Vertrags einschließlich der Rückgabe des Geleisteten vollzieht. Aber auch nach Ablauf der Verjährungsfrist des § 852 kann er dem Vertragsgegner und gemäß § 404 BGB. dem Erwerber des Anspruchs gegenüber nach § 853 BGB. die Erfüllung verweigern, vgl. RG. 60, 294; 63, 268; 66, 86; Schreiber und Eccius in GruchotsBeitr. 53, 298, 309; JW. 1909, 268. Das Reichsgericht vertritt den Standpunkt, daß die Anfechtung eines Kaufvertrags wegen Irrtums — RG. 61, 171; 62, 282 — (das gleiche dürfte insoweit auch von arglistiger Täuschung gelten) in Ansehung von Sachmängeln im Sinne von §§ 459, 477 BGB. beim Gattungskauf und beim Spezieskauf ausgeschlossen sei, weil insoweit die besonderen Vorschriften über den Wandelungs- und den Minderungsanspruch, §§ 459 ff., vorgehen. Für einen Fall des Spezieskaufs ist das in RG. (II) 66, 86 unerörtert geblieben, da die arglistige Täuschung in Ansehung von Sachmängeln jedenfalls einen erst in 30 Jahren verjährenden, die Anfechtung nicht voraussetzenden, Schadensersatzanspruch aus dem Kaufvertrag begründet. Nach RG. 59, 157; 63, 112; 66, 335 kann der Käufer sowohl wegen zugesicherter Eigenschaften, als auch wegen wissentlich falscher Versicherungen des Verkäufers über Eigenschaften und wegen arglistigen Verschweigens von Fehlern der Kaufsache, auf dem Vertrage stehen bleibend, das positive Erfüllungsinteresse als Schadensersatz verlangen; dagegen der Verkäufer bei arglistiger Täuschung über die Güte der in Zahlung gegebenen Hypotheken nur das negative Vertragsinteresse, JW. 1912, 742. Will aber der betrogene Käufer einen vollzogenen Kaufvertrag als gegen die guten Sitten verstoßend nach §§ 826, 249 (823 Abs. 2!) BGB. aufheben und die Erfüllung rückgängig machen, dann muß er, da § 124 sonst insoweit gegenstandslos wäre, die gehörige Anfechtung gemäß §§ 123, 124, 142 BGB. nachweisen, was in RG. (V) 60, 294 dahingestellt gelassen, in RG. (V) 63, 268 aber bejaht wird, vgl. RG. 70, 197. Auch der Käufer kann, wenn die arglistige Täuschung sich nicht auf einen Sachmangel bezieht, nur das negative Vertragsinteresse beanspruchen; Recht 1912, 1787. Das ist aber die Herstellung des Vermögensstandes, wie er ohne den Vertrag bestehen würde, nicht des Standes bei Abschluß unter günstigeren Bedingungen für den Getäuschten; es sei denn, daß dieser nachzuweisen vermöchte, daß der andere auch so zum Abschluß bereit gewesen wäre (JW. 1910, 934; 1911, 213; 1912, 237); JW. 1912, 863, vgl. LZ. 546. Das „negative Vertragsinteresse" (§§ 122 Abs. 1, 179 Abs. 2, 307 Abs. 1 BGB.) umfaßt jeden, in Kosten, Aufwendungen oder entgangenem Gewinn bestehenden Schaden, für den das Vertrauen auf den rechtlichen Bestand des nachher als rechtsunwirksam klargestellten Tatbestands überhaupt ursächlich war. Aufwendungen, Eingehung von Verbindlichkeiten kommen, entsprechend § 1298 Abs. 1 — oder umsomehr, als auch beim Verlöbnisspruch diese Grenzen der Angemessenheit und der Vernunft einzuhalten sind — nur insoweit in Ansatz, als sie den Umständen nach angemessen waren. Riezler, DJZ. 1912, 1175. Nur solche sind adäquat verursacht, weil nur einigermaßen vernünftige Aufwendungen der Erfahrung des Lebens entsprechen, nicht aber reine Luxusausgaben oder reine Aufwendungen der Laune.

Eine sinngemäße Anwendung des § 853 BGB. wird auch gegenüber der Versäumung der unverzüglichen Anfechtung wegen Irrtums und der einjährigen Anfechtungsfrist (wegen Betrugs oder Bedrohung) eintreten müssen. Der Verletzte kann auch nach Ablauf dieser Anfechtungsfristen die Aufhebung des Vertrags verlangen und die von ihm erlangte Erfüllung verweigern, wenn der Gegner die Forderung durch unerlaubte Handlung erlangt hat. Er muß aber dann in die Auflösung des Vertrags willigen und die selbst erhaltene Gegenleistung zurückgewähren, sonst steht auch ihm die Einrede der Arglist entgegen, RG. 60, 294; 71, 432. Eine besondere Bedeutung der Anfechtung liegt übrigens in ihrer dinglichen Wirkung gegen Dritte, § 142 BGB., z. B. in den Fällen der §§ 328, 329, 398, 414, 415 BGB. Ein Dritter, welcher ein Recht an der behufs Erfüllung geleisteten Sache erwirbt, wird wegen nicht guten Glaubens am Rechtsgewerbe gemäß §§ 932—934, 1207, 142 Abs. 2 nur dann gehindert, wenn er die Anfechtbarkeit kannte oder kennen mußte und wenn außerdem die Anfechtung rechtzeitig erfolgte; JW. 1912, 688. Vgl. SeuffA. 67, 106.

Schutz gegen die Verjährung in Ansehung erst später hervorgetretener Schäden bietet die Feststellungsklage wegen des weiteren Schadens. Die Klage auf Teilleistung, selbst mit dem Vorbehalt späterer Erweiterung, unterbricht die Verjährung nur in Ansehung des eingeklagten Teils, RG. 57, 372; 65, 398; JW. 1908, 10; 1912, 861. Die Verjährung des nach § 843 BGB. zu beurteilenden Anspruchs auf Rente wird durch die Klage auf Kapitalsabfindung nur insoweit unterbrochen, als der Antrag auf Kapitalsabfindung reicht. Wird ein wichtiger Grund für diese verneint und darauf der Anspruch auf Rente erhoben, so ist dieser durch die erste Klage insoweit nicht gewahrt, als er denjenigen Rentenbetrag, welcher der eingeklagten Kapitalsabfindung entspricht, offensichtlich übersteigt; ähnlich RG. 77, 213. Auch die Vorabentscheidung über den Grund nach § 304 ZPO. ist nur eine Zwischenentscheidung, die keine neue, 30jährige, Verjährung gemäß § 218 BGB. in Lauf setzt. Bei Stillstand des Prozesses beginnt auch hier nur eine neue dreijährige Verjährung gemäß § 211 BGB.; RG. 66, 12, 365. Die vierjährige Verjährung rückständiger Renten (§ 197 BGB.) wird durch § 852 BGB. nicht berührt. Die dreijährige Verjährung gilt insoweit nicht, als der Ersatzpflichtige auf Kosten des Verletzten etwas erlangt hat und ungerechtfertigt bereichert ist, § 853 Abs. 2 BGB. Die dahingehende Replik auf die Einrede der Verjährung enthält keine Klagänderung, RG. 71, 358.

Daß die Versäumung der zweimonatigen Anzeigefrist nach § 15 AutG. den auf Verschulden gestützten Anspruch nicht berührt, bedarf keiner Erläuterung. Der Anspruch auf Buße verjährt nicht nach den Grundsätzen des bürgerlichen Rechts, sondern nur zugleich mit der Straftat, an die er geknüpft ist, RGSt. 44, 294, vgl. § 10.

# Anhang.

## Einschlägige Gesetzestexte.

### Bürgerliches Gesetzbuch.

§ 30.

Durch die Satzung kann bestimmt werden, daß neben dem Vorstande für gewisse Geschäfte besondere Vertreter zu bestellen sind. Die Vertretungsmacht eines solchen Vertreters erstreckt sich im Zweifel auf alle Rechtsgeschäfte, die der ihm zugewiesene Geschäftskreis gewöhnlich mit sich bringt.

§ 31.

Der Verein ist für den Schaden verantwortlich, den der Vorstand, ein Mitglied des Vorstandes oder ein anderer verfassungsmäßig berufener Vertreter durch eine in Ausführung der ihm zustehenden Verrichtungen begangene, zum Schadensersatze verpflichtende Handlung einem Dritten zufügt.

§ 89.

Die Vorschrift des § 31 findet auf den Fiskus sowie auf die Körperschaften, Stiftungen und Anstalten des öffentlichen Rechtes entsprechende Anwendung.

Das gleiche gilt, soweit bei Körperschaften, Stiftungen und Anstalten des öffentlichen Rechtes der Konkurs zulässig ist, von der Vorschrift des § 42 Abs. 2.

§ 226.

Die Ausübung eines Rechtes ist unzulässig, wenn sie nur den Zweck haben kann, einem Anderen Schaden zuzufügen.

§ 227.

Eine durch Notwehr gebotene Handlung ist nicht widerrechtlich.

Notwehr ist diejenige Verteidigung, welche erforderlich ist, um einen gegenwärtigen rechtswidrigen Angriff von sich oder einem Anderen abzuwenden.

§ 228.

Wer eine fremde Sache beschädigt oder zerstört, um eine durch sie drohende Gefahr von sich oder einem Anderen abzuwenden, handelt nicht widerrechtlich, wenn die Beschädigung oder die Zerstörung zur Abwendung der Gefahr erforderlich ist und der Schaden nicht außer Verhältnis zu der Gefahr steht. Hat der Handelnde die Gefahr verschuldet, so ist er zum Schadensersatze verpflichtet.

§ 229.

Wer zum Zwecke der Selbsthilfe eine Sache wegnimmt, zerstört oder beschädigt oder wer zum Zwecke der Selbsthilfe einen Verpflichteten, welcher der Flucht verdächtig ist, festnimmt oder den Widerstand des Verpflichteten gegen eine Handlung, die dieser zu dulden verpflichtet ist, beseitigt, handelt nicht widerrechtlich, wenn obrigkeitliche Hilfe nicht rechtzeitig zu erlangen ist und ohne sofortiges Eingreifen die Gefahr besteht, daß die Verwirklichung des Anspruchs vereitelt oder wesentlich erschwert werde.

§ 230.

Die Selbsthilfe darf nicht weiter gehen, als zur Abwendung der Gefahr erforderlich ist.

Im Falle der Wegnahme von Sachen ist, sofern nicht Zwangsvollstreckung erwirkt wird, der dingliche Arrest zu beantragen.

Im Falle der Festnahme des Verpflichteten ist, sofern er nicht wieder in Freiheit gesetzt wird, der persönliche Sicherheitsarrest bei dem Amtsgerichte zu beantragen, in dessen Bezirke die Festnahme erfolgt ist; der Verpflichtete ist unverzüglich dem Gerichte vorzuführen.

Wird der Arrestantrag verzögert oder abgelehnt, so hat die Rückgabe der weggenommenen Sachen und die Freilassung des Festgenommenen unverzüglich zu erfolgen.

§ 231.

Wer eine der im § 229 bezeichneten Handlungen in der irrigen Annahme vornimmt, daß die für den Ausschluß der Widerrechtlichkeit erforderlichen Voraussetzungen vorhanden seien, ist dem anderen Teile zum Schadensersatze verpflichtet, auch wenn der Irrtum nicht auf Fahrlässigkeit beruht.

§ 249.

Wer zum Schadensersatze verpflichtet ist, hat den Zustand herzustellen, der bestehen würde, wenn der zum Ersatze verpflichtende Umstand nicht eingetreten wäre. Ist wegen Verletzung einer Person oder wegen Beschädigung einer Sache Schadensersatz zu leisten, so kann der Gläubiger statt der Herstellung den dazu erforderlichen Geldbetrag verlangen.

§ 250.

Der Gläubiger kann dem Ersatzpflichtigen zur Herstellung eine angemessene Frist mit der Erklärung bestimmen, daß er die Herstellung nach dem Ablaufe der Frist ablehne. Nach dem Ablaufe der Frist kann der Gläubiger den Ersatz in Geld verlangen, wenn nicht die Herstellung rechtzeitig erfolgt; der Anspruch auf die Herstellung ist ausgeschlossen.

§ 251.

Soweit die Herstellung nicht möglich oder zur Entschädigung des Gläubigers nicht genügend ist, hat der Ersatzpflichtige den Gläubiger in Geld zu entschädigen.

Der Ersatzpflichtige kann den Gläubiger in Geld entschädigen, wenn die Herstellung nur mit unverhältnismäßigen Aufwendungen möglich ist.

## § 252.

Der zu ersetzende Schaden umfaßt auch den entgangenen Gewinn. Als entgangen gilt der Gewinn, welcher nach dem gewöhnlichen Laufe der Dinge oder nach den besonderen Umständen, insbesondere nach den getroffenen Anstalten und Vorkehrungen, mit Wahrscheinlichkeit erwartet werden konnte.

## § 253.

Wegen eines Schadens, der nicht Vermögensschaden ist, kann Entschädigung in Geld nur in den durch das Gesetz bestimmten Fällen gefordert werden.

## § 254.

Hat bei der Entstehung des Schadens ein Verschulden des Beschädigten mitgewirkt, so hängt die Verpflichtung zum Ersatze sowie der Umfang des zu leistenden Ersatzes von den Umständen, insbesondere davon ab, inwieweit der Schaden vorwiegend von dem einen oder dem anderen Teile verursacht worden ist.

Das gilt auch dann, wenn sich das Verschulden des Beschädigten darauf beschränkt, daß er unterlassen hat, den Schuldner auf die Gefahr eines ungewöhnlich hohen Schadens aufmerksam zu machen, die der Schuldner weder kannte noch kennen mußte, oder daß er unterlassen hat, den Schaden abzuwenden oder zu mindern. Die Vorschrift des § 278 findet entsprechende Anwendung.

## § 255.

Wer für den Verlust einer Sache oder eines Rechtes Schadensersatz zu leisten hat, ist zum Ersatze nur gegen Abtretung der Ansprüche verpflichtet, die dem Ersatzberechtigten auf Grund des Eigentums an der Sache oder auf Grund des Rechtes gegen Dritte zustehen.

## § 276.

Der Schuldner hat, sofern nicht ein Anderes bestimmt ist, Vorsatz und Fahrlässigkeit zu vertreten. Fahrlässig handelt, wer die im Verkehr erforderliche Sorgfalt außer acht läßt. Die Vorschriften der §§ 827, 828 finden Anwendung.

Die Haftung wegen Vorsatzes kann dem Schuldner nicht im voraus erlassen werden.

## § 277.

Wer nur für diejenige Sorgfalt einzustehen hat, welche er in eigenen Angelegenheiten anzuwenden pflegt, ist von der Haftung wegen grober Fahrlässigkeit nicht befreit.

## § 278.

Der Schuldner hat ein Verschulden seines gesetzlichen Vertreters und der Personen, deren er sich zur Erfüllung seiner Verbindlichkeit bedient, in gleichem Umfange zu vertreten wie eigenes Verschulden. Die Vorschrift des § 276 Abs. 2 findet keine Anwendung.

## § 426.

Die Gesamtschuldner sind im Verhältnisse zu einander zu gleichen Anteilen verpflichtet, soweit nicht ein anderes bestimmt ist. Kann von einem Gesamtschuldner der auf ihn entfallende Beitrag nicht erlangt werden, so ist der Ausfall von den übrigen zur Ausgleichung verpflichteten Schuldnern zu tragen.

Soweit ein Gesamtschuldner den Gläubiger befriedigt und von den übrigen Schuldnern Ausgleichung verlangen kann, geht die Forderung des Gläubigers gegen die übrigen Schuldner auf ihn über. Der Übergang kann nicht zum Nachteile des Gläubigers geltend gemacht werden.

§ 618.

Der Dienstberechtigte hat Räume, Vorrichtungen oder Gerätschaften, die er zur Verrichtung der Dienste zu beschaffen hat, so einzurichten und zu unterhalten und Dienstleistungen, die unter seiner Anordnung oder seiner Leitung vorzunehmen sind, so zu regeln, daß der Verpflichtete gegen Gefahr für Leben und Gesundheit soweit geschützt ist, als die Natur der Dienstleistung es gestattet.

Ist der Verpflichtete in die häusliche Gemeinschaft aufgenommen, so hat der Dienstberechtigte in Ansehung des Wohn- und Schlafraums, der Verpflegung sowie der Arbeits- und Erholungszeit diejenigen Einrichtungen und Anordnungen zu treffen, welche mit Rücksicht auf die Gesundheit, die Sittlichkeit und die Religion des Verpflichteten erforderlich sind.

Erfüllt der Dienstberechtigte die ihm in Ansehung des Lebens und der Gesundheit des Verpflichteten obliegenden Verpflichtungen nicht, so finden auf seine Verpflichtung zum Schadensersatze die für unerlaubte Handlungen geltenden Vorschriften der §§ 842 bis 846 entsprechende Anwendung.

§ 676.

Wer einem Anderen einen Rat oder eine Empfehlung erteilt, ist, unbeschadet der sich aus einem Vertragsverhältnis oder einer unerlaubten Handlung ergebenden Verantwortlichkeit, zum Ersatze des aus der Befolgung des Rates oder der Empfehlung entstehenden Schadens nicht verpflichtet.

§ 682.

Ist der Geschäftsführer geschäftsunfähig oder in der Geschäftsfähigkeit beschränkt, so ist er nur nach den Vorschriften über den Schadensersatz wegen unerlaubter Handlungen und über die Herausgabe einer ungerechtfertigten Bereicherung verantwortlich.

§ 823.

Wer vorsätzlich oder fahrlässig das Leben, den Körper, die Gesundheit, die Freiheit, das Eigentum oder ein sonstiges Recht eines Anderen widerrechtlich verletzt, ist dem Anderen zum Ersatze des daraus entstehenden Schadens verpflichtet.

Die gleiche Verpflichtung trifft denjenigen, welcher gegen ein den Schutz eines Anderen bezweckendes Gesetz verstößt. Ist nach dem Inhalte des Gesetzes ein Verstoß gegen dieses auch ohne Verschulden möglich, so tritt die Ersatzpflicht nur im Falle des Verschuldens ein.

§ 824.

Wer der Wahrheit zuwider eine Tatsache behauptet oder verbreitet, die geeignet ist, den Kredit eines Anderen zu gefährden oder sonstige Nachteile für dessen Erwerb oder Fortkommen herbeizuführen, hat dem Anderen den daraus entstehenden Schaden auch dann zu ersetzen, wenn er die Unwahrheit zwar nicht kennt, aber kennen muß.

Durch eine Mitteilung, deren Unwahrheit dem Mitteilenden unbekannt ist, wird dieser nicht zum Schadensersatze verpflichtet, wenn er oder der Empfänger der Mitteilung an ihr ein berechtigtes Interesse hat.

## § 825.

Wer eine Frauensperson durch Hinterlist, durch Drohung oder unter Mißbrauch eines Abhängigkeitsverhältnisses zur Gestattung der außerehelichen Beiwohnung bestimmt, ist ihr zum Ersatze des daraus entstehenden Schadens verpflichtet.

## § 826.

Wer in einer gegen die guten Sitten verstoßenden Weise einem Anderen vorsätzlich Schaden zufügt, ist dem Anderen zum Ersatze des Schadens verpflichtet.

## § 827.

Wer im Zustande der Bewußtlosigkeit oder in einem die freie Willensbestimmung ausschließenden Zustande krankhafter Störung der Geistestätigkeit einem Anderen Schaden zufügt, ist für den Schaden nicht verantwortlich. Hat er sich durch geistige Getränke oder ähnliche Mittel in einen vorübergehenden Zustand dieser Art versetzt, so ist er für einen Schaden, den er in diesem Zustande widerrechtlich verursacht, in gleicher Weise verantwortlich, wie wenn ihm Fahrlässigkeit zur Last fiele; die Verantwortlichkeit tritt nicht ein, wenn er ohne Verschulden in den Zustand geraten ist.

## § 828.

Wer nicht das siebente Lebensjahr vollendet hat, ist für einen Schaden, den er einem Anderen zufügt, nicht verantwortlich.

Wer das siebente, aber nicht das achtzehnte Lebensjahr vollendet hat, ist für einen Schaden, den er einem Anderen zufügt, nicht verantwortlich, wenn er bei der Begehung der schädigenden Handlung nicht die zur Erkenntnis der Verantwortlichkeit erforderliche Einsicht hat. Das gleiche gilt von einem Taubstummen.

## § 829.

Wer in einem der in den §§ 823 bis 826 bezeichneten Fälle für einen von ihm verursachten Schaden auf Grund der §§ 827, 828 nicht verantwortlich ist, hat gleichwohl, sofern der Ersatz des Schadens nicht von einem aufsichtspflichtigen Dritten erlangt werden kann, den Schaden insoweit zu ersetzen, als die Billigkeit nach den Umständen, insbesondere nach den Verhältnissen der Beteiligten, eine Schadloshaltung erfordert und ihm nicht die Mittel entzogen werden, deren er zum standesmäßigen Unterhalte sowie zur Erfüllung seiner gesetzlichen Unterhaltspflichten bedarf.

## § 830.

Haben Mehrere durch eine gemeinschaftlich begangene unerlaubte Handlung einen Schaden verursacht, so ist jeder für den Schaden verantwortlich. Das gleiche gilt, wenn sich nicht ermitteln läßt, wer von mehreren Beteiligten den Schaden durch seine Handlung verursacht hat.

Anstifter und Gehilfen stehen Mittätern gleich.

## § 831.

Wer einen Anderen zu einer Verrichtung bestellt, ist zum Ersatze des Schadens verpflichtet, den der Andere in Ausführung der Verrichtung einem Dritten widerrechtlich zufügt. Die Ersatzpflicht tritt nicht ein, wenn der Geschäftsherr bei der Auswahl der bestellten Person und sofern er Vorrichtungen oder Gerätschaften zu beschaffen oder die Ausführung der Verrichtung zu leiten hat, bei der Beschaffung oder der Leitung die im Verkehr erforderliche Sorgfalt beobachtet oder wenn der Schaden auch bei Anwendung dieser Sorgfalt entstanden sein würde.

Die gleiche Verantwortlichkeit trifft denjenigen, welcher für den Geschäftsherrn die Besorgung eines der im Abs. 1 Satz 2 bezeichneten Geschäfte durch Vertrag übernimmt.

## § 832.

Wer kraft Gesetzes zur Führung der Aufsicht über eine Person verpflichtet ist, die wegen Minderjährigkeit oder wegen ihres geistigen oder körperlichen Zustandes der Beaufsichtigung bedarf, ist zum Ersatze des Schadens verpflichtet, den diese Person einem Dritten widerrechtlich zufügt. Die Ersatzpflicht tritt nicht ein, wenn er seiner Aufsichtspflicht genügt oder wenn der Schaden auch bei gehöriger Aufsichtsführung entstanden sein würde.

Die gleiche Verantwortlichkeit trifft denjenigen, welcher die Führung der Aufsicht durch Vertrag übernimmt.

## § 833.

Wird durch ein Tier ein Mensch getötet oder der Körper oder die Gesundheit eines Menschen verletzt oder eine Sache beschädigt, so ist derjenige, welcher das Tier hält, verpflichtet, dem Verletzten den daraus entstehenden Schaden zu ersetzen. Die Ersatzpflicht tritt nicht ein, wenn der Schaden durch ein Haustier verursacht wird, das dem Berufe, der Erwerbstätigkeit oder dem Unterhalte des Tierhalters zu dienen bestimmt ist, und entweder der Tierhalter bei der Beaufsichtigung des Tieres die im Verkehr erforderliche Sorgfalt beobachtet oder der Schaden auch bei Anwendung dieser Sorgfalt entstanden sein würde.

## § 834.

Wer für denjenigen, welcher ein Tier hält, die Führung der Aufsicht über das Tier durch Vertrag übernimmt, ist für den Schaden verantwortlich, den das Tier einem Dritten in der im § 833 bezeichneten Weise zufügt. Die Verantwortlichkeit tritt nicht ein, wenn er bei der Führung der Aufsicht die im Verkehr erforderliche Sorgfalt beobachtet oder wenn der Schaden auch bei Anwendung dieser Sorgfalt entstanden sein würde.

## § 835.

Wird durch Schwarz-, Rot-, Elch-, Dam- oder Rehwild oder durch Fasanen ein Grundstück beschädigt, an welchem dem Eigentümer das Jagdrecht nicht zusteht, so ist der Jagdberechtigte verpflichtet, dem Verletzten den Schaden zu ersetzen. Die Ersatzpflicht erstreckt sich auf den Schaden, den die Tiere an den getrennten, aber noch nicht eingeernteten Erzeugnissen des Grundstücks anrichten.

Ist dem Eigentümer die Ausübung dem ihm zustehenden Jagdrechts durch das Gesetz entzogen, so hat derjenige den Schaden zu ersetzen, welcher zur Ausübung des Jagdrechts nach dem Gesetze berechtigt ist. Hat der Eigentümer eines Grundstücks, auf dem das Jagdrecht wegen der Lage des Grundstücks nur gemeinschaftlich mit dem Jagdrecht auf einem anderen Grundstück ausgeübt werden darf, das Jagdrecht dem

Eigentümer dieses Grundstücks verpachtet, so ist der letztere für den Schaden verantwortlich.

Sind die Eigentümer der Grundstücke eines Bezirkes zum Zwecke der gemeinschaftlichen Ausübung des Jagdrechts durch das Gesetz zu einem Verbande vereinigt, der nicht als solcher haftet, so sind sie nach dem Verhältnisse der Größe ihrer Grundstücke ersatzpflichtig.

## § 836.

Wird durch den Einsturz eines Gebäudes oder eines anderen mit einem Grundstücke verbundenen Werkes oder durch die Ablösung von Teilen des Gebäudes oder des Werkes ein Mensch getötet, der Körper oder die Gesundheit eines Menschen verletzt oder eine Sache beschädigt, so ist der Besitzer des Grundstücks, sofern der Einsturz oder die Ablösung die Folge fehlerhafter Errichtung oder mangelhafter Unterhaltung ist, verpflichtet, dem Verletzten den daraus entstehenden Schaden zu ersetzen. Die Ersatzpflicht tritt nicht ein, wenn der Besitzer zum Zwecke der Abwendung der Gefahr die im Verkehr erforderliche Sorgfalt beobachtet hat.

Ein früherer Besitzer des Grundstücks ist für den Schaden verantwortlich, wenn der Einsturz oder die Ablösung innerhalb eines Jahres nach der Beendigung seines Besitzes eintritt, es sei denn, daß er während seines Besitzes die im Verkehr erforderliche Sorgfalt beobachtet hat oder ein späterer Besitzer durch Beobachtung dieser Sorgfalt die Gefahr hätte abwenden können.

Besitzer im Sinne dieser Vorschriften ist der Eigenbesitzer.

## § 837.

Besitzt Jemand auf einem fremden Grundstück in Ausübung eines Rechtes ein Gebäude oder ein anderes Werk, so trifft ihn an Stelle des Besitzers des Grundstücks die im § 836 bestimmte Verantwortlichkeit.

## § 838.

Wer die Unterhaltung eines Gebäudes oder eines mit einem Grundstücke verbundenen Werkes für den Besitzer übernimmt oder das Gebäude oder das Werk vermöge eines ihm zustehenden Nutzungsrechtes zu unterhalten hat, ist für den durch den Einsturz oder die Ablösung von Teilen verursachten Schaden in gleicher Weise verantwortlich wie der Besitzer.

## § 839.

Verletzt ein Beamter vorsätzlich oder fahrlässig die ihm einem Dritten gegenüber obliegende Amtspflicht, so hat er dem Dritten den daraus entstehenden Schaden zu ersetzen. Fällt dem Beamten nur Fahrlässigkeit zur Last, so kann er nur dann in Anspruch genommen werden, wenn der Verletzte nicht auf andere Weise Ersatz zu erlangen vermag.

Verletzt ein Beamter bei dem Urteil in einer Rechtssache seine Amtspflicht, so ist er für den daraus entstehenden Schaden nur dann verantwortlich, wenn die Pflichtverletzung mit einer im Wege des gerichtlichen Strafverfahrens zu verhängenden öffentlichen Strafe bedroht ist. Auf eine pflichtwidrige Verweigerung oder Verzögerung der Ausübung des Amtes findet diese Vorschrift keine Anwendung.

Die Ersatzpflicht tritt nicht ein, wenn der Verletzte vorsätzlich oder fahrlässig unterlassen hat, den Schaden durch Gebrauch eines Rechtsmittels abzuwenden.

## § 840.

Sind für den aus einer unerlaubten Handlung entstehenden Schaden Mehrere neben einander verantwortlich, so haften sie, vorbehaltlich der Vorschrift des § 835 Abs. 3, als Gesamtschuldner.

Ist neben demjenigen, welcher nach den §§ 831, 832 zum Ersatze des von einem Anderen verursachten Schadens verpflichtet ist, auch der Andere für den Schaden verantwortlich, so ist in ihrem Verhältnisse zu einander der Andere allein, im Falle des § 829 der Aufsichtspflichtige allein verpflichtet.

Ist neben demjenigen, welcher nach den §§ 833 bis 838 zum Ersatze des Schadens verpflichtet ist, ein Dritter für den Schaden verantwortlich, so ist in ihrem Verhältnisse zu einander der Dritte allein verpflichtet.

## § 841.

Ist ein Beamter, der vermöge seiner Amtspflicht einen Anderen zur Geschäftsführung für einen Dritten zu bestellen oder eine solche Geschäftsführung zu beaufsichtigen oder durch Genehmigung von Rechtsgeschäften bei ihr mitzuwirken hat, wegen Verletzung dieser Pflichten neben dem Anderen für den von diesem verursachten Schaden verantwortlich, so ist in ihrem Verhältnisse zu einander der Andere allein verpflichtet.

## § 842.

Die Verpflichtung zum Schadensersatze wegen einer gegen die Person gerichteten unerlaubten Handlung erstreckt sich auf die Nachteile, welche die Handlung für den Erwerb oder das Fortkommen des Verletzten herbeiführt.

## § 843.

Wird infolge einer Verletzung des Körpers oder der Gesundheit die Erwerbsfähigkeit des Verletzten aufgehoben oder gemindert oder tritt eine Vermehrung seiner Bedürfnisse ein, so ist dem Verletzten durch Entrichtung einer Geldrente Schadensersatz zu leisten.

Auf die Rente finden die Vorschriften des § 760 Anwendung. Ob, in welcher Art und für welchen Betrag der Ersatzpflichtige Sicherheit zu leisten hat, bestimmt sich nach den Umständen.

Statt der Rente kann der Verletzte eine Abfindung in Kapital verlangen, wenn ein wichtiger Grund vorliegt.

Der Anspruch wird nicht dadurch ausgeschlossen, daß ein Anderer dem Verletzten Unterhalt zu gewähren hat.

## § 844.

Im Falle der Tötung hat der Ersatzpflichtige die Kosten der Beerdigung demjenigen zu ersetzen, welchem die Verpflichtung obliegt, diese Kosten zu tragen.

Stand der Getötete zur Zeit der Verletzung zu einem Dritten in einem Verhältnisse, vermöge dessen er diesem gegenüber kraft Gesetzes unterhaltspflichtig war oder unterhaltspflichtig werden konnte, und ist dem Dritten infolge der Tötung das Recht auf den Unterhalt entzogen, so hat der Ersatzpflichtige dem Dritten durch Entrichtung einer Geldrente insoweit Schadensersatz zu leisten, als der Getötete während der mutmaßlichen Dauer seines Lebens zur Gewährung des Unterhalts verpflichtet gewesen sein würde; die Vorschriften des § 843 Abs. 2 bis 4 finden entsprechende Anwendung. Die Ersatzpflicht tritt auch dann ein, wenn der Dritte zur Zeit der Verletzung erzeugt, aber noch nicht geboren war.

§ 845.

Im Falle der Tötung, der Verletzung des Körpers oder der Gesundheit sowie im Falle der Freiheitsentziehung hat der Ersatzpflichtige, wenn der Verletzte kraft Gesetzes einem Dritten zur Leistung von Diensten in dessen Hauswesen oder Gewerbe verpflichtet war, dem Dritten für die entgehenden Dienste durch Entrichtung einer Geldrente Ersatz zu leisten. Die Vorschriften des § 843 Abs. 2 bis 4 finden entsprechende Anwendung.

§ 846.

Hat in den Fällen der §§ 844, 845 bei der Entstehung des Schadens, den der Dritte erleidet, ein Verschulden des Verletzten mitgewirkt, so finden auf den Anspruch des Dritten die Vorschriften des § 254 Anwendung.

§ 847.

Im Falle der Verletzung des Körpers oder der Gesundheit sowie im Falle der Freiheitsentziehung kann der Verletzte auch wegen des Schadens, der nicht Vermögensschaden ist, eine billige Entschädigung in Geld verlangen. Der Anspruch ist nicht übertragbar und geht nicht auf die Erben über, es sei denn, daß er durch Vertrag anerkannt oder daß er rechtshängig geworden ist.

Ein gleicher Anspruch steht einer Frauensperson zu, gegen die ein Verbrechen oder Vergehen wider die Sittlichkeit begangen oder die durch Hinterlist, durch Drohung oder unter Mißbrauch eines Abhängigkeitsverhältnisses zur Gestattung der außerehelichen Beiwohnung bestimmt wird.

§ 848.

Wer zur Rückgabe einer Sache verpflichtet ist, die er einem Anderen durch eine unerlaubte Handlung entzogen hat, ist auch für den zufälligen Untergang, eine aus einem anderen Grunde eintretende zufällige Unmöglichkeit der Herausgabe oder eine zufällige Verschlechterung der Sache verantwortlich, es sei denn, daß der Untergang, die anderweitige Unmöglichkeit der Herausgabe oder die Verschlechterung auch ohne die Entziehung eingetreten sein würde.

§ 849.

Ist wegen der Entziehung einer Sache der Wert oder wegen der Beschädigung einer Sache die Wertminderung zu ersetzen, so kann der Verletzte Zinsen des zu ersetzenden Betrags von dem Zeitpunkt an verlangen, welcher der Bestimmung des Wertes zugrunde gelegt wird.

§ 850.

Macht der zur Herausgabe einer entzogenen Sache Verpflichtete Verwendungen auf die Sache, so stehen ihm dem Verletzten gegenüber die Rechte zu, die der Besitzer dem Eigentümer gegenüber wegen Verwendungen hat.

§ 851.

Leistet der wegen der Entziehung oder Beschädigung einer beweglichen Sache zum Schadensersatze Verpflichtete den Ersatz an denjenigen, in dessen Besitze sich die Sache zur Zeit der Entziehung oder der Beschädigung befunden hat, so wird er durch die Leistung auch dann befreit, wenn ein Dritter Eigentümer der Sache war oder ein sonstiges Recht an der Sache hatte, es sei denn, daß ihm das Recht des Dritten bekannt oder infolge grober Fahrlässigkeit unbekannt ist.

§ 852.

Der Anspruch auf Ersatz des aus einer unerlaubten Handlung entstandenen Schadens verjährt in drei Jahren von dem Zeitpunkt an, in welchem der Verletzte von dem Schaden und der Person des Ersatzpflichtigen Kenntnis erlangt, ohne Rücksicht auf diese Kenntnis in dreißig Jahren von der Begehung der Handlung an.

Hat der Ersatzpflichtige durch die unerlaubte Handlung auf Kosten des Verletzten etwas erlangt, so ist er auch nach der Vollendung der Verjährung zur Herausgabe nach den Vorschriften über die Herausgabe einer ungerechtfertigten Bereicherung verpflichtet.

§ 853.

Erlangt jemand durch eine von ihm begangene unerlaubte Handlung eine Forderung gegen den Verletzten, so kann der Verletzte die Erfüllung auch dann verweigern, wenn der Anspruch auf Aufhebung der Forderung verjährt ist.

## Zivilprozeßordnung.

§ 256.

Auf Feststellung des Bestehens oder Nichtbestehens eines Rechtsverhältnisses, auf Anerkennung einer Urkunde oder auf Feststellung der Unechtheit derselben kann Klage erhoben werden, wenn der Kläger ein rechtliches Interesse daran hat, daß das Rechtsverhältnis oder die Echtheit oder Unechtheit der Urkunde durch richterliche Entscheidung alsbald festgestellt werde.

§ 258.

Bei wiederkehrenden Leistungen kann auch wegen der erst nach Erlassung des Urteils fällig werdenden Leistungen Klage auf künftige Entrichtung erhoben werden.

§ 32.

Für Klagen aus unerlaubten Handlungen ist das Gericht zuständig, in dessen Bezirke die Handlung begangen ist.

§ 286.

Das Gericht hat unter Berücksichtigung des gesamten Inhalts der Verhandlungen und des Ergebnisses einer etwaigen Beweisaufnahme nach freier Überzeugung zu entscheiden, ob eine tatsächliche Behauptung für wahr oder für nicht wahr zu erachten sei. In dem Urteile sind die Gründe anzugeben, welche für die richterliche Überzeugung leitend gewesen sind.

An gesetzliche Beweisregeln ist das Gericht nur in den durch dieses Gesetz bezeichneten Fällen gebunden.

§ 287.

Ist unter den Parteien streitig, ob ein Schaden entstanden sei, und wie hoch sich der Schaden oder ein zu ersetzendes Interesse belaufe, so entscheidet hierüber das Gericht unter Würdigung aller Umstände nach freier Überzeugung. Ob und inwieweit eine beantragte Beweisaufnahme oder von Amts wegen die Begutachtung durch Sachverständige anzuordnen sei, bleibt dem Ermessen des Gerichts überlassen. Das Gericht kann anordnen, daß der Beweisführer den Schaden oder das Interesse eidlich schätze. In diesem Falle hat das Gericht zugleich den Betrag zu bestimmen, welchen die eidliche Schätzung nicht übersteigen darf.

Die Vorschriften über den Schätzungseid werden aufgehoben.

## § 302.

Hat der Beklagte die Aufrechnung einer Gegenforderung geltend gemacht, welche mit der in der Klage geltend gemachten Forderung nicht in rechtlichem Zusammenhange steht, so kann, wenn nur die Verhandhandlung über die Forderung zur Entscheidung reif ist, diese unter Vorbehalt der Entscheidung über die Aufrechnung erfolgen.

Enthält das Urteil keinen Vorbehalt, so kann die Ergänzung des Urteils nach Vorschrift des § 231 beantragt werden.

Das Urteil, welches unter Vorbehalt der Entscheidung über die Aufrechnung ergeht, ist in betreff der Rechtsmittel und der Zwangsvollvollstreckung als Endurteil anzusehen.

In betreff der Aufrechnung, über welche die Entscheidung vorbehalten ist, bleibt der Rechtsstreit anhängig. Soweit sich in dem weiteren Verfahren ergibt, daß der Anspruch des Klägers unbegründet war, ist das frühere Urteil aufzuheben, der Kläger mit dem Anspruch abzuweisen und über die Kosten anderweit zu entscheiden. Der Kläger ist zum Ersatze des Schadens verpflichtet, der dem Beklagten durch die Vollstreckung des Urteils oder durch eine zur Abwendung der Vollstreckung gemachte Leistung entstanden ist. Der Beklagte kann den Anspruch auf Schadensersatz in dem anhängigen Rechtsstreite geltend machen; wird der Anspruch geltend gemacht, so ist er als zur Zeit der Zahlung oder Leistung rechtshängig geworden anzusehen.

## § 303.

Ist ein einzelnes selbständiges Angriffs- oder Verteidigungsmittel oder ein Zwischenstreit zur Entscheidung reif, so kann die Entscheidung durch Zwischenurteil erfolgen.

## § 304.

Ist ein Anspruch nach Grund und Betrag streitig, so kann das Gericht über den Grund vorab entscheiden.

Das Urteil ist in betreff der Rechtsmittel als Endurteil anzusehen; das Gericht kann jedoch, wenn der Anspruch für begründet erklärt ist, auf Antrag anordnen, daß über den Betrag zu verhandeln sei.

## § 323.

Tritt im Falle der Verurteilung zu künftig fällig werdenden wiederkehrenden Leistungen eine wesentliche Änderung derjenigen Verhältnisse ein, welche für die Verurteilung zur Entrichtung der Leistungen, für die Bestimmung der Höhe der Leistungen oder der Dauer ihrer Entrichtung maßgebend waren, so ist jeder Teil berechtigt, im Wege der Klage eine entsprechende Abänderung des Urteils zu verlangen.

Die Klage ist nur insoweit zulässig, als die Gründe, auf welche sie gestützt wird, erst nach dem Schlusse der mündlichen Verhandlung, in der eine Erweiterung des Klagantrags oder die Geltendmachung von Einwendungen spätestens hätte erfolgen müssen, entstanden sind und durch Einspruch nicht mehr geltend gemacht werden können.

Die Abänderung des Urteils darf nur für die Zeit nach Erhebung der Klage erfolgen.

### § 600.

Wird dem Beklagten die Ausführung seiner Rechte vorbehalten, so bleibt der Rechtsstreit im ordentlichen Verfahren anhängig.

Soweit sich in diesem Verfahren ergibt, daß der Anspruch des Klägers unbegründet war, finden die Vorschriften des § 302 Abs. 4 Satz 2 bis 4 Anwendung.

Erscheint in diesem Verfahren eine Partei nicht, so finden die Vorschriften über das Versäumnisurteil entsprechende Anwendung.

### § 709 Ziff. 4.

Urteile sind auf Antrag für vorläufig vollstreckbar zu erklären, wenn sie betreffen:

4. andere vermögensrechtliche Ansprüche, sofern der Gegenstand der Verurteilung an Geld oder Geldeswert die Summe von dreihundert Mark nicht übersteigt; in betreff des Wertes des Gegenstandes kommen die Vorschriften der §§ 3—9 zur Anwendung.

### § 717 Abs. 2.

Wird ein für vorläufig vollstreckbar erklärtes Urteil aufgehoben oder abgeändert, so ist der Kläger zum Ersatze des Schadens verpflichtet, der dem Beklagten durch die Vollstreckung des Urteils oder durch eine zur Abwendung der Vollstreckung gemachte Leistung entstanden ist. Der Beklagte kann den Anspruch auf Schadensersatz in dem anhängigen Rechtsstreite geltend machen; wird der Anspruch geltend gemacht, so ist er als zur Zeit der Zahlung oder Leistung rechtshängig geworden anzusehen.

### § 945.

Erweist sich die Anordnung eines Arrestes oder einer einstweiligen Verfügung als von Anfang an ungerechtfertigt oder wird die angeordnete Maßregel auf Grund des § 926 Abs. 2 oder des § 942 Abs. 3 aufgehoben, so ist die Partei, welche die Anordnung erwirkt hat, verpflichtet, dem Gegner den Schaden zu ersetzen, der ihm aus der Vollziehung der angeordneten Maßregel oder dadurch entsteht, daß er Sicherheit leistet, um die Vollziehung abzuwenden oder die Aufhebung der Maßregel zu erwirken.

## Gerichtskostengesetz.

### § 9.

Für die Wertsberechnung sind die Vorschriften der Zivilprozeßordnung §§ 3 bis 9 und der Konkursordnung § 148 mit den nachstehenden Bestimmungen maßgebend.

### § 9a.

Ist das Bestehen oder die Dauer eines Pacht- oder Mietverhältnisses für einen längeren als einjährigen Zeitraum streitig, so wird der Wert auf den Betrag des einjährigen Zinses berechnet.

Bei Ansprüchen auf Alimente, welche auf gesetzlicher Vorschrift beruhen, wird der Wert des Rechtes auf die wiederkehrenden Leistungen, falls nicht der Gesamtbetrag der geforderten Leistungen geringer ist, auf den fünffachen Betrag des einjährigen Bezugs berechnet. Das gleiche gilt bei Ansprüchen auf Entrichtung einer Geldrente, welche nach den §§ 843, 844 des Bürgerlichen Gesetzbuchs oder nach den §§ 3, 3a, 7 des Gesetzes, betreffend die Verbindlichkeit zum Schadenersatze für die bei dem Betriebe von Eisenbahnen, Bergwerken usw. herbeigeführten Tötungen und Körperverletzungen, vom 7. Juni 1871 erhoben werden.

Ist für die Dauer des Rechtsstreits, welcher eine Ehesache betrifft, über die Unterhaltspflicht der Ehegatten zu entscheiden, so wird der Wert des Rechts auf Entrichtung einer Geldrente auf den einjährigen Betrag derselben berechnet.

## Strafgesetzbuch.

### § 188.

In den Fällen der §§ 186 und 187 kann auf Verlangen des Beleidigten, wenn die Beleidigung nachteilige Folgen für die Vermögensverhältnisse, den Erwerb oder das Fortkommen des Beleidigten mit sich bringt, neben der Strafe auf eine an den Beleidigten zu erlegende Buße bis zum Betrage von sechstausend Mark erkannt werden.

Eine erkannte Buße schließt die Geltendmachung eines weiteren Entschädigungsanspruches aus.

### § 231.

In allen Fällen der Körperverletzung kann auf Verlangen des Verletzten neben der Strafe auf eine an denselben zu erlegende Buße bis zum Betrage von sechstausend Mark erkannt werden.

Eine erkannte Buße schließt die Geltendmachung eines weiteren Entschädigungsanspruches aus.

Für diese Buße haften die zu derselben Verurteilten als Gesamtschuldner.

## Strafprozeßordnung.

### § 414.

Beleidigungen und Körperverletzungen können, soweit die Verfolgung nur auf Antrag eintritt, von dem Verletzten im Wege der Privatklage verfolgt werden, ohne daß es einer vorgängigen Anrufung der Staatsanwaltschaft bedarf.

Die gleiche Befugnis steht denjenigen zu, welchen in den Strafgesetzen das Recht, selbständig auf Bestrafung anzutragen, beigelegt ist.

Hat der Verletzte einen gesetzlichen Vertreter, so wird die Befugnis zur Erhebung der Privatklage durch diesen und, wenn Korporationen, Gesellschaften und andere Personenvereine, welche als solche in bürgerlichen Rechtsstreitigkeiten klagen können, die Verletzten sind, durch dieselben Personen wahrgenommen, durch welche sie in bürgerlichen Rechtsstreitigkeiten vertreten werden.

### § 443.

Die Befugnis, sich einer öffentlichen Klage nach den Bestimmungen der §§ 435—442 als Nebenkläger anzuschließen, steht auch demjenigen zu, welcher berechtigt ist, die Zuerkennung einer Buße zu verlangen.

Wer die Zuerkennung einer Buße in einem auf erhobene öffentliche Klage anhängigen Verfahren beantragen will, muß sich zu diesem Zwecke der Klage als Nebenkläger anschließen.

Der Antrag auf Zuerkennung einer Buße kann bis zur Verkündung des Urteils erster Instanz gestellt werden.

Der Antrag kann bis zur Verkündung des Urteils zurückgenommen, ein zurückgenommener Antrag nicht erneuert werden.

Wird der Angeklagte freigesprochen oder das Verfahren eingestellt, oder die Sache ohne Urteil erledigt, so gilt auch der Antrag ohne weitere Entscheidung für erledigt.

Der Anspruch auf Buße kann von den Erben des Verletzten nicht erhoben oder fortgesetzt werden.

§ 444.

Der Antrag auf Zuerkennung einer Buße kann bis zur Verkündung des Urteils erster Instanz gestellt werden.

Der Antrag kann bis zur Verkündung des Urteils zurückgenommen, ein zurückgenommener Antrag nicht erneuert werden.

Wird der Angeklagte freigesprochen oder das Verfahren eingestellt, oder die Sache ohne Urteil erledigt, so gilt auch der Antrag ohne weitere Entscheidung für erledigt.

Der Anspruch auf Buße kann von den Erben des Verletzten nicht erhoben oder fortgesetzt werden.

§ 445.

Der Nebenkläger hat den Betrag, welchen er als Buße verlangt, anzugeben.

Auf einen höheren Betrag der Buße als den beantragten darf nicht erkannt werden.

§ 446.

Die Bestimmungen der §§ 444, 445 finden auf den Fall entsprechende Anwendung, daß von dem die Buße Beanspruchenden die Privatklage erhoben wird.

## Krankenversicherungsgesetz.

§ 57.

Die auf gesetzlicher Vorschrift beruhende Verpflichtung von Gemeinden oder Armenverbänden zur Unterstützung hilfsbedürftiger Personen, sowie die auf Gesetz, Vertrag oder letztwilliger Anordnung beruhenden Ansprüche der Versicherten gegen Dritte werden durch dieses Gesetz nicht berührt.

Soweit auf Grund dieser Verpflichtung Unterstützungen für einen Zeitraum geleistet sind, für welchen dem Unterstützten auf Grund dieses Gesetzes ein Unterstützungsanspruch zusteht, geht der letztere im Betrage der geleisteten Unterstützung auf die Gemeinde oder den Armenverband über, von welchen die Unterstützung geleistet ist.

Das gleiche gilt von den Betriebsunternehmern und Kassen, welche die den bezeichneten Gemeinden und Armenverbänden obliegende Verpflichtung zur Unterstützung auf Grund gesetzlicher Vorschrift erfüllt haben.

Ist von der Gemeinde-Krankenversicherung oder von der Orts-Krankenkasse Unterstützung in einem Krankheitsfalle geleistet, für welchen dem Versicherten ein gesetzlicher Entschädigungsanspruch gegen Dritte zusteht, so geht dieser Anspruch in Höhe der geleisteten Unterstützung auf die Gemeinde-Krankenversicherung oder die Orts-Krankenkasse über.

In Fällen dieser Art gilt als Ersatz der im § 6 Absatz 1 Ziffer 1 bezeichneten Leistungen die Hälfte des gesetzlichen Mindestbetrages des Krankengeldes, sofern nicht höhere Aufwendungen nachgewiesen werden.

## Invaliden- und Altersversicherungsgesetz.

### § 54.

Insoweit den nach Maßgabe der reichsgesetzlichen Bestimmungen zum Bezuge von Invalidenrenten berechtigten Personen ein gesetzlicher Anspruch auf Ersatz des ihnen durch die Invalidität entstandenen Schadens gegen Dritte zusteht, geht derselbe auf die Versicherungsanstalt bis zum Betrage der von dieser zu gewährenden Rente über.

## Gewerbe-Unfallversicherungsgesetz.

### § 135.

Die nach Maßgabe dieses Gesetzes versicherten Personen und die in §§ 16 bis 19 bezeichneten Hinterbliebenen können, auch wenn sie einen Anspruch auf Rente nicht haben, einen Anspruch auf Ersatz des infolge eines Unfalls erlittenen Schadens gegen den Betriebsunternehmer, dessen Bevollmächtigten oder Repräsentanten, Betriebs- oder Arbeiteraufseher nur dann geltend machen, wenn durch strafgerichtliches Urteil festgestellt worden ist, daß der in Anspruch Genommene den Unfall vorsätzlich herbeigeführt hat.

In diesem Falle beschränkt sich der Anspruch auf den Betrag, um welchen die den Berechtigten nach anderen gesetzlichen Vorschriften gebührende Entschädigung diejenige übersteigt auf welche sie nach diesem Gesetz Anspruch haben.

Für das über einen solchen Anspruch erkennende ordentliche Gericht ist die Entscheidung bindend, welche in dem durch dieses Gesetz geordneten Verfahren über die Frage ergeht, ob ein Unfall vorliegt, für welchen aus der Unfallversicherung Entschädigung zu leisten ist, und in welchem Umfang Entschädigung zu gewähren ist.

### § 136.

Diejenigen Betriebsunternehmer, Bevollmächtigten oder Repräsentanten, Betriebs- oder Arbeiteraufseher, gegen welche durch strafgerichtliches Urteil festgestellt worden ist, daß sie den Unfall vorsätzlich oder durch Fahrlässigkeit mit Außerachtlassung derjenigen Aufmerksamkeit, zu der sie vermöge ihres Amtes, Berufs oder Gewerbes besonders verpflichtet sind, herbeigeführt haben, haften für alle Aufwendungen, welche infolge des Unfalls auf Grund dieses Gesetzes oder des Krankenversicherungsgesetzes von den Gemeinden, Armenverbänden, Krankenkassen und sonstigen Unterstützungskassen (§ 25 Abs. 1) gemacht worden sind. Dieselben Personen haften der Genossenschaft für deren Aufwendungen auch ohne Feststellung durch strafgerichtliches Urteil. Ist der Unfall durch Fahrlässigkeit mit Außerachtlassung derjenigen Aufmerksamkeit, zu der sie vermöge ihres Amtes, Berufs oder Gewerbes verpflichtet sind, herbeigeführt, so ist die Genossenschaftsversammlung befugt, von der Verfolgung des Anspruchs abzusehen. Durch das Statut kann diese Befugnis auf den Vorstand übertragen werden.

In gleicher Weise haftet als Betriebsunternehmer eine Aktiengesellschaft, eine Innung oder eingetragene Genossenschaft für die durch ein Mitglied ihres Vorstandes sowie eine Handelsgesellschaft, eine Innung oder eingetragene Genossenschaft für die durch einen der Liquidatoren herbeigeführten Unfälle.

Als Ersatz für die Rente kann in diesen Fällen deren Kapitalwert gefordert werden.

### § 140.

Die Haftung dritter, in den §§ 135, 136 nicht bezeichneter Personen bestimmt sich nach den sonstigen gesetzlichen Vorschriften. Insoweit den nach Maßgabe dieses Gesetzes entschädigungsberechtigten Personen ein gesetzlicher Anspruch auf Ersatz des ihnen durch den Unfall entstandenen Schadens gegen Dritte erwachsen ist, geht dieser Anspruch auf die Berufsgenossenschaft im Umfang ihrer durch dieses Gesetz begründeten Entschädigungspflicht über.

## Bau-Unfallversicherungsgesetz.

### § 45.

Für Arbeiter, welche bei Bauarbeiten der im § 6 Ziffer 4 Abs. 1 bezeichneten Art beschäftigt, aber nicht nach den Bestimmungen des Krankenversicherungsgesetzes gegen Krankheit versichert sind, bleiben die auf gesetzlichen Bestimmungen beruhenden Ansprüche auf Ersatz des infolge eines Unfalls erlittenen Schadens für die Dauer der ersten dreizehn Wochen nach dem Unfalle vorbehalten.

Im übrigen finden die Vorschriften der §§ 135, 139 bis 155 des Gewerbe-Unfallversicherungsgesetzes entsprechende Anwendung, die Strafbestimmungen insbesondere auch bezüglich der Einreichung und Richtigkeit der für die Berechnung der Prämien maßgebenden Nachweisungen (§ 24).

## Landwirtschaftliches Unfallversicherungsgesetz.

### § 146.

Die nach Maßgabe dieses Gesetzes versicherten Personen und die in §§ 17 bis 20 bezeichneten Hinterbliebenen können, auch wenn sie einen Anspruch auf Rente nicht haben, einen Anspruch auf Ersatz des infolge eines Unfalls erlittenen Schadens gegen den Betriebsunternehmer, dessen Bevollmächtigten oder Repräsentanten, Betriebs- oder Arbeiteraufseher nur dann geltend machen, wenn durch strafgerichtliches Urteil festgestellt worden ist, daß der in Anspruch Genommene den Unfall vorsätzlich herbeigeführt hat.

In diesem Falle beschränkt sich der Anspruch auf den Betrag, um welchen die den Berechtigten nach anderen gesetzlichen Vorschriften gebührende Entschädigung diejenige übersteigt, auf welche sie nach diesem Gesetz Anspruch haben.

Die auf gesetzlichen Bestimmungen beruhenden Ansprüche eines Verletzten auf Ersatz des infolge des Unfalls erlittenen Schadens für die Dauer der ersten dreizehn Wochen nach dem Unfalle bleiben vorbehalten, wenn nicht durch die Landesgesetzgebung oder durch statutarische Bestimmung eine den Vorschriften der §§ 6 und 7 des Krankenversicherungsgesetzes beziehungsweise der §§ 137 ff. des Gesetzes vom 5. Mai 1886 (RGBl. S. 132) mindestens gleichkommende Fürsorge für den Verletzten und seine Angehörigen getroffen ist oder der Verletzte auf Grund des § 136 a. a. O. von der Krankenversicherungspflicht befreit ist.

Für das über einen solchen Anspruch erkennende ordentliche Gericht ist die Entscheidung bindend, welche in dem durch dieses Gesetz geordneten Verfahren über die Frage ergeht, ob ein Unfall vorliegt, für welchen aus der Unfallversicherung Entschädigung zu leisten ist und in welchem Umfang Entschädigung zu gewähren ist.

§ 147.

Diejenigen Betriebsunternehmer, Bevollmächtigten oder Repräsentanten, Betriebs- oder Arbeiteraufseher, gegen welche durch strafgerichtliches Urteil festgestellt worden ist, daß sie den Unfall vorsätzlich oder durch Fahrlässigkeit mit Außerachtlassung derjenigen Aufmerksamkeit, zu der sie vermöge ihres Amtes, Berufs oder Gewerbes besonders verpflichtet sind, herbeigeführt haben, haften für alle Aufwendungen, welche infolge eines Unfalls auf Grund dieses Gesetzes oder des Krankenversicherungsgesetzes von den Gemeinden, Armenverbänden oder von Kranken- und anderen Unterstützungskassen (§§ 27, 30 Abs. 1) gemacht worden sind. Dieselben Personen haften der Genossenschaft für deren Aufwendungen auch ohne Feststellung durch strafgerichtliches Urteil. Ist der Unfall durch Fahrlässigkeit mit Außerachtlassung derjenigen Aufmerksamkeit, zu der sie vermöge ihres Amtes, Berufs oder Gewerbes verpflichtet sind, herbeigeführt, so ist die Genossenschaftsversammlung befugt, von der Verfolgung des Anspruchs abzusehen. Durch das Statut kann diese Befugnis auf den Vorstand übertragen werden.

In gleicher Weise haftet als Betriebsunternehmer eine Aktiengesellschaft, eine Innung oder eingetragene Genossenschaft für die durch ein Mitglied ihres Vorstandes sowie eine Handelsgesellschaft, eine Innung oder eingetragene Genossenschaft für die durch einen der Liquidatoren herbeigeführten Unfälle.

Als Ersatz für die Rente kann in diesen Fällen deren Kapitalwert gefordert werden.

§ 151.

Die Haftung dritter, in den §§ 146, 147 nicht bezeichneter Personen bestimmt sich nach den sonstigen gesetzlichen Vorschriften. Insoweit den nach Maßgabe dieses Gesetzes entschädigungsberechtigten Personen ein gesetzlicher Anspruch auf Ersatz des ihnen durch den Unfall entstandenen Schadens gegen Dritte erwachsen ist, geht dieser Anspruch auf die Berufsgenossenschaft im Umfang ihrer durch dieses Gesetz begründeten Entschädigungspflicht über.

## See-Unfallversicherungsgesetz.

§ 138.

Bei Zusammenstößen mehrerer unter dieses Gesetz fallender Fahrzeuge finden die Bestimmungen der §§ 133 bis 137 auf die Reeder oder Mitreeder, Lotsen, Bevollmächtigten und Repräsentanten, Betriebsaufseher oder Personen der Schiffsbesatzungen sämtlicher bei dem Zusammenstoße beteiligten Fahrzeuge Anwendung.

Im übrigen bestimmt sich die Haftung dritter, in den §§ 133, 134 nicht bezeichneter Personen, nach den sonstigen gesetzlichen Vorschriften. Insoweit den nach Maßgabe dieses Gesetzes entschädigungsberechtigten Personen ein gesetzlicher Anspruch auf Ersatz des ihnen durch den Unfall entstandenen Schadens gegen Dritte erwachsen ist, geht dieser Anspruch auf die Berufsgenossenschaft im Umfang ihrer durch dieses Gesetz begründeten Entschädigungspflicht über.

## Reichsversicherungsordnung.

§ 898.

Der Unternehmer (§ 633) ist Versicherten und deren Hinterbliebenen (§§ 588 bis 594), auch wenn sie keinen Anspruch auf Rente haben, nach anderen gesetzlichen Vorschriften zum Ersatz des Schadens, den ein Unfall der in §§ 544, 546 bezeichneten Art verursacht hat, nur dann verpflichtet, wenn strafgerichtlich festgestellt worden ist, daß er den Unfall vorsätzlich herbeigeführt hat. Dann beschränkt sich die Verbindlichkeit des Unternehmers auf den Betrag, um den sie die Entschädigung aus der Unfallversicherung übersteigt.

§ 899.

Das gleiche gilt für Ersatzansprüche Versicherter und ihrer Hinterbliebenen gegen Bevollmächtigte oder Repräsentanten des Unternehmers und gegen Betriebs- und Arbeiteraufseher.

§ 900.

Die Ansprüche können auch geltend gemacht werden, wenn wegen des Todes, der Abwesenheit oder eines anderen in der Person des Verpflichteten liegenden Grundes kein strafgerichtliches Urteil ergeht.

§ 901.

Hat ein ordentliches Gericht über solche Ansprüche zu erkennen, so ist es an die Entscheidung gebunden, die in einem Verfahren nach diesem Gesetze darüber ergeht,

ob ein entschädigungspflichtiger Unfall vorliegt,

in welchem Umfang und von welchem Versicherungsträger die Entschädigung zu gewähren ist.

Das ordentliche Gericht setzt sein Verlangen so lange aus, bis die Entscheidung in dem Verfahren nach diesem Gesetze ergangen ist. Dies gilt nicht für Arreste und einstweilige Verfügungen.

§ 902.

Unternehmer oder ihnen nach § 899 Gleichgestellte, von denen der Verletzte oder seine Hinterbliebenen Schadenersatz fordern, können statt des Berechtigten die Feststellung der Entschädigung nach diesem Gesetze beantragen, auch Rechtsmittel einlegen. Der Ablauf von Fristen, die ohne ihr Verschulden verstrichen sind, wirkt nicht gegen sie; dies gilt nicht für Verfahrensfristen, soweit der Unternehmer oder ein ihm nach § 899 Gleichgestellter das Verfahren selbst betreibt.

§ 903.

Wird strafgerichtlich festgestellt, daß Unternehmer oder ihnen nach § 899 Gleichgestellte den Unfall vorsätzlich oder fahrlässig mit Außerachtlassung derjenigen Aufmerksamkeit herbeigeführt haben, zu welcher sie vermöge ihres Amtes, Berufs oder Gewerbes besonders verpflichtet sind, so haften sie für alles, was Gemeinden, Armenverbände, Krankenkassen, Knappschaftsvereine, Knappschaftskassen, Ersatzkassen, Sterbe- und andere Unterstützungskassen infolge des Unfalls nach Gesetz oder Satzung aufwenden müssen. Statt der Rente kann der Kapitalwert gefordert werden.

Sie haften auch,

wenn strafgerichtlich festgestellt worden ist, daß sie bei Leitung oder Ausführung eines Baues wider die allgemein anerkannten Regeln der Baukunst gehandelt haben und

wenn durch diese Zuwiderhandlung der Unfall herbeigeführt worden ist.

Die Vorschrift des § 900 über die Haftung ohne strafgerichtliche Feststellung gilt auch für diese Ansprüche.

Unternehmer und ihnen nach § 899 Gleichgestellte haften der Genossenschaft für deren Aufwand auch ohne strafgerichtliche Feststellung.

## § 904.

Als Unternehmer haften auch

1. eine Aktiengesellschaft, ein Versicherungsverein auf Gegenseitigkeit, eine eingetragene Genossenschaft, eine Innung oder andere juristische Person für die durch ein Mitglied des Vorstandes,
2. eine Gesellschaft mit beschränkter Haftung für die durch einen Geschäftsführer,
3. eine andere Handelsgesellschaft für die durch einen Gesellschafter, der zur Geschäftsführung berechtigt ist,
4. im Falle der Liquidation eine Handelsgesellschaft, ein Versicherungsverein auf Gegenseitigkeit, eine eingetragene Genossenschaft, eine Innung oder andere juristische Person für die durch einen der Liquidatoren

herbeigeführten Unfälle, wenn diese Personen dabei eine ihnen zustehende Verrichtung ausgeführt haben.

Diese Vorschrift gilt für das Reich, die Bundesstaaten, Gemeinden, Gemeindeverbände sowie andere Körperschaften, Stiftungen und Anstalten des öffentlichen Rechts entsprechend.

## § 905.

Ist der Unfall fahrlässig mit Außerachtlassung derjenigen Aufmerksamkeit herbeigeführt, zu welcher der Unternehmer und die ihm Gleichgestellten (§ 899) vermöge ihres Amtes, Berufs oder Gewerbes besonders verpflichtet sind, so kann die Genossenschaftsversammlung auf den Anspruch der Genossenschaft verzichten.

Die Satzung kann dieses Recht auf den Vorstand übertragen.

## § 906.

Will der Vorstand den Ersatzanspruch erheben, so hat er den Beschluß dem Ersatzpflichtigen schriftlich mitzuteilen. Dieser kann dagegen binnen einem Monat die Genossenschaftsversammlung anrufen.

Klage darf, wenn der Ersatzpflichtige binnen dieser Frist die Genossenschaftsversammlung anruft, erst nach deren Beschluß, andernfalls erst nach Ablauf eines Monats seit der Mitteilung angestellt werden.

## § 907.

Die Ansprüche verjähren in achtzehn Monaten nach dem Tage, an dem das strafgerichtliche Urteil rechtskräftig geworden ist. In denjenigen Fällen, in denen kein strafgerichtliches Urteil erforderlich ist, verjähren sie in einem Jahre nach der ersten rechtskräftigen Feststellung der Entschädigungspflicht der Genossenschaft, spätestens aber in fünf Jahren nach dem Unfall. Wird die Genossenschaftsversammlung angerufen, so unterbricht das die Verjährung. Eine neue Verjährung kann erst beginnen, wenn die Genossenschaftsversammlung Beschluß gefaßt hat oder die Anrufung anderweit erledigt ist.

Die Vorschrift des § 901 Abs. 1 über die Bindung des ordentlichen Gerichts gilt auch für diese Ansprüche.

## § 1042.

Für die Haftung von Unternehmern und Angestellten gelten die Vorschriften der gewerblichen Unfallversicherung (§§ 898 bis 907).

Ansprüche auf Ersatz des durch den Unfall erlittenen Schadens, die der Verletzte nach Gesetz für die ersten dreizehn Wochen nach dem Unfall hat, bleiben vorbehalten, wenn nicht der Verletzte gegen eine Krankenkasse, eine knappschaftliche Krankenkasse oder eine Ersatzkasse Anspruch auf die Leistungen der Krankenversicherung hat oder wegen gleichwertiger Leistungen versicherungsfrei ist.

## § 1219.

Für die Haftung von Unternehmern und Angestellten gelten die Vorschriften aus der gewerblichen Unfallversicherung (§§ 898 bis 907).

Dabei sind den Unternehmern auch gleichgestellt (§ 899) Mitreeder, Lotsen und Personen der Schiffsbesatzung.

Diese Vorschriften gelten bei Zusammenstoß mehrerer Fahrzeuge, die unter die See-Unfallversicherung fallen, für die Reeder aller dabei beteiligten Fahrzeuge und für alle diesen Reedern Gleichgestellten.

Ansprüche auf Ersatz des durch den Unfall erlittenen Schadens, die ein bei der Zweiganstalt Versicherter bei Körperverletzung nach Gesetz für die ersten dreizehn Wochen nach dem Unfall hat, bleiben vorbehalten, wenn nicht der Verletzte gegen eine Krankenkasse, eine knappschaftliche Krankenkasse oder eine Ersatzkasse Anspruch auf die Leistungen der Krankenversicherung hat oder wegen gleichwertiger Leistungen versicherungsfrei ist.

Unberührt bleibt die Fürsorgepflicht des Reeders auf Grund der §§ 553 bis 553b des Handelsgesetzbuchs und der §§ 59 bis 62 der Seemannsordnung.

## § 1542.

Soweit die nach diesem Gesetze Versicherten oder ihre Hinterbliebenen nach anderen gesetzlichen Vorschriften Ersatz eines Schadens beanspruchen können, der ihnen durch Krankheit, Unfall, Invalidität oder durch den Tod des Ernährers erwachsen ist, geht der Anspruch auf die Träger der Versicherung insoweit über, als sie den Entschädigungsberechtigten nach diesem Gesetze Leistungen zu gewähren haben. Dies gilt jedoch bei den gegen Unfall Versicherten und ihren Hinterbliebenen nur insoweit, als es sich nicht um einen Anspruch gegen den Unternehmer oder die ihm nach § 899 Gleichgestellten handelt.

Auf das Maß des Ersatzes für Krankenpflege und Krankenhauspflege sowie für Krankenbehandlung und Heilanstaltpflege ist § 1503 entsprechend anzuwenden.

# Alphabetisches Inhaltsverzeichnis.

Die Zahlen bedeuten die Seiten.

## A.

## B.



## C.



## D.

## H.



## J.

## S.



## T.



## U.

## V.

## W.



## Z.

# Berufsregister
haftpflichtiger Personen.

MIX
Papier | Fördert
gute Waldnutzung
FSC® C083411

Kolibri 360 GmbH
Ferdinand-Jühlke-Straße 7
99095 Erfurt, Deutschland
produktsicherheit@kolibri360.de